W0411741

Soziale Arbeit in Theorie und Wissenschaft

Herausgegeben von
E. Mührel, Emden/Leer
B. Birgmeier, Eichstätt-Ingolstadt

Herausgegeben von
Prof. Dr. Eric Mührel
Hochschule Emden/Leer

PD Dr. Bernd Birgmeier
Katholische Universität
Eichstätt-Ingolstadt

Dieter Röh

Soziale Arbeit, Gerechtigkeit und das gute Leben

Eine Handlungstheorie zur daseinsmächtigen Lebensführung

Springer VS

Prof. Dr. Dieter Röh
Hochschule für Angewandte Wissenschaften
Hamburg, Deutschland

ISBN 978-3-531-19356-4 ISBN 978-3-531-19357-1 (eBook)
DOI 10.1007/978-3-531-19357-1

Die Deutsche Nationalbibliothek verzeichnet diese Publikation in der Deutschen Nationalbibliografie; detaillierte bibliografische Daten sind im Internet über http://dnb.d-nb.de abrufbar.

Springer VS
© Springer Fachmedien Wiesbaden 2013
Das Werk einschließlich aller seiner Teile ist urheberrechtlich geschützt. Jede Verwertung, die nicht ausdrücklich vom Urheberrechtsgesetz zugelassen ist, bedarf der vorherigen Zustimmung des Verlags. Das gilt insbesondere für Vervielfältigungen, Bearbeitungen, Übersetzungen, Mikroverfilmungen und die Einspeicherung und Verarbeitung in elektronischen Systemen.

Die Wiedergabe von Gebrauchsnamen, Handelsnamen, Warenbezeichnungen usw. in diesem Werk berechtigt auch ohne besondere Kennzeichnung nicht zu der Annahme, dass solche Namen im Sinne der Warenzeichen- und Markenschutz-Gesetzgebung als frei zu betrachten wären und daher von jedermann benutzt werden dürften.

Satz: Jens Ossadnik

Gedruckt auf säurefreiem und chlorfrei gebleichtem Papier

Springer VS ist eine Marke von Springer DE. Springer DE ist Teil der Fachverlagsgruppe Springer Science+Business Media.
www.springer-vs.de

Inhaltsverzeichnis

Abbildungs- und Tabellenverzeichnis

Vorwort

> „Die Aufgabe der Wissenschaft, die auf Erforschung der Wahrheit gerichtet ist, darf man wohl in einer Beziehung als schwierig, in anderer Beziehung wieder als leicht bezeichnen. Ein Anzeichen davon ist schon dies, daß kein Denker zwar die Wahrheit in völlig zutreffender Weise zu erreichen, keiner aber auch sie völlig zu verfehlen vermag, sondern jeder wenigstens etwas vorzubringen weiß, was der Natur der Sache entspricht, und daß, wenn auch der einzelne sie gar nicht oder nur in geringem Maße trifft, doch aus dem Zusammenwirken aller sich schließlich ein gewisses Quantum des Wissens ergibt."
> [Aristoteles, erste Abteilung, Vorbemerkung, Metaphysik]

Welchen Anspruch die hier vorgelegte und im Weiteren noch zu explizierende Theorie Sozialer Arbeit verfolgt, ist mit dieser Aufgabendeutung der Wissenschaft durch Aristoteles bereits angedeutet. Auch wenn diese Monographie nicht die Philosophie zum Gegenstand hat, geht es trotzdem um nichts weniger als die Wissenschaft und Praxis der Sozialen Arbeit insgesamt und die Erörterung der ‚wahren' Gehalte des wissenschaftlichen und professionellen Zugangs zur sozialen Wirklichkeit. Dies ist – wie Aristoteles wusste – auf der einen Seite eine leichte Aufgabe, auf der anderen Seite aber gleichwohl und gleichzeitig schwer, wenn nicht gar unmöglich. Schwer ist sie deshalb, weil den vielen theoretischen Zugängen der Sozialarbeit, Sozialpädagogik nun mit dem hiermit verfolgten Ansatz ein weiterer hinzugefügt werden soll. Ich verstehe das Neue, neben der zentralen Verbindung zum Capabilities Approach, vor allem darin, eine integrale Theorie der Sozialen Arbeit zu formulieren. Dies ist angesichts der bereits unter dem Gesichtspunkt der Paradigmen Sozialer Arbeit ‚sortierten' Theorielandschaft kein leichtes Unterfangen, ist doch mit den von Sahle (2004) beschriebenen Paradigmen gleichzeitig inhärent vorgegeben, dass sich große theoretische Stränge vorfinden lassen, die, um sie zu sortieren, voneinander durch ihren mehr oder weniger grundsätzlichen Zugang zur Wirklichkeit unterschieden werden müssen. Leicht ist es auf der anderen Seite trotzdem, weil die hier von mir vorgelegte Theorie Sozialer Arbeit mit ihrer Veröffentlichung gleichzeitig dem üblichen wissenschaftlichen Diskurs als Möglichkeit angeboten wird und es sich zeigen wird, inwieweit die damit verbundenen wissenschaftlichen wie professionellen Gedankengänge tragen und überzeugen. Deshalb bin ich gespannt auf die dieser Monographie folgenden Diskussionen mit Kolleginnen und Kollegen der

Wissenschaftsgemeinde in der Sozialen Arbeit. Gleichwohl verfolge ich den Anspruch einer Weiterführung bisheriger Diskussionsstränge. Eine unkonventionelle Positionierung wird daher in einigen Punkten unvermeidbar sein, wobei damit die Hoffnung verbunden ist, dass diese Kontrapunkte die Theorieentwicklung in der Sozialen Arbeit befördern und vorantreiben.

Danken möchte ich an dieser Stelle ausdrücklich meinem Kollegen Prof. Dr. Harald Ansen für die Durchsicht des Manuskripts sowie seine umsichtigen und hilfreichen Hinweise. Ebenfalls bin ich Frau Dr. Ortrud Leßmann zu Dank verpflichtet für ihre Rückmeldungen und Hinweise zum Capabilities Approach, was für mich stets zu mehr Klarheit im Verständnis der vielfältigen Facetten des Ansatzes beitrug. Schließlich möchte ich auch den Herausgebern dieser Reihe, PD Dr. Bernd Birgmeier und Prof. Dr. habil. Eric Mührel, für die Ermutigung zur intensiven Ausarbeitung der von mir in verschiedenen Kolloquien an der Fachhochschule Emden vorgestellten Theorieskizze und die freundliche Aufnahme dieser Monographie in diese Reihe danken.

1 Einleitung

> „Soviel sahe ich bald, die Umstände machen den Menschen, aber ich sahe eben sobald, der Mensch macht die Umstände, er hat eine Kraft in sich selbst, selbige vielfältig nach seinem Willen zu lenken.
>
> So wie er dies tut, nimmt er selbst Anteil an der Bildung seiner selbst und an dem Einfluss der Umstände, die auf ihn wirken. Ich suchte jetzt dieses Gemisch von Zufall und Freiheit, welches das Geschick meines Daseins auf Erden zu sein scheint, mir selbst näher zu entwickeln, und fragte mich zuerst, wie bin ich das, was ich wirklich bin? Wie kommt der Mensch dahin, daß er wirklich ist, was er ist?" (Johann Heinrich Pestalozzi, 1797 [2002], 50)

Pestalozzi, einer der einflussreichsten klassischen Theoretiker der Pädagogik bzw. Sozialpädagogik, geht im obigen Zitat, wie viele andere Pädagogen und Philosophen auch, davon aus, dass sich menschliche Handlung und gesellschaftliche Struktur gegenseitig beeinflussen. Die materielle, soziale und kulturelle Umgebung spielt für die Lebensführung der Menschen eine ebenso bedeutsame Rolle wie deren individuelle, subjektivierte Lebensführungskompetenz, da diese wesentlich von biografischen Erfahrungen in und mit dieser Umgebung abhängt.[1] Dieser auch als systemisch oder auch sozialökologisch zu bezeichnenden Grundhaltung wird auch diese Arbeit folgen. Sie grenzt sich dabei bewusst von monokausalen oder monothematischen Formulierungen des Gegenstands und der Funktion Sozialer Arbeit ab, so z.B. von einer rein individualistisch-verhaltensbezogenen ebenso wie von einer rein strukturell-verhältnisbezogenen Doktrin. Vielmehr sollen die Komplementärlinien von Subjekt und Struktur durch die moralphilosophischen Impulse des Capabilities Approach ergänzt werden, da gezeigt werden kann, worin diese besonderen Umfeldvariablen bestehen und wie diese von den Subjekten genutzt werden können.[2] Daher verbinden sich in dieser Arbeit sowohl systemische (oder auch sozialökologische) Denkmuster mit solchen, die eher subjekttheoretischen Denkrichtungen zugeordnet werden können.

---

1 Das in den Sozialwissenschaften gemeinhin als ‚Mikro-Makro-Link' oder ‚Mikro-Makro-Gap' bezeichnete Problem der Verbindung von Subjekt und Gesellschaft soll hier (ähnlich Heiner 2010, 101 ff.) gelöst werden.

2 In eine ähnliche Richtung, wenn auch zum Teil auf die Erziehungswissenschaften bezogen, gehen die Arbeiten von Schrödter (2007), Otto/Ziegler (2008) und Ziegler/Schrödter/Oelkers (2010).

Weiterhin will sich diese Arbeit in die Tradition derjenigen Professions- und Handlungstheorien einreihen, die sich im Ergebnis für eine Konvergenz der Handlungsansätze von Sozialarbeit und Sozialpädagogik zu einer neuen Profession und Disziplin „Soziale Arbeit" aussprechen.[3] Am stärksten sehe ich diese Konvergenzannahme immer noch bei Mühlum (2001) und bei Böhnisch (2010) vertreten, bei Ersterem durch ein sehr genaues, systematisches Herausarbeiten der Differenzierungen von Sozialarbeit und Sozialpädagogik in historischer, theoretischer und professioneller Hinsicht und die dann vorgeschlagene Zusammenführung unter den neuen Begriff der Sozialen Arbeit, bei Letzterem sicherlich am überzeugendsten durch die Zusammenführung von Bildungs- und Erziehungsprozessen mit sozialpolitischen Prozessen zu einem Ganzen, das erst insgesamt die Lebensbewältigung der Menschen bedeutet.

Diese Arbeit ist den historischen Strängen der Sozialarbeitswissenschaft bzw. der Sozialpädagogik/Erziehungswissenschaften nicht eindeutig bzw. einseitig zugeordnet, sondern versucht die Konvergenz beider Herkünfte theoretisch zu begründen. Es kann wohl unumwunden zugegeben werden, dass Soziale Arbeit treffender wiedergibt, worum sich beide Stränge je einzeln sowohl historisch und aktuell, theoretisch und praktisch bemühen, nämlich um eine Besserstellung und Erhöhung des Menschengeschlechts und die damit verbundene Emanzipation und gleichzeitige Stärkung der selbstbestimmten Lebensführungskompetenz jedes Einzelnen.

Daher kann eine Theorie und Praxis der Lebensführung im Sinne einer Wissenschaft der Sozialen Arbeit nicht umhin, das enge Zusammenspiel von Handlung und Struktur, von Subjekten und Strukturen, von Personen und Gesellschaft sowie von Individuen und Gemeinschaften als systemisches Verwobensein zu erkennen. In diesem Sinne geht auch die International Federation of Social Workers (IFSW) in ihrer Definition[4] Sozialer Arbeit von einem zweifachen Fokus aus:

> "The social work profession promotes social change, problem solving in human relationships and the empowerment and liberation of people to enhance well-being. Utilising theories of human behaviour and social systems, social work intervenes at the points where people interact with their environments. Principles of human rights and social justice are fundamental to social work."

---

3 Lediglich aus wissenschaftspolitischen Gründen kann in spezifischen Diskurssträngen, die die Sozialpädagogik als Subdisziplin der Erziehungswissenschaften verteidigen (Kessl/Otto 2010) und Sozialarbeit/-swissenschaft als Sub-/Semi- oder gar keine Profession bzw. Disziplin verstehen, diese Konvergenz verneint werden (vgl. Mühlum 2001, 11).

4 Eventuell wird zeitgleich zum Erscheinen dieser Schrift bereits eine neue Definition veröffentlicht worden sein, da zum Zeitpunkt der Manuskripterstellung die IFSW dazu aufgefordert hatte, einen neuen Vorschlag zu diskutieren.

So werden nicht nur die Zugänge und Analysemuster ‚Subjekt' (menschliches Verhalten) vs. ‚Gesellschaft' (soziale Systeme) durch Soziale Arbeit gleichermaßen und gleichzeitig adressiert, es gelingt darüber hinaus auch ein integratives Verständnis der Handlungsansätze Einzelfallhilfe, Gruppenarbeit, Familienarbeit, Sozialraumarbeit/Gemeinwesenarbeit und auch eine kluge ethische Verbindung von individuellen, subjektbezogenen Veränderungsimpulsen (etwas manifestiert als Beratung, Erziehung, Sozialtherapie von Einzelnen) und struktureller, politischer Veränderung (etwa manifestiert als sozialpolitische Vertretung der Interessen ungehörter und benachteiligter Gruppen).

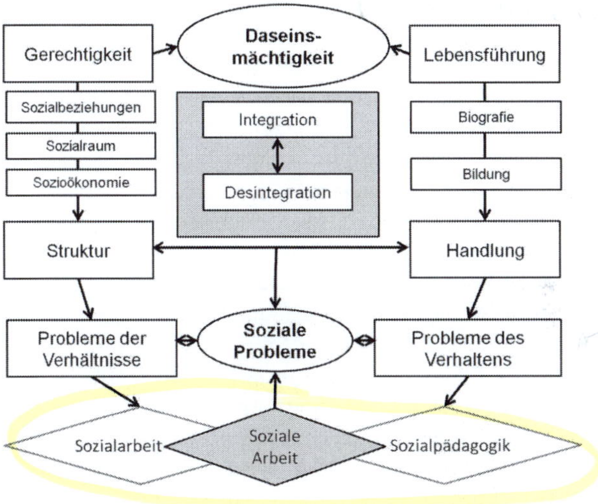

Abbildung 1: Soziale Arbeit als Konversion von Sozialarbeit und Sozialpädagogik

Wie in Abbildung 1 skizziert können die unterschiedlichen, jüngeren historischen Ausgangspunkte von Sozialarbeit (als Fürsorge oder Armenpflege) und Sozialpädagogik (als Bildung und Erziehung) dabei auf Seiten der Sozialarbeit mit einer grundlegende Orientierung an Gerechtigkeit, insbesondere jedoch historisch gesehen an der materiellen (ökonomischen wie ökologischen) Ausstattung und sozialstrukturellen Lage der Menschen, und auf Seiten der Sozialpädagogik mit der Lebensführung bzw. Befähigung durch Bildung, Erziehung und Kompetenzerwerb verknüpft verstanden werden. Wo der eine Teil (Sozialarbeit) sich verstärkt auf die Probleme der Verhältnisse konzentrierte, versuchte der andere Teil (Sozialpädagogik) das Verhalten zu fokussieren. Die Ansätze, soziale Sicherheit zu erhöhen und Lebensbewältigung zu ermöglichen, konvergieren nunmehr in einer Sozialen Arbeit, die sowohl das Eine wie auch das Andere professionell unterstützen möchte. Die Sozialarbeit und ihre Wissenschaft (Sozialarbeitswissenschaft) wird dabei tendenziell eher von sozialwissenschaftlichen Impulsen der Sozialstrukturanalyse getragen und die Sozialpädagogik und ihre Wissenschaft (Pädagogik) wird tendenziell stärker von geisteswissenschaftlichen Impulsen gespeist, wenngleich Letztere seit den 1970er Jahren auch eine sozialwissenschaftliche Wende erfuhr.

In diesem Sinne und mit tiefster Überzeugung möchte ich in dieser Schrift eine Theorie vorlegen, die es in erkenntnis- und wissenschaftstheoretischer, professionstheoretischer, in funktions- und gegenstandsbezogener, in handlungstheoretischer und in moraltheoretischer Hinsicht schafft, Sozialarbeit und Sozialpädagogik zu einem disziplinären Ganzen zu formen: Der Wissenschaft und Profession Sozialer Arbeit. In vielen Arbeitsfeldern der Sozialen Arbeit ist dies schon längst auf ganz pragmatische Weise erfolgt, lediglich in Studiengängen und in Berufsbezeichnungen unterscheiden sich beide Teile gelegentlich noch.

Mühlum (2001, 13) schlug seinerzeit richtigerweise den Begriff der Sozialen Arbeit vor und beschrieb diesen als Ergebnis der Subsumtion von Sozialarbeit und Sozialpädagogik als „Teil des umfassenden Handlungssystems Soziale Arbeit“. M.E. wäre es ein Fortschritt, wenn wir statt Subsumtion mehr von einer Konvergenz oder besser noch von einer Emergenz ausgingen. Sozialarbeit und Sozialpädagogik sind als Teilsysteme auch das Ergebnis einer funktionellen Differenzierung moderner Gesellschaften, und Systeme haben die Eigenschaft, sich in einem größeren Zusammenhang und durch Verbindung ihrer jeweiligen Eigenschaften (hier: soziale Sicherung, dort: Erziehung und Bildung) zu etwas Neuem zu verbinden. Dieses neue Wissenschafts- und Handlungssystem der Sozialen Arbeit profitiert dabei in besonderer Weise von den jeweils spezifischen Wissens- und Handlungskompetenzen der Sozialarbeit und der Sozialpädagogik, kann diese aber genuin aufeinander beziehen und so Erziehung und Bildung mit einer stärker materiellen Daseinssicherung verbinden.

Scheinbar ist ‚das Soziale‘ als Verbindungsglied zwischen Sozialarbeit und Sozialpädagogik auf der einen und Subjekten, Gruppen und Gesellschaft auf der anderen Seite nicht konfliktfrei, homogen oder harmonisch zu denken – ja nicht einmal als identitär-eindeutig. Deshalb ist neben einer professions- und wissenschaftstheoretischen vor allem eine erkenntnis- und moraltheoretische Aufklärung des Sozialen und damit auch der Sozialen Arbeit notwendig. Dabei sind sowohl innerhalb der Gesellschaft als auch innerhalb der Funktionssysteme, der Organisationen, zwischen verschiedenen Bevölkerungsgruppen oder Gemeinschaften, zwischen Individuen und sogar innerhalb der Individuen konflikthafte Interessensgegensätze virulent. Diese sind innerhalb einer Theorie der Sozialen Arbeit, die sich sowohl subjektivem Handeln als auch strukturellen Bezügen widmen will, nicht miteinander zu versöhnen, sondern bilden den Ausgangspunkt jeder weiteren Überlegung und somit den konstitutionellen Unterbau einer Theorie Sozialer Arbeit.

Allerdings gehe ich davon aus, dass Soziale Arbeit als Expertise für die Zusammenhänge zwischen Subjekt und Gesellschaft oder zwischen Psychosomatik und Sozialem, also als Expertise für die sozio-psycho-somato-kulturellen (evtl. auch spirituellen) Zusammenhänge, verstanden werden kann. Somit muss sie zwangsläufig die oben beschriebenen Zusammenhänge und Konflikte epistemologisch, ethisch, analytisch und handlungstheoretisch herausarbeiten und partiell bearbeiten können.

Aus diesem Grund wird sich die folgende Arbeit zunächst in Kapitel 2 mit der Klärung der professionstheoretischen Positionierung der Sozialen Arbeit beschäftigen müssen. Dabei wird zu zeigen sein, dass es sich um eine praxeologische Wissenschaft mit einer spezifischen Handlungstheorie handelt, die zentral mit der Daseinsmächtigkeit und Lebensführung von Menschen beschäftigt ist und dabei einer ethischen Begründung bedarf.

Kapitel 3 wird sodann in erkenntnis- und wissenschaftstheoretischer Hinsicht eine weitere Klärung hinsichtlich der Möglichkeit des Erkennens und Analysierens von sozialen Phänomenen auf der Grundlage des kritischen Realismus vornehmen, bevor als eine weitere und zentrale Basis in Kapitel 4 der Capabilities Approach vorgestellt und mit ähnlichen Ansätzen verglichen wird.

Die bis dahin gewonnenen Erkenntnisse münden schließlich in Kapitel 5 in einem daraus abgeleiteten Modell einer Handlungstheorie Sozialer Arbeit, mit der der ‚Mikro-Makro-Gap', das Schisma von Handlung und Struktur, überwunden werden kann.

2 Professionstheoretische Vorüberlegungen zu einer Handlungstheorie Sozialer Arbeit

Soziale Arbeit, hier verstanden als professionelles Handeln in der Unterstützung von Menschen, die in ihrer Lebensführung durch soziale Probleme beeinträchtigt sind, muss auf einer handlungstheoretischen Basis fußen, die ihr Aufschluss darüber gibt, welche Mechanismen zur Entstehung von Problemen, Krisen, Störungen, Krankheiten, Behinderungen etc.[5] beitragen und wie darauf erfolgreich und zum Wohle der AdressatInnen reagiert werden kann. Die vielfach verwendeten Formeln des „wissenschaftlich ausgebildeten Praktikers“ (Lüders 1989) einerseits und des „reflektierenden Praktikers“ (Schön 1984) andererseits werden auch hier verwendet, um zu zeigen, dass sich nach einer 100-150 Jahre währenden Praxis nunmehr die Idee durchgesetzt hat, dass sich ein rein wohltätiges, karitatives oder naiv-helfendes Handeln nicht zur Verbesserung der sozialen Lage von Menschen mit sozial bedingten Beeinträchtigungen eignet, dass also ein oft intuitives, unreflektiertes oder rein an den Erfordernissen der Praxis ausgerichtetes Handeln, dass schließlich ein solches Handeln aus professionsethischen Gründen nicht akzeptabel ist und sich deshalb Soziale Arbeit durch Professionalisierung und Wissenschaftlichkeit weiterentwickeln muss. Nicht zuletzt wird dieses Professionsverständnis mit dem Ziel einer legitimierbaren, nachvollziehbaren und damit in der Konsequenz falsifizierbaren oder auch verifizierbaren Praxis auch einer Grundhaltung gerecht, die es AdressatInnen, aber auch Angehörigen anderer Professionen ermöglicht, zu verstehen, warum, wie und auf welches Ziel hin Soziale Arbeit tätig wird.

Mehrfach wurde hier bereits von ‚Handeln‘ gesprochen. Doch was ist ‚Handeln‘ überhaupt und auf welcher philosophischen Grundlage kann es definiert werden? Nach Lenk (2013) sind Handlung oder Handeln von der interpretatorischen Bedeutungszumessung einer Handlung bzw. von den jeweiligen situativen Einordnungen abhängig. Damit ist Handeln von reinem Verhalten insofern unterscheidbar, als es von „Normen, Konventionen, Werten, Wünschen […], Interessen, Emotionen, Ideologien, Mythen und Symbolen, Deutungen und u.U. (Meta-)Interpretationen usw.“ (21) geleitet wird, ja sogar (meistens) absichtsvoll geschieht. Mit dieser Bestimmung eröffnet sich ein doppelseitiger Blick auf

[5] vgl. zur erkenntnistheoretischen Begründung dieser Problemkategorien siehe das Kapitel 3

Handlung, und zwar insofern, als man sowohl von außen beobachten und deuten muss, wann eine im weitesten Sinne als Bewegung aufzufassende Aktion als eine Handlung zu bezeichnen ist, als auch die Intentionalität der Person selbst verstehen und deuten muss, und zwar wiederum in einem situativen Kontext.

Eine Handlungstheorie (Sozialer Arbeit) sollte also das handelnde Subjekt (z.B. eine/n professionelle/n Sozialarbeiter/in) insofern mit Handlungsgründen (Werten, Normen, Symbolen, Deutungen etc.) ausstatten, als dieses ohne solche Gründe nicht intentional handeln könnte. Gleichfalls sollte eine Handlungstheorie Sozialer Arbeit auch bereits vollzogene professionelle Handlungen interpretieren und in ein methodologisches Muster einordnen können.

Aus diesem Grund soll hier eine Handlungstheorie vorgelegt werden, die ein wissenschaftliches Programm für die Soziale Arbeit darstellt, aus dem heraus professionelles Handeln nicht unbedingt vollständig angeleitet, aber doch vorbereitet und abgeleitet werden kann.[6] Bevor im dritten Kapitel erkenntnis- und wissenschaftstheoretische Grundlagen dieser Handlungstheorie formuliert und im vierten Kapitel Überlegungen zur Übertragung des Capabilities Approach auf die Soziale Arbeit angestellt werden, müssen aber zunächst Antworten gefunden werden auf die folgenden Fragen, und zwar in der Absicht, daraus erste handlungstheoretische Grundlagen zu gewinnen:

- Welcher Art ist das Wissenschaftsmodell der Sozialen Arbeit? Was sind die Merkmale einer allgemeinen Handlungstheorie Sozialer Arbeit?
- Was bedeutet Handlung bzw. Handeln in der Sozialen Arbeit und welches Handlungsverständnis ist in einschlägigen Theorien der Sozialen Arbeit zu finden?
- Was bedeutet es, eine Handlungstheorie der Sozialen Arbeit als praxeologische Theorie zu entwickeln?
- Welche ethischen Fragestellungen und Probleme tauchen innerhalb des Spannungsfeldes von professioneller Handlung, institutioneller, gesetzlicher und gesellschaftlicher Realität auf der einen sowie der Lebenswirklichkeit

---

[6] Ife (2008, 132) denkt in eine ähnliche Richtung, wenn er die Möglichkeit verneint, man könne ein „Kochbuch“ für Soziale Arbeit schreiben, allerdings dabei nicht die Chance negiert, Prinzipien der Praxis auf der Grundlage von Theorie zu beschreiben: “The rejection of neat ‘how to do it’ instruction books has been an ongoing theme of social work. Any social worker who tries to set down such clear ‘cookbook’ prescriptions for practice is heading for irrelevance. […] Social work practice is not predictable; it is messy, chaotic, and infinitely changeable. This is the reason that most social work texts refuse to lay out specific prescriptions for practice, and instead rely on theory, principles of practice, and case studies, much to the frustration of students, who are frequently under the misapprehension that in a social work course they will be ‘taught how to do it’.”

und Lebenspraxis der AdressatInnen auf der anderen Seite auf? Welches Expertenverständnis resultiert daraus?

- Welches Theorie-Praxis-Verständnis ist der Sozialen Arbeit angemessen?
- Was ist der Gegenstand und die Funktion der Sozialen Arbeit? Was bedeutet es, von sozialen Problemen zu sprechen? Inwieweit wäre angesichts der menschlichen Lebenspraxis ein Begriff von Lebensführung oder Daseinsmächtigkeit treffender, um den Gegenstand der Sozialen Arbeit zu beschreiben? Welche Aufgaben ergäben sich für die Soziale Arbeit bzw. welche Funktion(en) übt sie aus, wenn man statt von sozialen Problemen von Problemen der Daseinsmächtigkeit spräche?

Allgemeine oder spezielle Handlungstheorie?

Mit Obrecht (2001, 69 ff.) können wir zwei verschiedene Arten von Handlungstheorien unterscheiden, auf beide soll mit der hier vorgelegten Theorie geantwortet werden: Eine allgemeine Handlungstheorie ist die Beschreibung des Zusammenhangs von rational-wissenschaftlich erzeugtem Wissen und der Möglichkeit methodischer Anwendung (Methodologie). Im Gegensatz dazu beschreiben spezielle Handlungstheorien die Anwendung der Methoden selbst:

> „Die allgemeine Handlungstheorie beschreibt die allgemeine Form zielorientierten bzw. problemlösenden Handelns – die speziellen Handlungstheorien sind Konkretisierungen dieser allgemeinen Form im Hinblick auf die Lösung spezifischer Probleme." (Obrecht 2001, 72).

Wo die erstere also den allgemeinen Rahmen abgibt, um die Möglichkeit von Handlung – hier professioneller Handlung – zu zeigen, gibt die zweite Auskunft über die konkrete Anwendung dieser Möglichkeit und erlaubt zudem auch eine Wirkungsevaluation.

Soziale Arbeit zielt, so eine gängige, häufig genutzte Definition, auf die Lösung derjenigen Probleme, die als sozial relevant angesehen werden (gesellschaftlicher Impetus), die als professionell relevant angesehen werden (professioneller Impetus) und die mit subjektiv hoher Bedeutung für die Lebensführung verbunden sind (subjektiver Impetus).[7] Eine allgemeine Handlungstheorie Sozialer

---

[7] Es handelt sich hier um eine definitorische Bestimmung der Funktion Sozialer Arbeit, die in Anlehnung an die Definition des Fachausschusses „Theorie- und Wissenschaftsentwicklung Sozialer Arbeit", der im Auftrag des Fachbereichstages Soziale Arbeit tätig war, weiterentwickelt wurde. In der Fassung des Fachausschusses hieß es: „Der Gegenstand der Sozialen Arbeit ist die Bearbeitung gesellschaftlich und professionell als relevant angesehener Problemlagen." (Klüsche 1999, 44). Die Erweiterung integriert die aus Sicht der betroffenen NutzerInnen Sozi-

Arbeit muss also klären, wie auf der Basis der für dieses Feld besonderen Handlungsmöglichkeiten (gewonnen aus erkenntnis- und wissenschaftstheoretischen Betrachtungen) und Handlungszielen (moraltheoretisch gewonnenen Einsichten) eine professionelle Praxis der gezielten Beeinflussung der oben beschriebenen Probleme gelingen kann. Die spezifische Handlungstheorie, die vor allem im fünften Kapitel ausgeführt wird, beschreibt und erklärt die unterschiedlichen Handlungsebenen Sozialer Arbeit, ein systemisches Handlungs-Struktur-Modell, die Besonderheiten des Handlungsansatzes in der Sozialen Arbeit als eine sowohl die Subjekte als auch die gesellschaftlichen Strukturen adressierende professionelle Tätigkeit sowie den Einsatz spezifischer Methoden, deren Logos allerdings in der allgemeinen Handlungstheorie aufgehoben sein muss.

2.1 Paradigmen der Theorieentwicklung

Bevor die oben aufgeführten Fragestellungen im Einzelnen bearbeitet werden sollen, ist es zunächst nötig, eine paradigmatische Zuordnung der hier zu entwickelnden Theorie Sozialer Arbeit vorzunehmen, die – auch im Anschluss an die bisherige Theorieentwicklung – deren disziplinäre und wissenschaftssystematische Verortung verdeutlicht. Dies scheint mir angesichts der vielfach fehlenden Diskurskultur über theoretische Ansätze (sie existieren vielmehr nebeneinander, ohne dass sich eine wissenschaftliche Auseinandersetzung erkennen lässt) mehr als notwendig, um eine Orientierung anzubieten. So monieren Rauschenbach und Züchner (2010, 153) mit Recht den Umstand, dass es keine ausgeprägte Diskussionskultur über die Theorien Sozialer Arbeit gibt: „Stattdessen werden neue ‚Konzepte' und ‚Theorieangebote' vorgelegt, wird eher eine ‚Mehr-Desselben'-Strategie praktiziert." Die hier vorgebrachte Kritik ist m.E. sehr gewichtig und wird von mir in vollem Maße nachvollzogen und bestätigt. Wenn es überhaupt eine breite kritische Reflektion bestehender Theorieangebote gibt, dann wohl eher während Kongressen, Fachtagungen, Kolloquien oder anderen eher sprachbasierten und direktkommunikativen Diskursformaten, die dann aber weitgehend unveröffentlicht bleiben.[8] Eher selten wird sich mit Publikationen auseinander-

aler Arbeit hohe Bedeutung der problematischen Aspekte innerhalb der eigenen Lebensführung und trägt somit den dienstleistungstheoretischen Erkenntnissen (Oelerich/Schaarschuch 2005) Rechnung.

8 Daran ändern auch die vielen Sammlungen und Kompendien von Theoriebeiträgen nichts (Engelke/ Borrmann/Spatscheck (2009), Thole (2010), Birgmeier/Mührel (2009a, b). Die einzigen derzeitigen Ausnahmen bilden einerseits der Band von Mührel/Birgmeier zur Theoriebildung Sozialer Arbeit (2011), wobei auch hierin z.T. neue Theoriebeiträge aufgenommen sind, und andererseits der Übersichtsartikel von Füssenhäuser/Thiersch (2005).

gesetzt, finden gegenseitige Bezüge, Abgrenzungen, Diskussionen oder Urteile statt.

Dennoch soll mit der vorliegenden Schrift ein weiterer Theorieansatz den bereits vielseitig vorhandenen Theorien Sozialer Arbeit zugesellt werden. Er wird dabei in gewisser Weise noch Fragen offen lassen, da er erst noch einer systematischen Kritik, z.B. in Form der von Sahle (2004) aufgestellten Prüfkriterien, unterzogen werden müsste. Gleichzeitig verfolge ich das Ziel, einige der m.E. noch ungenau beantworteten Fragen an eine Theorie der Sozialen Arbeit zu klären. Daher besteht das Angebot des hier skizzierten Theorieansatzes in der Darstellung eines Theoriekerns mitsamt korrespondierenden Modellvorstellungen, insbesondere des Verhältnisses von menschlicher Handlung und gesellschaftlicher Struktur und normativer Aussagen, und damit einer Programmatik der Sozialen Arbeit.

Folgt man der von Sahle (2004) formulierten Einteilung in fünf paradigmatische Richtungen der Sozialen Arbeit (Alltagsparadigma, systemisches Paradigma, Paradigma der alltäglichen Lebensführung, ökosoziales Paradigma und subjekttheoretisches Paradigma), so ist eine Zuordnung nur sehr schwer möglich, da das hier favorisierte Theoriekonzept einer Konversion von Sozialarbeit und Sozialpädagogik das Wort spricht und damit gleichzeitig mehrere sowohl sozialpädagogische als auch sozialwissenschaftliche und sozialarbeitswissenschaftliche Erkenntnisse und Konzepte in sich vereint. Am stärksten wird diese Theorie der Sozialen Arbeit, die wesentlich auf den Grundannahmen des Capabilities Approach fußt, wohl aber einem systemischen Paradigma (einschließlich des ökosozialen Paradigmas, das aus meiner Sicht lediglich eine Variante des systemischen darstellt) zuzuordnen sein, obwohl auch alltagsparadigmatische und vor allem subjekttheoretische Akzentuierungen eine wichtige Rolle spielen.

Zentral sollte für eine Theorie Sozialer Arbeit m.E. sein, dass ihr die Verbindung von subjektiver Handlungsfähigkeit und gesellschaftlicher Handlungsermöglichung gelingt, was nicht weniger bedeutet, als dass sie in der Lage sein muss, die tatsächlichen, trajektiven Verbindungen beider Sphären, der des sein Leben führenden Menschen und der diese Lebensführung rahmenden Gesellschaft, zuverlässig und richtig zu beschreiben und – da es sich um eine Handlungswissenschaft handelt – auch bearbeiten oder ‚behandeln' zu können (Röh 2009). Ich folge daher mit meinem Theorieentwurf der bereits von Sahle (2004, 328 ff.) formulierten Kritik, dass die Probleme der Alltagsbewältigung zwar

> „übereinstimmend lokalisiert [werden] im Raum *zwischen* Individuum und Gesellschaft, zwischen Makro- u. Mikrostrukturen. Annahmen, die die Person *oder* die gesellschaftlichen Verhältnisse als problemverursachend betrachten, finden sich keine. Auffallend ist aber das eigentümliche Missverhältnis zwischen den oft weit ausholenden gesellschaftstheoretischen Erklärungen und Beschreibungen und der geringen

> Thematisierung der Rolle des autonomen Individuums in diesem Verhältnis. Gewiss geben die makrotheoretischen Hypothesen Einblick in die Rahmenbedingungen der alltäglichen Lebensführung, die sich erschwerend oder unterstützend auf die Bewältigung der Forderungen des Alltags auswirken können. Diese Bedingungen determinieren aber nicht die Handlungen der Subjekte, wie das Konzept der alltäglichen Lebensführung mit Recht annimmt, sondern sie lösen sehr unterschiedliche individuelle Antworten und Reaktionen aus. […]. Denn wenn es stimmt, dass die Soziale Arbeit unvermeidlich zwischen Person und Gesellschaft gestellt ist […], dann ist es auch ihre ureigene disziplinäre Aufgabe, diese Verschränkung theoretisch zu beschreiben. [kursiv i. O.]“

Auch die weiteren Ansprüche an eine Theorie der alltäglichen Lebensführung, die Sahle formuliert, sollen in dieser Schrift teilweise eingelöst werden, vor allem natürlich die normativen, deren Wurzeln im gerechtigkeitstheoretischen Ansatz des Capabilities Approach liegen.

2.2 Theorien Sozialer Arbeit und ihr Handlungsbezug

Will man beurteilen, inwieweit vorhandene Theorien der Sozialen Arbeit ihren Handlungsbezug explizieren, so steht man zunächst vor dem Problem wissen zu müssen, welche Theorien oder theoretischen Entwürfe in diese Analyse einzubeziehen sind.
Zwei Einschränkungen dieser Analyse, die die eigenen Überlegungen lediglich rahmen soll, sind zu konstatieren:

Erstens muss an dieser Stelle eine Reduktion auf aktuelle Theoriebeiträge erfolgen, da es sich hier nicht um eine historische Analyse handelt und daher die Vorläufer-Theorien eher unbeachtet bleiben (siehe hierzu den ersten und zweiten Teil bei Engelke/Borrmann/Spatscheck 2009). Die Ausklammerung der ‚historischen‘ Beiträge wird dabei sogar so weit ausgedehnt, dass nur jene Theorien Berücksichtigung finden, die nach der Mitte des 20. Jahrhunderts erschienen und die im Wesentlichen auch die Ansprüche an moderne wissenschaftliche Theorien erfüllen können sowie auch heute noch maßgebliche Wirkung besitzen.[9]

Auf welche Theorien soll man sich also beziehen? Wenn ich aus Referenzgesichtspunkten zwei Übersichtsarbeiten zu Theorien heranziehe (Füssenhäuser/Thiersch (2005) und Engelke/Borrmann/Spatscheck (2009)), dann finde ich in der Überschneidung beider folgende Autoren berücksichtigt: Mollenhauer,

---

9 Umso mehr sind die Bemühungen zu schätzen, welche ein breiteres Panorama an Theorie zeigen (Engelke 2003; Engelke/Borrmann/Spatscheck 2009).

Staub-Bernasconi, Otto, Thiersch, Böhnisch.[10] Darüber hinaus berücksichtigen Füssenhäuser und Thiersch noch die Autoren Winkler und Wendt und Engelke, Borrmann und Spatscheck die Autoren Germain und Gitterman, Hege, Rössner, Khella sowie Dewe und Otto.[11]

Zweitens werde ich mich auf den Handlungsbezug oder die handlungswissenschaftliche Ausrichtung der Theorien konzentrieren, was wiederum bestimmte theoretische Ansätze mehr oder weniger ausschließt, da sie ein größeres Gewicht auf die sozialwissenschaftliche oder politische Theorie und deren Erklärungen legen und nur sehr allgemeine Ableitungen bzgl. des professionellen Handelns für die Soziale Arbeit ermöglichen.

Diese beiden Eingrenzungen berücksichtigend, werde ich mich auf die Analyse der Lebensweltorientierung (maßgeblich: Hans Thiersch), der Theorie der Lebensbewältigung (Lothar Böhnisch), der Systemtheorie der ‚Züricher Schule' (maßgeblich Silvia Staub-Bernasconi und Werner Obrecht), des ökosozialen Modells (maßgeblich: Carel Germain und Alex Gitterman; in Deutschland: Wolf Rainer Wendt) und der Subjekttheorie (Michael Winkler) beschränken.

Lebensweltorientierung nach Hans Thiersch

Die von Hans Thiersch maßgeblich beeinflusste und entwickelte lebensweltorientierte Theorie Sozialer Arbeit hat ihre Wurzeln in der geisteswissenschaftlich geprägten und später durch sozialwissenschaftliche Einflüsse aufgeklärten Tradition der universitären Sozialpädagogik als sich emanzipierender Teil der Erziehungswissenschaften. Sie ist in ihrer Besonderheit ein nationales Phänomen, da Teil der deutschen Geisteswissenschaft im Anschluss an Wilhelm Dilthey (1833-1911), von der sie die hermeneutische Ausrichtung erhalten hat. Bei Thiersch vermischt sich dies mit einem sozialkritischen Blick, der sich vor allem in der

---

10 Der Einfachheit halber werden hier die Theorien mit bestimmten AutorInnen identifiziert und damit personalisiert, was insofern nicht unproblematisch ist, als sich diese wiederum auf bestimmte Personen und Theorieentwicklungen beziehen. Sie alle stehen „auf den Schultern von Riesen". Diese Metapher wird dem scholastischen Philosophen Bernhard von Chartres zugesprochen und u.a. von Isaac Newton und Robert Merton aufgegriffen. (B. v. Chartres: „Wir sind gleichsam Zwerge, die auf den Schultern von Riesen sitzen, um mehr und Entfernteres als diese sehen zu können – freilich nicht dank eigener scharfer Sehkraft oder Körpergröße, sondern weil die Größe der Riesen uns zu Hilfe kommt und uns emporhebt.")

11 Englischsprachige Übersichtswerke (Payne 2005; Howe 2009) nennen zudem auch noch bezugswissenschaftliche Theorien, v.a. psychologische und sozialwissenschaftliche Theorien, die hier bewusst ausgeklammert bleiben. Interessanterweise finden hier die aus der sozialpädagogischen Tradition kommenden Theorien, wie z.B. die Lebensweltorientierung, keine Erwähnung, da diese im angloamerikanischen Raum eher wenig Beachtung finden.

Sorge um Entfremdungstendenzen, Technisierungen und Institutionalisierungen ausdrückt (Thiersch 1978, siehe Erath 2006, 79).

Eine Hinwendung zur alltäglichen Lebenswelt der Menschen, zunächst insbesondere der Kinder und Jugendlichen, und ein ‚Verstehen als Verständigung' bilden für Thiersch (2006) die Basis einer Sozialpädagogik, die zunächst erst einmal verstehen und weitgehend auch akzeptieren muss, was sie im Alltag und in der Lebenswelt der Menschen vorfindet. Neben den „hermeneutisch-pragmatischen" werden noch „phänomenologisch-interaktionistische" und „kritisch-alltagstheoretische" Traditionslinien zur Entwicklung der Lebensweltorientierung angeführt. Gerade Letztere ermöglicht der Lebensweltorientierung einen kritischen Blick auf die „pseudo-konkreten" Verhältnisse.

Schwierig ist es allerdings, innerhalb des Theorieentwurfes konkrete Handlungsentwürfe der Sozialen Arbeit (lange Zeit spricht Thiersch noch von der Sozialpädagogik) zu identifizieren.

> „Sie betont – in der Abkehr von traditionell defizitärem und individualisierendem Blick auf soziale Probleme – das Zusammenspiel von Problemen und Möglichkeiten, von Stärken und Schwächen im sozialen Feld und gewinnt daraus das Handlungsrepertoire von Vertrauen, Niedrigschwelligkeit, Zugangsmöglichkeiten und gemeinsamen Konstruktionen von Hilfsentwürfen, das Handlungsrepertoire liegt auf der Skala zwischen einem Akzeptieren der vorgefundenen Lebensentwürfe auf der einen Seite und auf der anderen Seite einem Sich-Einmischen in Verhältnisse, einem Entwerfen und Unterstützen von Optionen aus der Distanz des professionellen Wissens." (Thiersch/Grunwald/ Köngeter 2010, 175)

Dieses Zitat zeigt die typische semantische Figur, die von Thiersch u.a. gewählt wird, um die bei ihm immerwährend zu spürende Vorsicht auszudrücken. Die recht vagen Formulierungen entwickeln deshalb auch kein Handlungsprogramm der Sozialen Arbeit, allerhöchstens sind die im zitierten einführenden Artikel aufgeführten Struktur- und Handlungsmaximen (Thiersch/Grunwald/Köngeter 2010, 188 ff.) so etwas wie eine programmatische Aussage: Mittels „Prävention", „Alltagsnähe", „Dezentralisierung", „Integration" und „Partizipation" wird zwar eine Konkretisierung der aus der Lebensweltorientierung resultierenden Konsequenzen versucht, allerdings bleibt es bei der eher skizzenhaften Beschreibung, was daraus folgen sollte. Die Nennung dieser Maximen bleibt insofern unbestimmt, als sie keine genauen Aussagen über die Handlungsmöglichkeiten Sozialer Arbeit erzeugt. Dies trifft schließlich auch auf die angebotenen Methoden zu, wie die Diagnose und Hilfeplanung, die Integration und Flexibilisierung von Hilfen und die Sozialraumorientierung.

Auch im Hinblick auf moralische Bestimmungen, die Thiersch zumindest an einer Stelle (1995) ausführlich behandelt, bleibt eine gewisse Unschärfe vorhanden. Zwar findet man bei ihm grundlegende „Überlegungen zu einer moralisch inspirierten Kasuistik in der Sozialen Arbeit“ (1995, 11 ff.), diese erschöpfen sich jedoch in der – durchaus zu bekräftigenden – Kritik an rein moralisierenden Diskursen, die das einzelne Subjekt treffen. Vielmehr seien moralische Überlegungen immer auch an strukturelle Bezugspunkte zu knüpfen, damit es nicht zu einer „Halbierung der Moral“ (1995, 19) komme.

Vorteilhaft an der lebensweltorientierten Theorie Thierschs sind allerdings auf der anderen Seite die analytischen Kategorien eines Alltags- und Lebensweltverständnisses (erfahrene Zeit, erfahrener Raum und soziale Beziehungen) sowie die Formel von der „Pseudokonkretheit“ der Lebenswelt. Beide Theorieelemente ermöglichen es, das Verstehen des aktuellen Weltverständnisses von Menschen mit einer Orientierung auf potentielle Veränderungen im Sinne eines guten, weil gelingenderen Lebens (Thiersch/Grunwald/Köngeter 2010, 178) zu verbinden. Die Lebensweltorientierung besitzt ein humanistisches Menschenbild, wenn sie zunächst einmal die Lebensentwürfe und die Alltagsbewältigung der Menschen als solche akzeptieren will, sie also als Subjekte begreift und diese dennoch in ihrer Eigenkapazität und aber auch Eigenverantwortung ernst nimmt.

M.E. beurteilt Erath (2006, 85) die Unbestimmtheit der Lebensweltorientierung treffend, wenn er diese wie folgt beschreibt:

> „Soziale Arbeit [innerhalb der Lebensweltorientierung; Anm. D.R] erhält den Auftrag, einen Beitrag zu leisten zu einem gelingenderen Alltag der Klientel, sie beschränkt dazu jedoch die eigene methodische Zugriffsweise weitgehend auf Kommunikation und (Selbst-)Reflexion. Auf diese Weise mag es gelingen, das Problem der Kolonialisierung zu vermeiden (wobei sich die Frage stellt, ob es sich bei diesem Zugriff nicht doch zumindest um eine intellektuelle bzw. argumentatorische Kolonialisierung handelt), die Soziale Arbeit reduziert aber damit ihre Funktion auf die Bewusstmachung von Widersprüchen und Ungereimtheiten des Alltags. Gegenüber praktischen Fragen der Hilfe in konkreten Lebenslagen bleibt dieses Selbstverständnis eigentümlich uninteressiert.“

Theorie der Lebensbewältigung (Lothar Böhnisch)

Böhnisch interessiert in seiner Theorie der Sozialen Arbeit die Frage, inwieweit und wie Lebensführung in der Moderne bzw. Postmoderne, in einer globalisierten Welt mit Individualisierungs- und Pluralisierungsmechanismen gelingen kann und wie auf darin eingelagerte, krisenhafte biografische Erfahrungen durch Soziale Arbeit reagiert werden kann. Er konzipiert die Soziale Arbeit dabei als gleichzeitig sozialpädagogische und sozialarbeiterische Profession, da sowohl bildende und befähigende als auch sozialsichernde und beratende Tätigkeiten zusammenfallen. Der Titel seiner Habilitation „Der Sozialstaat und seine Pädagogik. Sozialpolitische Anleitungen zur Sozialarbeit" (1982) entwickelt sich in späteren Aufsätzen zu „Lebensbewältigung. Ein sozialpolitisch inspiriertes Paradigma für die Soziale Arbeit" (2010) weiter. Unter Bezug auf Siegfried Bernfelds gesellschaftliche, wenn nicht gar anthropologisch verstandene „Entwicklungstatsache" formuliert Böhnisch (2010, 219) eine „Bewältigungstatsache", die er besonders in der modernen Gesellschaft als Konstante gesellschaftlichen Daseins ansieht. Soziale Arbeit ist durch diese Bewältigungstatsache und die „latente sozialstrukturelle Dauerkrise" dazu aufgefordert und wird dazu genutzt, gesellschaftliche Integration und die Bewältigung von Lebensaufgaben zu unterstützen. Subjektive biografische Bewältigung und soziale Anerkennung sind dabei für Böhnisch zwei Seiten derselben Medaille, die sowohl sozialpädagogisch als auch sozialarbeiterisch unterstützt werden können. Dabei geht Böhnisch zunächst von der misslingenden Bewältigung als Indikation für Soziale Arbeit aus, allerdings kann man seine Theorie auch als einen Ansatz verstehen, eine sehr weite Gegenstands- und Funktionsbestimmung Sozialer Arbeit vorzunehmen, wie sie sich beispielsweise in Jugend- und Erwachsenenbildungsangeboten mit präventiver Wirkung entfaltet (Böhnisch 2010, 225).

Handlungsprogrammatisch ergeben sich bei Böhnisch also Aufgaben, die sowohl das Subjekt als auch die soziale Welt betreffen. In der oft diffusen sozialen Welt der heutigen Zeit, so Böhnisch, braucht es soziale Strukturierungen in Milieus, soziale Räume, die durch Bildung, Empowerment, Netzwerkarbeit und Biografiearbeit für den Einzelnen ergänzt werden.

Die Handlungsfähigkeit des Subjektes ist bei ihm insofern prominenter Bestandteil der praxeologischen Programmatik Sozialer Arbeit, als diese sich in

> „biografischen Integrations- und Integritätskrisen und damit einhergehenden kritischen Lebensereignissen [vermittelt]. Lebensbewältigung meint in diesem Zusammenhang das Streben nach subjektiver Handlungsfähigkeit in Lebenssituationen, in denen das psychosoziale Gleichgewicht […] gefährdet ist" (Böhnisch 2008, 33 f.).

Die Menschen darin zu unterstützen, dieses Gleichgewicht bzw. die Integrität oder Integration wieder herzustellen, ist für Böhnisch die zentrale Aufgabe Sozialer Arbeit. ‚Erfolgreiche' Lebensbewältigung würde sich nach Böhnisch darin zeigen, dass Selbstwertgefühle nicht gefährdet werden, sondern vielmehr soziale Anerkennung erfolgt, zudem soziale Orientierungslosigkeit vermieden und sozialer Rückhalt erfahren wird und somit „soziale Integration, in die das Bewältigungsverhalten sozial eingebettet und in diesem Sinne normalisiert werden kann" (Böhnisch 2010, 223), vorhanden ist.

Anders als die Lebensweltorientierung gelingt es der Theorie der Lebensbewältigung weitaus konkretere, zudem nach Böhnisch (2008) für alle Lebensalter zutreffende, Ableitungen für den Handlungsauftrag Sozialer Arbeit zu beschreiben.

Systemtheorie der Zürcher Schule (Silvia Staub-Bernasconi u.a.)

Die Systemtheorie der Zürcher Schule, auch als prozessual-systemische Theorie, manchmal auch als emergente bzw. emergentistische Systemtheorie (Obrecht 2005a, b) bezeichnet, wird maßgeblich von Silvia Staub-Bernasconi in Zusammenarbeit mit ihren KollegInnen Ruth Brack, Kasper Geiser und Werner Obrecht entwickelt und vor allem im deutschsprachigen Raum vertreten.

Wie keine andere Theorie der Sozialen Arbeit tritt sie mit dem Selbstbewusstsein auf, dass Soziale Arbeit sehr wohl über eigene Traditionen verfügt und sich historisch wie aktuell als eine bedeutsame gesellschaftliche Kraft und eine Profession mit Veränderungspotential sowie Theorien und Methoden verstehen lässt (Staub-Bernasconi 1995; „vom Ende der Bescheidenheit").

In einer dem kritischen Realismus[12] verwandten erkenntnistheoretischen Perspektive werden natürliche und soziale Erscheinungen unter systemischem Blickwinkel als Ganzheiten (mit einer entsprechenden inneren Struktur) betrachtet, die gleichzeitig jedoch auch mit ihrer Außenwelt verbunden sind und damit Veränderungsprozessen unterliegen (können). An vielen Stellen ihrer theoretischen Aussagen weist Staub-Bernasconi auf die Schwächen einseitiger erkenntnistheoretischer Sichtweisen hin, seien sie atomistisch, seien sie holistisch. In der systemischen Perspektive einer sowohl das Einzelne als auch das Ganze einbeziehenden Epistemologie werden die Gegensätze beider Perspektiven in einem konvergenten dritten, eben systemischen Modell zusammengefasst und aufgehoben, das gleichzeitig als das realistischere Modell aufgefasst wird.

Zudem wird eine Erkenntnis der Welt in den Grenzen der menschlichen Möglichkeiten als denkbar angenommen:

> „Die *systemische Vorstellung* des Erkennens geht davon aus, dass es den Menschen möglich ist, die Realität zumindest *partiell* zu erkennen, auch wenn sie keinen, von ihren biopsychischen Wahrnehmungs- und Kognitionsmöglichkeiten unabhängigen Zugang haben." (Staub-Bernasconi 2007, 164; kursiv i. O.)

---

12 Obrecht (2005a) nennt dies „Wissenschaftlichen Realismus" und bezeichnet damit eine in gewisser Hinsicht andere Wissenschaftstheorie, die aber den Zweifel an rein empiristischen Theoremen mit dem kritischen Realismus teilt (vgl. hierzu Danermark u.a. 2002)

Menschen werden als „selbstwissensfähige Biosysteme" aufgefasst, die aufgrund ihrer neurobiologischen Struktur zu einer bestimmten Wahrnehmung in der Lage sind, wobei dies für die VertreterInnen dieser Systemtheorie nicht automatisch in die idealistische oder sogar konstruktivistische Einbahnstraße führt. Vielmehr ist Erkenntnis möglich und kann dabei als sozialer Prozess auch beständige, kongruente Erkenntnisse (Wahrheiten) erzeugen, wobei diese Erkenntnis selbstverständlich subjektiven, sozialen und kulturellen Prägungen unterliegt. So ist es gleichfalls möglich, eine „erkenntnistheoretische Konstruktivistin [zu] sein, ohne die Erkennbarkeit der Realität oder gar die Realität in Frage zu stellen." (Staub-Bernasconi 2007, 167)

Staub-Bernasconi verweist damit auf einen Zusammenhang, der in Kapitel 3 noch weiter ausgeführt und expliziert wird. Dabei wird vor allem die Frage im Mittelpunkt stehen, auf welchen Erkenntnisebenen sinnvollerweise ein konstruktivistischer Prozess angenommen werden kann, wer diese Konstruktionen erzeugt und wie diese mit tieferen, ontologischen Strukturen zusammenhängen.

Die dichotome Gegenüberstellung von Subjektivismus auf der einen und Strukturalismus[13] auf der anderen Seite stellt für sie eine unzulässige Simplifizierung dar, und so plädiert sie für eine dualistisch-komplementäre Sicht des Menschen und der Gesellschaft. Menschen sind demnach Subjekte mit einer je eigenen Identität, eigenen Zielen und Vorstellungen, sie haben bestimmte Wünsche und Interessen, die sie subjektiv zu verwirklichen hoffen. Ausgehend von einer Sozialtheorie des Menschen, die gleichzeitig dessen Abhängigkeit von anderen Menschen und seine Eingebundenheit in gesellschaftliche Strukturen und Institutionen sieht, wird diese Sichtweise jedoch ergänzt, indem auch soziale Werte und Normen und Machtverhältnisse einbezogen werden.[14]

Zentrales, und auch für die handlungstheoretische Ausrichtung bedeutsames, Element im prozessual-systemischen Paradigma, wie es von Staub-Bernasconi u.a. vertreten wird, ist die Bedürfnistheorie, die ihr Menschenbild prägt. Danach haben Menschen Bedürfnisse, deren Befriedigung ganz wesentlich zu ihrer Lebensgestaltung beiträgt und die – im Gegensatz zu Wünschen – als kulturell invariabel angesehen werden: „Wünsche sind (kulturell) gelernt, Bedürfnisse sind durch die Struktur des psychobiologischen Individuums gegeben." (Obrecht, zitiert nach Staub-Bernasconi 2007, 171) Anders als angesichts dieses Zitats zu vermuten wäre, liegt dieser Definition von Bedürfnissen jedoch keine subjektive, wahrnehmungsabhängige Bestimmung derselben zugrunde, d.h. Bedürfnisse sind keine vom psychobiologischen Wahrnehmungsapparat konstru-

---

13 Staub-Bernasconi (2007, 169 f.) bezeichnet diese Sichtweisen als „individualistisch-subjektzentriert" und „soziozentrisch-holistisch".

14 Die Widerlegung bzw. Anklage einer funktionalistischen Sicht auf den Menschen ist ein weiterer Hauptgesichtspunkt ihrer Theorie (vgl. Staub-Bernasconi 2002; 2007, 113 ff.)

ierten Phänomene. Vielmehr werden sie in materialistischer Sicht als ontische Realitäten aufgefasst, die sich eben durch ihre vorbewusste Existenz auszeichnen. Bedürfnisse werden analytisch unterschieden in biologische, psychische und soziale Bedürfnisse, die sich zu einer komplexen Bedürfniskategorisierung verbinden lassen (Obrecht 2005a; siehe auch den Vergleich der Bedürfnistheorien in Kapitel 4).

Soziale Probleme entstehen schließlich auf der Grundlage dieser Bedürfnistheorie dadurch, dass die Befriedigung der menschlichen Bedürfnisse von bestimmten Strukturen und Prozessen menschlichen Soziallebens abhängig ist, die sehr unterschiedlich (ungerecht) auf diese Bedürftigkeit reagieren. Ausgehend von den universell gültigen Bedürfnissen, die unterschiedlich „elastisch sind", d.h. deren Befriedigung mehr oder wenig lange auf sich warten lassen bzw. dauern kann und dadurch mehr oder weniger drängend ist, hängt diese Bedürfnisbefriedigung mit mehreren Ebenen zusammen. So unterscheidet die Systemtheorie nach Staub-Bernasconi u.a. in Ausstattungs-, Austausch-, Macht- und Kriterienprobleme, die entweder ursächlich oder verstärkend auf die fehlende oder mangelhafte Bedürfnisbefriedigung einwirken. Die auf einer nicht näher explizierten Tauschtheorie[15] basierende Konzeption dieser Problemgenese geht davon aus, dass sich Menschen in sozialen Interaktionsfeldern mit ihren jeweiligen Ressourcen (Ausstattung) begegnen und diese in einem Austauschverhältnis für die soziale Kooperation einsetzen. Dies führt dann weiterhin zu bestimmten Machtkonstellationen und schließlich damit zusammenhängenden Kriteriendefinitionen. Problematisch werden diese Entwicklungen dann, wenn Ressourcen ungleich verteilt sind und die Bedürfnisse bestimmter Menschen nicht ausreichend befriedigt werden. Kommt es weiterhin zu einer nicht nur zeitweisen, sondern dauerhaften Asymmetrie, können sich problematische Austauschbeziehungen manifestieren und daraus bestimmte soziale Anordnungen entstehen, die Macht und Abhängigkeit ebenfalls asymmetrisch verteilen und schließlich in problematischen kulturellen Bewertungen münden (vgl. die Auflistung verschiedener Arten von sozialen Problemen bei Obrecht 2005a, 132 ff.).

Die Systemizität dieser Theorie zeigt sich schließlich in der Annahme einer mehrniveaunalen Existenz von Bedürfnissen und Problemen, die sich in verschiedene Richtungen gegenseitig beeinflussen. ‚Bottom-up'- oder auch ‚Top-down'-Erklärungen sind dabei das Ergebnis einer systemischen Interpunktion von Wirkmechanismen, die auf den verschiedenen Systemniveaus von biologischen, psychischen, sozialen oder kulturellen Erscheinungen entstehen und sich

15 Im Sinne einer theoretischen Weiterentwicklung stünde hier etwa ein kritischer Abgleich mit der „Verdinglichungstheorie" an (Honneth 2005), da sich innerhalb des Austauschverhältnisses zwischen Menschen bekanntermaßen Verdinglichungsphänomene ergeben können.

im gesamten System auswirken können.[16] Soziale Probleme entstehen hiernach im ‚Dazwischen' bzw. der ‚Trajektion' von Menschen und Gesellschaft, Menschen untereinander, innerhalb eines Menschen oder auch zwischen Gesellschaften.

Die handlungstheoretische Stärke der prozessual-systemischen Theorie liegt damit einerseits in ihrer Komplexitätstoleranz, andererseits aber darin, dass sie die Soziale Arbeit in die Lage versetzt, eine sehr genaue Analyse sozialer Probleme vorzunehmen (Staub-Bernasconi 2007), wobei diese Analyse wiederum von einer menschenrechtsbasierten Ethik getragen wird, die zu dezidierten professionsethischen Konsequenzen führt. Mit dem sog. Tripelmandat versucht Staub-Bernasconi, auf der Basis der Formel „Soziale Arbeit ist eine Menschenrechtsprofession" (1998), die bisherige Konstellation von Hilfe und Kontrolle, wie sie durch das Doppelte Mandat (Böhnisch/Lösch 1973) fixiert wurde, in ein neues, erweitertes Spannungsfeld zu bringen. Soziale Arbeit könne sich demnach mit einem aus der Menschenrechtsperspektive gewonnenen eigenen Mandat ausstatten und sei nicht länger abhängig von gesellschaftlichen Vorgaben oder Wünschen bzw. Aufträgen von KlientInnen.

Schließlich bietet Staub-Bernasconi, wenn auch wenige, so doch deutliche Hinweise auf methodische Konsequenzen (Staub-Bernasconi 2007, 271 ff.) und mit dem transformativen Dreischritt (Staub-Bernasconi 2007, 202 ff.) darüber hinaus auch eine handlungstheoretische Programmatik zur Entwicklung eines gesetzmäßigen und nicht planlosen Handelns in der Praxis der Sozialen Arbeit.

Alles in allem liegt mit der systemtheoretischen Arbeit der Zürcher Schule ein sehr entwickeltes Modell der Sozialen Arbeit vor, das ausgehend von einer genauen Analyse des Gegenstandes normative wie professionelle Grundlagen des Handelns aufzeigt, und damit ein komplettes Programm, das ohne weiteres auch in Konzepten und Praxen der Sozialen Arbeit angewandt werden kann. Die hohe Qualität theoretischer Verortung (Erkenntnis-, Wissenschafts- und Professionstheorie) geht dabei einher mit der Möglichkeit, diese Erkenntnisse ohne große eigene Transferleistung auch selbst professionell nutzen zu können.

Der konkrete letzte Schritt hin zu einer Verbindung mit konzeptionellen oder methodischen Handlungsweisen will aber auch Staub-Bernasconi nicht recht gelingen, auch wenn sie die Arbeitsweisen der Sozialen Arbeit zwar aufzählt und erläutert (Staub-Bernasconi 2007, 272 ff.), jedoch nicht in einen zwingenden Zusammenhang mit ihrer Handlungstheorie bringt.

---

[16] Hier sind bislang unbeachtete Parallelen zu den Erkenntnissen der integrierten Medizin (von Uexküll/Wesiack 1996; von Uexküll/Geigges/Plassmann 2002) festzustellen, da auch hier von einem biopsychosozialen Mehrebenen- bzw. Systemmodell ausgegangen wird.

Ökosoziales Modell (maßgeblich: Carel Germain und Alex Gitterman; in Deutschland: Wolf Rainer Wendt)

Eine in gewisser Hinsicht der Lebensweltorientierung und dem systemischen Modell verwandte Theorie stellt das sog. „Life-Model" oder auch das sozialökologische oder ökosoziale Modell dar. Es wurde seit den 1970er Jahren von den amerikanischen Autoren Carel Germain und Alex Gitterman (1988; 1999; 2008) fortlaufend weiterentwickelt und in Deutschland in der Hauptsache von Wolf-Rainer Wendt (1990; 2010a) übernommen. Mit der Lebensweltorientierung teilt dieser Ansatz die Ansicht, dass eine hauptsächliche Fokussierung auf das Zurechtkommen im alltäglichen Leben der Menschen dringend geboten sei. Mit dem systemischen Modell teilt es die Kritik an der Begrenztheit entweder rein individualistischer oder rein soziozentrischer Betrachtungsweisen und die Annahme einer gegenseitigen Wechselwirkung verschiedener Systemebenen, was hier eben als ökologisches Modell verstanden wird.

Die z.T. aus verwandten humanökologischen Theorien (z.B. der Chicagoer Schule um die Soziologen Park/Burgess oder auch der Entwicklungspsychologie Bronfenbrenners) und vor allem von der Stresstheorie (Lazarus/Folkman) inspirierte zentrale Formel lautet:

> "Ecological thinking focuses on the reciprocity of person-environment exchanges, in which each shapes and influences the other over time. This mode of thought differs markedly from the single cause-and-effect linear thinking that now pervades our language, culture, education, systems of ideas, and practice research." (Gitterman/Germain 2008, 53)

Aus dieser ökologisch informierten Perspektive heraus entwickeln die AutorInnen eine Theorie Sozialer Arbeit, die sich diesen Wechselwirkungen widmet und nach Wegen sucht, dies auf „komplexere Phänomene, mit denen wir es auch in der Sozialen Arbeit zu tun haben" (ebd.), zu erweitern. Ihre Problemdefinition lautet deshalb:

> "When a 'good' fit evolves between a person and her or his environment, the person perceives the availability of sufficient personal and environment resources and experiences a condition of *adaptedness*. Put another way, *adaptive* person:environment exchanges support and release human potential and growth, health, and satisfaction. When a 'poor' fit evolves between a person's perceptions of environmental resources and his or her needs and capacities, he or she experiences stress. How overwhelming and disabling clients experience their daily life stress and how effectively they manage the associated life tasks will largely depend upon *the perceived level of fit* between their personal and environmental resources." (Gitterman/Germain 2008, 54; kursiv i.O)

Diesem Verständnis der Sozialökologie entspricht es, nach beiden Seiten (Subjekt und Umwelt) zu schauen und zu analysieren, wie es in deren Wechselwirkung durch Probleme der Ressourcenausstattung oder -nutzung zu unbefriedigenden ‚Passungen' kommt, weshalb dann auch konsequenterweise die Aufgabe Sozialer Arbeit in beiden Sphären gesehen wird. Neben der rein faktischen Situation spielt dabei für Gitterman und Germain auch die situative und subjektive Einschätzung von Lebensbelastung, Stress und Bewältigung eine große Rolle. Überforderungen resultieren dabei aus belastenden Umweltbedingungen (sozioökonomischer wie sozioökologischer Art), aber auch aus dysfunktionalen Familien- und Gruppenprozessen (auch im Sozialraum) sowie schwierigen Lebensereignissen. Gerade letztere werden zusätzlich zu der Bestimmung des Person-Umwelt-Verhältnisses (Person-In-Environment) in Form einer Lebenslaufbetrachtung auch als Zeitperspektive in ihre Theorie eingeführt. Demnach sind – neben Problemen einer sozial benachteiligten Gruppe – im Prinzip alle Menschen von Lebensaufgaben betroffen, die sie im Sinne einer gelingenden Lebensführung für sich, aber mit Hilfe der sozialen Umwelt lösen müssen. Obwohl sicherlich der Schwerpunkt auch in dieser Theorie auf dem gelingenden Handeln von Subjekten liegt, erwähnen Gitterman und Germain (2008, 55 f.) immer wieder zumindest auch das Risiko einer Umweltschädigung, womit sicherlich vornehmlich die soziale Umwelt gemeint sein dürfte und im Besonderen natürlich die sozialen Gruppen oder Gemeinschaften, mit denen die Subjekte konkret zu tun haben. Bei genauerem Hinsehen ist diese Umweltschädigung selbst zwar Resultat menschlicher Aktivitäten, vor allem von Machtgebrauch und Unterdrückung vulnerabler Gruppen, wird aber wiederum dadurch zu einem Risikofaktor für die subjektive Lebensführung.

Gitterman und Germain (2008) formulieren in ihrem Werk eine eher verkürzte allgemeine Handlungstheorie, die im Sinne des (US-amerikanischen) Pragmatismus wenige Annahmen über die Herkunft oder Genese der Probleme und den Bearbeitungsmöglichkeiten enthält, dafür auf der anderen Seite aber eine sehr genaue, spezifische und damit praktische Handlungstheorie, die sowohl bei Einzelnen, Familien und anderen Gruppen, Institutionen wie auch im Gemeinwesen und in Sozialräumen, ja sogar im politischen Bereich ihre Anwendung findet. Daher stellt es eine Stärke dieses „Life-Models" dar, dass die Hilfeprozesse bei Einzelnen und Gruppen (inkl. Familien) sowie die Praxis auf Gemeinwesen-, Organisations- oder politischer Ebene sehr genau beschrieben werden können.

Dem einzigen namhaften deutschen Vertreter des ökosozialen Ansatzes, Wolf-Rainer Wendt (2010a), ist das Verdienst zuzuschreiben, dessen theoretische Annahmen mit dem aus der Einzelfallhilfe entwickelten Case-Management zu kombinieren. Case-Management als Unterstützungsmanagement (2010b) nimmt den Gedanken auf, dass Menschen bzgl. ihrer Lebensführung in einer modernen und komplexen Welt mit ihren sozioökonomischen und sozioökologischen Risiken durch eine koordinierte Hilfe besser unterstützt und dadurch gleichzeitig auch gesellschaftliche Ressourcen geschont werden können.

Subjekttheorie (Michael Winkler)

In seiner „Theorie der Sozialpädagogik" (1988) entfaltet Michael Winkler eine Subjekttheorie, die von eben dieser Subjekt-, aber ebenso von einer Ortsperspektive geprägt ist. Beide Begriffe sieht Winkler als konstitutiv für die Sozialpädagogik an. Menschen sind unweigerlich als Gesellschafts- und Kulturwesen zu sehen, denen als „erste Freigelassene der Schöpfung" (Herder) bzw. als kompetentes Mängelwesen (Gehlen) nicht nur die Aufgabe, sondern auch das Schicksal zukommt, sich in ihrer Umgebung (inkl. der sozialen) stets orientieren und handlungsfähig sein zu müssen. Diese sich dem Menschen eröffnende Perspektive der Aneignung(-snotwendigkeit) stellt für Winkler gleichzeitig das „sozialpädagogische Problem" (Winkler 1988, 105) dar, weil diese „Totalität des menschlichen Lebensvollzuges" nicht immer unproblematisch verläuft. Gesellschaftliche Reaktionen auf diesen Lebensvollzug – die Wahrnehmung des Individuums als deviant, krank oder behindert – sind dabei ebenso Thema wie individuelle Probleme des einzelnen Subjekts in seiner Weltaneignung:

> „Das Subjekt ist der gedanklich für die menschliche Praxis entworfene Modus, in welchem der moderne Mensch die Widersprüche der Welt aushalten und zugleich initiativ, neu gründend und verändernd wirken kann. In ihm wird – zunächst begrifflich, dann aber doch als handlungsleitendes Motiv real – die Verfügbarkeit über die Welt erobert." (Winkler 1988, 140).

Das Subjekt spielt somit bei Winkler handlungstheoretisch[17] insofern eine große Rolle, als mit ihm die Vorstellung eines autonomen, aber auch verantwortlichen Wesens einhergeht (Winkler 1988, 143), welches sich selbst identitär entwirft und gleichzeitig in soziale Bindungen und Beziehungen, in gesellschaftlichen Ordnungen eingebunden ist, die es zum Teil selbst gestaltet, denen es aber auch ‚ausgesetzt' ist. Diese Selbst- und Fremdidentifizierung ist – so eine Aufgabe der Sozialpädagogik – in und durch Erziehungs- und Bildungsprozesse zu begleiten und zu unterstützen. Winkler bietet zur Diagnose des sozialpädagogischen Problems und damit Auftrags zwei Unterscheidungen bzgl. dieser Identität an:

---

[17] Hier ist nicht die professionelle Handlungstheorie, sondern eine allgemeine Handlungstheorie menschlicher Praxis gemeint (siehe dazu auch Benner 2005; Birgmeier 2011)

Erstens kann gelingende Aneignung[18] als ein „Modus der Identität" bezeichnet werden und im Gegensatz dazu:

> „Zerbricht aber die Aneignungsdialektik von modaler Subjektivität und modaler Objektivität, weil – aus welchen Gründen auch immer – eine Tätigkeitsbeziehung nicht zu verwirklichen ist, so entsteht der Modus der Differenz." (Winkler 1988, 153)

Diesen unterteilt Winkler wiederum in einen absoluten und einen relativen Modus der Differenz, wobei der letztere dadurch gekennzeichnet ist, dass die Aneignung „nicht einmal annäherungsweise" (1988, 157) gelingt und sich nach Ansicht Winklers damit auch eine Starre und Entwicklungshemmung ergibt. Der relative Modus der Differenz ist dagegen durch eine aktive Aneignung gekennzeichnet, die dann aber mit gesellschaftlichen Normen kollidiert und somit als Modus gelingender Lebensgestaltung stets prekär ist.

Gleichzeitig spielt bei Winkler auch die Bildungsumgebung (als gestaltete Aneignungssphäre) eine große Rolle: Sozialpädagogisch gestaltete Orte bzw. Räume lassen sich also als ein Versuch interpretieren, die Aneignungs- und Lebensgestaltungsmöglichkeiten von Menschen zu erhöhen. Dazu müssen sie einen Aufforderungs- und Anregungscharakter ebenso aufweisen, wie sie auf der anderen Seite auch Sicherheit vermitteln müssen, ohne die ‚angstfreies Lernen' nicht möglich ist. Hier entwickelt die Theorie Winklers eine deutliche Nähe zu sozialökologischen und teilweise auch systemischen Ansätzen, die ebenfalls die sozialräumliche Komponente als wesentlichen Faktor ansehen. Sozialpädagogik, so Winkler, verfolgt

> „nämlich zuallererst das Ziel, Lebensbedingungen zu schaffen, welche den Individuen nicht bloß existenzielle Sicherheit geben, sondern Lern- und Entwicklungsmöglichkeiten eröffnen, die schließlich zu einem selbstbestimmten Leben führen, in welchem vor allem auch die Traditionszusammenhänge durch die Betroffenen selbst bestimmt und gestaltet werden. Sozialpädagogik will somit in ihrem eigenen Selbstverständnis helfen, dass die Individuen ihre Rolle als Opfer von Verhältnissen überwinden und ihre Lebensbedingungen als Subjekte selbst ausfüllen." (Winkler 1988, 265)

Winkler gelingt es, in seiner Theorie der Sozialpädagogik die grundlegenden Auf- und Anforderungsmuster an die professionelle Unterstützung der menschlichen Lebensführung zu begründen und mit dem Schema ‚Identität-Differenz' eine analytische Grundlage zur Erfassung des sozialpädagogischen Handlungs-

[18] vgl. zum Aneignungsbegriff auch Scheu/Autrata (2011) sowie die Arbeiten Holzkamps zur Lebensführung (1995) und auch allgemein: May (2004) sowie Winkler (2004). Ebenfalls als zielgruppenspezifische Anwendung des Aneignungskonzepts Deinet/Reutlinger (2004).

bedarfs anzubieten. Konkrete Handlungsweisen resultieren daraus aber auch bei ihm nicht, sieht man von der Subjektbefähigung und der Ortgestaltung einmal ab, aber auch diese bleiben eher allgemein.

Unterm Strich können wir also bei allen hier behandelten Theorien der Sozialen Arbeit feststellen, dass ihre Stärken mehr in der Darstellung einer allgemeinen Handlungstheorie liegen, wobei sie dafür auf der Seite der spezifischen Handlungstheorie bzw. der Überleitung hierzu eher schwach bleiben. Was vielfach fehlt, ist eine Konkretisierung der handlungstheoretischen begründeten Wege einer sich professionell verstehenden Sozialen Arbeit. Aus diesem Grund soll im Weiteren eine praxeologische Handlungstheorie entwickelt werden, die die Ebenen der allgemeinen wie auch der spezifischen Handlungstheorien vereint.

2.3 Prämissen einer praxeologischen Handlungstheorie

Will man Aussagen zur Professionalität sozialarbeiterisch-sozialpädagogischen Handelns treffen, so ist dem eine wichtige Unterscheidung voranzustellen, denn Status bzw. Anerkennung eines Berufes als Profession einerseits und dessen Professionalität im Handeln andererseits stellen zwei unterschiedliche Aspekte dar und sollten daher gerade in der Sozialen Arbeit auch klar voneinander getrennt betrachtet werden (Heiner 2004). Identifizierung und Identität der Professionalität wie auch der disziplinären Zuordnung zu einem bestimmten Wissens- und Kompetenzrepertoire spielen daher eine große Rolle und hängen eng miteinander zusammen.

Wenn auch die Merkmale der klassischen Professionen,[19] wie sie von Heiner (2004, 15) aufgeführt werden, von der Sozialen Arbeit (noch) nicht vollständig erfüllt werden (können), so besteht doch zumindest innerhalb der Sozialen Arbeit Konsens darüber, dass sie ihre Professionalität seit Beginn der beruflichen

19 Die Annahme, dass es ‚klassische Professionen‘ gibt bzw. jemals gab, ist angesichts der historischen Entwicklung wie auch der aktuellen Lage jener Professionen, die wir damit klassischerweise verbinden, also beispielsweise Ärzte, Juristen, Architekten etc., stark zu bezweifeln. Jedenfalls ist hier angesichts auch deren Abhängigkeit von kulturellen, gesellschaftlichen und vor allem rechtlichen und ökonomischen Voraussetzungen ihres Handelns ein gewisses Maß an Skepsis wohl mehr angebracht als eine Stilisierung ihrer angeblichen Autonomie. Vor allem die ärztliche Zunft erlebt gerade durch die zunehmende „Verbetriebswirtschaftlichung“ der Medizin einen spürbaren Einfluss der Ökonomie, gegen den sie sich zwar moralisch und faktisch wehrt, im Ergebnis aber kaum vollständig widersetzen oder entziehen kann. Aus diesem Grund ist die Gegenüberstellung von klassischen und neuen Professionen zumindest in dieser Hinsicht zu relativieren, was auch die Soziale Arbeit und ihren Professionsstatus in ein anderes Licht rückt.

Entwicklung kontinuierlich steigern konnte.[20] So kann die Profession mittlerweile auf eine spezielle Expertise, eine akademische Ausbildung, eine Betreuung mit Aufgaben grundlegender Bedeutung und einen beruflichen Kodex verweisen, wohingegen die abgegrenzte Kompetenzdomäne, die Autonomie der Profession sowie die damit verbundenen Entscheidungsräume sicherlich weiterhin wenig entwickelt bzw. fortwährenden oder wiederholten Anerkennungskrisen unterworfen sind. Nebenbei sei bemerkt, dass auch die vormals klassischen Professionen, wie etwa die Medizin, sich vor allem ökonomischen Eingriffen in ihre Kompetenzdomäne und ihre Autonomie ausgesetzt sehen, wie im Falle der Medizin etwa durch strukturelle Änderungen in der Finanzierung und der ethischen Bewertung von Maßnahmen durch die Einführung neuer Entgeltsysteme deutlich wird. Auch die Notwendigkeit einer multi-, wenn nicht sogar interprofessionellen Kooperation in den verschiedenen Arbeitsfeldern des Gesundheitswesens stellt die klassische Profession der Medizin vor neue Herausforderungen (vgl. Sachverständigenrat 2005, 2007, 2009)

Professionalisierung ist immer auch mit Anerkennungsfragen verbunden, die den sozialen Rahmen bilden und die die Profession in einen bestimmten Anerkennungsrahmen zwingen, wie Heite (2008) überzeugend argumentiert. Unter Berufung auf die Arbeiten von Axel Honneth wurden von ihr die drei Anerkennungssphären „Liebe/Fürsorge", „Leistung" und „Recht" auf die Bemühungen der Sozialen Arbeit bezogen, und es konnte von ihr gezeigt werden, dass hier durchaus in der Professionalisierungsgeschichte Erfolge zu zeitigen sind, aber stets in der dialektischen Auseinandersetzung mit gesellschaftlichen Fragen. Die Anerkennung gesellschaftspolitischer Moden, wie etwa aktuell die der „manageriell-marktlogischen Leistungsrationalität" (Heite 2008, 197), bescheren Anerkennungserfolge auf Seiten der Profession, aber unter Inkaufnahme von professionsfremden Rationalitäten, wie etwa der ökonomisch-manageriellen Logik. Wesentliches Merkmal moderner Sozialer Arbeit ist demnach, dass sie sich als Profession in einem gesellschaftlichen Kräftefeld bewegt, welches ihr schnelle Anerkennung durch aktuell als positiv bewertete Ideale verspricht, was aber auf der anderen Seite zum Verlust eigenständiger Identität beitragen kann. Dieser Gefahr kann sie nur durch stetige Reflexion und dadurch begründete, professionseigene Positionen begegnen.

Ich teile mit Heite die Favorisierung der Anerkennungsrationalität Recht sowie des normativen Bezugspunktes der Gerechtigkeit „als professionstheore-

---

[20] Abgesehen von der missbräuchlichen Verwendung professioneller Standards (wie etwa der Sozialen Diagnostik oder der Nähe zu KlientInnen der Fürsorge) im Nationalsozialismus ist durchaus eine fortschreitende Entwicklung festzustellen. Auch die Zunahme an professionellen Fachkräften (Züchner/Cloos 2010) ist ein – wenn auch eher schwacher – Indikator für diese Erfolgsgeschichte.

tisch und politisch adäquate[r] und vertretbare[r] Form der Professionalisierung„ (Heite 2008, 197), die eine mehr eigenständige, wenn auch nicht vollständig gesellschaftskompatible Beschreibung des Anspruchs Sozialer Arbeit bietet. Mit dem Capabilities Approach sowie dem Menschenrechtsansatz sind weitere professionsstärkende Ideen bzw. Modelle gewonnen, die die Eigenständigkeit der Sozialen Arbeit argumentativ unterstützen.

Soziale Arbeit ist in ihrer professionstheoretischen Reflexion immer auf herrschaftskritisches Innehalten und Betrachten der Wirkmechanismen von Anerkennung angewiesen und kann sich ihrer ‚Erfolge' nur insoweit erfreuen, als sie der kritischen Reflexion standhalten kann. Dies ist deshalb konstitutiv, da es sich bei der Sozialen Arbeit nicht um ‚irgendeine Profession' handelt: Vielfach ist sie mit Aufgaben von hoher gesellschaftlicher Relevanz und Sensibilität betraut und zudem abhängig von sozial- und ordnungspolitischen Rahmungen.

So hat bereits die gesellschaftskritisch motivierte Methodendiskussion der 1970er und 1980er Jahre dazu beigetragen, Unschärfen und Fehler in der professionellen Herangehensweise sowohl in analytischer als auch in normativer Hinsicht aufzuzeigen. An der Entwicklung der Debatte um Soziale Diagnostik zeigen sich beispielhaft diese Erfolge einer professions- und disziplininhärenten Kritik und die Möglichkeiten einer Weiterentwicklung bestehender Ansätze (vgl. beispielhaft Kunstreich u.a. 2003). Allerdings kann sich Soziale Arbeit auch bei vorliegenden, den professionellen wie ethischen Standards der Sozialen Arbeit entsprechenden Methodiken trotzdem nicht sicher sein, dass diese z.B. im Sinne einseitig ökonomischer Interessen ‚missbraucht' werden (siehe beispielhaft die inflationäre und häufig extraprofessionelle Nutzung des Empowerment oder Case Managements).

Exkurs zur eigenen Verantwortung einer Wissenschaft Soziale Arbeit

Inwieweit trägt Soziale Arbeit – wie jede andere Wissenschaft auch – die Verantwortung für ihre (Er-)Kenntnisse und deren Verwendung? Bereits der französische Philosoph Jean-Jacques Rousseau (1712-1778) versuchte darauf – allerdings mit umgekehrten Vorzeichen – eine Antwort zu finden. Auf die Preisfrage der wissenschaftlichen Akademie von Dijon „Hat die Wiederherstellung der Wissenschaften und Künste dazu beigetragen, die Sitten zu läutern?" antwortet Rousseau in seiner vielbeachteten Analyse („Abhandlung über die Wissenschaften und die Künste") mit einem Nein, denn die von ihm damals beobachtete gesellschaftliche Dekadenz der höheren Schichten und der von ihm prognostizierte Niedergang gesellschaftlicher Sitten sei auch nicht von den Wissenschaften aufzuhalten oder aufgehalten worden. Heute könnte man anders herum fragen, warum trotz oder gerade wegen der fortgeschrittenen Wissenschaft viele der von ihr erzeugten Erkenntnisse, Lösungen gesellschaftlicher Fragen und deren Anwendung sich häufig entgegen der mit der wissenschaftlichen Arbeit ursprünglich verbundenen Wertegebundenheit entwickeln bzw. deren Anwendung losgelöst von diesem Wissenschaftskonnex stattfindet und damit potentiell „verantwortungslos" ist. In gewisser Weise können wir hier auch mit Max Weber (1864-1920) antworten, dass wohl genauer zwischen einer Gesinnungs- und Verantwortungsethik zu unterscheiden wäre. Wo die Gesinnungsethik sich dadurch auszeichnet, dass – unterstellt, dass mit der Wissenschaft zunächst humane, das menschliche Leben verbessernde Ziele angestrebt werden – diese positive Gesinnung auch zu positiven Folgen bzgl. der Nutzung wissenschaftlicher Erkenntnisse führt, kann dies verantwortungsethisch nicht automatisch angenommen werden.

Hat also die Wissenschaft eine Verantwortung für ihre Erkenntnisse und deren Verwertung? Ja und Nein möchte man antworten, denn natürlich sind Erkenntnisse nie interessensfrei, sowohl auf Seiten des Wissenschaftlers, der entweder sein Ego und/oder seine Karriere damit befördern möchte, noch auf Seiten der in der Praxis Interessierten, die mit einer Problemlösung einen konkreten Gegenstand bearbeiten wollen. Selbst wenn man unterstellte, dass sich Wissenschaftler frei von individuellen Interessen rein der Wahrheit verpflichtet fühlten, so bliebe die Frage bestehen, wie sie sich den Umgang mit dieser Wahrheit außerhalb ihres Wirkungsbereiches vorstellen. Mit Thurnherr (2010, 116 f.) sollten wir daher zwischen individueller und institutioneller Verantwortung unterscheiden, denn individuelle Verantwortung (die sich z.B. in der Festlegung der Grenzen und der Anwendungsprobleme des Wissens zeigen könnte) kann zwar bestehen, dies bedeutet aber noch lange nicht, dass sich Institutionen dieser Festlegungen nicht entledigen, sie vergessen oder sie als unpassend deklarieren.

Wissenschaft kann sowohl als Orientierungs- als auch Produktionsfaktor aufgefasst werden (Mittelstraß 1989) und auch eine Soziale Arbeit als Wissenschaft produziert Wissen für die Anwendung in der Praxis. Dabei geht häufig die Orientierung, wozu und wie diese Anwendung genutzt werden sollte und somit ihre moralische Bestimmung, verloren. Habermas (1973, 173) hat dies als „erkenntnisleitendes Interesse an möglicher technischer Verfügung" beschrieben, wobei erkenntnisleitende Interessen eben mehr sind als reine Tatsachen, die scheinbar objektiv und neutral zu bewerten sind. „Tatsachen werden nicht konstituiert, denn Tatsachen sind keine Entitäten *in der Welt*, sondern Korrelate von Aussagen auf der Ebene von *Argumentationen*. [kursiv i. O.]"

Wissenschaftliches Arbeiten ist also häufig eine Tatsachendarstellung, die getrennt von ihrer ontologischen Herkunft Geltung beanspruchen und jenseits dieses Ursprungsorts (gedanklicher wie materieller Art) praktisch verwandt werden will. Will man dagegen ein emanzipatorisches Erkenntnisinteresse durchsetzen (und kein rein rational-technisches), so sind mit der ‚Freilassung' der Erkenntnis oder auch der Technik auch deren moralischen Implikationen zu vermitteln, ja nicht nur das: Die Technik/Methode ist eng an das moralische Interesse zu koppeln.

Obwohl Soziale Arbeit hier vornehmlich als praxeologische Handlungswissenschaft aufgefasst und entwickelt wird, gibt es angesichts der Verantwortung von Wissenschaft und Forschung, insbesondere wenn ihre Ergebnisse und Erkenntnisse praktisch werden, doch eine gewisse Notwendigkeit, die reflexive Gestalt der Sozialen Arbeit weiterhin zu beachten, um so stets den eigenen Gewissheiten auf der Spur zu bleiben (Dewe/Otto 2010). Dass dies nicht zwangsläufig in die Semiprofessionalität führen muss, wird im Weiteren argumentativ ausgeführt.

Trotzdem ...

Bei aller berechtigten Kritik bzgl. der Missbrauchsgefahr theoretischer Erkenntnisse bleibt doch ein gesichertes Maß an theoretischer wie methodischer Weiterentwicklung in der professionellen Gestaltung Sozialer Arbeit notwendig. So wird im Folgenden auch weniger ein berufsstrukturelles Modell von Professionalität als vielmehr ein handlungsorientiertes und kompetenzbezogenes Modell von Professionalität verfolgt, welches sich stärker auf die Problemlösungskompetenz und wirkungsvolle Interventionen (Albus u.a. 2010; Sommerfeld/Hüttemann 2007; Otto/Polutta/Ziegler 2007) konzentriert und versucht, hier für die Soziale Arbeit angemessene Kriterien professionellen Handelns zu entwickeln.[21] Dabei stellt neben der gesellschaftstheoretischen Kontrolle des ‚richtigen Einsatzes' auch die professionstheoretische Kontrolle der Wirkung ein unerlässliches Gütesiegel Sozialer Arbeit dar.

Nach wie vor scheint es nicht gelungen, eine eigenständige Expertise der Sozialen Arbeit, sozusagen als exklusive Domäne, innerhalb der Gesellschaft mittels einer klaren Identität und Zuständigkeit zu etablieren, die sowohl in der Fremd- als auch in der Selbstwahrnehmung übereinstimmt.[22] So wird in vor

---

21 In diesem Zusammenhang sei auf den Versuch von Otto u.a. hingewiesen, den Capabilities Approach für eine Wirkungsmessung zu operationalisieren (Albus u.a. 2010; Otto u.a. 2007; siehe auch Röh/Jakobs 2009)

22 Kleve (2003, 119 ff.) geht sogar so weit zu behaupten, dass die krampfhafte Identitätssuche und -fixierung angesichts postmoderner „Gemüts- und Geisteszustände" gar nicht notwendig sei. Vielmehr laufe die Identitätsfrage angesichts konstruktivistischer Prämissen des postmodernen Denkens auf eine Paradoxie hinaus, da sich die „Identität" Sozialer Arbeit gerade durch die Unmöglichkeit einer Identifizierung spezifischer Eigenschaften zeige. Diese Eigenschafts-

allem krisenhaften Diskussionen (z.B. um den Kinderschutz) als Erstes die Professionalität von SozialarbeiterInnen und SozialpädagogInnen angezweifelt, bevor überhaupt über Rahmenbedingungen der Erbringung dieser Professionalität gesprochen wird. Gleichzeitig bestehen nach wie vor Abgrenzungsprobleme zum Alltags- oder Laienwissen, da grundlegende Phänomene wie Helfen oder auch Kooperation immer auch ohne Professionalität, wenn auch prekär, möglich sind.[23] Auch innerhalb der Sozialen Arbeit selbst wurde und wird an der eigenen Professionalität immer wieder mal gezweifelt, wird vielfach eine „halbierte Professionalität" (Olk 1986, 218 ff.) oder eine „bescheidene Profession" (Schütze 1992) konstatiert, deren Wirkung immer an den institutionellen und gesetzlichen und damit letztlich gesellschaftlichen Rahmenbedingungen gemessen wird. Sicherlich ist Olk (1986) recht zu geben, dass sich professionelle Soziale Arbeit weitgehend nur im Kontext sozialstaatlicher Entwicklungen vorstellen lässt, sich entlang dieser entwickelt hat (Sachße/Tennstedt 1980, 1988, 1992; Böhnisch/Arnold/Schröer 1999). Allerdings bereitet dieser Fokus auf die sicherlich bestehenden Abhängigkeiten von gesellschaftlichen Vorgaben in zweierlei Hinsicht Schwierigkeiten: (1) Die wechselseitige Beeinflussung von Initiativen und Programmen, die zum Teil aus Selbsthilfe(-bewegungen), zum Teil aus fehlender staatlicher Sicherung resultieren, und gesellschaftlichen Rahmenbedingungen lässt zumindest im internationalen Sinne erkennen, dass die Professionalität sozialer Hilfen erstens nicht immer an vorherige staatliche Rahmung gebunden ist, zweitens jedoch diese staatliche Rahmung für eine Konsolidierung und Verbreitung der Bemühungen benötigt wird. (2) Des Weiteren ist mit dieser Fokussierung die Erkenntnis blockiert, dass sich auch innerhalb gegebener staatlicher Rahmung professionellen Handelns in der Sozialen Arbeit eigene Problemlösungsansätze entwickeln können, und vor allem wird dadurch die ethische Begründung einer notwendigen, wenn auch gleichfalls aktuell nicht finanzierten oder legitimierten professionellen Problemlösung blockiert.

Auf beide Begrenzungen wird hier mit Blick auf den international diskutierten Ansatz des Capabilities Approach ebenso geantwortet, wie dies auch mit einem menschenrechtsbasierten Ansatz erfolgen kann (vgl. Staub-Bernasconi 2007; Mührel/Röh 2007, 2008).

losigkeit resultiere aus dem Generalismus und dem Metawissen der sozialarbeiterischen Professionalität. Dies resultiert bei Kleve schließlich in einer (typisch konstruktivistisch-systemischen) Umdeutung: „In der Schwäche, sich als Sozialarbeit nicht klar identifizieren zu können, liegt die Stärke, die eigentliche Professionalität sozialarbeiterischer Praxis." (Kleve 2003, 124 f.)

23 Diese werden derzeit auch im Rahmen einer immer weitreichenderen Thematisierung von Aktivierungs- und Gemeinschaftsidealen erneut in den Blick genommen (siehe beispielhaft die Inklusionsdebatte, z.B. Dörner 2007, 2012).

In Kenntnis der u.a. von Müller (2010) formulierten Schwierigkeiten, Professionalität nicht frei von gesellschaftlichen und vor allem institutionellen Rahmenbedingungen formulieren zu können, wird hier trotzdem versucht, eine zunächst ‚reine' Theorie normativ begründeten, professionell selbstbewussten Handelns zu präsentieren, die in ihrer praxeologischen Anwendung natürlich eine Real-Utopie bleibt und sich an den aktuellen gesellschaftlichen Bedingungen und Ideen ‚reiben' muss und somit nur zu einer relativen Autonomie führen kann. Anders formuliert: Ich gehe mehr von einer wirkungsvollen Professionalität aus, die erst dadurch in die Lage versetzt wird, die für Wirkungsqualität maßgeblichen Rahmenbedingungen zu reklamieren, anstatt sie passiv zu konsumieren. Damit wird die Profession auch in die Lage versetzt, eine klare Identität herauszubilden, wenngleich diese tatsächlich eine komplexe Identität in einer komplexen Welt darstellt.

2.4 Praxeologie und Expertenverständnis Sozialer Arbeit

Wenn Soziale Arbeit eine Handlungswissenschaft ist (zur Einschränkung siehe Birgmeier 2011), also eine Wissenschaft, die sich mit der Möglichkeit menschlicher Handlung befasst, und gleichzeitig eine Wissenschaft, deren dazugehörige professionelle Praxis sich als ein Handeln in gesellschaftlichen Zusammenhängen ausdrückt, so ergibt sich eine Dualität innerhalb des Praxeologie-Begriffs.

Praxeologie wäre dann – im Sinne Bourdieus – einerseits eine spezifische Betrachtung menschlicher Handlung und gleichzeitig ein wissenschaftsbasierter Modus des professionellen Handelns. Beide hängen miteinander zusammen, sind aber zunächst einmal analytisch zu trennen:

> „Für Bourdieu sind weder ‚objektive Strukturen' (Verhältnisse) noch das unmittelbare, situationsgebundene Handeln der AkteurInnen der zentrale Punkt seiner Praxeologie, sondern das Verständnis der Logik der Praxis, also des *modus operandi*, der es Menschen ermöglicht, in der Vielfalt und jeweiligen Besonderheit tausendfacher alltäglicher Handlungen, in Beziehung zu und in Kooperation mit anderen sinnvoll, mit einer gewissen Regelhaftigkeit zu agieren und dabei – ohne dass dies individuelles Handlungsziel ist – das zu reproduzieren, was allgemein ‚die Gesellschaft' oder auch die Strukturen der sozialen Welt genannt wird." (Dölling 2011, 6; kursiv i. O.)

Preis (2009) weist darauf hin, dass sich eine Praxeologie als „angewandte Logik des Handelns" (157) verstehen lässt, und er plädiert dafür, eine „Theorie zu entwickeln, die der Komplexität und Widersprüchlichkeit der Praxis gerecht werden kann bzw. aufzuzeigen, wo die Grenzen der Möglichkeiten eines theoriegeleiteten Handelns liegen" (167). Eine Praxeologie ist damit für Preis ein merkwürdiges, schimärisches Wesen, das sowohl konkret als auch diffus-offen bleiben sollte. In dieser Bewertung steckt ein Problem, zumindest für grundlagenwissenschaftliche Bemühungen. Wenn es nämlich, wie Winkler annimmt, die Aufgabe von Theorie sei, sich Probleme zu überlegen, so sei es auf der anderen Seite die Aufgabe der Praxis, konkrete Probleme zu lösen (Winkler 1995, 103). Diesen Kontrast kann und will eine handlungswissenschaftliche Theorie Sozialer Arbeit nicht weiter perpetuieren. Vielmehr spricht ihr da die Theorie-Praxis-Vorstellung des Pädagogen Erich Wenigers (1894-1961) zu, der von drei verschiedenen Ebenen von Theorie ausging: erstens die der Praxis inhärente und dem Praktiker meist unbewusste, weil unreflektierte Theorie des tatsächlichen Handelns, zweitens das Handlungswissen des Pädagogen und die theoretische Begründung des eigenen Handelns sowie schließlich die Theorie des Theoretikers, die Praxis aufklärt und entwirft (vgl. Weniger 1929).

Eine Praxeologie Sozialer Arbeit, wie sie hier entwickelt werden soll, wäre demnach in der Verschränkung der Theorie des Theoretikers mit der Praxis zu sehen, sodass diese sich selbst aufklären kann oder aufgeklärt wird und damit über mehr begründetes Handlungswissen verfügt.

Menschen sind keine trivialen Systeme – von der Begrenzung und Begrenztheit professioneller Wirkung

Auf jeden Fall ist eine professionelle Praxeologie nur vorstellbar, wenn man gleichzeitig die Begrenzung und Begrenztheit professioneller Intervention innerhalb sozialer Zusammenhänge erkennt. In diesem Sinne gehe ich hier mehr von einer systemisch informierten Relativität der Wirkmächtigkeit professioneller Handlungen als von einer naiv technokratischen Professionalität aus.

Die von Heinz von Foerster (1993) vorgetragene Einsicht zweier grundlegender epistemologischer und handlungstheoretischer Mechanismen soll auch hier verwandt werden. Erstens, so Foerster, können wir von der Idee einer „trivialen Maschine" ausgehen, von einem Modell, das uns die Erfolge bestimmter Wissenschaften, wie etwa der Medizin, erklären hilft. Das Modell der trivialen Maschine ist hervorragend dafür geeignet, die Möglichkeit operativer Eingriffe in den menschlichen Körper gedanklich vorzubereiten, zu erklären und durchzuführen. Dieser Möglichkeit (und auch dem Mut, operativ einzugreifen, der historisch gesehen ein Meilenstein in der Verbesserung der gesundheitlichen Lage darstellt) ist jedoch gleichzeitig die Unmöglichkeit zur Seite gestellt, den Menschen immer als triviale Maschine zu sehen, was sich u.a. an den noch vielfach unerklärten Wirkungen, Nebenwirkungen und Wechselwirkungen von Medikamenten und weiteren Grenzen der Schulmedizin aber auch an lerntheoretischpädagogischen Problemen zeigt. Der Wirkungskreis des Modells „triviale Maschine“ ist daher auf technisch-medizinische oder auch biomedizinische Bereiche, wie etwa Operationen, begrenzt. Gänzlich unbrauchbar wird das Trivialitätsmodell in der Bildung, Erziehung, Beratung oder auch Behandlung von Menschen im psychosomatischen oder psychotherapeutischen Sinne, was zur Erkenntnis geführt hat, dass sich diese Eingriffe nur indirekt auf die Verbesserung der gesundheitlichen Lage auswirken können (vgl. zur medizinischen Problematik von Uexküll/Geigges/Plassmann 2002 sowie zur pädagogischen Begrenztheit Benner 2002). Deshalb ist das triviale Modell durch sein „non-triviales“ Pendant zu ergänzen. Dieses findet in den letztgenannten medizinischen Sektoren ebenso Beachtung wie in der Sozialen Arbeit, die sich in den allermeisten ihrer Einflussbereiche auf ein „non-triviales“ Modell des Menschen und seiner Umgebung einlassen sollte. Dieses Modell versteht menschliches Denken, Fühlen und Handeln als eine Art ‚Black-Box‘, die nicht direktiv von außen, z.B. durch professionelles Handeln, beeinflusst werden kann. Das kognitive und emotionale Innenleben eines Menschen sowie sein soziales ‚Außenleben‘ sind daher viel angemessener zu beschreiben, wenn wir die damit einhergehenden Prozesse als nicht-eindeutig, nicht-vorhersehbar und als nicht direkt instruierbar verstehen. Unter Anwendung der professionstheoretischen Überlegungen Schöns (1983) können wir davon ausgehen, dass sich für die Soziale Arbeit daher viel eher eine Epistemologie der Praxis eignet, die deren „complexity, uncertainty, instability, uniqueness and value-conflict“ (Schön 1983, 18) berücksichtigt. Eine augenfällige Übereinstimmung zwischen diesen von Schön für jede professionelle Praxis gefundenen Merkmalen besteht zu zwei Theoriebeiträgen aus der Sozialen Arbeit. Zum einen handelt es sich dabei um die von Jane Addams erwähnte „vortex-causation“, die sie bezeichnet als das „innerrelated field of personal difficulties, bewildering legal requirements, ill health and conflicting cultures which the settlements find so baffling (Addams 1930, 224).“ Zum anderen möchte ich der Beschreibung Kleves (1999, 73) folgen, der die Soziale Realität m.E. treffend als „hyperkomplexe, polykontexturale und heterarchische Form“ bezeichnet. Allerdings folgt daraus für mich nicht die von ihm sonst vertretene konstruktivistische Sicht, sondern vielmehr ein kritisch-realistischer Blick (vgl. Kapitel 3).

Soziale Arbeit ist also darauf angewiesen, sich auf eine gewisse ‚Unordnung‘ einzulassen und damit auch ihre begrenzte Reichweite zu akzeptieren, die eben durch diese Unvorhersehbarkeit subjektiven und kollektiven Handelns sowie durch die lebensweltliche Komplexität wesentlich geprägt ist.

Dass dies aber nicht zum Verlust professioneller Handlungsfähigkeit führen muss, ist Ergebnis der Fähigkeit der Profession, sich auf diese Prozesse einzulassen und trotzdem diejenigen Handlungen zu identifizieren und durchzuführen, die eine Veränderung erzeugen können.

Zum Expertenverständnis

Nachdem sich zumindest im Nachkriegsdeutschland nach 1945 ein wachsendes Selbstbewusstsein der Sozialen Arbeit hinsichtlich ihrer positiven Bedeutung erst wieder entwickeln musste, sind – auch durch den Re-Import von Methoden und Theorien – bis Ende der 1960er Jahre einige professionelle Standards gesetzt worden (Gruppenarbeit, Einzelfallhilfe; siehe Müller 1992), die dann jedoch der starken Kritik der studentenbewegten und vor allem marxistisch geprägten Ideologie ausgesetzt waren. Ebenfalls wurde das professionelle Selbstverständnis durch die sozialen Bewegungen, insb. die Betroffenenbewegungen der 1980er und 1990er Jahre, immer wieder herausgefordert, sich neu zu positionieren. So haben etwa die ‚Irrenoffensive' oder die ‚Krüppelbewegung' sowie die feministische Bewegung auch durch ihre vor allem versorgungstheoretischen Einwände zu einer Expertenkritik beigetragen, die, neben der Medizin und anderen starken Professionen, auch die bis dahin noch eher schwach ausgeprägte Professionalität der Sozialen Arbeit traf. Wesentlicher Kritikpunkt aller Bewegungen war die Sorge um eine ‚Klientelisierung' aller Lebensformen und der unreflektierte Einsatz eines Normalitäts- und Normalisierungsdenkens in der Erbringung von Hilfe und Unterstützung, denn diese wurde stets auch als Kontrolle betrachtet. Emanzipation, Selbstbestimmung und schließlich Empowerment wurden als neuere, bessere Ideale empfunden und die bisherigen Sozialprogramme eher als fremdbestimmend, disziplinierend und unterdrückend.

So klagte beispielsweise Ivan Illich (1979) die Experten in psychosozialen bzw. helfenden Berufen an, sich gegenüber den ihnen anvertrauten oder hilfesuchenden Klienten insofern unprofessionell zu verhalten, als dass sie ihre Expertenmacht unverhältnismäßig einsetzten bzw. sich über die Gefahren eines daraus resultierenden Abhängigkeitsverhältnisses nicht ausreichend im Klaren seien. Illich führt die ‚Herrschaft der Experten' auf die Tatsache zurück, dass die Gesellschaft ihnen die Autorität über Bedürfnisbefriedigung übertragen habe und diese Macht, „Bedürfnisse gesetzlich zu regeln" und „zu entscheiden, wer was benötigt", zu einer absoluten Hegemonie führe. Experten rationieren, Illich zufolge, nicht nur die Mittel, sie definieren auch, wer zu der Gruppe der Hilfsbedürftigen gehört. Ganz im Sinne der damaligen Gesellschaftskritik verlangte Illich die „Entlarvung des elitären Expertenethos" und die Aufarbeitung der bis dahin „entmündigenden Expertenherrschaft", die den Weg bereiten würde „zur freien Entfaltung nichthierarchischer, aus der Gemeinschaft hervorgegangener

Kompetenz“ (Illich 1979, 7). Auch Gronemeyer (1988) artikuliert eine ähnliche Kritik und entwickelt ein alternatives Modell, welches statt von professioneller Hilfe in allen Lebensbereichen vielmehr eine subsistenzielle Eigenversorgung der Betroffenen anstrebt.

Eine der wichtigsten aus all dieser wertvollen Kritik zu gewinnenden Einsichten war diejenige, ein Empowermentkonzept in die professionelle Arbeit einzubinden, ja Professionalität in der Sozialen Arbeit direkt an diese Werthaltung zu binden (Herriger 2010) sowie stärker ressourcen- und weniger ausschließlich defizitorientiert zu denken und zu handeln und mit den Betroffenen stärker zu kooperieren.

Ihre weiche Form von Professionalität verdankt Soziale Arbeit also u.a. dieser Kritik, was dazu geführt hat, dass innerhalb der Dienstleistungstheorie (Olk 1986; Olk/Otto 2003; Oelerich/Schaarschuch 2005) und eines emanzipatorischen Ansatzes davon gesprochen wird, dass ihre Professionalität auf einer ganzheitlichen und dialogischen Expertise fußt, die in systemtheoretischer oder sozialökologischer Sicht von sozialen Problemen die einzig sinnvolle und in sozialethischer die einzig legitime Antwort auf Bedürftigkeit von Menschen darstellt. Schaarschuch (2003) argumentiert in dienstleistungskritischer Absicht, dass das diese Dienstleistung nachfragende Subjekt (in herkömmlicher Terminologie Klient oder Nutzer) als der eigentliche Produzent der Leistung, wohingegen der Professionelle als Ko-Produzent verstanden werden muss.

Ganzheitliche Expertise meint in diesem Sinne das Sich-Einlassen auf die Komplexität der Welt, die Vielfältigkeit menschlichen Lebens und der gleichzeitigen funktionellen Differenzierungen innerhalb der sozialen Systeme. Letztere entwickelten im Zuge der Modernisierung von Gesellschaften zunehmend eine eigene Rationalität, die immer weniger mit den lebensweltlich gebundenen Bedürfnissen der Menschen übereinzustimmen schien (Rauschenbach 1999; Habermas 1981) und deren Zusammenhänge immer stärker zum Problem wurden. Ganzheitliches oder alltagsbezogenes Einlassen bedeutet daher, sich den vielfältigen „life events“ (Germain/Gitterman 1999, 2008) oder Lebenserfordernissen zuzuwenden und einen vielfältig ausgerichteten und geschulten Blick auf sowie entsprechende Interventionen in die soziopsychosomatische und kulturelle Komplexität menschlicher Lebenspraxis entwickeln zu können (vgl. auch Benner 2005; Thiersch/Grunwald/Köngeter 2010).

Jede Hilfe und Unterstützung sowie auch der davor geschaltete diagnostische Erkenntnisprozess ist dabei notwendigerweise auf eine dialogische Vorgehensweise angewiesen, die allein durch dem Umstand hervorgerufen wird, dass menschliche Praxis – wie oben bereits angedeutet – immer auch eine ‚nontriviale‘ Praxis darstellt. Deshalb sind auch professionelle Unterstützungsangebote darauf verwiesen, zwar die Struktur- und Prozessverantwortung für die vielfältigen Interventionsformen der Sozialen Arbeit zu tragen, jedoch von der alleinigen Verantwortung für die Ergebnisqualität entbunden zu sein. Ob und in welcher Form ein Klient Sozialer Arbeit sich eines Angebots der Profession bedient, wie er Beratungen und Informationen verarbeitet, wie er das Partizipationsangebot annimmt oder die materielle Hilfe nutzt, das ist vielfach in seine Freiheit gestellt. Obwohl diese Freiheit auf der Makroebene zwar gesetzlichen Mitwirkungspflichten (wie im Sozialrecht formuliert) und moralischen Normativen unterliegt, ist die Mikropraxis Sozialer Arbeit häufig von dieser Freiheit insofern tangiert, als die dadurch provozierte Unwägbarkeit des Erfolgs dieser Unterstützungsleistung mit einberechnet werden muss. Unabhängig von dieser eher technischen Einsicht ist auch die moraltheoretische und mit dem Empowerment eng verbundene Einsicht in die ethische Legitimierung von „Selbstbefähigung durch Fremdbefähigung" zu berücksichtigen. Aus beiden Gründen heraus kann Hilfe auch nur als Koproduktion (Oelerich/Schaarschuch 2005, 80) verstanden werden, wenn man ein einigermaßen realistisches praxeologisches Modell entwickelt möchte. Als modus praxi fungiert hier der später noch genauer zu erläuternde Prozess der Verständigung über die Ziele und Wege, die den Hilfeprozess bestimmen sollen.

Auch die Berücksichtigung des Empowermentkonzeptes war eine der aus der Expertenkritik gezogenen Schlussfolgerungen, wobei die Profession Sozialer Arbeit, wie andere Humanprofessionen auch, damit die aus verschiedenen sozialen Bewegungen generierte Idee einer „Selbstbemächtigung" übernommen und in das eigene professionelle Handeln integriert hat (vgl. Rappaport 1985; Simon 1994; Herriger 2010).

Nachdem mittlerweile die übermäßig euphorische Diskussion etwas abgeebbt ist, kann man dem Empowermentkonzept auch nüchtern entgegenblicken: Dass Empowerment in der Sozialen Arbeit nicht mit der völligen Selbstaufgabe der Profession gleichzusetzen ist, kann man an dem Satz ‚Ziel aller Sozialen Arbeit ist es, sich selbst überflüssig zu machen.' verdeutlichen. Diese Formulierung ist Anlass für viele Missverständnisse und falsch interpretierte Ansprüche an die eigene Professionalität. In Ablehnung marxistischer oder marktliberaler Extrempositionen, die tatsächlich die Soziale Arbeit als überflüssig oder unnötig ansehen, wenn bestimmte ökonomische Realitäten einträfen, welche die Hilfsbedürftigkeit obsolet machten, gehe ich im Einklang mit feministischen und vor allem care-ethischen Positionen davon aus, dass Bedürftigkeit und gegenseitige Hilfe sozialimmanent sind und daher weder durch Gesellschaftsutopien noch durch rein instrumentelle Lösungen komplett überflüssig werden (Brückner 2004; Großmaß 2006; Conradi 2001; Nussbaum 2003). Menschen sind vielmehr stets aufeinander angewiesen und werden immer wieder in Situation der Bedürftigkeit geraten, wie allein das Beispiel der Krankheiten deutlich zeigt, die in immer neuen Formen auftauchen, obwohl alte als ‚besiegt' galten. Aus Sicht der Wohlfahrtssysteme argumentiert Brückner (2004, 14 f.), dass sich „Sorge um Andere" als humaner, ethisch wertvoller Bestandteil der Menschlichkeit und gleichzeitig als wichtiger Teil wirtschaftlicher Leistungserbringung verstehen ließe und deshalb auch sozialstaatlich gerahmt und zivilgesellschaftlich gestützt sein müsste. Sorgen ist, so thematisiert Brückner weiter, gleichzeitig auf soziale Inklusion gerichtet, auf die Ermöglichung von Entscheidungsfreiheit für den ‚Umsorgten' (und damit der Vielfalt von Lebensentwürfen) und auf eine Balance von Autonomie und Bindung (ohne die Autonomie nicht entstünde).

Conradi (2001, 74 ff.) macht uns schließlich darauf aufmerksam, dass Sorge (Care) mehr ist als nur eine Minimalethik, wie sie sich beispielsweise im Anschluss an die kantische Unterscheidung von vollkommenen und unvollkommenen Pflichten ergibt. Unvollkommene Pflichten seien, so Kant, jene Handlungen, die eher den Tugenden zugeordnet seien, die nicht automatisch aus objektiven Tatbeständen hergeleitet werden können. Die Sorge könnte daher diesen unvollkommenen Pflichten zugeordnet werden, als ich anderen Menschen gegenüber zu Sorge im Allgemeinen nicht verpflichtet bin, wohl aber bin ich verpflichtet, anderen Menschen nicht absichtlich zu schaden. Auf der anderen Seite ist es auch möglich, die Sorge im Allgemeinen als eine vollkommene Pflicht zu sehen, da sich Sorge ebenso aus dem kategorischen Imperativ ableiten lässt, wie das Nicht-Töten oder das Lügen. Immerhin sollte ich doch das tun, was ich von anderen auch erwarten möchte, also z.B. dass sie mir in bestimmten Zuständen (Krankheit, Hilflosigkeit, Not etc.) helfen:

> „Wohltätig sein, wo man kann, ist Pflicht, und überdem gibt es manche so teilnehmend gestimmte Seelen, daß sie, auch ohne einen anderen Bewegungsgrund der Eitelkeit oder des Eigennutzes, ein inneres Vergnügen daran finden, Freude um sich zu verbreiten, und die sich an der Zufriedenheit anderer, sofern sie ihr Werk ist, ergötzen können. Aber ich behaupte, daß in solchem Falle dergleichen Handlung, so pflichtmäßig, so liebenswürdig sie auch ist, dennoch keinen wahren sittlichen Wert habe, sondern mit anderen Neigungen zu gleichen Paaren gehe, z. B. der Neigung nach Ehre, die, wenn sie glücklicherweise auf das trifft, was in der Tat gemeinnützig und pflichtmäßig, mithin ehrenwert ist, Lob und Aufmunterung, aber nicht Hochschätzung verdient; denn der Maxime fehlt der sittliche Gehalt, nämlich solche Handlungen nicht aus Neigung, sondern aus *Pflicht* zu tun. Gesetzt also, das Gemüt jenes Menschenfreundes wäre vom eigenen Gram umwölkt, der alle Teilnehmung an anderer Schicksal auslöscht, er hätte immer noch Vermögen, anderen Notleidenden wohlzutun, aber fremde Not rührte ihn nicht, weil er mit seiner eigenen genug beschäftigt ist, und nun, da keine Neigungen ihn mehr dazu anreizt, risse er sich doch aus dieser tödlichen Unempfindlichkeit heraus und täte die Handlung ohne alle Neigung, lediglich aus Pflicht, alsdenn hat sie allererst ihren echten moralischen Wert. Noch mehr: wenn die Natur diesem oder jenem überhaupt wenig Sympathie ins

> Herz gelegt hätte, wenn er (übrigens ein ehrlicher Mann) von Temperament kalt und gleichgültig gegen die Leiden anderer wäre, vielleicht weil er, selbst gegen seine eigenen mit der besonderen Gabe der Geduld und aushaltenden Stärke versehen, dergleichen bei jedem anderen auch voraussetzt oder gar fordert; wenn die Natur einen solchen Mann (welcher wahrlich nicht ihr schlechtestes Produkt sein würde) nicht eigentlich zum Menschenfreunde gebildet hätte, würde er denn nicht noch in sich einen Quell finden, sich selbst einen weit höheren Wert zu geben, als der eines gutartigen Temperaments sein mag? Allerdings! gerade da hebt der Wert des Charakters an, der moralisch und ohne alle Vergleichung der höchste ist, nämlich daß er wohltue, nicht aus Neigung, sondern aus Pflicht. [...] (Kant 1785/1999, 80)

Unabhängig davon, ob man die Sorge um Andere als vollkommene oder unvollkommene Pflicht ansieht, ist Sorgen doch etwas zutiefst Menschliches, was u.a. auch mit der gegenseitigen Angewiesenheit des Menschen auf den Menschen im Rahmen seiner kulturellen, zweiten Natur umso offensichtlicher wird. Zudem ist auch aus Gründen heraus, die uns die philosophische Anthropologie liefert, der Mensch stets als „imperfektes Wesen" (vgl. Benner 2001) zu sehen bzw. als „homo compensator" (Marquard 2000).

Auch Soziale Arbeit als ‚stellvertretende Sorge' wird daher gesamtgesellschaftlich nie überflüssig werden, wohl aber sollte es das Ziel professioneller Hilfe im einzelnen Fall sein, sich durch Befähigung und Bemächtigung der zuweilen Hilfesuchenden überflüssig, d.h. entbehrlich, zu machen. Gleichwohl ist es das Ziel der Sozialen Arbeit, das Ausmaß und die Qualität sozialer Probleme durch strukturelle wie subjektive Einflüsse zu verringern und somit zu einer insgesamt gerechteren Gesellschaft beizutragen. Was allerdings selbst ein hohes Maß an Gerechtigkeit ‚übrig' lässt, wird weiterhin Aufgabe der Sozialen Arbeit sein, denn abgesehen davon, dass nicht klar ist, wann ein solches Maß von Gerechtigkeit in welcher Höhe realisierbar ist, bliebe auch dann noch die menschliche Freiheit insofern als Problem bestehen, als diese gerechten Strukturen von ihnen für ein gutes Leben genutzt werden müssten (vgl. Kapitel 5).

So sollte sich Soziale Arbeit ihrer besonderen Rolle als Mediatorin von gesellschaftlichen Ansprüchen und subjektiver Freiheit immer wieder bewusst werden, um die dafür notwendige Expertise zu entwickeln.[24] Gleichwohl ist natürlich nicht davon auszugehen, dass dieses Verhältnis – trotz oder gerade

---

[24] Heiner (2004) hat in einer beispielhaften Untersuchung die jeweiligen Handlungsmodelle der Professionellen daraufhin überprüft, ob sie diesem intermediären Modell entsprechen. Dabei konnte sie zeigen, dass sich die größte Teilgruppe der Fachkräfte ihrer Untersuchungsgruppe einem professionellen Handlungsmodell zuordnen lässt. Dieses zeichnet sich u.a. dadurch aus, dass diese Fachkräfte es schaffen, die gesellschaftlichen Ansprüche mit einem klientenzentrierten und ressourcenorientierten Handeln zu verknüpfen und damit i. w. S. vermittelnd zu arbeiten.

wegen professioneller Expertise – stets und dauerhaft als ein harmonisches entworfen werden kann.

> „Die Bestimmung der Sozialen Arbeit als intermediärer Instanz zwischen Individuum und Gesellschaft lässt nicht nur eine positive Bewertung ihres gesellschaftlichen Mandates, sondern damit auch eine Überwindung der angeblichen Paradoxien zu. Allerdings droht das Pendel des professionstheoretischen Diskurses nun teilweise in die Gegenrichtung auszuschlagen und einer Harmonisierung des Verhältnisses von Individuum und Gesellschaft Vorschub zu leisten. [...] Inzwischen scheint es also eher notwendig, die sehr optimistische Einschätzung einer ausgleichenden, menschenfreundlich vermittelnden Rolle der Sozialen Arbeit zu relativieren, damit sie nicht zu einer unkritischen Bejahung gesellschaftlicher Anforderungen oder zumindest zur Bagatellisierung der damit verbundenen Widersprüche und Spannungen führt.“ (Heiner 2004, 33).

In diesem Sinne verfolgt der hier eingeschlagene Weg zu einer Handlungstheorie Sozialer Arbeit, die ihre sozialethischen Grundlagen im Capabilities Approach sucht, auch den Anspruch, eine realutopische Formulierung der Handlungsmöglichkeiten und Handlungsbegrenzungen Sozialer Arbeit zu finden. Soziale Arbeit als Expertise der Zusammenhänge von subjektivem Handeln in gegebenen sozialen Umständen kann allerdings, ausgestattet mit einer sozialethisch sensibilisierten Lebenslagenkritik und einem reflektierten ‚Sorge-Verständnis‘, dazu beitragen, dass Menschen die an sie gesellschaftlich herangetragenen Anforderungen zu bewältigen in der Lage sind oder diese – sollten sie aus ethischen Gesichtspunkten einer guten Lebensführung abträglich sein – kritisieren und gegebenenfalls überwinden können.

Zusammenfassend kann das Expertenmodell einer Sozialen Arbeit daher wie folgt skizziert werden: Wesentliche Eckpunkte einer solchen Praxeologie sind

- ein weiches Expertentum mittels einer ganzheitlichen, dialogischen Expertise,
- die sich vor allem im Verständnis von Hilfe als Koproduktion ausdrückt und daher eine eher non-direktive bzw. indirekte, systemische Intervention zur Anregung des Selbsthilfe- oder Selbstaktivitätspotentials der Klienten darstellt
- und Soziale Arbeit somit als eine personenbezogene Dienstleistung verortet, deren Expertise in der Vermittlung von gesellschaftlichen Ansprüchen und individuellem Wohl besteht (siehe Benner 2001, 105 ff).

2.5 Handlungstheorie und Theorie-Praxis-Verhältnis

Die hier vorgeschlagene Theorie Sozialer Arbeit versteht sich als eine Handlungstheorie, die im Anschluss an eine Handlungswissenschaft entwickelt wird. In diesem Kapitel habe ich bislang versucht, die allgemeinen Prinzipien einer Handlungstheorie herauszuarbeiten, die nun zu einer Gegenstands- und Funktionsbestimmung verdichtet werden soll, um schließlich im fünften Kapitel die handlungstheoretisch-professionsbezogenen Methoden selbst darstellen zu können. Mit Birgmeier (2011) können wir festhalten, dass wohl viele der in den letzten 20 Jahren entwickelten Theorien der Sozialen Arbeit ihren Beitrag zu einem Handlungsverständnis der Sozialen Arbeit geliefert haben, wenngleich sich die ‚Flughöhe' der jeweils getroffenen Aussagen hierzu doch sehr stark unterscheidet. Das Kontinuum reicht von eher deskriptiven Ansätzen, die stark auf das Verstehen sozialer Zusammenhänge Wert legen und damit eher vage Aussagen bzgl. der Handlungskonsequenzen oder gar Methodenhinweise geben (hierzu zähle ich die Lebensweltorientierung nach Thiersch), bis hin zu recht elaborierten Ansätzen (wie etwa bestimmten Formen der systemischen Theorie; siehe z.B. den transformativen Dreischritt Staub-Bernasconis 2007, 202 ff.). Damit ist eine große Bandbreite mehr oder weniger praxeologischer Theorien festzustellen.

Eine handlungswissenschaftlich wirkungsvolle Theorie Sozialer Arbeit muss das Verhältnis von professionellem Gegenstand, professionellem Verständnis desselben und der Begründung von (Nicht-)Intervention bestimmen können und, wenn auch keinesfalls eine ‚Rezeptologie', so doch eine ‚Praxeologie' sein. Praxeologisch ist eine Theorie, wenn sie nicht nur, wie Winkler (1995, 103) uns vor Augen führt, Probleme konstruiert, Theoreme aufnimmt und prüft, um sie dann später wieder fallen zu lassen, mithin also eher spielerisch an wissenschaftliche Fragestellungen herangeht, sondern durchaus mit Ernst an die ihr gestellten Fragen menschlicher Lebenspraxis herangeht, wobei der Vorteil einer zunächst theoretischen Betrachtung darin besteht, und darin ist Winkler zuzustimmen, dass man vom Druck der Praxis, insbesondere der konkreten Lösung eines Falls, z.B. der Erwartung eines Klienten aus einem Beratungsgespräch mit einer wichtigen Information oder Erkenntnis hinauszugehen, entlastet ist: „Praktiker haben dagegen Probleme zu lösen, die weitgehend durch soziale Definitionen und Kontextbedingungen, durch Arbeitsroutinen, schließlich auch durch solche Trivialitäten wie materielle Ressourcen schon bestimmt sind." (Winkler 1995, 103)

Auch Gadamer (2003, 123) geht von einem Spannungsverhältnis von Theorie und Praxis aus, denn

> „Theorie meint das Betrachten, meint, nur hinzusehen, sich nicht von Interessen und Trieben eine Wunschwelt einreden zu lassen, sondern zu erkennen, was ist oder was sich zeigt. Daneben steht die Welt der Praxis, in der sich jeder Fehlgriff rächt und in der sich ein ständiger Prozess des Lernens und Sich-Korrigierens, am Erfolge oder seinem Ausbleiben, vollzieht."

Eine Praxeologie Sozialer Arbeit sollte deshalb den Wechsel von problemlösender Praxis zu problemkonstituierender Theorie stets zulassen, ja sogar befördern. Gleichzeitig wäre es aber zu wenig, wenn man nur den oben erwähnten spielerischen Umgang von einer Handlungstheorie Sozialer Arbeit erwarten dürfte. Vielmehr sollte eine solche Theorie mindestens zur Reflexion oder Verbesserung eines bestimmten professionellen Problems beitragen, also das Vermögen der Praxis, ihre Fragen und Probleme besser zu verstehen und sachgerechter zu behandeln. Am Ende bleibt es aber dann unabhängig von der Qualität der Theorie die Aufgabe der Praxis, die bereitgestellten Begriffe, Zusammenhänge und Erklärungen von sozialen Problemen auf der einen sowie die Hinweise auf methodische oder konzeptionelle Fragen zu nutzen, wobei es zwangsläufig zu einer Transformation kommen wird, die nur zum Teil mit dem im Theoriegebäude kohärent aufeinander bezogenen Theorieelementen übereinstimmen. Unbeschadet der Theorie ist also immer die Urteilskraft des Praktikers in der Theorienutzung gefragt, wie Gadamer es im Folgenden treffend formuliert:

> „Offenkundig liegt schon in dem einfachsten Verständnis von Wissen und Tun ein Problem der Integration. Mindestens seit es Arbeitsteilung gibt, bildet sich das menschliche Wissen so aus, dass es den Charakter der Spezialisierung trägt, die eigens erlernt werden muss. Damit wird Praxis zum Problem: Ein Wissen, das unabhängig von der Situation des Handelns tradiert werden kann und somit aus dem praktischen Handlungszusammenhang herauslösbar ist, soll in der jeweils neuen Situation des menschlichen Handelns zur Anwendung kommen. Nun ist das allgemeine menschliche Erfahrungswissen, das in die praktischen Entscheidungen der Menschen bestimmend eingreift, von den durch spezialisiertes Wissen vermittelten Erkenntnissen gar nicht zu trennen. Ja, mehr noch, es ist im sittlichen Sinne durchaus Pflicht zu wissen, in allem zumutbaren Ausmaße, und das heißt heute, auch durch die ‚Wissenschaft' informiert zu sein. [...] So ist auch die ganze Fülle von Informationen, die die moderne Wissenschaft von ihren Teilaspekten her über den Menschen beizubringen weiß, niemals aus dem praktischen Interessenskreis des Menschen auszuschließen. Dennoch liegt genau hier das Problem. Zwar hängen alle praktischen Entscheidungen des Menschen von seinem allgemeinen Wissen ab, doch liegt in der Anwendung dieses Wissens in concreto eine spezifische Schwierigkeit. Es ist die Aufgabe der Urteilskraft (und nicht wieder des Lernens und Lehrens), dass man in einer gegebenen Situation den Anwendungsfall einer allgemeinen Regel erkennt." (Gadamer 2003, 30)

In diesem Sinne ist die hier verfolgte Idee einer handlungswissenschaftlichen Begründung Sozialer Arbeit dadurch motiviert, (a) eine normative Grundlage der professionellen Bearbeitung sozialer Phänomene zu wählen, (b) diese Grundlage zu nutzen, um professionelles Handeln in einer bestimmten Form zu verstehen und zu beschreiben, vor allem die Möglichkeit zur Bestimmung dessen, was die Aufgabe Sozialer Arbeit ist und (c) damit der Praxis auch ein Orientierung anzubieten über ihren Gegenstand und ihre Funktion sowie über daraus abzuleitende Wege der Bearbeitung und gegebenenfalls auch Lösung von sozialen Problemen oder der Beeinflussung der menschlichen Lebensführungspraxis. Sie stellt damit aber nur die eine Seite einer durch eine eher historische, epistemologische, methodologische sowie empirische Grundlagenforschung zu vervollständigenden Handlungswissenschaft Soziale Arbeit dar (vgl. Birgmeier 2011, 143) und greift gleichwohl einige dieser grundlegenderen Fragen in ihrem Theoriegebäude mit auf.

2.6 Gegenstand und Funktion Sozialer Arbeit – zwischen Lebensführung, Daseinsmächtigkeit und sozialen Problemen

Obwohl es in einer wissenschaftlichen Disziplin niemals endgültigen Konsens über ihren Gegenstand bzw. den Gegenstand der mit ihr verbundenen professionellen Praxis geben kann, ist doch immer wieder ein aktueller Stand der Diskussion festzustellen. Dieser soll hier dargestellt werden und als Grundlage der später vorgestellten Handlungstheorie Sozialer Arbeit dienen, die ganz wesentlich auf dem Capabilities Approach basiert.

Was bedeutet zunächst ‚Gegenstand' der Sozialen Arbeit? Haben wir es hier tatsächlich mit einem Gegenstand, einem Ding und damit etwas materiell Greifbarem, gegebenenfalls Invariablem zu tun oder ist nicht vielmehr dieses Etwas ein Konstrukt, jeweils abhängig von in einer bestimmten Zeit geltenden Definitionen, Entwürfen und Interpretationen sowie von kulturell-historischen Wandlungen? Mit anderen Worten: Ist das Thema der Sozialen Arbeit historisch und kulturell variabel oder invariabel? Ist es greifbar oder nicht? Im Gegensatz zu ‚Gegenstand' scheint mir der Begriff des ‚Objektbereiches' der Sozialen Arbeit passender, und zwar verstanden als Gesamtheit der Eigenschaften, Strukturmerkmale, Prozesse und Bewegungsgesetze bestimmter (materieller oder ideeller) Themen, die von der Sozialen Arbeit in den Blick genommen werden.

Nach einer vielfach zitierten und zumindest in großen Teilen der wissenschaftlichen wie auch professionellen Diskussion akzeptierten Definition[25] der

---

25 Aktuell wird diese Definition von 2004 wiederum und in einem sehr großen Prozess diskutiert und wahrscheinlich geändert (vgl. http://ifsw.org/get-involved/the-future-of-social-work).

International Federation of Social Workers (IFSW) kann Soziale Arbeit wie folgt verstanden werden:

> "The social work profession promotes social change, problem solving in human relationships and the empowerment and liberation of people to enhance well-being. Utilizing theories of human behavior and social systems, social work intervenes at the points where people interact with their environments. Principles of human rights and social justice are fundamental to social work."[26]

Das Thema der Sozialen Arbeit wird hier also gleich mit mehreren Zielbegriffen wie „social change", „problem solving in human relationships", „empowerment and liberation", „enhance well-being" und den Prinzipien „human rights" und „social justice" umschrieben. Soziale Arbeit sei also dieser Definition zufolge sowohl mit der gesamtgesellschaftlichen Aufgabe des sozialen Wandels als auch mit der in den Gemeinschaften, Gruppen und Sozialbeziehungen auftretenden Problemlösung sowie dem Empowerment und der Befreiung von Gruppen, Einzelnen sowie der Erhöhung deren Wohlbefindens verbunden. Diese wiederum seien motiviert durch eine Menschenrechts- und Gerechtigkeitsperspektive.

An dieser Definition zeigt sich ein fast einhelliges Bild einer Sozialen Arbeit, die stets ein Doppelbild bestehend aus ‚Mensch', ‚Individuum', ‚Person' oder ‚Subjekt' auf der einen und ‚Gesellschaft', ‚Sozialem', ‚System' oder ‚Gemeinschaft' auf der anderen Seite ist. Alle oben skizzierten Theorien Sozialer Arbeit enthalten diesen Doppelfokus in mehr oder weniger stark ausgeprägter Form und sie alle schauen – wenn auch in unterschiedlicher Intensität – auf die problematischen Verbindungen:

In der Lebensweltorientierung erfolgt eine Gegenstandsbestimmung durch die Begriffe „Lebenswelt" und „Alltag" sowie durch ein kritisches Verständnis der (Post-)Moderne mit ihren Gefährdungen des alltäglichen Lebens und der Zielvorstellung des gelingenderen Lebens. In diesem Alltag wendet sich Soziale Arbeit an diejenigen, die in ihrer Lebensführung gefährdet sind, wobei ursprünglich vor allem an Kinder und Jugendliche gedacht wurde und sich erst in jüngster Zeit eine vorsichtige Zielgruppenerweiterung feststellen lässt (vgl. Grunwald/Thiersch 2008).

In Böhnischs Verständnis der Sozialen Arbeit als Hilfe zur Lebensbewältigung spielen ebenfalls die Gefährdungen durch die moderne Risikogesellschaft eine entscheidende Rolle, die sich in kritischen Lebensereignissen, Fragen der sozialen Anerkennung, sozialen Problemen und prekären Lebenslagen ausdrückt.

---

26 vgl. zur ausführlichen Einordnung in die Theorie Sozialer Arbeit Engelke/Borrmann/Spatscheck 2009

Soziale Arbeit ist hier potentiell offen für alle Zielgruppen bis hin zur präventiven Wirkung in der gesamten Gesellschaft.

Stärker (wenn auch nicht gänzlich) von einer ahistorischen Aufgabe der Sozialen Arbeit geht die Systemtheorie aus,[27] wenn sie die universellen Bedürfnisse von Menschen und deren Nichtbefriedigung in den Mittelpunkt rückt. Soziale Arbeit beschäftigt sich hiernach nicht mit spezifischen Problemen, sondern ist universell angesprochen, wenn es aufgrund dieser Bedürfnislage zu sozialen Problemen kommt: „Soziale Probleme im systemischen Paradigma sind Probleme von Individuen im Zusammenhang mit sozialen Interaktionsprozessen sowie als Mitglieder von sozialen Systemen mit ihrer Sozialstruktur und Kultur.“ (Staub-Bernasconi 2010, 272)

Sozialökologisch gesehen ist die Lebensgestaltung das Thema bzw. der Gegenstand der Sozialen Arbeit. Wie oben bereits skizziert, stellen der Lebenslauf und die darin vorkommenden Krisen, Lebensübergänge und Stressoren die Soziale Arbeit vor Aufgaben, die sie im Rahmen von Einzelfall- bzw. Gruppenarbeit oder auch gemeinwesenbezogener oder politischer Aktivitäten bearbeitet. Noch allgemeiner ist die Passung von Person und Umwelt das Thema der Sozialökologie.

Auch bei Winkler finden wir ein bestimmtes Problemverständnis, welches aber in gewisser Hinsicht auch einem eher universell gültigen Menschenbild entspricht. Durch seine sozialanthropologischen Ableitungen führt auch Winkler eine Grundform des Menschseins ein, die er als Aneignung von Umwelt mittels Subjektivität bezeichnet. Damit ist der Gegenstands- oder Themenbereich der Sozialen Arbeit sehr weit gefasst, und potentiell alle Themen, die sich in der Weltoffenheit des Kulturwesens Mensch zeigen, könnten auch Themen der Sozialen Arbeit sein. Dies jedoch nur insofern, als sich die Bewältigung dieser Aneignungsformen als gefährdet (absoluter Modus der Differenz) oder gefährdend (relativer Modus der Differenz) zeigt und in einen Modus der Identität überführt werden sollte.

[27] Die Behauptung, die Systemtheorie der Zürcher Schule gehe stärker von universellen und damit im Grunde genommen ahistorischen Grundthemen menschlicher Bedürftigkeit aus, trifft nur insofern zu, als auch Staub-Bernasconi sich auf diejenigen Pionierinnen bezieht, die als Erste die Probleme der Moderne, insb. des Industriekapitalismus, sahen, z.B. Jane Addams (vgl. Staub-Bernasconi 2007). Mehr universalistisch ist dagegen die Argumentation von Werner Obrecht, der im Anschluss an Mario Bunge eine fast naturphilosophische Bestimmung des Menschen vornimmt (vgl. Obrecht 2005b).

Der Problembegriff

Übereinstimmend gehen die hier referierten AutorInnen also von einer grundlegend problematischen oder zum Problem werden könnenden Situation aus, auf die „Soziale Arbeit als Menschenwissenschaft“ (Engelke/Borrmann/Spatscheck 2009) trifft und die sie sich zum Gegenstand macht. Es ist allerdings genau zu klären, welche Form von Problemen die Soziale Arbeit ins Auge fasst. Es wird daher als Ergebnis der folgenden Ausführungen vorgeschlagen, von einem Lebensführungsansatz als Grundlage auszugehen und erst nachrangig die problematische Seite der gefährdeten Lebensführung in den Blick zu nehmen. Stets ausgestattet mit dem Doppelfokus auf Subjekt und System oder Individuum und Gesellschaft versucht Soziale Arbeit sich (zunehmend) professionell mit dem Grundproblem der Lebensführung zu beschäftigen und dabei möglichst im Sinne des Wohlbefindens und der Lebensqualität (enhance well-being; IFSW) der betroffenen Menschen zu agieren. Eine jeweils einseitige entweder individualistische oder strukturalistische Positionierung findet derzeit keine Berücksichtigung bzw. wird aus professionstheoretischen Gründen abgelehnt. Dabei werden mittlerweile sowohl rein verhaltensbezogene, zumeist psychologische, wie auch verhältnisbezogene – vor allem marxistische – Theorien in ihrer Verallgemeinerung nicht als Leitwissenschaften anerkannt und stattdessen eine integrative Theorie angestrebt, die die Dualität bzw. Konvergenz von Handlung und Struktur betont (Röh 2011).

Der Problembegriff wird dabei ganz unterschiedlich gefasst. Obrecht (2005a, 126 ff.) definiert zunächst Problem als subjektiv wahrgenommene Diskrepanz zwischen nicht (unmittelbar) erreichbaren Zielen, denen in der Regel direkt oder indirekt Bedürfnisse zugrundeliegen, und subjektiv wie gesellschaftlich zur Verfügung stehenden Mitteln. Noch genauer gehen Franke/Sander-Franke (1998, 32) von folgender Definition aus: Ein Problem entsteht dann, „wenn Menschen 1. vor Aufgaben stehen, für deren Lösung sie 2. keine oder unsichere Selbstverständlichkeiten (Dispositionen) mitbringen und wenn 3. diese Situation bewusst wird“, wobei für sie die Gründe hierfür eher funktionalistischer Natur sind und weniger bedürfnisorientiert wie in der Zürcher Schule.

Für Obrecht sind soziale Probleme solche Probleme, die jemand in Bezug auf Soziale Systeme hat, wobei man dabei berücksichtigen muss, dass diese sozialen Probleme nicht nur auf soziale Strukturen oder Beziehungen rekurrieren, sondern auch die darin aufgehobenen biologischen (somatischen), psychosomatischen und kulturellen Bedürfnisse tangieren. (Obrecht 2005a, 132)

Theoriehistorisch ist der Begriff des ‚Sozialen Problems‘ in der soziologischen Erklärung der Entwicklungen des Industriekapitalismus zu verorten, wobei er (im Plural als Soziale Probleme) die Nachfolge der ‚Sozialen Frage‘ antritt (siehe auch May 2005, 24 ff.). Soziale Probleme wurden für die soziologische Wissenschaft zunehmend interessanter und auch der heutige Stand der Forschung belegt das anhaltende Interesse daran (siehe Albrecht/Groenemeyer 2012). Die gesamte Entwicklung kennzeichnend bleibt die Debatte um eine entweder objektivistische bzw. materialistische oder konstruktivistische Kennzeichnung sozialer Probleme, die einerseits stark an materialistische, fast ontische Realitäten geknüpft und andererseits lediglich als Produkt gesellschaftlicher Definitionen gesehen werden (vgl. May 2005, 46 ff.).

May (2005, 180) kritisiert die – u.a. von der Systemtheorie der Zürcher Schule – favorisierte Begriffsnutzung ‚Soziales Problem' wie folgt:

> „In meiner auf einen dialektischen Begriff von Selbstregulierung gestützten Analyse des dialektischen Zusammenhangs von Problembewusstsein und Problembearbeitung habe ich demgegenüber versucht herauszuarbeiten, wie die tote Arbeit problem- und problemlösungsbezogenen Wissens durch die vergangene Problemsituationen, auf die sich diese richtete, derart determiniert wird, dass sie die Tendenz aufweist, diese Bedingungen, deren Produkt sie in letzter Konsequenz ist, zu reproduzieren."

Seine Bedenken richten sich dabei vor allem gegen den professionellen Anspruch (professionelle Hegemonie) der Problembearbeitung (trotz inhärenter emanzipatorischer Absicht): Nicht die bewährten, traditionellen Rezepte der Problemlösung (meist aus gesellschaftlicher oder professioneller Perspektive entwickelt) sollen hier die Lösung der sozialen Probleme hervorrufen, sondern alleine die Selbstaneignung durch Problemdefinition und Problemlösung der Betroffenen selbst, die sich „durch Reibung am komplexen Stoff einer neuen Problemsituation durch Hinzufügen lebendiger Arbeit" als lernfähig erweisen (May 2005, 180).

Dieser sehr umfassenden Kritik Mays wird hier nicht zugestimmt, da der Gegensatz von ‚Herrschaftswissen' und ‚Subjektwissen' m.E. nicht zielführend ist. Schließlich geht May bisweilen von der nicht nur persönlich möglichen, sondern gesellschaftlich notwendigen Selbstregulation der deklassierten und unterprivilegierten Klassen aus und stellt dies in einen Gegensatz zu der – auch von der Sozialen Arbeit – ausgehenden Unmöglichkeit einer professionellen Fremdregulation bzw. Befähigung aus.

Lebensführung

Innerhalb der hier entfalteten Theorie der Sozialen Arbeit wird vielmehr die Selbsttätigkeit des Subjekts in einem engeren Verhältnis zu den es limitierenden und seine Lebensführung aber auch ermöglichenden gesellschaftlichen Strukturen verstanden. So gesehen gibt innerhalb der hier vertretenen Theorie die Annahme einer zwar selbsttätigen und damit subjektiven Lebensführung bzw. Lebensbewältigung unter gegebenen, aber partiell veränderbaren gesellschaftlichen Rahmenbedingungen eine passendere Folie für die Gegenstandsbestimmung Sozialer Arbeit ab.[28]

Sommerfeld/Hollenstein/Calzaferri (2011) haben einen ähnlichen und sehr beachtenswerten Vorschlag unterbreitet, in dem sie – unter Bezug- und durch Aufnahme des Modells eines „Lebensführungssystems" (ursprünglich Bourgett/Brülle 2000) – die komplementär zueinander stehenden Sphären des handelnden Subjekts und der sozialen Struktur durch eine Verbindung von system- und akteurstheoretischen Zugängen zu beschreiben versuchen. Der Ausgangspunkt ihrer Darstellung ist das spannungsgeladene Verhältnis von materieller Ungleichheitsproduktion und ideellem Gleichheitsgebot in modernen, kapitalistischen und demokratischen Gesellschaften, das die Subjekte fortwährend vor die Aufgabe stellt, Integration herzustellen (Sommerfeld/Hollenstein/Calzaferri 2011, 43). Das in diesem Spannungsfeld entstehende Ordnungsmuster bezeichnen die AutorInnen als Lebensführungssystem, wobei sich dieses durch eine biopsychische Seite (die des Individuums oder Subjekts) und eine soziokulturelle Seite (die der sozialen Systeme) ausweist (47 ff.) und beide Seiten als miteinander in dynamischer oder – wie an anderer Stelle formuliert wird – „kreiskausaler" (57, 272) Weise verknüpft verstanden werden.

> „Die Koppelung wird über Interaktion, also soziales Handeln inklusive symbolgestützter Kommunikation, hergestellt. ‚Sozio-kulturelle' Systeme sind gewissermaßen Ver-Äußerungen des sozio-biologischen Wesens Mensch, das als tätiges Wesen sein Leben mit anderen führt, woraus sozio-kulturelle Systeme entstehen, die dem Individuum in dieser entäußerten Form dann als soziale Umwelt entgegentreten und somit die Bedingungen der individuellen Lebensführung darstellen." (Sommerfeld/Hollenstein/Calzaferri 2011, 47)

Mit den beiden Leitbegriffen „Integration" und „Lebensführung„ skizzieren die AutorInnen weiterhin ihr theoretisches Programm und untersuchen dies in einem empirischen Prozess mittels der Analyse von Lebensübergängen und Integrationsphasen. Schlussfolgernd gelangen Sommerfeld/Hollenstein/Calzaferri (2011, 271) zu folgender Funktionsdefinition Sozialer Arbeit:

---

28 Volz (1993) hat diese Form der Sozialen Arbeit vor allem als verstehenden Zugang charakterisiert, indem er der Sozialpädagogik (größtenteils ist aber Soziale Arbeit als Gesamtes gemeint) die Wissensform der „Lebensführungshermeneutik" neben der des „Gegenstandswissens" und des „Wertewissens" zur Seite stellt. Diese soll die Profession dazu befähigen, ein gutes Leben zu avisieren, ohne dieses dem Einzelnen zu oktroyieren.

> „Die gesellschaftliche Funktion der Sozialen Arbeit besteht entsprechend darin, das gesellschaftsstrukturell induzierte Integrationsproblem zu bearbeiten, insbesondere dort, wo es sich im Widerspruch zur demokratischen Semantik in gesellschaftlich randständigen, psycho-sozial problembeladenen, im Sinne von eingeschränkter Teilhabe und Ressourcenausstattung unterprivilegierten Lebenslagen und Lebensformen zeigt, die unmittelbar mit den Integrationsmodalitäten dieser Gesellschaft gekoppelt sind."

Dieser hier verkürzt wiedergegebene Theorieansatz der AutorInnen zeigt eine deutliche Nähe zu meinem Verständnis des Gegenstandes und der Funktion Sozialer Arbeit. Wie später noch ausführlicher zu zeigen sein wird, versuche auch ich das schwierige Verhältnis von subjektiver, individueller Handlung und sozialer Struktur bzw. sozialen Systemen zu explizieren. Dabei gehe auch ich von einer in der modernen Gesellschaft angelegten Spannung aus, die basal für eine Lebensführungstheorie ist, und sehe die Funktion Sozialer Arbeit in der Herstellung und Bearbeitung jener Spannungsmomente, die die Menschen aus eigenen Kräften nicht lösen oder überwinden können. Allerdings reicht die Aufgabe Sozialer Arbeit potentiell auch, z.B. in präventiver Sicht, über die akuten Probleme von vulnerablen Gruppen hinaus und richtet sich zunächst an das Gesamtphänomen der Lebensführung, wie sie allen Menschen aufgegeben ist. Allerdings sind selbstverständlich aus professionspraktischer wie auch aus theoriearchitektonischer Sicht Einschränkungen vorzunehmen. Diese bestehen hier in der Fokussierung auf die problematischen weil problematisierten Ausschnitte (im professionellen Jargon als Fälle bezeichnet, siehe Müller 2012) der Lebensführung von Menschen, die aufgrund einer fehlenden oder mangelnden Passung von Lebensführungskompetenz und Lebensführungsressourcen in Schwierigkeiten geraten. Diese Gedanken werden weiter unten noch weiter ausgeführt, sollen hier allerdings als Anschluss an die Theorie von Sommerfeld/Hollenstein/Calzaferri gelten. Ich werde meine Gedanken darauf zuspitzen, dass ich die Funktion der Sozialen Arbeit in der (Re-)Produktion jener Bedingungen (Ressourcen und Fähigkeiten) verorte, die Menschen ihre Daseinsmächtigkeit[29] zurückgibt oder wieder verleiht.

[29] Die Pädagogin und Philosophin Marianne Gronemeyer verwendet den Begriff der „Daseinsmächtigkeit" als einen vor allem konsumkritischen Gegenbegriff zu vorherrschenden Prozessen der Entmächtigung von Subjekten (vgl. 1988, 2002). Ihr Bedürfnisbegriff ist jedoch mit dem in der Sozialen Arbeit verwendeten nicht kompatibel, da hier vor allem die Überfluss-Bedürftigkeit, dort die Notwendigkeits-Bedürfnisse thematisiert werden. In letzterem Sinne wird „Daseinsmächtigkeit" in dieser Arbeit verstanden. Ebenfalls abzugrenzen ist mein Gebrauch dieses Terminus von dem des Philosophen Martin Heidegger (2006), der dessen existenzphilosophische Bedeutung hervorhebt. Dies ist zwar in gewisser Weise mit dem hier vertretenden Lebensführungsansatz kompatibel, jedoch werden die weiteren philosophischen Attribuierungen Heideggers nicht übernommen.

Lebensführung oder auch Daseinsmächtigkeit meint im Sinne der hier auf dem Capabilities Approach fußenden Handlungstheorie Sozialer Arbeit das selbstbestimmte und selbstmächtige Handeln des Menschen innerhalb sozialer Gemeinschaften, gesellschaftlicher Strukturen wie auch kultureller und natürlicher Umwelten. Damit rücke ich, wenn auch graduell, mein Augenmerk mehr auf die handelnden Menschen als auf die sozialen Systeme. Menschen sind weder ferngesteuerte Roboter einer sie gängelnden und steuernden Umwelt, noch sind sie völlig frei von dieser Umwelt. Ihre Möglichkeiten, aber auch ihre Begrenzungen hinsichtlich ihrer Lebensführung hängen eng mit den Möglichkeiten und Begrenzungen der Umwelt zusammen. Daher ist der hier verwendete Begriff der Lebensführung weder festgelegt auf die vollkommene Freiheit einer ‚Bastelbiografie' bzw. einer individualisierten Existenz in der entgrenzten Welt, in der alles möglich ist, noch ist sie festgelegt auf die klare Bestimmung und Funktionalität des Menschen in starren Strukturen. Mit Holzkamp (1995, 838 f.) können wir die Lebensführung daher als eine relative Autonomie gegenüber den Verhältnissen bestimmen:

> „Dabei ist der Grad der ‚relativen Autonomie' bzw. sind die ‚Freiheitsgrade' gegenüber den Verhältnissen unter zwei Aspekten näher zu bestimmen: Welche allgemeinen Aspekte einer vorliegenden Bedeutungsanordnung ich jeweils als meine Handlungsprämissen extrahieren kann, – welche Alternativen ich hier also überhaupt habe – dies hängt einmal von den historisch gewordenen verallgemeinerten Handlungsmöglichkeiten/-beschränkungen selbst ab, die in der jeweils konkreten Bedeutungsanordnung ‚vergegenständlicht' sind – Handlungsmöglichkeiten die hier generell (noch) nicht bestehen, kann ich auch nicht zu Prämissen meiner Handlungen machen; zum anderen hängt dies von meinen Lebensinteressen ab, in denen für mich die Begründetheit/‚Vernünftigkeit' meiner Handlungen fundiert ist: auch daraus ergibt sich, daß meine Optionen hier nicht unbegrenzt sind, und zwar in diesem Falle, weil mir solche Handlungsalternativen, die mit meinem Interesse an der Erhaltung oder Erweiterung meiner Weltverfügung/Lebensqualität unvereinbar sind, aus ‚psychologischen' Gründen von vornherein nicht zur Verfügung stehen: Ich kann mit meinen Handlungen ‚zwar im Widerspruch zu meinen objektiven Lebensinteressen stehen, nicht aber im Widerspruch wie ich sie als meinen Lebensinteressen, wie ich sie als meine Situation erfahre. In dem Satz, daß der Mensch sich nicht bewußt schaden kann, liegt sozusagen das einzige materiale Apriori der Subjektwissenschaft'."

Was heißt es aber mit Holzkamp grundsätzlich davon auszugehen, dass Menschen sich nicht bewusst schaden können, es aber in praxi doch tun? Es heißt nichts anderes, als dass – abgesehen von Selbst- und Fremdgefährdung in psychiatrischen Krankheitsfällen und der ‚freien' Entscheidung zur Selbsttötung – jede meiner Handlungen in Übereinstimmung mit meinen aktuellen Präferenzen steht, denn sonst würde ich erste oder letztere ändern. Gleichwohl passiert es täglich in Millionen von Fällen, dass Menschen sich schaden, sowohl individuell als auch kollektiv, und zwar entweder, weil sie sich über die Konsequenzen ihres Handelns im Unwissen befinden, weil sie die Konsequenzen verleugnen oder weil sie diese bewusst in Kauf nehmen, z.B. um kurzfristige Bedürfnisse zu befriedigen.

‚Problematisch' in unserem Sinne, also im Sinne von Situationen mit Aufforderungscharakter an die Soziale Arbeit, sind daher potentiell solche, in denen die Lebensführung mit gesellschaftlichen Strukturen in Konflikt gerät bzw. es nicht zu einer die Lebensqualität steigernden Passung kommt. Allgemeiner ist jedoch – ungeachtet der speziellen Perspektive Sozialer Arbeit auf die ‚Problemfälle' – die Lebensführung selbst eine dem Menschen aufgegebene, aber latent kritische Aufgabe und die Daseinsmächtigkeit das anzustrebende Ziel.

Daher sollten wir im Weiteren davon ausgehen, dass Subjekte ihr eigenes Leben in mindestens vier verschiedenen Weisen (Schmid 1998, 117 f.) gestalten (müssen):

- Die „verwaltende Lebensführung" meint das alltägliche Zurechtkommen und Organisieren von Routinen und basalen Lebensnotwendigkeiten, wie etwa der Arbeit, des Haushalts und anderer „Geschäfte".
- Die „orientierende Lebensführung" ist dagegen weniger auf die Gegenwart und den Alltag als vielmehr auf den Sinnhorizont gerichtet. Umsichtig, vorausschauend und planend gestaltet der Mensch hier in der Gegenwart seine Zukunft.
- Die „gestaltende Führung" nimmt diese Ziele im Wege der Alltagsplanung auf und „verarbeitet" das eigene sowie das soziale, gesellschaftliche, kulturelle und ideelle Potential der Umwelt zu einer mit den eigenen Wünschen und Vorstellungen eines guten Lebens übereinstimmenden Form.
- Die „gelassene Führung" arbeitet dem notwendigerweise entgegen, indem sie einem Aktionismus immer auch die Rekreation oder Reproduktion entgegenhält und dafür sorgt, dass Menschen sich nicht überfordern, sondern ihr „menschlich Mögliches" (Aubenque 2007) tun.

Sicherlich muss diese Lebensführung nicht immer, jederzeit oder in jedem Fall im Sinne einer vermeintlichen Objektivität oder zumindest sozial, gesellschaftlich oder kulturell geteilter Ideen in ein gelungenes Leben münden. Allerdings ist es das Bestreben jedes Subjektes (und sollte zugleich das Bestreben einer jeden Gesellschaft und Gemeinschaft sein), eine gelingende Lebensführung zu versuchen (bzw. zu ermöglichen). In diesem Sinne ist von der lebensweltorientierten Sozialen Arbeit, wie sie Hans Thiersch vertritt, die Akzeptanz dieser Versuche eines Zurechtkommens in den gegebenen Verhältnissen nicht hoch genug einzuschätzen, sichert sie doch menschlicher Praxis eine gewisse Fehlerfreundlichkeit zu, ohne totalitär zu werden.

Zugleich wäre mit dem Capabilities Approach davon auszugehen, dass es durchaus eines gemeinsamen Konsenses bedürfe, um allen die Möglichkeiten eines guten Lebens in Aussicht zu stellen. Inwieweit dies von einer Liste des guten Lebens, wie bei Nussbaum, oder einer öffentlichen Diskussion, wie bei Sen, abhängt, soll an dieser Stelle noch offen bleiben (siehe Kapitel 4).

Lebensführungskompetenz kann, wie oben bereits kurz angedeutet, auch als Daseinsmächtigkeit verstanden werden, einem in dieser Arbeit ebenfalls verwendeten Begriff, um Gegenstand, Funktion und Ziel sozialer und pädagogischer Hilfen zu verdeutlichen. Diese Daseinsmächtigkeit soll verstanden werden als ein Modus, in dem Menschen über

a) ausreichende ökonomische und ökologische Mittel verfügen, um den eigenen ‚oikos' (Haushalt) besorgen zu können (soziomaterielle Lage; sozialökologische Ressourcen),
b) anstehende Entwicklungs- und Bewältigungsaufgaben mithilfe relevanter Anderer und Gemeinschaften meistern zu können (Entwicklung/Bildung, soziale Unterstützung), um damit
c) innerhalb relevanter Lebensbereiche entsprechende Rollen ausüben zu können (Inklusion/Integration).

Daseinsmächtigkeit soll hier zweierlei beschreiben: zum einen die Kompetenz des Einzelnen, sich im o.g. Sinne der Lebensführung aktiv an der eigenen Lebensgestaltung zu beteiligen; zum anderen jedoch gleichzeitig auch die Macht dazu zu haben, auf die für diese Lebensführung notwendigen Ressourcen Zugriff zu haben. Daseinsmächtigkeit ist also – ähnlich wie der Empowermentbegriff – zugleich ein Subjekt- wie auch ein Strukturbegriff, er erhält die Handlungskompetenzen genauso wie die Handlungsmacht.

Das eigene Leben zu führen ist daher immer von strukturellen Rahmenbedingungen abhängig, aber trotzdem nicht anders als ein selbsttätiges, als eine „vita activa" (Arendt 1996), zu denken.

Und damit kommen wir schließlich auch zu der diese Handlungstheorie Sozialer Arbeit kennzeichnenden Perspektive auf den Gegenstand und die Funktion Sozialer Arbeit, die in der vermittelnden, integrativen Perspektive auf die Zusammenhänge von Subjekten und sozialen Strukturen bzw. der Vermittlung und Integration von Lebensführung und sozialen Strukturen besteht. Wie bereits an anderer Stelle ausführlich dargestellt (Röh 2009, 2011) ist daher im Falle der Sozialen Arbeit von einer Konvergenz von Sozialarbeit und Sozialpädagogik insofern auszugehen, als beide sich ergänzende Perspektiven auf die subjektive Lebensführung unter gegebenen strukturellen oder umweltbezogenen Umständen ausmachen (vgl. Kapitel 2).

Ausgehend von einer Gerechtigkeitsperspektive kann es der – historisch als Sozialarbeit interpretierten – Sozialen Arbeit um die materiell-strukturelle Sicherung der Integration durch auskömmliche sozioökonomische und sozioökologische Rahmenbedingungen gehen (in ihrer prekären Form als Probleme der Verhältnisse), wohingegen die – historisch als Sozialpädagogik interpretierte – Soziale Arbeit auf der anderen Seite die Lebensführung an sich (in ihrer prekären Form als Probleme des Verhaltens) in den Blick nimmt. Die bereits von Mühlum (2001, 33) vorgenommene „Ortsbestimmung sozialberuflichen Handelns" kann daher an dieser Stelle in historischer Perspektive bestätigt werden, soll hier allerdings für einen aktuellen Entwurf der Sozialen Arbeit als überwindbar verstanden werden. Soziale Hilfen auf der Grundlage sozialpolitisch und sozialadministrativ wirksamen, sozialarbeiterischen Handelns erfahren dabei ihre Ergänzung durch Erziehungs- und Bildungshilfe auf der Grundlage pädagogischen Handelns, und vice versa.

Die für eine moderne Bestimmung der Sozialen Arbeit kulminierende Verschränkung beider Perspektiven eröffnet daher eine nicht nur theoretische Perspektive, sondern auch ein professionell-praktisches Handeln, das den Gegenstand und die Funktion Sozialer Arbeit viel treffender definiert, als dies bislang geschehen ist.

2.7 Ethik Sozialer Arbeit

Soziale Arbeit, sowohl in ihrer bisherigen historischen als auch in ihrer aktuellen Form, ist ohne eine ethische Betrachtung der Ziele und Rahmungen von sozialarbeiterischem oder sozialpädagogischem Handeln und Sozialpolitik nicht zu denken. Dies ist vor allem deshalb so notwendig, weil die Profession in ihren Aufträgen – wie oben bereits ausgeführt – auch von gesellschaftlichen, sozialpolitischen oder administrativen Vorgaben mitbestimmt wird. Daher ist eine ethische Reflexion dieser Einflüsse, will man eine emanzipatorische und humanistische Soziale Arbeit vertreten, von Nöten, die die an sie gerichteten Aufträge kritisch reflektiert und mit den Wertmaßstäben der Profession konfrontiert.

Will man also eine Distanz zu vorherrschenden Werten und Normen sowie Aufträgen der Gesellschaft oder ihrer Institutionen gewinnen, so geht dies nicht ohne eigene ethische Vergewisserung und einen daraus gewonnenen moralischen Standpunkt. Nach einer zeitweisen Absenz moralischer Ansprüche innerhalb der Postmoderne-Diskussion, die selbst der Kategorie hegemonialer Herrschaftsansprüche zugerechnet wurde, gewinnt heutzutage ein Selbstvergewisserungswunsch der Profession zunehmend an Bedeutung, sodass einige sogar schon von einer wiederkehrenden Normativität der Sozialen Arbeit (vgl. Otto/Ziegler 2012) sprechen. Dabei ist zunächst die Unumgänglichkeit von Normativität zu konstatieren:

> „Mittlerweile ist sich die Fachöffentlichkeit aber einig, dass moralische Ansprüche und normative Zieloperationen zu den elementaren Grundlagen Sozialer Arbeit zählen; denn schon die Kritik an einer Sozialen Arbeit, die mit moralisierenden Instrumenten ihr ‚Klientel' diszipliniert und beherrscht, ist immer schon eine *Kritik* an einer (konkreten) Moral *im Namen* einer (übergeordneten) Moral – etwa einer Moral, die die Achtung vor der unverletzbaren Würde und Integrität eines jeden Menschen fordert und deshalb jede Form gesellschaftlicher Exklusion einer Bevölkerungsgruppe durch deren moralische Diskreditierung und Stigmatisierung kritisiert." (Lob-Hüdepohl/Lesch 2007, 7; kursiv i. O.)

Lob-Hüdepohl und Lesch gehen somit davon aus, dass Soziale Arbeit immer moralisch agiert und auch in ihrer Moralkritik selbst wiederum moralisch argumentiert. Um diese Verwobenheit ethisch-moralischer Ansprüche an die Individuen in einer Gesellschaft oder Gemeinschaft und die Positionierung Sozialer Arbeit besser verstehen zu können, soll deshalb die historische Entwicklung vom ausgehenden Mittelalter bis heute nachgezeichnet werden. Es wird sich darin die Veränderung von einer sittlichen Moral über eine Rechteperspektive hin zu einer umfassenden menschenrechtlichen Perspektive zeigen. Letztere wird schließlich innerhalb der hier vertretenen Theorie Sozialer Arbeit um den Aspekt der Befähigungsgerechtigkeit im Zuge der Anwendung des Capabilities Approach erweitert.

Historischer Exkurs

Die Auseinandersetzung der Profession mit ihrer Moralität ist dabei in einen soziogenetischen Prozess eingebunden, der niemals nur Vergangenheit ist, sondern auch immer die Gegenwart und Zukunft bestimmt: Spätestens mit der modernen, bürgerlichen Armengesetzgebung, wesentlich gekennzeichnet durch Kommunalisierung, Rationalisierung, Bürokratisierung und Pädagogisierung (Sachße/Tennstedt 1980, 180), beginnen auch moralische Auseinandersetzungen der herrschenden bürgerlichen und politischen Elite mit dem Thema Armut.

Die Ablösung eines religiös verstandenen Armutsbildes durch ein an bürgerlichen Werten und Normen orientiertes Armenbild bringt die Verknüpfung von individueller Moralität (die als Unterstützungskriterium gefordert wird) und

Almosenempfang mit sich. Erst mit voller Entfaltung aufklärerischer Gedanken (z.B. dem städtischen Philanthropismus) erfolgt auch eine – wenn auch zaghafte – Selbstreflexion der bürgerlichen Gesellschaft, was zum Teil mit paradoxen, weil sentimentalen Gegenbewegungen (z.B. der Erweckungsbewegung) einhergeht, zum Teil aber auch mit einer auf einem säkularen Rationalismus und wissenschaftlichem Anspruch beruhenden Sozialpolitik. Über alles entsteht durch die Soziale Frage aber mehr als eine Suche nach rein technischen Fragen der Armutsbekämpfung, denn zugleich wird auch der eigene (bürgerliche) Lebensstil und die eigene Verantwortung von vielen Philanthropisten (wenn auch nicht immer mit individueller und politischer Konsequenz) im Zuge der Armenreformen und der zunehmenden Vergesellschaftung der Armenpflege reflektiert.

Dabei sind beständig – neben dem aufgeklärten Wunsch nach tatsächlicher Hebung der Klassen – auch Kontrollphantasien und -praktiken ein Teil der Diskussion. Ausgehend von der Ablösung einer religiösen Duldungsmoral im Mittelalter über die disziplinierende Strafmoral des Absolutismus und folgender Zeitalter bis hin zu einem pädagogisch-moralischem Impetus in Folge der Aufklärung entwickelt sich eine zunehmend moralisch-sittliche Hilfsmoral. Diese wird dann nochmal durch die Entwicklungen der Sozialversicherungen Ende des 19. Jahrhunderts und erster Gesundheits- und Fürsorgegesetzgebungen in der Weimarer Republik reformiert, und zwar in einer – wenn auch anfangs langsam wachsenden – Rechteperspektive, welche dann zwar im Nationalsozialismus erneut zerschlagen bzw. zurückgeworfen, jedoch im Sozial- und Rechtsstaat der Bundesrepublik Deutschland erneuert wird.

Dieser kurze historische Abriss zeigt, dass sich im Laufe der Zeit politische, gesellschaftliche und mit Beginn der Verberuflichung Sozialer Arbeit auch professionelle Fragen nach Moralität beständig neu stellen. Bis heute hält diese Diskussion an. Dabei wird spätestens mit der Menschenrechtsdeklaration der Vereinten Nationen von 1948 auch die Rechteperspektive international eingeführt, wobei sich diese erst nach und nach als vollständige Union von Bürger- und Sozialrechten in der zweiten Hälfte des 20. Jahrhunderts entfaltet.

Die frühen Selbstzeugnisse der Pionierinnen Sozialer Arbeit, z.B. jene von Alice Salomon, Jane Addams, Mary Richmond u.a. (vgl. Müller 2007, 16 ff.), zeugen von der Suche nach einer Verbindung von Moral und Professionalität, vom richtigen Verhältnis von Freiheit und Recht und einer guten gesellschaftlichen Verteilung von Gütern und Chancen, wie es z.B. im folgenden Zitat deutlich wird: „Die bessere Technik, die durchdachte Methode ist nur ein Werkzeug – als solches nützlich und unentbehrlich. Aber recht handhaben kann es nur der Mensch, dessen Tun aus einem wachen Gewissen quillt." (Salomon 1927)

Aktuelle Diskurse

Bis heute hält diese Debatte an, was sich nicht zuletzt auch in meinem Versuch der Begründung einer Handlungstheorie aus einem Gerechtigkeitsansatz zeigt. Soziale Arbeit ist also durch und durch eine „moralische Profession" (Pantucek/Vyslouzil 1999), die ihre Moralität jedoch verteidigen oder abgrenzen muss von gesellschaftlichen Wert- und Normvorstellungen bzw. ihre Moralität in (weitgehender) Deckung mit diesen findet (z.B. mit dem Sozialstaatsgebot).

Ob und in welcher Form sich die Profession und die Disziplin Sozialer Arbeit überhaupt mit Fragen von Moral und Ethik[30] auseinandersetzen soll, kann oder darf, ist stets eng verknüpft mit dem jeweils vertretenen professionstheoretischen Standpunkt und vor allem der Frage nach einem politischen Mandat (Merten 2001; Sorg 2003). Dieser Punkt war und ist stets Gegenstand intensiver und zum Teil sehr kontroverser Auseinandersetzungen und mitunter auch ein selbstreferentieller und damit selbstgenügsamer Diskurs, wenn der Anspruch an die Moralität der eigenen Profession entweder als utopischer Gegenentwurf zu bestehenden gesellschaftlichen Bedingungen phantasiert wird und damit Anklagen an die Gesellschaft gerichtet sind oder aber sich eher resignativ nach immer besseren Entwürfen dieser Gesellschaft unter bestimmten moralischen Imperativen gesehnt wird, ohne der Meinung zu sein, hierauf Einfluss nehmen zu können.

Trotzdem ist festzuhalten, dass das Interesse der Sozialen Arbeit an moralischen wie ethischen Fragestellungen stets angehalten hat, was sich auch an einschlägigen Publikationen der letzten Jahre zeigt (Brumlik 1992, 2000; Dungs u.a. 2006, Eisenmann 2006; Lob-Hüdepohl/Lesch 2007; Mührel 2003; Martin 2007). Die Spannbreite der Moralität innerhalb der Profession reicht theoretisch von liberalen über utilitaristisch-funktionale, diskurs- oder kommunikationstheoretische, bedürfnistheoretische bis hin zu emanzipatorischen Entwürfen von Freiheit, Gleichheit, Solidarität und damit Gerechtigkeit (vgl. die verschiedenen Übersichten bei Eisenmann 2006; Lob-Hüdepohl/Lesch 2007; Dollinger 2010). Allerdings tendieren die meisten dieser Entwürfe zu einer humanistischen Perspektive, die das Wohlergehen der Menschen, speziell jedoch die Besserstellung der Deklassierten, Unterprivilegierten oder Benachteiligten beabsichtigt und Ungerechtigkeit und – wo diese ungerecht ist – auch Ungleichheit in der Verteilung von materiellen wie immateriellen Chancen thematisiert.

Einen ersten umfangreichen Versuch der Integration moralischer Standards unternahm Staub-Bernasconi mit ihrer handlungswissenschaftlichen Aufgabenbeschreibung Sozialer Arbeit als einer „Menschenrechtsprofession" (Staub-

30 vgl. zur Unterscheidung von Ethik und Moral (Dollinger 2010). Moralische Ansprüche sind häufig normativen Ansätzen geschuldet, wohingegen die Ethik eher die diskursive Thematisierung von moralischen Ansprüchen ist.

Bernasconi 1998)[31]. Der darin zum Ausdruck kommende Anspruch einer zwingend notwendigen Orientierung an einem Wertewissen wird von ihr konsequent entlang der Menschenrechte, wie sie von den Vereinten Nationen proklamiert und u.a. im deutschen Grundgesetz verankert wurden, ausbuchstabiert. Dies führt Staub-Bernasconi bekanntermaßen zur Erweiterung des Doppelmandats (Böhnisch und Lösch 1973) zu einem dreifachen Mandat oder auch Tripelmandat (Staub-Bernasconi 2007, 200), welches die Menschenrechte dazu nutzt, um Probleme und Aufträge, mit denen es Soziale Arbeit zu tun hat,

> „nicht nur aus legalistischer oder vorgeschriebener Vertrags-, sondern zusätzlich aus menschenrechtlicher Perspektive zu durchdenken, sich sowohl von den möglichen Machtinteressen und Zumutungen der Träger, fachfremden Eingriffen anderer Professionen wie der Vereinnahmung durch illegitime Forderungen durch die Adressat(inn)en kritisch zu distanzieren."

Daraus resultiert zum einen ein neues Selbstbewusstsein hinsichtlich der Fähigkeit, sich selbstständig als Profession im Machtgefüge von Klientel, Gesellschaft und Institution zu bewegen (vgl. Röh 2006a), und zum anderen die Gewissheit, dass ohne eigene normative Vorstellungen die Soziale Arbeit diesen Kräften ausgeliefert sein würde.

2.8 Die vier Mandate der Sozialen Arbeit

Das Thema ihres Mandats, ihrer Aufgabe bzw. ihres Auftrages beschäftigt die Soziale Arbeit spätestens seit des von Böhnisch/Lösch (1973) erstmals in den Diskurs eingebrachten „Doppelten Mandats". Allerdings unterlag die thematische Auseinandersetzung damit dem für die letzten Jahrzehnte allgemein feststellbaren Wechsel zwischen individualisierenden und politisierenden Paradigmen in der Sozialen Arbeit. Zuletzt hat vor allem Silvia Staub-Bernasconi die Diskussion vorangebracht, indem sie ein drittes Mandat formulierte: die Selbstmandatierung der Profession Soziale Arbeit. Damit erweiterte sie das Doppelte Mandat zu einem „Trippelmandat".

Konjunktur hatte das Thema in der Zeit der kritischen Auseinandersetzung mit der Stellung der Sozialarbeit/Sozialpädagogik durch die marxistisch-dialektische Theorie (siehe etwa Hollstein/Meinhold 1973) und entsprechend weniger in der Zeit des sog. Therapie- oder Psychobooms. Zur Zeit wirft die Ökonomisierung des Sozialen und der Sozialen Arbeit jedoch erneut professions-

---

31 In ähnlicher Weise versteht auch Ife (2008) die Soziale Arbeit als eine Menschenrechtsprofession, wie im vierten Kapitel noch ausführlich dargestellt werden wird.

theoretische Fragen nach Aufträgen, Verantwortung und Aufgaben auf: Will und kann sich Soziale Arbeit mit ihrem Mandat – besser spricht man schon jetzt von Mandaten – auf den zunehmenden Einzug des Geldes bzw. seiner Steuerungsfunktion einlassen? Kann sie sich gegen dessen Kolonialisierungsfunktion und neoliberalen Hegemoniestrebens wehren, obwohl sie doch eines ihrer Mandate gerade von der Gesellschaft erhält? Aufgrund dieser Entwicklung möchte ich vorschlagen, von einem vierten Mandat, nämlich dem der Organisationen und Institutionen in Abgrenzung vom abstrakteren Mandat der Gesellschaft auszugehen.

Es gibt also neue Realitäten, die bereits Einzug in Praxis und Theorie gehalten haben, und alte Gewissheiten, von denen sich die Soziale Arbeit nicht trennen sollte. Die alten Gewissheiten sind mit dem Doppelten Mandat hinlänglich beschrieben und auch bzgl. der überzeugende Argumentation für ein drittes Mandat verweise ich auf Staub-Bernasconi (2007, 198). Hinzugetreten sind neue Realitäten in Form von an die Soziale Arbeit herangetragenen Aufgaben, wie sie z.B. der Einzug marktwirtschaftlichen bzw. marktkonformen Denken und Handelns mit sich bringt, die ich als viertes Mandat beschrieben habe (Röh 2006a). Man denke etwa an die Wettbewerbssituation vieler Anbieter sozialer Arbeit und die teilweise schon vorhandenen Dumpingpreise. Neben diesem vierten Mandat, das sich also träger- bzw. organisationsseitig zeigt, ist das oben beschriebene Selbstmandat als weiteres, professionsinhärentes drittes Mandat hinzugetreten. Dabei handelt es sich dabei um ein neues Selbstbewusstsein als Disziplin, welches sich in der Etablierung der Fachwissenschaft Soziale Arbeit an vielen Hochschulen ausdrückt.

Von einem Vierfachen Mandat kann daher gesprochen werden, wenn wir die Perspektive der Institutionen Sozialer Arbeit mit einbeziehen, die eine ganz eigene, wenngleich durch gesellschaftliche Rahmenbedingungen beeinflusste, Aufgabenzuweisung an den Sozialarbeiter/Sozialpädagogen vornehmen. Sicherlich ist dieses Mandat im ersten Mandat (Gesellschaft) enthalten, allerdings ergeben sich für mich deutliche Anhaltspunkte, dass diese selbstverständliche Verknüpfung zugunsten einer differenzierteren Betrachtung aufzugeben ist. Die zunehmende Verrechtlichung verschiedenster Bereiche des gesellschaftlichen Lebens betrifft gerade auch die Soziale Arbeit. Deshalb macht es m.E. auch Sinn, das institutionelle Mandat aus dem gesellschaftlichen herauszulösen und gesondert zu betrachten. Vielfach wurde gerade die Abhängigkeit von Institutionen als Begründung für die Subordination der Sozialen Arbeit und ihre fehlende Vollprofessionalität oder Autonomie angesehen. Dieser Befund trifft insofern zu, als sich die Soziale Arbeit mit institutionellen Vorgaben, Rahmensetzungen und Grundlagen auseinander zu setzen hat. Dies wird auch bei freiberuflicher Tätigkeit nur insofern aufgehoben, als die eigene Fachlichkeit nicht zwangsläufig an eine Institution gebunden ist, allerdings sind auch freiberufliche SozialarbeiterInnen/ Sozialpädagogen einem gewissen Organisationsdruck ausgesetzt sind, der sich u.a. in geforderten Dokumentationspflichten äußert.

Durch die zunehmende Ökonomisierung der Sozialen Arbeit, die sich in der Praxis als Einzug betriebswirtschaftlicher bzw. qualitätsorientierter Ansätze zeigt, tragen Institutionen eine neue Aufgabe, ein neues Mandat sowohl an die einzelnen SozialarbeiterInnen und SozialpädagogInnen als Berufsrollenträger als auch an die gesamte Profession heran. Ökonomisierung meint in diesem Zusammenhang die Aufgabe und den Auftrag, marktkonform und somit kostengünstig unter bestmöglicher Ausnutzung bereits vorhandener Ressourcen zu arbeiten, sprich: mehr Leistung mit gleichbleibendem oder gesunkenem Budget zu erbringen.

Diese Entwicklung hat u.a. zur Etablierung des Sozialmanagements geführt, welches ja nicht mehr nur in Fort- und Weiterbildungen, sondern schon im grundständigen Studium der Sozialen Arbeit vermittelt wird.

PraktikerInnen erfahren diese Ökonomisierung in Form verschiedenster Mechanismen. Zum einen müssen sie Leistungsbeschreibungen anfertigen, auf deren Grundlage dann die Vergütung der sozialen Dienstleistung erfolgt. In der Folge dieser Beschreibungen sind sie zunehmend an kontinuierlich notwendigen Kostenverhandlungen beteiligt. Zum anderen müssen sie ihre eigenen Hilfeprozesse derart optimieren, dass dadurch Kosten gespart werden bzw. keine höheren Kosten entstehen. Schließlich sind insbesondere in den letzten Jahren vermehrt Anstrengungen in den Bereichen Qualitätsbeschreibung, Qualitätssicherung und Qualitätsentwicklung erfolgt, die zwar teilweise gesetzlich gefordert, aber in vielen Fällen auch durch die Träger selbst initiiert wurden. Und auch die gewerkschaftlichen Konflikte in Institutionen, die sich u.a. über ihre Spitzenverbände eigene Tarifwerke jenseits eines Flächentarifs geben, tragen hierzu bei.

Es steht außer Frage, dass diese Kolonialisierung durch Markt und Geld die Arbeitsweise der Sozialen Arbeit wesentlich beeinflusst hat und weiter beeinflussen wird. Es steht in weiten Teilen sogar zu befürchten, dass die personenbezogenen Anteile im Hilfeprozess zugunsten von Dokumentation, Mittelbeschaffung, Koordination etc. immer weiter zurückgedrängt werden. SozialarbeiterInnen/SozialpädagogInnen müssen ihr Handeln immer mehr durch entsprechende Geldwerte oder Geldäquivalenzen legitimieren. Diese und ähnliche Vorgaben seitens der Auftrag- oder Geldgeber erfolgen zwar mittels gesellschaftlicher Vorgaben, müssen jedoch bezogen auf das Verhältnis des Professionellen zur Institution umgesetzt werden.

Soziale Arbeit befindet sich damit einem Spannungsfeld, in dem sie eine normative Vorstellung ihres Auftrages ebenso benötigt, wie eine analytische Kompetenz zur Entdeckung der Wirkkräfte, wie sie sich aus der Gesellschaft, aus den sozialen Institutionen, in denen sie tätig ist, und von Seiten der Klientel ergeben.

2.9 Zusammenfassung und Ergebnissicherung

In diesem Kapitel wurde versucht, den professionstheoretischen Boden für eine in diesem Sinne handlungstheoretische Auseinandersetzung mit der Sozialen Arbeit zu bestellen. Diese Grundlegung soll nun im Folgenden durch die Darstellung und Übernahme der Grundpositionen des Capabilities Approach als einer moral- wie auch gesellschaftstheoretischen Theorie fortgeführt werden, um schließlich im fünften Kapitel zur Formulierung dieser Handlungstheorie zu gelangen.

Als Ergebnis der bisherigen Ausführungen kann festgehalten werden, dass

- sich Soziale Arbeit handlungstheoretisch nicht ohne moraltheoretische Begründung verstehen lässt,
- Soziale Arbeit sowohl eine allgemeine als auch eine spezielle Handlungstheorie benötigt, die sie als praxeologische Wissenschaft und wissenschaftlich begründete Praxis ausweist,
- Soziale Arbeit insofern eine professionelle wie disziplinäre Eigenständigkeit beanspruchen kann, als es ihr gelingt, eine relative Autonomie von gesellschaftlichen Anforderungen zu entwickeln, indem sie sich zu diesen kritisch verhalten und Alternativen zu gesellschaftlichen Konsequenzen formulieren kann, die ihren Gegenstand betreffen,
- dieser Gegenstand weniger durch soziale Problemlagen als vielmehr zunächst durch den allgemeinen Fokus auf die Lebensführung von Menschen definiert werden sollte, wobei es Ziel der Sozialen Arbeit sein sollte, die Daseinsmächtigkeit zu befördern und Menschen in ihrer Lebensführung, insofern diese durch soziale Probleme beeinträchtigt ist, zu unterstützen,
- ihre somit begründete Funktion sie in einem ethisch reflektierten Sinne nur dadurch vor kolonialisierendem oder paternalistischem Einfluss schützen kann, wenn sie sich – ausgestattet mit einem weichen Expertenverständnis – der Bearbeitung von Lebensführungsproblemen zuwendet und trotzdem von einer klaren Vorstellung des ‚guten Lebens' ausgeht,
- Soziale Arbeit sich der Verbindung von Handlung und Struktur bedienen bzw. zuwenden muss, um den ‚Mikro-Makro-Gap' der Sozialwissenschaften (vgl. Heidenreich 1998) mittels geistes- oder subjektwissenschaftlicher Erkenntnisse über die Handlungsfähigkeit der Menschen schließen zu können und ihr somit

- der Mikro-Makro-Link dadurch gelingt, dass sie sich sowohl den akteurs- oder auch subjektspezifischen Möglichkeiten und Grenzen menschlicher Handlung zuwendet und diese durch entsprechende Maßnahmen unterstützt als auch den strukturspezifischen Möglichkeiten und Grenzen subjektiver Handlung zuwendet.

3 Erkenntnis- und wissenschaftstheoretische Einordnung sozialer Phänomene

Nachdem bezüglich der professionstheoretischen Grundlagen der hier vorgestellten Handlungstheorie erste Klärungen herbeigeführt werden konnten, stellt sich in diesem Kapitel die grundlegendere Frage nach der Möglichkeit von Erkenntnis und Wissenschaft im Bereich sozialer Phänomene.

Der Begriff ‚Soziale Phänomene'[32] soll zunächst das ‚Material' Sozialer Arbeit bezeichnen, mit dem sich die Profession wie auch Disziplin auseinandersetzt. Zu Beginn des Abschnitts über Gegenstand und Funktion Sozialer Arbeit wurde die Frage aufgeworfen, ob es sich bei diesem ‚Material' um etwas Variables oder Konstantes handelt. Im Ergebnis der Analyse dieser Auseinandersetzung wurde vorgeschlagen, den Prozess der Lebensführung bzw. das Ziel der Daseinsmächtigkeit als die zentralen Themen der Sozialen Arbeit zu definieren und darauf aufbauend eine Handlungstheorie zu entwerfen, die die Verbindung von subjektiver Handlung und objektiver Struktur herstellen und einer professionellen Bearbeitung zugänglich machen kann.

Das Konzept der ‚Lebensführung' wird daher als Hintergrundfolie für das Konzept „sozialer Probleme" (Staub-Bernasconi/Obrecht), „nicht gelingenden Alltags" (Thiersch/Grunwald/Köngeter), „gefährdeter Lebensbewältigung" (Böhnisch) oder auch „gefährdeter Aneignung„ (Winkler) verstanden. Lebensführung oder auch Daseinsmächtigkeit sind also die ‚größeren', weil mit mehr ontischer Qualität ausgestatteten Begriffe, da sie im Grunde die gesamte menschliche Existenz umfassen, wenngleich der ‚aktive' Teil der Daseinsbewältigung oder auch Lebensführung für die Gegenstands- und Funktionsbestimmung Sozialer Arbeit selbstverständlich stärker konturiert werden muss, als dies in religiöser, leibphänomenologischer Hinsicht oder bei anderen humanwissenschaftlichen Zugängen der Fall ist. Lebensführung wird damit eine Konstanz zugeschrieben, die die diversen eben genannten ‚Gefährdungen der Lebensführung' nicht aufweist, da diese in gewisser Weise variabel auftreten, nämlich entweder als soziale Probleme, als Krankheiten/Behinderungen oder als Lebensereignisse, die es zu bewältigen gilt. Trotzdem ist die Konturierung desjenigen Ausschnitts aus der

---

32 Die vielen Anführungszeichen dieses Kapitels gehen auf die an dieser Stelle noch gebotene Vorsicht bei der Begriffsnutzung aufgrund der epistemologischen Fragestellung zurück.

Lebensführungsontologie, der sich mit den Gefährdungen der Daseinsmächtigkeit beschäftigt, von großer Bedeutung.

Dies vorweggeschickt, soll nun eine genauere epistemologische und wissenschaftstheoretische Klärung der Ausgangslage erfolgen. Es werden Antworten auf die Frage gesucht, inwieweit es sich bei diesen sozialen Phänomenen um soziale Konstruktionen oder um ontologische Entitäten mit mehr oder weniger konstanten Eigenschaften handelt.

Dazu sollten wir zunächst die von Aristoteles eingeführte Unterscheidung von Stoff (auch Materie) und Form betrachten. Beide Begriffe (Stoff und Form) dienten Aristoteles zunächst zur Erklärung von Bewegung und Veränderung[33]. Die grundlegende Erkenntnis besteht darin, dass für eine Veränderung immer ein Stoff vorhanden sein muss, der dann verschiedene Formen annehmen kann. Dieser Stoff bleibt auch nach der Veränderung bestehen, wenngleich in einer anderen Form:

> „Stoff ist das Beharrende, den Prozess Überdauernde, das ‚Zugrundeliegende', Form sind die Bestimmungen, die dem sich verändernden Gegenstand vor der Veränderung abgesprochen und nach der Veränderung zugesprochen werden. In dem Satz ‚aus einem ungebildeten Menschen wird eine gebildeter Mensch' bezeichnen ‚ungebildet' und ‚gebildet' die Form, ‚Mensch' den Stoff." (Gatzemeier 2004, 100 f.)

Mit dieser begrifflichen Unterscheidung ausgestattet, können wir nun festhalten, dass sich das menschliche Leben als ‚Stoff' bzw. ‚Materie' und die ‚Lebensführung' als Form bzw. Bewegung dieser Materie verstehen lassen. Im Anschluss daran stellt ‚Daseinsmächtigkeit' die Fähigkeit dar, den ‚Lebensstoff' nach bestimmten materiellen (dem Lebensstoff selbst innewohnenden) und ideellen (den vom Menschen präferierten Handlungen) Kriterien zu formen. Das Leben selbst bzw. das menschliche Dasein werden dabei existenziell aufgefasst und die Form dieses Daseins als essenziell, ein Zusammenhang auf den weiter unten noch genauer eingegangen werden soll, wenn es um die Verbindung von subjektiver Handlung und gesellschaftlicher Struktur geht.[34]

---

33 Die Vorstellung der Veränderung von Stoffen in bestimmte Formen ist bei Aristoteles zudem mit einer Akt-Potenz-Lehre verknüpft, auf die später im Zusammenhang mit der Willensfreiheit und Lebensgestaltungsmöglichkeit des Menschen genauer eingegangen werden soll.

34 An dieser Stelle sei aber bereits der Hinweis auf das philosophische Problem der Verbindung beider Bezeichnungen hingewiesen, wie es sich beispielsweise in der Favorisierung von ideellem und materiellem Weltverständnis äußert. So kann in gewisser Weise der Konstruktivismus als die Schwerpunktsetzung auf ein essenzielles und der Materialismus als die Schwerpunktsetzung auf ein existenzielles Dasein gewertet werden. Paradoxerweise kann jedoch auch, wie bei Jean-Paul Sartre (1962), die Lebensführung subjektiv-individualistisch ausgerichtet werden, obwohl das Leben als existenzialistisch, da mit dem Tode endend, aufgefasst wird. In ähnlicher Weise geht auch Heidegger in seinem Existenzialismus vom „Sein" als materiell-

3.1 Kritischer Realismus

In diesem Sinne ist der hier vorgelegte Entwurf einer Handlungstheorie Sozialer Arbeit inhaltlich und programmatisch durchaus als existenzialistisch zu bezeichnen. Lebensführung und Daseinsmächtigkeit und die darin enthaltenen problematischen Zustände im Person-Umwelt-Verhältnis sind anthropologisch-ontologische Konstanten, ohne die der Mensch oder ‚Menschsein' nicht begriffen werden kann. Daher ist es, wie Ziegler (2008, 47) berechtigterweise fordert, unerlässlich, auch in der Sozialen Arbeit eine „fundierte erkenntnistheoretische Perspektive auf und eine Analyse von sozialer Wirklichkeit zu entwickeln".

Dieser Auffassung ist die Frage zugeordnet, um welche Art von Existenzialismus es sich aus erkenntnistheoretischer Sicht handeln kann. Als Antwort möchte ich hier der jüngeren Entwicklung einer epistemologischen Theorie unter dem Titel „critical realism" (Danermark et al. 2002; Archer et al. 1998) folgen. Das herausstechende Merkmal dieses kritischen Realismus ist, dass er sich den zuletzt sehr dominierenden post-ontologischen Erkenntnistheorien samt ihren konstruktivistischen Varianten (Luhmann 1988; von Foerster 1993) widersetzt bzw. einen eher vermittelnden Blick auf Erkenntnismöglichkeit und Erkenntnisgewinnung verleiht. Wie Schumacher (2008, 293 f.) überzeugend herausgearbeitet hat, ist der Konstruktivismus „kein wissenschaftlich ausgeklügeltes Erkenntnissystem, auch wenn manche dies meinen", sondern vielmehr „eine in empirisch-psychologischen Beobachtungen gründende, bewusstseinskritische Haltung [...], die den Prozess des Wissenserwerbs thematisiert und problematisiert" und damit in ähnlicher Weise wie die Phänomenologie Husserls die subjektive Konstruktion des Seins als Ausgangspunkt nimmt, wenngleich Husserl darüber jedoch das ‚Wesen der Dinge' erkennbar machen wollte, was radikale Konstruktivisten wiederum für unmöglich halten.

Konstruktivismus wird somit als auf einer alltäglichen Ebene einsichtiges Erkenntnismodell und für den sozialarbeiterischen Handlungsalltag durchaus hilfreiches, aber nicht zu überschätzendes, weil nur partiell hilfreiches Phänomen gedeutet. Die Erkenntnis, dass sich soziale Phänomene auf einer ersten Erkenntnisstufe natürlich als Ergebnis des sinnlichen Wahrnehmungsapparates der Menschen zeigen, ist daher unstrittig. Dies bedeutet jedoch keinesfalls, dass die Welt nur deshalb existiert, weil wir sie denken.[35]

---

ontologisch gegeben aus, obwohl dieses Sein transzendental aufgefasst werden müsse, allerdings nicht als Ergebnis einer individuellen „Seins-Leistung" (vgl. Heidegger, 2006 [1927]).

35 In ähnlicher Weise lässt sich auch der Anspruch der objektiven Hermeneutik als zwar konstruktivistischer Prozess verstehen, der aber trotzdem mittels des hermeneutischen Zirkels und des darin methodisierten, immer wiederkehrenden Rekurses auf die Beobachtung zu einem objektivem Anspruch der Analyse führt (Oevermann 2000). Dieser wiederum fußt auf der geisteswissenschaftlichen Hermeneutik, wie sie – in der Nachfolge ihrer traditionellen Herkunft der

So können wir beispielsweise zwar verschiedene Formen von Armut finden, siehe die Unterscheidung von relativer und absoluter Armut, und diese Erkenntnisse der unterschiedlichen Formen von Armut sind durchaus hilfreich, jedoch ist damit noch nicht gesagt, dass Armut eine reine menschliche Konstruktionsleistung ist. Obwohl die Wahrnehmung zwar abhängig ist vom gesellschaftlichen Kontext, so können wir daraus doch trotzdem nicht den Schluss ziehen, dass Armut nicht unabhängig von unserer Wahrnehmung und Definition ist. Relative Armut in entwickelten, industrialisierten, demokratischen und wohlhabenden Gesellschaften ist ebenso bedrückend wie absolute Armut in unterentwickelten, präindustriellen, antidemokratischen und weniger wohlhabenden Gesellschaften und genauso existent. Ebenfalls ist Obdachlosigkeit, egal in welchem gesellschaftlichen Umfeld, eine ontologische Tatsache. Das Gleiche trifft auch auf erfahrene körperliche oder sexuelle Gewalt, Behinderung und andere soziale Phänomene zu. Sie alle existieren, auch ohne dass wir sie wahrnehmen, entweder weil wir diese bewusst ignorieren oder weil sie andernorts oder zu einer anderen Zeit existieren. Sie bilden daher jenen Stoff, der dann allerdings unterschiedliche Formen annehmen kann, je nachdem vor welchem Hintergrund wir ihn betrachten. Dieses gestalttheoretische Hintergrund-Figur-Modell sieht also sowohl den Stoff als auch die Form.

Der ‚critical realism' argumentiert, dass das, was wir wahrnehmen können, ein Resultat des komplexen Zusammenspiels der ‚Mechanismen' und ‚Tendenzen' sozialer (kultureller) und natürlicher Strukturen und Handlungen sei, das wir dann ‚beobachten' können, wobei das Gesamte der durch diese tieferen Strukturen hervorgebrachten ‚Realität' größer ist als das, was wir als Ausschnitt daraus aktuell wahrnehmen.

Auf die gesellschaftliche Welt angewendet kann somit den tieferen Strukturen – z.B. des Staates, der Geschlechterverhältnisse, der Produktionsverhältnisse – sowie den Intentionen, Motivationen, Dispositionen, Vorstellungen etc. von AkteurInnen nachgegangen werden, obwohl diese sich nicht offensichtlich zeigen, sondern vielmehr epistemologisch gehoben werden müssen, was dann wiederum unter den konstruktivistischen Aspekt der Beobachtung passt. Zudem sehen wir gesellschaftliche Phänomene häufig nur als einzelne Ereignisse und Handlungen von Personen, was zwar auf dieser Erkenntnisebene dann auch der ‚Wahrheit' entspricht, aber die auf einer tiefer liegenden Ebene existierenden ‚Wahrheiten', die zu der Erscheinung selbst beigetragen haben, nicht erkennen lässt. Den obdachlosen Menschen oder auch den behinderten Menschen sehen wir in seiner ganz speziellen Situation vor dem Hintergrund unserer persönlichen, gesellschaftlichen oder auch kulturellen Vorstellungen in einer ganz be-

Bibelexegese – in ihrer neuzeitlichen Variante vor allem von Wilhelm Dilthey und Edmund Husserl vertreten wurde.

stimmten Art und Weise. Allerdings sind diese Konstruktionen als Merkmalszuschreibungen eben noch nicht die ganze Wahrheit, denn auch der Obdachlose oder auch die Behinderte werden erst durch die tieferliegenden strukturellen Bedingungen, die sich beispielsweise an ihren biografischen Erfahrungen ablesen lassen, voll verständlich.

Im kritischen Realismus wird die Wirklichkeit daher als in drei sich überlappenden Sphären existierend verstanden:[36] Zum einen handelt es sich dabei um die empirische Wirklichkeit, die durch Erfahrungen, Beobachtungen und Messungen erschlossen werden kann. Des Weiteren wird eine Welt der sozialen Konstellationen konstatiert, in der sich die Dinge einfach ‚ereignen', ohne dass wir sie unbedingt wahrnehmen bzw. ihre Existenz von unserer Wahrnehmung abhinge (Realität). Bhaskar unterscheidet in diesem Zusammenhang zwischen „events" und „structures":

> "The necessity for categorical distinctions between structures and events and between open systems and closed are indices of the stratification and differentiation of the world, i.e. of the transcendental realist philosophical ontology." (Bhaskar 1998a, 22)

Schließlich wirken in einem dritten Bereich als Teil der Wirklichkeit die sogenannten „deep dimensions" (Danermark u.a. 2002, 5), die mit ihrer die Phänomene der sozialen Wirklichkeit konstituierenden oder ermöglichenden Kraft sozusagen eine tiefenontologische Basis auf der Grundlage struktureller und kontextueller Bedingungen bilden.

---

[36] Die verschiedenen Sichtweisen auf die Welt, die sich innerhalb der Sozialen Arbeit vor allem in psychologischen, pädagogischen, medizinischen, soziologischen, politologischen, ästhetischen und vielen weiteren Theorien zeigen, können philosophisch gesehen unterschiedlichen Sphären der Wirklichkeit zugeordnet werden. Dazu gibt es – neben dem kritischen Realismus – noch weitere, erwähnenswerte Vorschläge, von denen ich hier nur drei skizzieren möchte:

a) Karl Popper (1973) nahm in seiner Drei-Welten-Theorie an, es gäbe die physikalische Welt, die Welt der subjektiven Wahrnehmung und des Bewusstseins und die Welt der geistigen und kulturellen Gehalte, die vom Einzelbewusstsein unabhängig existieren können (z. B. Inhalte von Büchern, Theorien und Ideen).
b) Eine weitere Möglichkeit wäre das biopsychosoziale Modell des Menschen, welches die somatische, die psychische und die soziale Realität des Menschen miteinander verbinden will (von Uexküll/Wesiack 1993; Obrecht 2005a).
c) Schließlich will das sozialökologische Modell von Bronfenbrenner (1981) die Wirklichkeit von Menschen als auf mindestens fünf Ebenen (Mikro-, Meso-, Exo-, Makro- und Chronoebene) bestehend verstanden wissen.

Alle drei Theoriebezüge weisen zudem Parallelen zum sozialökologischen oder auch systemischen Modell (Person-in-Environment-Model) der Sozialen Arbeit auf.

Tabelle 1: Wirklichkeitsdimensionen des kritischen Realismus (Bhaskar 1998a, 41)

	Domain of Real	Domain of Actual	Domain of Empirical
Mechanisms	✓		
Events	✓	✓	
Experiences	✓	✓	✓

Bhaskar argumentiert, dass die Mechanismen oder Strukturen der tieferen Ontologie (Realität) unabhängig von der Wahrnehmung durch den Menschen existieren. Allerdings wird Realität nicht darauf reduziert, sondern vielmehr auch die begrenzte Fähigkeit von Realitätswahrnehmung thematisiert. Bereits Kant wies darauf hin, dass das ‚Ding an sich' nicht wahrnehmbar sei, sondern immer nur als ‚Ding für uns'. Dies bedeutet andererseits aber nicht, dass wir sie konstruieren und damit schaffen, allerhöchstens wäre wohl zu konstatieren, dass wir die Form und Qualität des dinglichen Stoffes erkennen (vgl. wiederum die aristotelische Unterscheidung von Form und Stoff).

Diese vom kritischen Realismus (Bhaskar u.a.) hauptsächlich auf die ‚natürliche Realität' hin ausgelegte erkenntnis- und wissenschaftstheoretische Konzeption ist daher insofern auf ihre Übertragbarkeit auf soziale Realitäten zu überprüfen (vgl. Danermark u.a. 2002), als zum jetzigen Zeitpunkt schwer vorstellbar ist, inwieweit vom Menschen unabhängige Mechanismen und Strukturen existieren sollten, die auf ihn in einem sozialen oder gesellschaftlichen Sinne einwirken.

Für die soziale Realität, mit der sich die Soziale Arbeit beschäftigt, lassen sich folgende Schlussfolgerungen ziehen:

- Domain of the Real: Real, im Sinne von tieferen Dimensionen der Wirklichkeit, die nicht per se wahrnehmbar sind, sondern vielfach abstrakt, theoretisch oder unerkennbar sind, sind solche somato-psycho-sozio-kulturellen Strukturen, die die menschliche Handlungsfähigkeit beeinflussen, und zwar häufig ohne dass dies bewusst wahrgenommen wird. Somatische Dispositionen, einerlei ob genetisch determiniert und jeweils nur aktualisiert, können ihre Wirkung über eine Ausprägung des körperlichen Funktionszustandes inkl. der kognitiven und emotionalen Fähigkeiten entfalten. Psychische Dispositionen können, damit zusammenhängend, die jeweilige Persönlichkeit eines Menschen prägen. Soziale und kulturelle Strukturen wiederum beeinflussen die Handlungsformen, das Selbstverständnis der eigenen Rolle und die an einen gestellten Erwartungen sowie andere soziale Qualitäten des menschlichen Lebens.

- Gleichzeitig könnten zu diesen tieferen Realstrukturen auch die anthropologischen Grundkonstanten des menschlichen Daseins gezählt werden, also die ‚Weltoffenheit' oder auch die Exzentrik der menschlichen Spezies.
- Schließlich gehören dazu auch basale Bedürfnisstrukturen oder – mit Nussbaum – bestimmte Capabilities, deren (Nicht-)Befriedigung oder (Nicht-) Anwendbarkeit eine bestimmte Disposition generieren.
- Domain of the Actual: Im aktuellen oder – mit Ziegler (2008, 48) – ‚tatsächlichen' Bereich der Wirklichkeit können sich diese tieferen Strukturen beispielsweise in einem bestimmten Verhaltensspektrum manifestieren. Es ist wichtig zu betonen, dass es sich hierbei um ein Spektrum handelt, da durch die tieferen Strukturen (oder auch generativen Mechanismen) nicht ein bestimmtes Verhalten, und nur dieses, programmiert werden. Capabilities, die nicht realisiert werden können, obwohl sie realisiert werden sollten, können zu ganz verschiedenen Verhaltensweisen führen (analog auch nichtbefriedigte Bedürfnisse): Jemand kann sich zurückziehen, resignieren und weitere Versuche der Bedürfnisbefriedigung oder auch der Realisierung von Capabilities unterlassen. Es kann ihn – je nach der Einzigartigkeit des Zusammenwirkens von somato-psycho-sozio-kulturellen Einflüssen – auch zu einem aktiven, kämpferischen, optimistischen Verhalten anregen. Die im Aktuellen sich entfaltenden Möglichkeiten sind dabei stets umfangreicher als ein aktuell realisiertes oder gezeigtes Verhalten.
- Domain of the Empirical: Schließlich ist wiederum, für Außenstehende wie auch introspektiv für das Subjekt selbst, aus diesem Verhaltensspektrum nur eine jeweilige Verhaltensweise zu einem bestimmten Zeitpunkt, in einer bestimmten Situation oder einen bestimmten Ort beobachtbar. Alle Wirklichkeit aus dieser Wahrnehmung abzuleiten, wäre naiver Konstruktivismus, denn es würde vom Sein auf das Sollen geschlossen, also ein naturalistischer Fehlschluss gezogen.

Gleichzeitig kann auch ein deterministischer Prozess der Generierung von bestimmten Verhaltensweisen rein aus der Domäne des Realen nicht überzeugen, da ja festgestellt wurde, dass sich verschiedene Ausformungen vorstellen lassen, die in der Domäne des Tatsächlichen auftauchen.

In ähnlicher Weise entwickelt auch Mario Bunge seine emergente Systemtheorie als eine Ontologie mit erkenntnistheoretischen Möglichkeiten der Welterkennung. Seine Philosophie wurde u.a. auch von der emergenten Systemtheorie Sozialer Arbeit durch Werner Obrecht (2001) aufgenommen und bezüglich der Realität menschlicher Bedürfnisse angewandt (Obrecht 2005). Folgende

Merkmale dieser systemischen Ontologie weisen eine bemerkenswerte Parallele zum kritischen Realismus auf (Obrecht 2001, 28):

- „Die Welt besteht aus sich selbst heraus, d.h. unabhängig davon, ob jemand gerade an sie denkt (oder sie erforscht) oder nicht.
- Alle Dinge gehorchen in ihrem Aufbau und ihrem Verhalten Gesetzen (es gibt zufälliges Zusammentreffen, aber keine Wunder).
- Es gibt gegenwärtig, zumindest auf der Erde, verschiedene Arten von konkreten Systemen [...], die ihrerseits zu Bündeln von Systemebenen zusammengefasst werden können, nämlich physikalische, chemische, biologische, psychische und soziale. Die Komponenten eines sozialen Systems sind physikalischer, chemischer, biologischer bzw. biopsychischer Natur, [...].
- Mit den plastischen, d.h. den lernfähigen Nervensystemen ist eine neue Art von Fakten, nämlich erfahrungsabhängige Gehirnzustände, in die Welt gekommen, d.h. Wissen im Sinne von Selbst- und Umweltbildern und begrifflichen Systemen (kognitive Codes), sowie – auf ihren Grundlagen – eine neue Art von Prozessen, nämlich Phänomene (Erleben) und später – bei Menschen – Erfahrung (reflektiertes Erleben) und methodisch kontrolliertes Erkennen (Philosophie und Wissenschaft)."

Neben diesen Elementen spielt der Begriff der Emergenz eine entscheidende Rolle innerhalb dieser spezifischen Systemtheorie. Emergenz wird als konkrete Folge der Interaktion von Komponenten verstanden und stellt somit das Neue in Systemen dar, die sich zwar aus Komponenten (anderen Systemen) zusammensetzen, aber mehr bzw. andere Eigenschaften aufweisen als diese Komponenten selbst bzw. einzeln für sich.

Allerdings sind die von Bhaskar (1998b, 218) selbst festgestellten Begrenzungen eines möglichen Naturalismus im Bereich sozialer Phänomene zu beachten. Diese besitzen seiner Ansicht nach eben nicht genau die gleichen Eigenschaften wie natürliche Phänomene, obwohl auch die sozialen Phänomene ‚real' sind. Folgende Limitationen sind deshalb zur Kenntnis zu nehmen:

> "(1) Social structures, unlike natural structures, do not exist independently of the activities they govern. (2) Social structures, unlike natural structures, do not exist independently of the agents' conceptions of what they are doing in their activity. (3) Social structures, unlike natural structures, may be only relatively enduring (so that the tendencies they ground may not be universal in the sense of space-time invariant)." (Bhaskar 1998, 218 f.)

Danermark u.a. (2002, 16) fassen dies wie folgt zusammen: "Whereas the objects of the natural science researcher are naturally produced but socially defined, the objects of the social scientist are both socially produced and socially defined."

Liegt mit dieser Begrenzung innerhalb des kritischen Rationalismus nicht eine deutliche Parallele zum Konstruktivismus vor und ist damit die Grundannahme des kritischen Realismus (es existiert eine Welt, auch ohne dass wir sie wahrnehmen) obsolet geworden, oder handelt es sich um eine Relativierung ontologischer Metaphysiken bei bestehendem Realitätsgehalt sozialer Phänomene? Mit anderen Worten: Was ist denn nun real an der sozialen Realität?

Die von Bhaskar (1998a, 16 f.) eingeführte Unterscheidung von „intransitive objects" und „transitive objects" kann uns bei dieser Klärung helfen. Intransitive Objekte der Wirklichkeit sind solche, die unabhängig von unseren erkennenden Bemühungen, z.B. im Rahmen von Wissenschaft, existieren und durch diese Erkenntnis auch nicht veränderbar sind. Solche Objekte können nur ‚entdeckt', aber niemals ‚erfunden' (d.h. konstruiert) werden. Bestimmte Naturgesetze (Gravitation, atomare Bestandteile) sind nun einmal vorhanden, und zwar unabhängig von uns. Transitive Objekte hingegen bezeichnen die Ergebnisse unserer menschlichen Bemühungen um Erkenntnis und Erstellung bestimmter Objekte. Soziale Phänomene sind transitiv, also wandelbar, weil sie abhängig sind von Wirklichkeitskonzepten, innerhalb derer wie diese Objekte interpretieren (Outhwaite 1998, 283). Das heißt aber nicht, dass sie nur deshalb existieren oder in dieser Form existieren, weil wir sie so interpretieren. Bis hierhin würden Konstruktivisten noch zustimmen und schlussfolgern, dass es eben viele Interpretationen eines sozialen Phänomens gibt.

Anhand eines Beispiels möchte ich diese Beziehungen exemplifizieren. Soziale Beziehungen bzw. das Bedürfnis von Menschen nach solchen bzw. nach Zugehörigkeit zu und Unterstützung durch andere Menschen ist eine sozialontologische Realität (und damit eine im aristotelischen Sinne stoffliche Entität), die allerdings in ihrer Form wandelbar ist. So können ontogenetische Varianzen von Stammesgesellschaften über vormoderne bis hin zu modernen oder postmodernen Gesellschaften zwar unterschiedliche Arten von Sozialbeziehungen mit all ihren variablen Qualitäten herausbilden, jedoch bleibt das zugrundeliegende Bedürfnis das gleiche. Übrigens auch dann, wenn einzelne Menschen dieses Bedürfnis aktuell nicht verspüren, ablehnen oder bestimmten Präferenzen unterordnen. Die Gestalt dieser Sozialbeziehungen wechselt also und die jeweils in einer bestimmten Kultur praktizierte Form der Sozialbeziehungen, also die aktuell konventionalisierten Möglichkeiten und Grenzen von Sozialbeziehungen, bestimmen wiederum unser Bewusstsein davon, wie diese aussehen (sollten) bzw. welche Form wir realisieren dürfen. Gleichwohl sind aber diese aktuellen Formen wandelbar und unterliegen einem ständigen Veränderungsprozess.

In dieser Lesart finden wir eine erste Antwort auf unsere Frage, inwieweit der kritische Realismus auf soziale Phänomene insofern anwendbar ist, als auch von diesen als Objekten außerhalb unserer Wahrnehmung gesprochen werden kann. Zwar sind soziale Objekte (Phänomene) oberflächlich betrachtet das Ergebnis menschlicher Kognitionen. Auf einer tieferliegenden Erkenntnisebene sind sie darüber hinaus aber materialer Grund für die auf der oberflächlichen Ebene zu beobachtenden Handlungen.

Denn in einem iterativen Prozess bilden diese sozialen Konstruktionen immer wieder tiefere Wirklichkeiten, die wir – obwohl menschlich hergestellt – als Grund für unsere Handlungen, und damit etwas empirisch Wahrnehmbares, nehmen, ohne die ursprünglich Entstehung dieses Grundes noch sehen zu können. In ihrer konstruktivistischen Theorie der Wirklichkeit gelangen Berger und Luckmann (1987, 24) zu einem ähnlichen Schluss, was bei ihnen in eine Erklärung der Entwicklung von Institutionen mündet:

> „Ich erfahre die Wirklichkeit der Alltagswelt als eine Wirklichkeitsordnung. Ihre Phänomene sind vor-arrangiert nach Mustern, die unabhängig davon zu sein scheinen, wie ich sie erfahre, und die sich gewissermaßen über meine Erfahrung von ihnen legen. Die Wirklichkeit der Alltagswelt erscheint bereits objektiviert, das heißt konstruiert durch eine Anordnung der Objekte, die schon zu Objekten deklariert worden waren, längst bevor ich auf der Bühne erschien. Die Sprache, die im alltäglichen Leben gebraucht wird, versorgt mich unaufhörlich mit den notwendigen Objektivationen und setzt mir die Ordnung, in welcher die Objektivationen Sinn haben und in der die Alltagswelt mir sinnhaft erscheint."

Die ursprünglich aus einem bestimmten Kontext und mit einem spezifischen Zweck verbundene Generierung einer bestimmten Handlung, wird – wenn sie habitualisiert wird – zu einer Gewohnheit, die über kulturelle Mechanismen an spätere Generationen weitergegeben wird. Diese Gewohnheiten werden für diese zu Üblichkeiten, deren ursprüngliche Intention und Zweckgebundenheit nicht weiter beachtet wird, und später im kollektiven Sinne zu historischen Objekten. So bilden sich ‚Institutionen', die dem Menschen fortan als äußeres, zwingendes Faktum gegenüberstehen und zu gegebener Wirklichkeit, wie beispielsweise die Natur, werden. Durch dieses Faktum wird die Institutionalisierung zum Gegenstand der Sozialisation. Sprache wie auch Institutionalisierung wirken, z.B. auf ein Kind, als gegeben, unveränderlich und selbstverständlich (vgl. Berger/Luckmann 1967, 56 ff.).

Innerhalb ihres konstruktivistischen Ansatzes stoßen Berger/Luckmann (1967, 65) unvermeidlich auf ein Paradox: „Gesellschaft ist ein menschliches Produkt. Gesellschaft ist eine objektive Wirklichkeit. Der Mensch ist ein gesellschaftliches Produkt." Diese Paradoxie ist jedoch mithilfe des kritischen Realismus und seiner Anwendung auf die soziale Welt auflösbar, indem man den dialektischen Charakter der sozialen Wirklichkeit zum Ausgangspunkt wählt. So argumentiert Bhaskar,

> "that social forms are a necessary condition for any intentional act, that their *preexistence* establishes their *autonomy* as possible objects of scientific investigation and that their *causal powers* establishes their reality. [...] Society is both the ever-

> present *condition* (material cause) and the continually reproduced *outcome* of human agency." (Bhaskar 1979, 31; kursiv i.O.)

> "And praxis is both work, that is, conscious *production*, and (normally unconscious) *reproduction* of the conditions of production, that is society." (Bhaskar 1979, 34)[37]

Die im Ansatz an die phänomenologischen Kategorien des ‚Wesens' und der ‚Erscheinung' erinnernde Konzeption ist auf den zweiten Blick vielmehr eine kritisch-realistische Sicht auf die Wirklichkeit, die so einerseits konstitutiv-wirklich und andererseits konstruiert-wirklich verstanden werden kann. Zu überwinden wäre dadurch eine einseitige entweder konstruktivistische oder strukturalistische Sicht und eingeführt wäre eine Möglichkeit der Konvergenz von Essenz und Existenz, wie weiter unten noch detaillierter auszuführen sein wird. Kessl (2008: 54) sieht damit verbunden auch die Aufgabe, sich hinsichtlich der Theoriegenerierung in den Wissenschaften eines neuen Programms zu bedienen: „[...] Entsprechende Forschungskonzeptionen stehen damit vor der Herausforderung, nicht nur Modelle der Verbindung quasi-fixer Pole zu denken, sondern die Verbindungen selbst." (Kessl 2008, 54)

Sozialwissenschaften und insbesondere auch die an Handlung interessierte Wissenschaft Sozialer Arbeit sollten daher bemüht sein, die Komplexität und Interdependenz der Wirklichkeit und vor allem der menschlichen Handlungen innerhalb dieser Wirklichkeit zu erkennen und einer Veränderung zugänglich zu machen. In ähnlicher Weise formuliert auch Outhwate (1998, 291) das Programm der Sozialwissenschaften:

> "The social scientist will typically seek to redescribe this object so as to bring out its complexity, the way in which it is determined by its internal and external environment as an outcome of multiplicity of interacting tendencies."

Auch Bhaskar (1998b, 220) sieht die Notwendigkeit, ein System vermittelnder Konzepte zu entwickeln, um die soziale Realität angemessen erfassen zu können:

> "Combining these desiderata [production and reproduction of social reality; inset by D.R.], it is evident that we need a system of mediating concepts, encompassing both aspects of the duality of praxis, designating the 'slots', as it were, in the social structure into which active subjects must slip in order to reproduce it; that is, a system of

37 Die in diesem Zitat und auch insgesamt im Werk von Bhaskar und anderen VertreterInnen des kritischen Realismus zum Ausdruck kommenden Anklänge an dialektisch-materialistische oder marxistische Epistemologien sind nicht zufällig, da viele der posthegelianischen Erkenntnisse dieser Theorien auch für den kritischen Realismus grundlegend sind (vgl. Collier 1998; Edgley 1998).

conceptions designating the 'point of contact' between human agency and social structures. Such a point, linking action to structure, must both endure and be immediately occupied by individuals."

Wenn es also um die Verbindungen geht, die innerhalb post-strukturalistischer Möglichkeiten bleiben und trotzdem Züge einer ontologisch-materialistischen Theorie der Sozialen Arbeit tragen, dann müssten diese in ihrer Verwobenheit miteinander thematisiert werden. Der kritische Realismus eignet sich für die Suche nach den Verbindungen deshalb besonders, weil er die berechtigen konstruktivistischen einerseits und die berechtigen materialistischen Erkenntnisse andererseits in der Epistemologie sozialer Phänomene zusammenführt und somit eine komplexe Sozialontologie bzw. Wirklichkeitsauffassung liefert. Entscheidend dabei ist, dass sich der kritische Realismus nicht vollständig auf die materialistische Erkenntnis zurückzieht, dass die Welt so sei, wie sie ist, und Menschen diese Welt (nur) teilweise erkennen können. Vielmehr findet sich nun

„mit dem sogenannten ‚Critical Realism' […] eine komplexe, relationale sozialontologische Perspektive, aus der sich die Frage nach den Strukturen und Triebkräften sozialer Wirklichkeit stellen lässt, ohne eine Welt von ‚vorgefertigten' Objekten im Sinne einer essentialistischen Metaphysik zu unterstellen. Statt Wirklichkeit entweder als ontologische Kategorie zu verwerfen, oder – wie der Empirismus – auf das unmittelbar Beobachtbare zu reduzieren, differenziert der ‚Critical Realism' analytisch zwischen drei nicht aufeinander reduzierbaren Domänen sozialer Wirklichkeit." (Ziegler 2008, 48)

3.2 Sozialer Konstruktionismus

Inwieweit passen diese Annahmen zu den Grundlagen eines ‚Sozialen Konstruktionismus', als dessen führender Vertreter Kenneth J. Gergen gilt? In Abgrenzung und damit Erweiterung zum radikalen Konstruktivismus geht dieser Ansatz ebenfalls davon aus, dass alles Wissen und Handeln durch die soziale Eingebundenheit des Einzelnen determiniert wird und nicht allein – wie konstruktivistisch konstruiert – von der ideellen und kommunikativen Eigenheit des Einzelnen abhängt. Im Vordergrund steht deshalb die Kommunikation, d.h. der ständige Austausch von Menschen darüber, wie sie die Welt verstehen und in ihr agieren wollen (Gergen 2002). Der Konstruktionismus widmet sich somit der Frage, nachdem er Objektivität, Rationalität und Wissen zunächst dekonstruiert, wie Wahrheit konstruiert wird. Anders als beim Konstruktivismus, dessen Relativierung von Wahrheiten er teilt, geht man im Konstruktionismus davon aus, dass Bedeutung nicht intraindividuell, sondern interindividuell hergestellt wird und somit vor allem durch soziales Handeln determiniert ist:

> „Den Konstruktivisten und Konstruktivistinnen zufolge konstruiert jedes Individuum mental die Welt der Erfahrungen. In diesem Sinne ist der Geist nicht ein Spiegel der Welt, wie sie ist, sondern er erschafft die Welt, die wir kennen. Gemäß dieser Sichtweise könnte es ebenso viele Wirklichkeiten geben, wie es Individuen gibt, die interpretieren und konstruieren. Wie Sie sehen, ist die konstruktivistische Sichtweise der konstruktionistischen dahingehend ähnlich, dass sie ihr Augenmerk auf die menschliche Konstruktion dessen, was wir für ‚das Reale' halten, richtet. [...]. Es gibt jedoch einen grundlegenden Unterschied: Für Konstruktivistinnen und Konstruktivisten ist der Prozess der Konstruktion der Welt ein psychologischer; er spielt sich ‚im Kopf' ab. Für Sozialkonstruktionistinnen und -konstruktionisten ist dagegen das, was wir für real halten, eine Folge sozialer Beziehungen." (Gergen, 2002, 293)

Dieser Art von sozialer Konstruktion entsprechen m.E. die beiden im kritischen Realismus enthaltenden Wirklichkeitsebenen des Empirischen und des Realen. Das, was von Menschen wahrgenommen wird, also das ‚Empirische', ist so verstanden eine soziale Konstruktion, weil es nur einen Ausschnitt aus dem Realen sprachlich formuliert und ihm damit eine Gestalt gibt. Insofern besitzt auch jeder andere Ausschnitt eine tatsächliche Gestalt, insofern er von Menschen formuliert wird. Auf der Ebene alltäglicher gesellschaftlicher Kommunikation ist deshalb Vielfalt ein Problem der Kommunikation, also des sich über jene Wahrheit verständigenden Prozesses, die fürderhin für die Beteiligten gelten soll. Allerdings wird nicht aus jeder individuellen Konstruktion der sozialen Realität eine ‚konventionelle' Sichtweise, die von anderen geteilt wird. Um also von einem radikal-subjektivistischen Konstruktivismus zu einem sozial-konstruktionistischen Erkenntnismodus zu gelangen, müssen wir die kommunikativen und sozialen Muster der Hervorbringung von allgemein gültigen sozialen Realitäten einbeziehen. Denn wie wir von Armut, Obdachlosigkeit, Behinderung oder Gewalt sprechen, das konstituiert diese zwar nicht, wohl konstruiert es aber eine bestimmte Form dieser sozialen Phänomene.

Allerdings erschöpft sich die Realität nicht in diesen ‚Konventionen', sondern besteht auch weiterhin in ihrer vielfältigen Form. Zudem wird sie selbst durch tiefere ontologische Mechanismen (deep dimensions) der Wirklichkeit beeinflusst.

> "It is the interest in mechanisms of a 'deeper dimension', which distinguishes critical realism from other traditions. It shares the interest of positivism in the objective world, patterns, generalization, and in finding causalities, but it also diverges from this tradition in claiming that the study of the observable is too superficial, as it disregards the unobservable mechanisms that produce the phenomena that positivists

> seek to measure and explain. It is not possible to reduce the world to observable objects and facts, critical realists argue." (Alvesson/Sköldberg 2010, 40)

Diese tieferen Strukturen sind nicht ohne weiteres für Menschen zugänglich oder veränderbar, vielmehr bedarf es zu ihrer Wahrnehmung und Veränderung politischer und wissenschaftlicher Prozesse, und manche natürlichen Strukturen sind vom Menschen überhaupt nicht veränderbar. Jedoch existiert die ‚Welt da draußen' auf jeden Fall auch ohne wissenschaftliche, politische und andere Zugänge zu ihr:

> "For it is not the fact that science occurs that gives the world a structure such that it can be known by men. Rather, it is the fact that the world has such a structure that makes science, whether or not it actually occurs, possible." (Bhaskar 1998, 23)

Erkenntnistheoretisch scheint der kritische Realismus als Hintergrundfolie am besten geeignet, um sowohl strukturelle Gegebenheiten, z.B. die Einkommensverteilung in Folge der kapitalistischen Produktionsweise, als auch handlungsbezogene Prozesse, z.B. die sozialen Interaktionen zwischen Jugendlichen und Erwachsenen, einbeziehen zu können. Ein dynamischer Ontologie-Begriff, wie ihn der kritische Realismus nutzt, kann dabei helfen, sowohl die Dynamik der Strukturen selbst als auch deren Beeinflussbarkeit durch menschliches Handeln zu erkennen. Schon die Engel'sche Devise, dass die Menschen ihre Geschichte selbst machen würden, jedoch in einer sie umgebenden Welt, kann als theoretischer Beleg für diese Doppelseitigkeit der Wirklichkeit gelten. Was läge also näher, als auch die Entstehung sozialer Probleme als von zwei Seiten beeinflusst zu betrachten bzw. den Fokus auf das ‚Dazwischen' zu legen?

So könnten Erklärungen für die Genese und den Verlauf des sozialen Phänomens der Obdachlosigkeit sowohl in bestimmten ökonomischen Prozessen (Entlassung aufgrund von Krankheit; gesteigerter Leistungsdruck und hohe Erwartungshaltungen) als auch in bestimmten subjektiven Entscheidungen und Handlungen (Überschuldung, Alkoholkonsum, familiäre Gewalt) gesehen werden, und zwar ohne das eine gegen das andere im Sinne einer verabsolutierten Wahrheit auszuspielen.

Zusammen mit der Annahme einer gegenseitigen Beeinflussung der verschiedenen Wirklichkeitsebenen und der im Capabilities Approach vertretenen Auffassung einer Zweiteilung von Capabilities und Functionings ergibt sich daher folgende Konsequenz für die weitere Theorieentwicklung: Die Kräfte, die potentiell Einfluss auf die Welt nehmen können, sind in einem gesellschaftlichen Modell (also soweit sie menschlicher Aneignung und Nutzung zugänglich sind) als Potentiale oder Kapazitäten zu sehen, die – wenn sie aktuell genutzt werden können – in einer bestimmten Art und Weise für eine gelingende Lebensführung aktiv und produktiv werden können, wenngleich die Capabilities eben nur tendenziellen Charakter haben. Auch in negativer Form, also als gesellschaftliche Risiken und Begrenzungen, können diese – wenn keine aktuell verfügbaren Ressourcen oder Resilienzfaktoren dagegen eingesetzt werden können – zu einer gefährdeten Daseinsmächtigkeit beitragen.

In vergleichbarer Weise beschreibt auch Bhaskar die Wirkung potentieller Kräfte auf die Wirklichkeit: „For whereas powers are potentialities which may or may not be exercised or as it were 'in play' without being realized or manifest in any particular outcome." (Bhaskar 1998, 37)

3.3 Die Verbindung verschiedener epistemologischer Zugänge durch ein trajektives Wissenschaftsmodell Sozialer Arbeit

Die oben angeführte These Kessls, es ginge um die Verbindungen selbst ebenso wie um die Pole, wie sie ähnlich auch von Bhaskar (1998b, 220) vertreten wird, findet sich ebenso in der Trajektivitätsannahme Tillmanns (2007) wieder, die weiter unten als erkenntnis- und wissenschaftstheoretisches Modell Sozialer Arbeit ausgeführt und späterhin für die Entwicklung der Handlungstheorie genutzt wird.

Es stellt sich – auch im Anschluss an die oben beschriebene Emergenzannahme – die Frage, wie einerseits die Originalität und damit die Eigenheiten der jeweils theoretischen Anleihen (und damit Teilgewissheiten über die Wirklichkeit) gewahrt und andererseits eine integrative, d.h. verbindende Theorie Sozialer Arbeit formuliert werden kann. Den auch hier vertretenen Zielpunkt dieser Integration lokalisiert Sahle (2004, 329) m.E. treffend im „Raum zwischen Individuum und Gesellschaft [kursiv i.O.]". Allerdings bedauert sie die häufig in den Ausführungen doch dominierende Charakterisierung der limitierenden Faktoren, die aus der sozialen Umwelt stammen, gegenüber der Rolle des autonomen Individuums und folgert daher:

> „Um die spezifischen Mechanismen des Bewältigens und Nicht-Bewältigens der Forderungen des Alltags aufzudecken, muss der Fokus der Erklärungen und Beschreibungen stärker die Mikroebene einbeziehen. Er muss das Zusammenspiel der personalen und sozialen Determinanten der Alltagsschwierigkeiten beleuchten und makrotheoretische Hypothesen mit mikrotheoretischen Annahmen zur Lebenspraxis verschränken." (Sahle 2004, 329)

Stärker auf die zweite Forderung bezugnehmend, möchte ich die Annahme Sahles, dass die eine große Übereinstimmung hinsichtlich der Lokalisation des Gegenstandes der Sozialen Arbeit im ‚Dazwischen' von Person und Umwelt besteht, nutzen und sie mit der Idee eines trajektiven Theorieentwurfs[38] verbinden.

Allgemeiner – und unter Rückgriff auf zwei philosophische Kategorien – formuliert stellt sich darin die Frage, wie die idealtypisch zu verstehende ‚Existenz' (das Seiende; im o.g. aristotelischen Sinne der Stoff) und die ‚Essenz' (das Mögliche; im o.g. aristotelischen Sinne die Form) innerhalb des hier favorisierten Lebensführungskonzeptes sowohl bezüglich des Subjektes/Individuums als auch der Gesellschaft/Struktur aufeinander bezogen bzw. in einer integrierten Theorie miteinander verbunden werden können. Die Existenz sozialer ‚Dinge', die sich z.B. in gesellschaftlichen Strukturen abbildet, und die Essenz der notwendigen, vom Menschen gestalteten Lebensführung können als zusammengehörige Teile der Wirklichkeit und gleichermaßen als Gegenstandsbereiche der Sozialen Arbeit verstanden werden. Verknüpft man diese Erkenntnisse mit der gegenwärtig von den meisten Vertretern der Sozialarbeitswissenschaft akzeptierten Definition des Auftragsgegenstandes als die Bearbeitung von sozialen Problemen, so wäre in der Folge zu begründen, warum sich sowohl sozialarbeiterische, auf die soziale Sicherung der Existenz abzielende (z.B. durch sozioökonomische und sozio-ökologische Interventionen) als auch sozialpädagogische, auf die Gestaltung der Essenz abzielende (z.B. auf die individuelle Handlungsmuster der Menschen gerichtete Interventionen wie Bildung, Therapie und Erziehung) Handlungen zu einem gemeinsam wirksamen Handeln einer Sozialen Arbeit vereinen lassen müssten, wobei hier – wie bereits in Kapitel 2 erwähnt – der Kreis größer gezogen und daher vorgeschlagen wird, von Lebensführungsproblemen statt von sozialen Problemen zu sprechen. Allerdings ist die Lebensführung derjenigen Personen, für die Soziale Arbeit ein Angebot schaffen kann, durch soziale Strukturen beeinflusst.

Mit Kessl können wir daher festhalten, dass

> „die Aufgabe einer radikal-relationalen Sozialforschung […] also darin [besteht], nicht nur zwei Pole (z.B. Handlung und Struktur oder Individuum und Gesellschaft) in Beziehung zu bringen und diese Pole aber unter der Hand als quasi-substantiell anzunehmen, sondern den analytischen Fokus auf die Relationen selbst, die wiederum die Pole erst (re)produzieren, zu richten." (Kessl 2008, 63)

Diesem Gedanken fügt Kessl einen programmatischen Aufruf hinzu:

> „Wenn dem so ist, können analytische Rekonstruktionen wie systematische Selbstbeschreibungen Sozialer Arbeit allerdings […] nicht schlicht als ‚subjektorientiert'

[38] Zu den Grenzen eines solchen transdiziplinären Integrationsversuches siehe Büchner (2012).

> oder ‚gesellschaftsbezogen' – oder gar beides – konzeptionell verankert werden." (Kessl 2008, 65).

Vielmehr seien die inneren Verbindungen, die die analytisch zuvor getrennten Teile wieder synthetisieren, zu beschreiben und somit weder alleine makro- (z.B. durch sozio-politologische Theorien) noch allein mikroanalytisch (z.B. durch psycho-pädagogische Theorien) zu betrachten, um nicht die Fehler zu begehen, die in der jüngeren Geschichte der Disziplin immer wieder zum Kampf um die Vorherrschaft als Leitdisziplin führten. Der schmerzhafte Prozess des Loslassens seitens der Bezugswissenschaften um den hegemonialen Zugriff auf die Soziale Arbeit korrespondiert mit dem ‚Erwachsenwerden' einer noch jungen Wissenschaft der Sozialen Arbeit (Röh 2006c).

Demgegenüber wäre das ursprünglich von Tillmann in die Diskussion eingebrachte Modell der „Trajektivität" möglicherweise als Scharnier zwischen sonst gegensätzlichen, rivalisierenden Begriffen, Theorien und Modellen zu nutzen. Am Beispiel der Verbindung von Subjektivität und Objektivität erläutert er dessen Wirkungsweise:

> „Trajektivität wird so zu einem wissenschaftstheoretischen Begriff der Sozialarbeitswissenschaft. Er umfasst Reflexion und Handlung als einen Prozess, in dem Subjektivität und Objektivität in sich gegenseitig regulierender Korrespondenz stehen, die die jeweilige Kontextgebundenheit berücksichtigt. Wird der traditionelle Begriff Objektivität in trajektive Obhut genommen, so wird seine latente Subjektivität, seine Überholbarkeit und Relativität, deutlich. Wird der in der Wissenschaft geschmähte Begriff Subjektivität in trajektive Obhut genommen, so zeigt er sich als eine Objektivität, die das Besondere vor seinem Untergang im Generellen beschützt und deshalb nicht in Schwärmerei ausarten kann." (Tillmann 2007, 35)

Trajektivität sei der Ausweg aus den vormodern entstandenen und in der Moderne stark gewordenen Spaltungstendenzen, die unser Bewusstsein ständig dazu zwingen, im ‚entweder-oder' statt im ‚sowohl-als-auch' zu denken:

> „Wesentlich ist, dass Trajektivität die Gegensatzpaare in Kontakt bringt, indem sie jeden Teil auffordert, den Anteil des Gegensatzes, den er in sich selbst trägt, in sich selbst aufzusuchen." (Tillmann 2007: 63)

Mit dem Bild der Fähre, die sowohl den einen Pol als auch den anderen Pol eines Begriffspaares anfahren kann, dort Menschen und Güter/Ideen aufnimmt, um diese dann zu einem anderen Pol (Hafen) zu bringen, dort zu lassen oder gegen andere Ideen zu tauschen, bietet uns Tillmann eine Möglichkeit an, unser divergierendes Denken in „Ausschluss-Kriterien" zu verlassen und dafür eine ganzheitliche Denkweise in „Anschluss-Kriterien" anzunehmen, die es z.B. der Sozialarbeitswissenschaft erlaubt, sich sowohl biologischer als auch psychischer, sozialer sowie politischer und soziologischer Fakten bzw. Analysen zu bedienen, um die Wirklichkeit des Augenblicks bzw. die Erscheinungsform eines sozialen Problems zu betrachten. Jeder dieser Versuche stellt nur eine Momentaufnahme dar und ist bestenfalls eine Annäherung an die Wirklichkeit.

Insgesamt erinnert dieser Versuch einer Bestimmung der Sozialarbeitswissenschaft als „schwache Wissenschaft“ (Tillmann 2007, 65) zwar an die Theoriebestimmung Kleves, der von einem ebenfalls unbestimmbaren Theoriestandpunkt der Sozialarbeitswissenschaft ausgeht, jedoch ist nach Kleve (2003, 88 ff.) das bestimmende Wesensmerkmal der Sozialarbeitswissenschaft deren ambivalente, teilweise widersprüchliche Struktur, wohingegen Tillmann (2007, 74) dieses als ein facettenreiches Panorama mit je unterschiedlichen Blickwinkeln begreift. Statt Paradigmen sollte die Soziale Arbeit Perspektiven verfolgen, die ihr verschiedene Sichtweisen auf ihren Gegenstand ermöglichen: Die Sozialarbeitswissenschaft könne sich deshalb auch nicht mit „Schnitten durch die Wirklichkeit begnügen, sondern sie hat sich dem vollen Panorama zu stellen“ (Tillmann 2007, 74), d.h. sie muss ebenso tiefenscharf wie im Weitwinkel um eine Perspektive bemüht sein, denn nur diese Bandbreite kann die möglichen Erscheinungsformen der sozialen Wirklichkeit angemessen erfassen. Tillmann selbst gibt Hinweise, wie sich die von Sahle (2004) beschriebenen Paradigmen bzw. Perspektiven gegenseitig befruchten könnten, die hier allerdings nicht weiter aufgegriffen werden.

Vielmehr will ich in meiner handlungstheoretischen Konzeptionierung der Sozialen Arbeit als einer Handlungswissenschaft die Verbindung zwischen den subjektiv handelnden Personen und den sozialen Strukturen auf der Grundlage des Capabilities Approach herstellen. Die dargebotenen Capabilities sind dabei als Fundament einer gerechten Gesellschaft quasi die notwendige Bedingung, die ein gutes Leben ermöglicht, und die daran anschließende Realisierung dieses guten Lebens, als Lebensführungsaufgabe, die hinreichende Bedingung.

Die sozialen Realitäten (im Sinne von Chancen und Limitationen einer gelingenden Lebensführung) sind dabei im Sinne des kritischen Realismus durch sozialwissenschaftliche Analysen des Realen (also tiefenontologischer Strukturen, die z.B. zu gesellschaftlichen Ausschluss- oder Benachteiligungsprozessen führen) und der Realität (also den realisierten subjektiven wie sozialen Handlungsmustern) und schließlich der empirischen Wirklichkeit (also den aktuell beobachteten Verhaltensweisen) so zu beschreiben, dass die Soziale Arbeit in zweierlei Hinsicht wirksam werden kann: Einerseits muss sie die Mechanismen zur Entstehung von sozialer Ungleichheit auf der Basis eines ontologischen Modells und andererseits die tatsächlichen und empirisch-interpretierten Handlungswirklichkeiten der Subjekte in sozialen Strukturen erklären und bearbeiten können.

4 Grundlagen des Capabilities Approach

Nachdem nun bislang die professions-, erkenntnis- und wissenschaftstheoretischen Grundlagen der hier präsentierten Handlungstheorie verdeutlicht wurden, möchte ich in diesem Kapitel ausführlich auf den Capabilities Approach eingehen und dessen Grundlagen erläutern sowie die daraus resultierenden Verwendungsmöglichkeiten für eine Handlungstheorie Sozialer Arbeit darstellen.

Es wird dazu vorerst der Entstehungskontext des Capabilities Approach (4.1) referiert, was auch die Vorstellung klassischer und aktueller politischer Gerechtigkeitstheorien einschließt (4.2). Dieser Zwischenschritt ist notwendig, da sich sowohl Martha Nussbaum als auch Amartya Sen einerseits auf diese berufen, sich andererseits aber in ihren Entwürfen davon abgrenzen. Einen exponierten Teil dieser Auseinandersetzung wird die Darstellung der Gerechtigkeitstheorie von John Rawls einnehmen, da sie als eine der einflussreichsten politischen Theorien des 20. Jahrhunderts gilt.

In einem nächsten Schritt werden die Grundannahmen des Capabilities Approach selbst dargestellt (4.3) und zwei wichtige Unterscheidungen vorgenommen. Dies betrifft zum einen diejenige zwischen Capabilities als Handlungsmöglichkeiten und Functionings als tatsächlich realisierte Wahl bzw. Handlung und zum anderen jene Prozesse der eigentlichen Wahlentscheidung bzw. der Beeinflussung dieser Wahl durch subjektive und gesellschaftliche Präferenzen, was schließlich auch die für die Soziale Arbeit notwendige Diskussion des Paternalismusproblems und die Unterscheidung zwischen rationaler Wahl und Sozialwahl einschließt (4.5).

Nicht unerwähnt bleiben zudem Grenzfragen des Capabilities Approach (4.4), z.B. im Umgang mit schweren geistigen Behinderungen sowie der Frage nach der grundsätzlichen Reichweite des Capabilities Approach.

Abschließend werden Vergleiche zwischen dem Capabilities Approach und verschiedenen anderen sozialwissenschaftlichen, sozialarbeitswissenschaftlichen und menschenrechtstheoretischen Ansätzen und deren jeweiligen Grundannahmen und Theoriekonstruktionen angestellt (4.6 - 4.8).

4.1 Politökonomische Herkunft

Will man sich dem Capabilities Approach nähern, so ist trotz der jüngeren Geschichte des Ansatzes bereits jetzt eine kleine historische Betrachtung von Nöten, um die Herkunft des Ansatzes vollständig zu verstehen. Obwohl die hier auszuarbeitende Handlungstheorie sich in der Hauptsache auf die Interpretation des Capabilities Approach von Martha Nussbaum bezieht, sind auch die Arbeiten des Ökonomen Amartya Sen zu nennen, der als Begründer des Capabilities bzw. Human Development Approach gilt.

Amartya Sen, geboren 1933, wuchs in einer durch und durch akademischen Familie auf, wobei seine Eltern und Großeltern zeit ihres Lebens als Lehrer fungierten und Amartya Sen selbst auf diversen Universitätsgeländen in Bangladesch und Indien aufwuchs. So atmete er die wissenschaftliche Kultur quasi von Kindesbein an ein. In seinen autobiografischen Schilderungen[39] stellt er sich selbst auch als Vollblutakademiker dar: „I have not had any serious non-academic job."

Schon im Kindes- und Jugendalter interessiert sich Sen für diverse Disziplinen, so für Sanskrit, Physik und Chemie, und erst später für Ökonomie, die er maßgeblich beeinflusste, und schließlich für Philosophie.

Er studierte sowohl in Kalkutta als auch in Cambridge, heiratete 1973 die Italienerin Eva Colorni, selbst aus einer sehr intellektuellen und einflussreichen Familie stammend, die dann aber bereits 1985 an Krebs starb. Beide haben zusammen zwei Kinder.

Sen arbeitete während seiner wissenschaftlichen Karriere an verschiedenen Universitäten in England, den USA und Indien und profitierte dabei von verschiedenen europäischen, asiatischen und amerikanischen Einflüssen. So arbeitete er von 1987-1989 im World Institute for Development Economics Research (WIDER) in Helsinki auch eng mit Martha Nussbaum zusammen.[40] Insbesondere betont er immer wieder die indischen Einflüsse auf seine Theorie, u.a. jene des Dichters Rabindranath Tagore (Sen 2006; Sen 2010, Anm. 17 Kapitel 14), die ihm ganz wesentlich zu bestimmten Einsichten verhalfen.[41]

Für seine Arbeiten zur Wohlfahrtsökonomie und zur Social-Choice-Theorie erhielt Amartya Sen 1998 den Nobelpreis für Ökonomie. Seine Theorie konnte Sen in der Zusammenarbeit mit dem pakistanischen Ökonomen Mahbub ul Haq und unter dessen Leitung in den „Human Development Index" (HDI) als eines alternativen Instruments der Wohlfahrtsmessung einbringen. Der HDI wird seit

[39] http://www.nobelprize.org/nobel_prizes/economics/laureates/1998/sen-autobio.html

[40] als ein Ergebnis veröffentlichten sie zusammen „Quality of Life" (1993)

[41] siehe auch die von ihm aus der Sanskrit-Literatur übernommene Unterscheidung von *niti* und *nyaya*, beides Begriffe für Gerechtigkeit (Sen 2010, 84)

1990 von den Vereinten Nationen genutzt.[42] Eine wesentliche Wurzel des Capabilities Approach stellt also eine alternative Wohlfahrtstheorie dar, weshalb er in diesem Zusammenhang auch „Human Development Approach" (siehe Kapitel 4.3.2) bezeichnet wird.

Daneben ist aber auch der Einfluss Martha Nussbaums bedeutsam, die – gemeinsam mit Sen – die philosophischen Klärungen des Ansatzes vorangetrieben hat und hieraus eine stärker politische Theorie entwickelte. Nussbaum, geboren 1941, entstammt einem protestantischem Elternhaus (Vater Rechtsanwalt, Mutter Innenarchitektin), wuchs in einem Vorort von New York auf und studierte Philologie und Theaterwissenschaften an der New York University, bevor sie zur Philosophie wechselte. Sie war mit Alan Nussbaum verheiratet und konvertierte aus diesem Grund zum Judentum, beide haben eine gemeinsame Tochter. Ihre philosophischen Wurzeln zeigen sich in ihrem Interesse an der griechischen Philosophie und insbesondere an den Erkenntnissen Aristoteles', den sie verschiedentlich für ihre Lesart des Capabilities Approach nutzt (vgl. Nussbaum 1999, 2002b). Nussbaum lehrte u.a. in Harvard und Oxford und arbeitete von 1986-1993 als Forschungsberaterin am WIDER-Institut in Helsinki. Derzeit lehrt sie an der Law School der Universität von Chicago.[43]

Nussbaum und Sen entwickelten den Capabilities Approach als eine Form der ökonomischen (Sen) und politischen (Nussbaum) Theorie in konstruktiver Abgrenzung zu den einflussreichen Arbeiten John Rawls'. Nussbaum nimmt jedoch zum Teil andere Positionen ein als Amartya Sen. Zuletzt hat sie sich dahingehend geäußert, dass es sich bei ihrer Fassung des Capabilities Approach um eine Theorie handelt, die zum politischen Liberalismus zu zählen ist:

> "I hope that it will be seen that my capabilities approach is another member of this family, and thus that my proposal to add it to the Ralwsian conception of advances, rather than displaces, Rawls's larger project." (Nussbaum 2006, 6)[44].

Dabei sieht Nussbaum ihre Theorie mehr als eine politische Theorie denn als Moraltheorie, obwohl erstere selbstverständlich auch ethische Fragen berührt. Allerdings beschränkt sie deren Reichweite wie folgt: „In that sense I aim only to provide a partial and minimal account of social justice." (Nussbaum 2006, 71) Ihr schwebt also vor allem eine Theorie sozialer Gerechtigkeit vor, die sich nicht auf weitere Gerechtigkeitsfragen bezieht, wie etwa nach juristischer oder moralischer Gerechtigkeit im engeren Sinne:

---

42 http://hdr.undp.org/en/statistics/

43 http://www.law.uchicago.edu/faculty/nussbaum/

44 In älteren Fassungen betitelte sie ihren Ansatz als „sozialdemokratisch" (vgl. Kapitel 4.3.)

> "The capabilities approach is not intended to provide a complete account of social justice. It says nothing, for example, about how justice would treat inequalities above the threshold. It is an account of minimum core social entitlements, and it is compatible with different views about how to handle issues of justice and distribution that would arise once all citizens are above the threshold level." (Nussbaum 2011, 75)

Vorläufig festzuhalten ist aber, dass sich die Wurzeln des Capabilities Approach sowohl in der ökonomischen – insbesondere der wohlfahrtsökonomischen – Betrachtung menschlichen Wohlergehens als auch in deren philosophischer Begründung finden lassen. Beide Hintergründe haben einen deutlich politischen Anspruch, der in der Adressierung politischer Entscheidungsträger bzw. in der Darlegung gerechter politischer Prinzipien für politische Entscheidungsprozesse zum Ausdruck kommt. Wo es Sen stärker um eine ökonomische Perspektive geht, vor allem um eine bessere Möglichkeit der Lebensqualität im interpersonellen Vergleich, die er der Messung des Durchschnittseinkommens gegenüber als überlegen ansieht, bemüht sich Nussbaum dagegen um eine Argumentation für grundlegende menschliche Ansprüche, die von Regierungen umgesetzt werden sollten.

Dabei sind m.E. neben den politologischen auch die moraltheoretischen Grundaussagen des Capabilities Approach für die Soziale Arbeit nutzbar und zielführend, geben sie doch der Profession und Disziplin eine Richtung vor. Mit dem Capabilities Approach als Grundlage wird die Integration der sich ergänzenden Perspektiven von subjektiver Handlungsfähigkeit und sozialen Strukturen in einem gerechtigkeitstheoretischen Sinne möglich, der sowohl dabei hilft, die gesellschaftliche Ressourcenverteilung zu kritisieren, als auch die subjektive Handlung von Menschen zu bewerten. Somit kann gleichzeitig sowohl ein subjekt- als auch strukturrelevanter handlungstheoretischer Bezugsrahmen entworfen werden.

4.2 Klassische Vorläufer und aktuelle Anschlussperspektiven

Auf alle Klassiker in der Betrachtung von Gerechtigkeits- und Moralfragen einzugehen, würde den Rahmen und auch das Ziel dieser Arbeit bei weitem überschreiten. Gleichwohl sei zum einen auf jene klassische Theorien hingewiesen, die von Sen und Nussbaum selbst genutzt werden bzw. von denen sie sich auf der anderen Seite abgrenzen, und zum anderen auf ihre Auseinandersetzung mit der im 20. Jahrhundert wohl einflussreichsten Gerechtigkeitstheorie von John Rawls.

Zu denjenigen Gerechtigkeits- und Moraltheorien, die im Kontrast zum Grundanliegen des Capabilities Approach stehen, zählen vor allem die Vertragstheorien eines Thomas Hobbes, eines John Locke und in etwas anderer Form auch die von John Rawls, aber auch utilitaristische Ansätze, mit denen hier begonnen werden soll.

Utilitarismus

Utilitaristen bewerten Moralität entlang des Gesamtnutzens, den eine Handlung erzeugt. Entgegen der Kant'schen Bestimmung, dass es nicht so sehr auf die Konsequenzen als vielmehr auf die Gesinnung als Grundlage von Handlungen ankomme, betrachten Utilitaristen lediglich die Folgen dieser Handlung. Sie müssen darin münden, dass, wie der Begründer des Utilitarismus, Jeremy Bentham (1748-1832), es verstand, das Glück der Meisten – „the greatest happiness of the greatest amount of people" – erhöht wird. Eine Erweiterung erfuhr der Utilitarismus durch den Sohn eines Schülers von Bentham (James Mill), nämlich durch John Stuart Mill (1806-1873), der den Grundgedanken einer utilitaristischen Moral darum erweiterte, dass es zum einen um die Erhöhung des Glücks und zum anderen um die Reduktion von Leid ginge. In Erweiterung dieses Ansatzes benutzt der australische Philosoph und Bio-Ethiker Peter Singer (1995) sogar eine sehr konsequente Form des Utilitarismus, um zu zeigen, dass gleiche Interessen in jedem Fall auch gleich bewertet werden sollten. Dies schränkt er allerdings auf Personen ein, wobei er sich an die Locke'sche Personendefinition hält, nach der Menschen nur dann als Personen gelten können, wenn sie über Selbst-Bewusstsein verfügen:

> „Meiner Meinung nach bezeichnet dieses Wort ein denkendes, verständiges Wesen, das Vernunft und Überlegung besitzt und sich selbst als sich selbst betrachten kann. Das heißt, es erfaßt sich als dasselbe Ding, das zu verschiedenen Zeiten und an verschiedenen Orten denkt. Das geschieht lediglich durch das Bewußtsein, das vom Denken untrennbar ist und, wie mir scheint, zu dessen Wesen gehört." (Locke, 1988 [1690], § 9 „Von der Diesselbigkeit und Verschiedenheit").

In Singers konsequenzialistischem Utilitarismus zählen nur die Interessen von Personen, allerdings unter diesen mit keinerlei Unterschied hinsichtlich ihrer ethnischen, speziezistischen oder anderen Merkmale. Dies führt ihn allerdings auch zur Legitimation der Euthanasie, was ihm insbesondere in der deutschen Heil- und Sonderpädagogik große Skepsis entgegenbrachte (Wertgen 2009).

Obwohl weitaus moderater und umsichtiger, nutzen jedoch auch Sen und Nussbaum dieses Personenverständnis in mehr oder weniger expliziter Form, dazu später mehr.

Insbesondere Sen wendet sich von jeder Art des Utilitarismus schon in seinem Aufsatz „Equality of What?“ (1979) ab, indem er kritisiert, dass die Interessen jedes Einzelnen bei der Bewertung eines Verteilungsproblems nicht zählen und nur nach dem Gesamtnutzen als dem moralisch höchsten Gut gestrebt wird. Sen plädiert dafür, dass das Glück oder Wohlergehen jedes Einzelnen gleichermaßen als individuelles Maß zählen müsste und dieses nicht mit einem Glück bzw. Wohlergeben eines, mehrerer oder aller Anderen verrechnet werden dürfe. Der Gesamtnutzen als moralischer Maßstab sei deshalb abzulehnen. Vielmehr komme es darauf an, die Befähigung und Chancennutzung in den Vordergrund zu rücken:

> “... if social realizations are assessed in terms of capabilities that people actually have, rather than in terms of their utilities or happiness (as Jeremy Bentham and other utilitarians recommended), then some very significant departures are brought about. First, human lives are then seen inclusively, taking note of the substantive freedoms that people enjoy, rather than ignoring everything other than the pleasures or utilities they end up having. There is also a second significant aspect of freedom: it makes us accountable for what we do.” (Sen 2009, 19)

Vertragstheorien

Des Weiteren grenzen sich Sen und Nussbaum von den vertragstheoretischen Varianten einer politischen Theorie ab. Thomas Hobbes (1588-1679) kann wohl als erster moderner Vertragstheoretiker bezeichnet werden, da er – ausgehend von einem eher misanthropischen Menschenbild[45] bzw. einem naturalistischem Gesellschaftsbild des Kampfes ‚Aller gegen alle‘ – eine verbindliche Regelung des gesellschaftlichen Zusammenlebens forderte. In seinem politischem Hauptwerk „Leviathan oder Stoff, Form und Gewalt eines kirchlichen und bürgerlichen Staates“ (Hobbes 1984 [1651]) beschreibt er die Notwendigkeit des Zustandekommens eines Staatswesens, dem die Individuen ihre individuellen Rechte zum Teil abtreten und der fortan die alleinige Gewalt darstellt, die Regeln erlässt und auf deren Einhaltung dringen kann. Obwohl Hobbes theoretisch einen

[45] Für Hobbes drückt sich im menschlichen Zusammenleben ein beständiger Kampf aus, in dem der „Mensch des Menschen Wolf ist“: Homo homini lupus est. Allerdings relativiert Hobbes diese Aussage auch gleich wieder, indem er gleichzeitig annimmt, dass folgende Aussage ebenso wahr ist: Homo homini deus est.

Souverän konstruiert, der sowohl ein Monarch als auch eine republikanische Versammlung sein oder auch sonstige Formen annehmen könnte, gilt seine Präferenz, auch aufgrund der ihn damals beeinflussenden englischen Zeitgeschichte, der absoluten Monarchie. Egal welche Form dieser Leviathan annimmt, für die Staatsbürger entstehe daraus die Pflicht, sich den in die Entscheidung des Souveräns gegebenen Entscheidungen über Freiheitsbeschränkungen zu fügen und sich insofern durch Vertragstreue und gegenseitiges Vertrauen dem Souverän zu unterwerfen.

John Locke (1632-1704), beeinflusst von den Hobbes'schen Gedanken, jedoch in seiner Moralphilosophie mehr von aufklärerischen Gedanken geleitet, ging zwar ebenfalls von der Annahme aus, dass dem natürlichen Egoismus eine künstliche Ordnung entgegengestellt werden müsste, aber anders als Hobbes verband er dies mit einer liberaleren Grundgesinnung. Für Locke sind die Menschen von Geburt an frei und gleich und sie besitzen einen natürlichen Egoismus. Seiner liberalen Ansicht zufolge habe der Staat vor allem das Leben und Eigentum der Staatsbürger zu schützen, und zwar in der Weise, dass sie ihre natürlichen Rechte mit Rücksicht auf die Rechte anderer in Anspruch nehmen können. Im Ergebnis entsteht so mehr ein konstitutionelles als ein totalitäres Staatsrecht, welches nicht von einem Alleinherrscher ausgehen dürfe, sondern verlässliche Gesetze erlassen und auf deren Einhaltung achten solle.

Sowohl Thomas Hobbes wie auch John Locke gehen überstimmend davon aus, dass moderne Gesellschaften und auch die Individuen in ihnen besser gestellt sind, wenn diese Individuen eine Übereinkunft treffen, die eine zu einseitige Vorteilnahme Einzelner zu Ungunsten des umfassenden und gegenseitigen Vorteils aller Menschen zu verhindern trachtet – oder positiv formuliert: Das Wohl aller Menschen solle durch die vertragliche Übereinkunft in Übereinstimmung mit dem Wohl Einzelner gebracht werden. Ebenfalls ist mindestens in der Folge dieser Vertragstheorien der Aufklärung im politischen Sinne der Weg bereitet worden, da somit Feudalismus und Willkür zumindest theoretisch eine Absage erteilt wurde.

Der Capabilities Approach grenzt sich von diesen Vertragstheorien, insbesondere von der aktuell wohl einflussreichsten liberalen, politischen Theorie ab, dem Werk John Rawls' (1921-2002), der vertragstheoretische Elemente mit einem starken Kantianismus[46] verbindet und so zu der Erkenntnis gelangt, dass

[46] Auf die kantischen Elemente seiner Theorie gehe ich im Folgenden nicht so dezidiert ein wie auf die vertragstheoretischen Wurzeln. Daher sei nur darauf hingewiesen, dass Rawls von Immanuel Kant (1724-1804) zwei Grundsätze aus dessen deontologischer Ethik übernimmt. Erstens den Grundsatz der rationalen Abwägung und zweitens den Grundsatz der daraus folgenden Verpflichtung einer nach diesen Maßstäben getroffenen Entscheidung auch zu folgen, aller-

Gerechtigkeit Fairness bedeuten müsse. Trotz der Kritik an einigen Grundannahmen Rawls' wird sowohl bei Nussbaum als auch bei Sen[47] immer wieder deutlich, wie viel sie dem Werk Rawls' und auch anderen kontraktualistischen Theorien verdanken:

> "The idea of basic political principles as the result of a social contract is one of the major contributions of liberal political philosophy in the Western tradition. In its various forms, the tradition makes two signal contributions. First, it demonstrates clearly and rigorously that human interests themselves – even if we begin with an artificially simplified conception of such interests – are well served by political society, a society in which all surrender power before law and duly constituted authority. Second, and even more significant, it shows us that if we divest human beings of the artifical advantages some of them hold in all actual societies – wealth, rank, social class, education, and so on – they will agree to a contract of a certain specific sort, which the theories then proceed to spell out." (Nussbaum 2006, 10)

Die Gerechtigkeitstheorie John Rawls'

Um die Verbindung (und Abgrenzung) zwischen dem Capabilities Approach und der Gerechtigkeitstheorie von Rawls zu verstehen, muss diese in ihren wesentlichen Zügen dargestellt werden.

Rawls gilt als Begründer der modernen Gerechtigkeitstheorie, hat doch sein opus magnum „Theory of Justice" von 1971 eine derartige Wirkung entfaltet, wie vor ihm zuletzt die aufklärerischen Gerechtigkeitsphilosophien Kants, Lockes und Rousseaus. Rawls lehrte hauptsächlich an der Harvard University.

Mit „Political Liberalism" von 1993 und „Justice as Fairness – a Restatement" von 2001 nahm er schließlich Verbesserungen, Richtigstellungen und kleine Korrekturen an seinem vornehmlich als politische Theorie zu verstehenden Gerechtigkeitsansatz vor, die auf alle weiteren Auseinandersetzungen um Gerechtigkeitsfragen erheblichen Einfluss hatten. Die vernünftigsten Gerechtigkeitsprinzipien, so Rawls, sind solche, die auch als fair bezeichnet werden können und die die gesamten pluralen Gerechtigkeitsvorstellungen, die in der Moderne vorherrschen, umfassen bzw. mit ihnen kompatibel sind. Dabei verbindet er Locke'sche Ideen eines Gesellschaftsvertrages mit der Kant'schen Vorstellung, dass nur die Vernunft allein uns zur Formulierung derjenigen gerechten

dings nur, insofern sie von Personen als freien und gleichen Vernunftwesen getroffen wurde (Rawls 1979, 283 ff.).

47 Beide widmen teilweise ihre Werke John Rawls, so z.B. Sen (2010) oder auch Nussbaum (2006).

Regeln anleiten kann, die dann im – trotz weltanschaulicher Pluralität – übergreifenden Konsens einer wohlgeordneten Gesellschaft von allen befolgt werden (können). Dabei geht er wie David Hume (1711-1776) von zwei Grundannahmen aus, nämlich dass erstens die Menge aller verfügbaren natürlichen und menschlichen Mittel nicht alle Bedürfnisse der Menschen befriedigen könne und zweitens die Menschen selbst so egoistisch seien, um stets für sich das Beste oder Meiste zu beanspruchen. Diese Grundannahme ergänzt er aber um die weitere Annahme, dass die Bürger moderner Gemeinwesen zudem auch eine Vielzahl von zunächst völlig unterschiedlichen Globaltheorien über das Gute besitzen, sich aber trotzdem einigen können (Rawls 2001, 84).

Rawls sieht, wie Nussbaum, seine Gerechtigkeitstheorie hinsichtlich ihrer Reichweite nicht auf das Gesamt moralischer Fragen bezogen:

> "Finally, I stress a point implicit in what we have said: namely, that justice as fairness is not a comprehensive religious, philosophical, or moral doctrine – one that applies to all subjects and covers all values. Nor is it to be regarded as the application of such a doctrine to the basic structure of society, as if this structure were merely another subject to which that comprehensive view is to be applied. Neither political philosophy nor justice as fairness is, in that way, applied moral philosophy. Political philosophy has its own distinctive features and problems. Justice as fairness is a political conception of justice for a special case of the basic structure of a modern democratic society." (Rawls 2001, 14)

So geht Rawls (2001, 86) denn auch von einem hypothetischen Gedankenspiel aus, welches alle daran Beteiligten einem „Schleier des Nichtwissens" unterwirft, hinter dem sie ihre spätere soziale Situation nicht erkennen können. Er operationalisiert damit das Kant'sche Diktum des strengen Vernunftgebrauchs mit der Prüfung der universalistischen Geltung aufgestellter Regeln (kategorischer Imperativ) und legt eine wichtige Grundlage für die spätere Wahl der Gerechtigkeitsprinzipien:

> "In justice as fairness the original position of equality corresponds to the state of nature in the traditional theory of the social contract. This original position is not, of course, thought of as an actual historical state of affairs, much less as a primitive condition of culture. It is understood as a purely hypothetical situation characterized so as to lead to a certain conception of justice. Among the essential features of this situation is that no one knows his place in society, his class position or social status, nor does anyone know his fortune in the distribution of natural assets and abilities, his intelligence, strength, and the like. I shall even assume that the parties do not know their conceptions of the good or their special psychological propensities. The principles of justice are chosen behind a veil of ignorance. This ensures that no one

> is advantaged or disadvantaged in the choice of principles by the outcome of nature chance or the contingency of social circumstances." (Rawls 1999, 11)

Die Parteien im Urzustand sind daher von allen Egoismen, dem Wissen um ihre späteren Vorteile, dem Wissen um ihre Talente und vielen anderen individuellen Merkmalen ‚befreit' und stehen sich in dieser Situation als freie und gleiche Menschen mit einer gewissen Symmetrie gegenüber. In dieser Situation, so Rawls weiter, sei den Parteien unmittelbar klar, dass sie – bei allem vernünftigen Pluralismus zwischen ihnen, der weiterhin gelten solle – sich auf zwei grundlegende Gerechtigkeitsprinzipien einigen würden:

> "(a) Each person has the same indefeasible claim to a fully adequate system of equal liberties, which scheme is compatible with the same scheme of liberties for all; and (b) Social and economical inequalities are to satisfy two conditions: First, they are to be attached to offices and positions open to all under conditions of fair equality of opportunity; and second, they are to be to the greatest benefit of the least-advantaged (the difference principle)." (Rawls 2001, 42)

Dabei habe das erste Prinzip Vorrang vor dem zweiten, da zunächst die Freiheitsrechte zu sichern seien, und der erste Teil des zweiten Prinzips (faire Chancengleichheit) genieße Vorrang vor dem Differenzprinzip.[48] Man kann ohne weiteres in dieser lexikalischen Ordnung auch die Rangfolge und auch Historie der bürgerlichen Freiheitsrechte vor den sozialen Bürgerrechten erkennen, wie auch Rawls selbst andeutet:

> "It is important to note the distinction between the first and the second principles of justice. The first principle, as explained by its interpretation, convers the constitutional essentials. The second principle requires fair equality of opportunity and that social and economic inequalities be governed by the difference principle, […]. While some principle of opportunity is a constitutional essential – for example, a principle requiring an open society, one with careers open to talents […] – fair equality of opportunity requires more that, and is not counted a constitutional essential. Similarly, although a social minimum providing for the basic needs of all citizens is also a constitutional essential […], the difference principle is more demanding and is not so regarded." (Rawls 2001, 47 ff.)

[48] Weil sich hier eine vorsichtige Form des Egalitarismus finden ließe, kritisiert Nozick (1974) mit seinem Konzept des „Self-Ownership" auch, dass man nicht von einer „Instrumentalisierung" derjenigen ausgehen dürfe, die ihre Freiheiten und Chancen so einsetzen müssen, dass für die schlechter gestellten Bürger gesorgt sei. Jede/r gehöre sich, so Nozick, zunächst selbst (mit seinen/ihren Talenten, Fähigkeiten, Wissen etc.) und müsse daher auch selbst entscheiden können, was und wie viel er oder sie davon an das Gemeinwesen „abgeben" wolle.

Interessant erscheint an dieser Stelle vor allem der fast utilitaristische Ansatz der Verteilung eines Gesamtnutzens, der aber dann doch nicht allen, sondern vor allem denjenigen zu Gute kommen solle, die am schlechtesten gestellt sind, also quasi als ‚Verlierer' der aktuell Gestalt gewordenen Gesellschaft angesehen werden können. Sie haben anscheinend am wenigsten aus ihren Grundfreiheiten gemacht und auch nicht die sozialen Positionen erreicht, die mit einem vergleichbar hohen Wohlstand und Prestige verbunden sind. Aber Rawls (2001, 107) selbst verneint diese mögliche utilitaristische Lesart des Differenzprinzips:

> "I hold, that this [justice as fairness is utilitarian; Anm. D.R.] is not. This is because the parties use a utility function […], so constructed as to reflect the ideal normative conceptions use to organize justice as fairness, that is, the ideas of society as a fair system of cooperation and of citizens as free and equal, and characterized by the two moral powers […]. This constructed utility-function is based on the needs and requirements of citizens – their fundamental interests – conceived as such persons; it is not based on people's actual preferences and interests."

Ungeachtet dieser Frage führen die im Urzustand gewählten Prinzipien Rawls' zu einer Grundstruktur der Gesellschaft, die fortan weiter Anwendung findet. Nachdem diese im Urzustand von den ursprünglichen ‚Wählern' angenommen wurden (erster Schritt), wird der Schleier zunehmend gelüftet und eine verfassungsgebende Versammlung wird die Prinzipien aufnehmen (zweiter Schritt), woran sich das eigentliche Gesetzgebungsstadium (dritter Schritt) anschließt, in dem auch diese Gesetze den ursprünglichen Prinzipien folgen und schließlich die Regeln angewandt und von den Bürgern befolgt werden müssen (viertes Stadium).

Was wäre nach Ansicht Rawls' überhaupt zu verteilen? Zunächst einmal ist festzustellen, dass bei ihm nur jene Grundgüter Gegenstand der Distribution sind, die grundsätzlich benötigt werden, um Bürger angemessen dabei zu unterstützen, ihre moralische Entscheidungen vor dem Hintergrund ihrer jeweils sehr unterschiedlichen Interessen und Vorstellungen vom Guten treffen zu können. Er unterscheidet folgende Grundgüter:

> "(i) The basic rights and liberties: freedom of thought and liberty of conscience, and the rest […]. These rights and liberties are essential institutional conditions required for the adequate development and full and informed exercise of the two moral powers […].
> (ii) Freedom of movement and free choice of occupation against a background of diverse opportunities, which opportunities allow the pursuit of a variety of ends and give effect to decisions to revise and alter them.
> (iii) Power and prerogatives of offices and positions of authority and responsibility

> (iv) Income and wealth, understood as all-purpose means (having an exchange-value) generally needed to achieve a wide range of ends whatever they may be.
> (v) The social basis of self-respect, understood as those aspects of basic institutions normally essential if citizens are to have a lively sense of their worth as persons and to be able to advance their ends with self-confidence." (Rawls 2001, 58 ff.)

Die Stellung des Capabilities Approach zur Gerechtigkeitstheorie Rawls'

Wenngleich sich – wie eingangs festgestellt – auch der Capabilities Approach als ein liberaler Ansatz darstellt, kritisieren sowohl Sen als auch Nussbaum zentrale Grundannahmen des Liberalismus bei John Rawls.

Zum Ersten gehe Rawls von zu wenigen Grundgütern aus, die es zu verteilen gelte, und zumindest Einkommen und Vermögen hätten zudem selbst keinen Freiheitscharakter, sondern seien nur als Mittel zum Zweck für ein freiheitliches Leben zu sehen:

> "The focus on basic capabilities can be seen as a natural extension of Rawls's concern with primary goods, shifting attention from goods to what goods do to human beings. Rawls himself motivates judging advantage in terms of primary goods by referring to capabilities, even though his criteria end up focussing on goods as such." (Sen 1979, 218 f.).

In ähnlicher Richtung argumentiert Nussbaum (2006, 64), wenn sie schreibt:

> "First, we must scrutinize Rawls's account of primary goods, with its commitment to measuring relative social positions (once the priority of liberty is fixed) with reference to wealth and income, rather than by some more heterogenous and plural sets of indices, such as capabilities."

Zweitens liege Rawls falsch, wenn er die natürliche Gleichheit der Menschen als Ausgangspunkt seiner Gerechtigkeitstheorie wähle. Menschen seien eben nicht gleiche und freie Wesen, sondern zumindest in ihren Fähigkeiten und Eigenschaften höchst unterschiedlich (vgl. auch Nussbaum 2006, 66). Sen (1979, 219) argumentiert daher gegen die Gleichheitsannahme wie folgt:

> "If human beings were very like each other, this would not have mattered a great deal, but there is evidence that the conversion of goods to capabilities varies from person to person substantially, and the equality of the former may still be far from the equality of the latter. [...]"

Daraus resultiert zwar eine Gleichwertigkeit in ethischer Sicht, aber eben nicht in distributiver oder handlungstheoretischer Sicht. Zwar hätten alle die gleichen, aus ihrer Menschenwürde resultierenden moralischen Ansprüche an Andere, aber sie unterscheiden sich doch in ihrer Handlungsfähigkeit (Sen 1979).

Schließlich sei – drittens – auch der philosophische Personenbegriff, den Rawls verwende, nicht unproblematisch, wie insbesondere Nussbaum immer wieder herausstellt. Personalität und dessen Hauptkriterium ‚Rationalität' vorauszusetzen, erlaube es kaum, auch Menschen mit schweren geistigen Einschränkungen oder die Rechte von Tieren als moralische Wesen zu berücksichtigen:

> “Because in his conception personhood is seen as requiring a rather high degree of rationality (moral and prudential), it becomes impossible to conceive of the equal citizenship of people with severe mental impairments, or of the rights of nonhuman animals The conception also poses problems, I argue, for an adequate understanding of ‘normal’ people as they go through growth, maturity, and decline.” (Nussbaum 2006, 64 f.)

Die bereits oben angedeuteten Differenzen zwischen dem Capabilities Approach und der Gerechtigkeitstheorie nach Rawls sind somit deutlich gekennzeichnet, was aber – wie gesagt – Martha Nussbaum und Amartya Sen nicht davon abhält, ihre Gerechtigkeitstheorie selbst als liberal zu bezeichnen, wobei m.E. die Konzeption Sens stärker liberale Züge enthält und jene Nussbaums stärker materialistische. Aus diesem Grund wird nun die Vorstellung vom guten Leben zu betrachten sein, bei der sie – anders als Sen – von einer starken und gleichzeitig vagen Idee dieses guten Lebens ausgeht.

4.3 Gutes Leben und Gerechtigkeit

Die Diskussion um das gute Leben und die damit aufgeworfenen Fragen von Gerechtigkeit sind ein zentraler Bestandteil politischer Theorie und werden immer wieder vehement diskutiert. Im Rahmen des Capabilities Approach ist nun eine erneute Debatte darüber entbrannt, ob man überhaupt für alle Menschen gleichermaßen gültige Maßstäbe eines guten Lebens finden könne bzw. diese zum Maßstab eines guten Lebens für alle machen dürfe.

Anders als Nussbaum ist Rawls unsicher bzw. spricht sich dagegen aus, innerhalb einer politischen Theorie ein konkretes Bild des guten Lebens zu zeichnen. Seine Zweifel teilt er, trotz Unterschieden in den jeweiligen Konsequenzen für politisches Handeln, mit Sen, der ebenfalls einer klaren Vorstellung vom guten Leben kritisch gegenüber steht (siehe Kapitel 4.3.3). Allerdings schließen sich auch für Rawls das Rechte und das Gute nicht komplett aus, vielmehr ergänzen sie einander. Das Gute ist allerdings bei Rawls (und bei Sen) als pluralistisch zu verstehen, d.h. es existieren für ihn (und für Sen) in einer liberal-demokratischen Gesellschaft sehr viele verschiedene Konzeptionen des Guten, die jedoch alle vereinbar sein müssen mit der Gerechtigkeitskonzeption. Rawls postuliert daher: "In a phrase, the just draws the limit, the good shows the point." (Rawls 2001, 141)

Damit wird die innere Spannung im Begriff des guten Lebens selbst bzw. im Begriff der Gerechtigkeit verdeutlicht: Eine Entscheidung für gutes Leben ist zwar erstrebens- und wünschenswert, muss jedoch mit grundsätzlicher Gerechtigkeit einhergehen können.

Trotz dieser Spannung steht zumindest für Nussbaum außer Frage, dass die Grundlagen eines guten Lebens zu beschreiben sind. Wie sieht nun das Verständnis des Guten bei Nussbaum aus?

Über alles geht Nussbaum davon aus, dass sich nur eine vage Konzeption des Guten vertreten lässt, die aber gleichwohl eine „thick, vague conception of the Good" (Nussbaum 1990, 217) sein kann.

> "The Aristotelian proceeds this way in the belief that it is better to be vaguely right than precisely wrong; and that, without the guidance of the thick vague theory, what we often get, in public policy, is precise wrongness" (Nussbaum 1990, 217).

Stark sei eine Konzeption des Guten deshalb, weil damit der Umriss einer Gesellschaft gewonnen werde, deren Mitglieder zumindest ein Minimum an gemeinsamen Vorstellungen des kollektiven Guten, welches es für alle zu garantieren gelte, entwickeln können. Hier spielt vor allem die größere Breite an Capabilities gegenüber der schmaleren Basis der Grundgüter Rawls' eine große Rolle. Vage sollte die Konzeption allerdings trotzdem sein, weil sie damit offen bleibt für kulturelle Variationen und gesellschaftliche Umstände, die zwar auch in Richtung der Verbesserung streben sollten, aber vielleicht in bestimmten Gesellschaften oder Zeiten die aktuell bestmöglichen Gesellschaftszustände sind. Gleichzeitig sollte einer Konzeption des Guten zwar keine metaphysische Begründung zu Grunde liegen, auf der anderen Seite sollte sie aber von einem derart gesicherten Menschenbild ausgehen, dass sie eine gewisse Universalität und Konstanz für sich beanspruchen kann. Auf jeden Fall sollte sie Mensch-Sein als etwas beschreiben, das auf einer grundlegenden Ebene von allen Menschen akzeptiert werden kann[49]:

---

49 Sen (1997) stützt diesen Universalismusanspruch, indem er akribisch herausarbeitet, dass sich Menschenrechte und ihre Begründung in allen Kulturen finden lassen. Insbesondere wendet er sich gegen die Kritik, dass es sich dabei um westliche Werte handele, die mit „asiatischen"

> "The thick vague theory is a set of stories about such ties. In this way, it is a most general and preliminary evaluative theory: for it recognizes that certain aspects of human life have a special importance. Without them, we would not recognize ourselves or others as the sort of beings we are; and they provide the basis for our recognition of beings unlike ourselves in place, time, and concrete way of life as members of our very own kind." (Nussbaum 1990, 218)

Um eine Vorstellung zur Erreichung dieses „guten Lebens" zu gewinnen, hat Nussbaum eine Liste an „central capabilities" (vgl. Kapitel 4.3.3) entwickelt, die sie zwar im Laufe ihrer Arbeit in einigen Teilen bzw. Formulierungen veränderte, die ihr auf der anderen Seite aber stets als operationalisierte Grundlage der Vorstellung vom guten Leben galt.

Die Gefahr des Paternalismus, vor der vor allem von Kritikern der Idee des Guten, insbesondere wenn sie staatlich garantiert oder befördert wird, gewarnt wird, kann augenscheinlich Ergebnis einer klaren Vorstellung des Guten als kollektivem Ziel sein. Die damit verbundene Problematik ist Gegenstand späterer Erläuterungen in Kapitel 4.5, da sie gerade von einer Sozialen Arbeit, die sich auf den Capabilities Approach berufen möchte, beachtet werden muss. Bereits jetzt sei erwähnt, dass die starke, wenn auch vage Konzeption des Guten für paternalistische Konsequenzen anfällig ist, falls aus der Grundkonzeption des Guten auch eine Pflicht zur Befolgung bzw. Realisierung resultiert.

Auch die Evidenz der Tatsache, dass sich sozialpolitische Ziele von einer solchen, zwar vagen, aber starken Konzeption des Guten aus deutlicher extrapolieren lassen, als wenn man sich nur auf die negative Freiheit von staatlichen Eingriffen und damit auf die Garantie von Freiheit an sich beschränkt, wird später genauer ausgeführt (vgl. Kapitel 5.6 und 5.8).

4.3.1 Aristotelische Wurzeln

Die Idee des guten Lebens ist bei Nussbaum sehr stark beeinflusst von der Ethik, die der griechische Philosoph Aristoteles (384 v. Chr. - 322 v. Chr.) in seinen moraltheoretischen Hauptwerken „Nikomachische Ethik" und „Politik" entwarf. Obwohl die historische Figur Aristoteles nicht unproblematisch ist, z.B. weil er keine Einwände gegen die Sklaverei und auch die Unterdrückung von Frauen

---

Werten nicht vereinbar seien. Er entlarvt diese Rede von der Fremdheit des Freiheitsgedankens für asiatische Kulturen als Verschleierung der eigentlichen Intention autoritärer Regimes, diese Form der demokratischen Freiheiten beschneiden zu können. Obwohl nicht explizit auf „das gute Leben" übertragen, lassen sich seine Argumente (und die Nussbaums selbst) sehr wohl auch auf Capabilities anwenden.

und Armen hatte, sind doch seine theoretischen Aussagen von solcher Überzeugungskraft, dass sie für den Capabilities Approach genutzt werden müssen (siehe Nussbaum 1999, 109).

Interessanterweise stellt Nussbaum in früheren Werken (1990, 1999) ihren Ansatz noch als „Aristotelian Social Democracy“ vor, was ihr unter anderem auch eine Einladung der Sozialdemokratischen Partei Deutschlands (SPD), namentlich durch den damaligen Kulturstaatsminister Julian Nida-Rümelin und den damaligen Bundestagspräsidenten Wolfgang Thierse, einbrachte (vgl. Nida-Rümelin/Thierse 2002). Mittlerweile spricht sie fast ausschließlich von der Zugehörigkeit zur Familie der liberalen Theorien.[50]

Nussbaum expliziert die aristotelische Grundlage ihrer Theorie an verschiedenen Stellen ihres Werkes (1993, 1999, 2002b), wobei ich hier auf einige Punkte eingehen möchte:

Erstens grenzt sie den Begriff der Würde, wie er auch für den Capabilities Approach von großer Bedeutung ist, nach aristotelischer Art und Weise von jenem Immanuel Kants (1724-1804) insofern ab, als sie die Kant'sche Trennung von vernunftbegabten menschlichen und vernunftlosen tierischen Wesen und damit die Speziesnorm ablehnt (vgl. Nussbaum 2006, 325 ff.). Auch wenn sie selbst den Vernunftbegriff und -gebrauch für wesentlich hält, so lehnt sie doch die kategorische Trennung von Menschen und Tieren entlang des Vernunftbegriffs ab und schlägt vielmehr vor, Vernunft mit Geselligkeit einhergehen zu lassen. Daher wird die Vorstellung des Menschen als „zoon politicon“ im Sinne Aristoteles' als ein ganz wesentliches Theorieelement eingesetzt, was – wie später auch zu erläutern sein wird – die besondere, architektonische Stellung von „practical reasoning“ und „affiliation“ innerhalb der „central capabilities“ hervorruft.

Nussbaum korrigiert zweitens auch die insbesondere in moralischen Fragen zur Behinderung benutzte Trennung von Geist und Körper. Allerdings ist einschränkend zu sagen, dass ihr diese Relativierung des Vernunftbegriffs m.E. nicht vollständig gelingt (vgl. Kapitel 4.4; Röh 2011). Des Weiteren impliziert dies auch die Anerkennung der wesenhaftigen Bedürftigkeit von Menschen und nicht nur ihrer Autonomie, nimmt der Capabilities Approach doch an, dass Menschen zeit ihres Lebens immer wieder von der Sorge, Pflege und der Umsicht anderer Personen abhängig bzw. auf diese angewiesen sind und dass somit nicht nur die von Geburt an behinderten Menschen, sondern auch Kinder, Erwachsene in bestimmten Krankheitsphasen oder auch alte Menschen betroffen sind. (Nussbaum 2006, 159 ff.)

[50] vgl. zu einer Diskussion des Liberalismusbegriffs Mührel (2008).

Würde entstünde somit durch das Gefühl der Sorge und den Prozess des Sorgens, wenn auch nicht immer gleich aktuell, so doch auf jeden Fall potentiell. Diese Sorge als Akt und Potenz muss nach Ansicht Nussbaums jedoch deshalb nicht der Liste der 10 „central capabilities" hinzugefügt werden, weil sie nicht einzelnen Personen zugesprochen werden kann oder in einer spezifischen Form auftritt. „Thinking well about care means thinking about a wide range of capabilities on the side of both the cared-for and the caregiver." (Nussbaum 2006, 168)

Die richtige Art des Sorgens setzt bestimmte Capabilities voraus bzw. erzeugt sie wiederum. Die Zugehörigkeit beispielsweise wird durch sorgende Pflege, Betreuung oder Zuwendung erst möglich, und gleichzeitig erzeugt Zugehörigkeit erst die Voraussetzungen für Pflege, Betreuung oder Zuwendung. Deswegen kommt Nussbaum zu dem Schluss, dass diese Form von Care-Ethik (siehe auch Conradi 2001) auch den Sorgenden genügend Gerechtigkeit in ihren Bedürfnissen und Wünschen zukommen lassen muss, ja Sorge sogar nur soweit richtig ist, als auch das gesamte Sorgesystem im Gleichgewicht bleiben sollte:

> "Any real society is a care-giving and a care-receiving society; and must therefore discover ways of coping with the facts of human neediness and dependency that are compatible with the self-respect of the recipients and do not exploit the care-givers." (Nussbaum 2003, 51)

4.3.2 Human Development

Neben der philosophischen Dimension des Nachdenkens über das gute Leben war es vor allem Sens Ziel, den Boden für eine alternative Messung des Grades an nationaler Wohlfahrt bzw. der interpersonellen Vergleichbarkeit von Wohlergehen zu bereiten. Seine Annahme unterscheidet sich damit von der bisher gebräuchlichen Bestimmung des Wohlergehens über das Bruttonationaleinkommens. Sicherlich auch aus der Erfahrung, wie stark die Unterschiede zwischen nationalem Einkommen und Wachstum der Wirtschaftsleistung und dem Wohlergehen der gesamten Bevölkerung z.B. in seinem Heimatland Indien waren bzw. sind, wuchs in ihm die Ahnung zu einer belegbaren Erkenntnis, dass die bislang genutzten Kriterien, wie etwa materielle Güter, Freiheiten, Glück oder auch Nutzeneinheiten, nicht ausreichend sind, um die Zufriedenheit von Menschen zu messen. Diese klassischen ökonomischen Maße seien nicht wirklich aussagefähig, da sie vor allem nichts darüber aussagen, wie und von wem der vorhandene Wohlstand tatsächlich genutzt werden könne, da offensichtlich zwischen den Lebenslagen der verschiedenen Individuen eines Landes erhebliche Unterschiede bestünden, obwohl sie im Vergleich mit anderen Ländern über ein durchschnittlich hohes/höheres Einkommen verfügen. Diese Unterschiede innerhalb einer Population seien für die Frage nach Gerechtigkeit entscheidender als der Vergleich des durchschnittlichen Pro-Kopf-Einkommens zwischen verschiedenen Ländern. In gewissem Sinne hatte er damit vor allem eine Kritik an der Ungleichheit der Lebenslagen im Blick, die sich u.a. in extrem verschiedenen Lebenserwartungen von Menschen zeigte. Dabei scheint sofort einsichtig, dass z.B. zwischen verschiedenen ethnischen Gruppen in den USA erhebliche Unterschiede in der Lebenserwartung vorliegen, da diese über sehr unterschiedliche Einkommen verfügen können. Dass diese im Durchschnitt aber auch zwischen Afro-Amerikanern und z.B. Indern bestehen, obwohl beide Gruppen schlechtere Einkommen erzielen als weiße Amerikaner, verblüfft viel mehr. Sen erkannte diesen Unterschied und macht daher eben nicht die durchschnittliche Verfügung über ein bestimmtes Einkommensniveau, sondern – wenn auch damit verbundene – andere Faktoren für Ungerechtigkeit verantwortlich:

> "So it is not only the case that American blacks suffer from *relative* deprivation in terms of income per head vis-à-vis American whites, they are also absolutely more deprived that the low-income Indians in Kerala [...]. The causal influences on the contrasts (that is, between living standards judged by income per head and those judged by the ability to survive to higher ages) include social arrangements and community relations such as medical coverage, public health care, school education, law and order, prevalence of violence and so on." (Sen 1999, 22 f.)

Wie mittlerweile auch durch weitere Metastudien belegt, trägt eine derart starke Ungleichheit innerhalb einer Gesellschaft zu einer Verringerung von Lebenschancen bestimmter, von dem durchschnittlichen Wohlstand nicht profitierenden Individuen bei und schränkt deren Freiheit in ungerechtem Maße ein. So kommen z.B. Wilkinson/Pickett (2010) zu ähnlichen Ergebnissen, wenn sie die Befunde der Einkommensstatistiken bzw. Wohlfahrtsindizes mit den tatsächlichen gesundheitlichen Beeinträchtigungen und Lebenserwartungen vergleichen. Ein solcher Befund lautet beispielsweise:

> „Offenbar betreffen uns Einkommensunterschiede innerhalb der eigenen Gesellschaft weit stärker, als es unterschiedliche Durchschnittseinkommen tun, wenn man reiche Gesellschaften miteinander vergleicht." (Wilkinson/Pickett 2010, 26)[51]

[51] Interessanterweise kommen Wilkinson/Pickett (2010) auch zu dem Ergebnis, dass sich Ungleichheit nicht nur auf die Lebenserwartungen auswirkt, sondern dass Gesellschaften mit mehr Gleichheit auch ein höheres Maß an gegenseitigem Vertrauen, sozialem Zusammenhalt, sozialem Engagement und weniger Gewalt entwickeln.

Diese Aussage weist Parallelen zu Sens Erkenntnis auf, dass das durchschnittliche Pro-Kopf-Einkommen als komparatives Maß allein kein guter Index für die Frage nach Gerechtigkeit und Wohlergehen einer gesamten Bevölkerung sein könne. Wenn man in ihrem Pro-Kopf-Einkommen vergleichbare Länder miteinander vergleicht, wird man zwar Aussagen über die Gesamtlage der Bevölkerung finden – im utiliaristischen Sinne also über den Gesamtnutzen –, aber dies lässt keine validen Aussagen über die differenzielle Lage der Bevölkerung, z.B. einzelner Gruppen, zu. Die darin zum Ausdruck kommende Frage nach einer angemessenen Verteilung von Einkommen versuchte Rawls (1975, 81; 2001, 61 ff) durch sein Differenzprinzip zu lösen. Danach sollte die Schere zwischen den besser und den schlechter gestellten Gruppen immer nur so groß sein, wie sie den Stand der schlechter gestellten Gruppen insgesamt zu heben vermag. Somit könnten nach Rawls Ungleichheiten insofern akzeptiert werden – und wären damit auch gerecht –, als sie letztlich allen zu Gute kommen.

In ähnlicher Weise schlagen auch Sen sowie Wilkinson/Pickett vor, sich bei der Frage nach dem Wohlbefinden einer Bevölkerung weniger auf die Hebung des gesamten Wohlstandslevels zu konzentrieren und damit vor allem das Wirtschaftswachstum und das steigende Durchschnittseinkommen zu messen, als vielmehr die differentielle Verteilung dieses Einkommens und Wohlstandes.

Vor allem sind für Sen die materiellen Güter, die sich häufig in Einkommen und Vermögen ausdrücken, für sich genommen noch keine hinreichend aussagekräftigen Indikatoren für ein gutes Leben. Sie seien lediglich Mittel, um gewisse Zwecke erreichen zu können. Diese Güter eignen sich nämlich für verschiedene Zwecke und können sehr unterschiedlich eingesetzt werden. Sie können zur Mehrung des eigenen Wohlstandes benutzt werden (was nicht zwangsläufig zu mehr Glück führt) oder auch zur Mehrung des Wohlstandes Anderer. Außerdem ist die materielle Güterausstattung allein, selbst wenn eine mehr als auskömmliche Lage diesbezüglich beim Einzelnen herrscht, noch kein Prädiktor für Zufriedenheit. Neben diesem eher internen Faktor benötigt man auch noch externe Bedingungen, die die Nutzung dieses Vermögens überhaupt ermöglicht, was Sen und Nussbaum am Beispiel von behinderten Menschen wiederholt verdeutlichen (Sen 2010; 286 ff., 332 f.; Nussbaum 2006, 105, 166 ff.)

Es ist also nach Sen letztlich entscheidend, was jemand tun oder sein kann aufgrund dessen, was er zur Verfügung hat und welche Chancen ihm diese Lage bietet (siehe die spätere Differenzierung von Capabilities und Functionings). Er zielt damit zwar genauso auf die Lebensqualität wie auch die Messung des Bruttoinlandsprodukts, verspricht sich aber – ähnlich wie das von der OECD zeitweise durchgeführte „Program of Work on Social Indicators“ und weiterer vergleichbarer Messungen (siehe Knecht 2010, 22 ff.) – dadurch mehr Genauigkeit in der Erfassung des Wohlergehens, insbesondere unter Gerechtigkeitsgesichtspunkten, dass mehr Indikatoren einbezogen werden.

Die Vereinten Nationen veröffentlichen seit 1990 den Human Development Report, der mit dem maßgeblich vön Amartya Sen beeinflussten und von dem pakistanischen Ökonom Mahbub ul Haw entwickelten „Human Development Index" (HDI)[52] arbeitet und nicht nur das nationale Bruttoinlandsprodukt erfasst. Der neue Index misst mit folgenden Kategorien: Lebenserwartung bei Geburt, Schuljahre und Bruttoinlandsprodukt. Vergleicht man diese Messungen mit denen herkömmlicher Wohlfahrtsmessung, dann ergeben sich größtenteils frappierende Differenzen zwischen ihnen, und aus dieser Differenz können gerechtigkeitstheoretische Schlüsse gezogen werden.

Würde man allein das Bruttonationaleinkommen als Maß für den Wohlstand der deutschen Bevölkerung heranziehen, so könnte man behaupten, es sei besser gestellt als beispielsweise Liechtenstein. Nimmt man hingegen die erweiterten Indizes des Human Development Index als Maßstab, so erreichen beide Länder in etwa den gleichen Stand.

Insgesamt zeigt sich in dem Interesse Sens (und auch der Vereinten Nationen), die ökonomische Wohlfahrtsmessung auf eine andere Grundlage zu stellen, das Bemühen, die großen Verwerfungen in der Lebensqualität innerhalb von formal gleichgestellten und in einem Wirtschafts-, Sozial- und Kultursystem zusammen lebenden Menschen zu erklären und dadurch Impulse zu liefern für eine angemessenere Verteilung der Ressourcen bzw. Chancen, die meistens auch eine Verteilung mit mehr Gleichheit bedeutet. Neben dieser ökonomischen Fragestellung haben sich Amartya Sen und vor allem Martha Nussbaum auch der philosophischen Begründung der Annahme zugewandt, was noch darüber entscheidet, ob Menschen ein gutes, gedeihliches Leben führen können.

4.3.3 Capabilities und Functionings

Einen sehr wesentlichen Punkt innerhalb der theoretischen Aufklärung der Gerechtigkeitsprinzipien des Capabilities Approach stellt die Unterscheidung von Capabilities und Functionings dar, wobei die Begriffsdefinition bei beiden Autoren nicht immer eindeutig ist bzw. Veränderungen unterliegt (vgl. Robeyns 2011). Am Ende dieses Abschnitts werde ich eine eigene Definition bzw. Übersetzung der beiden Begriffe vorschlagen, die auch die weitere Nutzung bei der Ausarbeitung der Handlungstheorie (Kapitel 5) bestimmen wird.

---

52 Seit 2010 wird der HDI durch einen IHDI ergänzt, der noch genauer die soziale Ungleichheit erfasst und daher auch dessen Auswirkungen.

Für Sen besteht dieser Unterschied darin, dass sich Capabilities als die Grundlage der Wahl verschiedener Functionings verstehen lassen. Functionings sind „beings and doings“,

> “that is, various states of human beings and activities that a person can undertake. Examples of the former (the ‘beings’) are being well-nourished, being undernourished, being housed in a pleasantly warm but not excessively hot house, being educated, being illiterate, being part of a supportive social network, being part of a criminal network, and being depressed. Examples of the second group of functionings (the ‘doings’) are travelling, caring for a child, voting in an election, taking part in a debate, taking drugs, killing animals, eating animals, consuming lots of fuel in order to heat one’s house, and donating money to charity.” (Robeyns 2013)

In einer anderen Art und Weise können sie als Zustände und Tätigkeiten bezeichnet werden, die aus der Realisierung bestimmter Möglichkeiten (Capabilities) resultieren, wobei erstere die spätere ‚Funktionalisierung‘ nicht prädisponieren. Die Qualität der Functionings ist mithin das Ergebnis von Transformationen der Capabilities, wobei diese auch von einer bestimmten (guten) Wahl dessen bestimmt wird, was bzgl. der subjektiven Präferenzen der Menschen angestrebt wird. Der für ihn und auch für Nussbaum so wichtige Prozess der Transformation von Freiheiten in Realitäten führt nach Sen zu bestimmten Zuständen oder auch Tätigkeiten, die als Ergebnis von Chancen und konkretem Tun entstehen:

> “The concept of ‘functionings’, which has distinctly Aristotelian roots, reflects the various things a person may value doing or being. The valued functionings may vary from elementary ones, such as being adequately nourished and being free from avoidable disease, to very complex activities or personal states, such as being able to take part in the life of the community and having self-respect.” (Sen 1999, 75)

Ebenso wie die in diesem Zitat anklingende Vielfalt der Verwirklichungsrealitäten bedarf es einer Vielzahl an Verwirklichungsgrundlagen, die die Basis für die Möglichkeit der Verwirklichung spezifischer, wohlüberlegter Zustände oder Tätigkeiten von Menschen darstellen. Diese von Sen z.T. als „commodities“ (1992, 40) bezeichneten Mittel determinieren aber noch kein gutes Leben, wie er in Abgrenzung zu Rawls festhält, sind somit kein Zweck an sich, sondern als Mittel zur Verwirklichung spezifischer Zwecke aufzufassen. Allerdings bilden sie ganz wesentliche Grundlagen, die erst eine Freiheit der Wahl ermöglichen. Wozu sie genutzt werden, ist jedoch nicht von vornherein festzulegen oder durch diese präjudiziert, sondern Ergebnis des Transformationsprozesses und der darin zum Ausdruck kommenden subjektiven Wahl. Dabei ist meines Erachtens und über die freiheitliche Position Sens hinaus auch die Möglichkeit einer falschen Wahl einzuräumen, denn nicht immer ist die menschliche Wahl auch die beste Wahl, entweder aufgrund eingeschränkter Informationen oder aufgrund einer ‚falschen' Präferenzordnung. So argumentiert Sen (2009, 180) beispielsweise, dass es einen Unterschied gibt zwischen einer rationalen Wahl und einer Wahl aus guten Gründen:

> "Having reason to do something is not just a matter of an unscrutinized conviction – a strong 'gut feeling' – that we have 'excellent grounds' for doing what we choose to do. Rather, it demands that we investigate the reasons underlying the choice and consider whether the alleged reasons survive searching and critical examination, which one can undertake if and when the importance of such self-scrutiny is understood. The grounds of choice have to survive investigation based on close reasoning (with adequate reflection and, when necessary, dialogue with others), taking note of more informationen if and when it is relevant and accessible."

Die Menge an Informationen spielt also – in ähnlicher Weise wie auch im Rahmen der Wohlfahrtsmessung im HDI – auch in der subjektiven Wahl eine große Rolle, da eine größere Auswahl an Informationen für bzw. größeres Wissen um eine bestimmte Lebensentscheidung die Wahrscheinlichkeit erhöht, dass die richtige Entscheidung getroffen wird. Gleichzeitig ist es auch bei einem reichhalten Informationsangebot letztlich der klugen Wahl des Subjekts überlassen, die richtige Wahl zu treffen (vgl. Kapitel 5.3 – 5.5).

In einer fast mathematisch auszudrückenden Verbindung zu den Functionings stehen bei Sen die sogenannten Capabilities oder das capability set:

> "Closely related to the notion of functionings is that of the *capability* to function. It represents the various combinations of functionings (beings and doings) that the person can achieve. Capability is, thus, a set of vectors of functionings, reflecting the person's freedom to lead one type of life or another." (Sen 1992, 39 f.)

Diese Definition ist insofern verwirrend, als sie an den Beginn des Entscheidungs- und damit Transformationsprozesses nicht die Grundlagen dieses Prozesses selbst, also Güter oder Chancen, setzt, sondern die Vorstellung einer vektoriellen Bestimmung noch ungeklärter Capabilities, die ganz unterschiedlich für die Erreichung persönlich als wertvoll eingeschätzter Ziele eingesetzt werden können. Was sind Capabilities dann anderes als commodities? Graf (2011, 20) erläutert hierzu, dass bei Sen mit Capabilities „alle und nur die Kombinationen von Funktionsweisen als Elemente" gemeint sind, „die die entsprechende Person tatsächlich erreichen kann. Gemäß diesem Sprachgebrauch können Funktionsweisen entweder potentiell oder realisiert und damit aktuell sein."

Zur Nutzung der Capabilities tragen jedoch, Sen zufolge, sogenannte „conversion factors" maßgeblich bei, da erst sie die Person in die Lage versetzen, die Ressourcen in bestimmte Seinszustände („beings") oder Tätigkeiten („doings") zu transformieren.

Diese Ressourcentransformation (siehe Knecht 2010) stellt wohl den entscheidenden Unterschied zu anderen Theorien dar, da sie einen subjektiven (bzw. kollektiven) Akt der produktiven Nutzung der jeweiligen Güter postuliert. Sowohl Sen als auch Nussbaum äußern sich nur marginal zu Strukturen und Prozessen einer solchen Ressourcentransformation (Sen 2010, 95 und 111; Nussbaum 2010b).

Robeyns (2011) kategorisiert drei verschiedene Gruppen von „conversion factors":

> "*Personal conversion factors* are internal to the person, such as metabolism, physical condition, sex, reading skills, or intelligence. If a person is disabled, is in bad physical condition, or has never learned to cycle, then the bike will be of limited help in enabling the functioning of mobility. *Social conversion factors* are factors from the society in which one lives, such as public policies, social norms, practices that unfairly discriminate, societal hierarchies, or power relations related to class, gender, race, or caste. *Environmental conversion factors* emerge from the physical or built environment in which a person lives. Among aspects of one's geographical location are climate, pollution, the proneness to earthquakes, and the presence or absence of seas and oceans. Among aspects of the built environment are the stability of buildings, roads, and bridges, and the means of transportation and communication. Take the example of the bicycle. How much a bicycle contributes to a person's mobility depends on that person's physical condition (a personal conversion factor), the social mores including whether women are socially allowed to ride a bicycle (a social conversion factor), and the available of decent roads or bike paths (an environmental conversion factor)." [kursiv i.O.]

Diese personalen, sozialen und umweltbezogenen Transformationsfaktoren sind in gewisser Weise vergleichbar mit den internen und externen Capabilities, die Nussbaum differenzierte (siehe unten), und repräsentieren den befähigenden Charakter des Capabilities Approach als eine, gegenüber anderen Fassungen, erweiterte Gerechtigkeitstheorie.

Daneben stellen Sen und Nussbaum die (Wahl-)Freiheit des Menschen in den Mittelpunkt. Solange die Menschen genügend Wahlmöglichkeiten und eine ‚echte' Chance zur Verwirklichung dieser Wahl haben, ist nach beider Ansicht Gerechtigkeit erreicht. Angesichts des Primats der Freiheit auch im Capabilities

Approach (Sen 2010, 253 ff.) ist neben den Subjekten auch der Staat gemeint, der bemüht sein sollte, Bürgerinnen und Bürger über bestimmte Schwellenwerte zu heben, damit ihnen ein gutes Leben nicht nur als Möglichkeit dargelegt (und damit gegebenenfalls fiktional bleibt), sondern dieses gute Leben von ihnen auch tatsächlich realisiert werden kann.

Eine definitive Liste von Capabilities?

Anders als Nussbaum hat Sen eine theoretisch begründete und vor allem ethisch sensibilisierte Abneigung gegen die Erstellung einer definitiven Liste von Capabilities als Wahlmöglichkeiten, da diese seiner Ansicht nach in höchstem Maße diskutabel sind, d.h. einem öffentlichen Reflexionsprozess unterliegen sollten. In dieser Vorsicht stimmt er mit Rawls insofern überein, als auch dieser angesichts des vernünftigen Pluralismus an Lebensentscheidungen und -formen einem liberalen Gerechtigkeitsverständnis folgt, welches der freien, aber vernünftigen Wahl die Priorität vor einer bestimmten Vorgabe des vernünftigerweise zu Wählenden einräumt. Auch wenn Sen eine solche Bestimmung der Capabilities nicht für unmöglich hält, so ist er doch innerhalb seiner theoretischen Annahmen davon überzeugt, diese nicht zu benötigen:

> "That view [defining central capabilities like Nussbaum did; notion D.R.] would not be inconsistent with the capability approach presented here, but *not*, by any means, *required* by it. (…) [kursiv im Original]" (Sen 1993, 47)

und an anderer Stelle (Sen 2004, 333, Fußnote 31):

> "The capability approach can allow considerable difference in application. For a somewhat different principle see Martha Nussbaum […]. Nussbaum has discussed the importance of identifying an overarching 'list of capabilities', with given priorities, in a more Aristotelian way. My own reluctance to join the search for such a canonical list arises partly from my difficulty on seeing how the exact lists and weights would be chosen without appropriate specification of the context of their use (which could vary), but also from a disclination to accept any substantive diminution of the domain of public reasoning."

Für Sen benötigt der Human Development oder Capabilities Approach also nicht unbedingt eine solche Liste, wie sie Nussbaum entwirft, zumal sie der öffentlichen Diskussion und auch der empirischen Forschung ausgesetzt werden müsse, um überhaupt Geltung beanspruchen zu dürfen. Zudem laufe man Gefahr, dass

diese Liste zu spezifisch und zu konkret werden könne und damit bestimmte Merkmale nicht erfasse (Sen 1993, 49).
Fest steht daher für Sen, dass die verschiedenen Functionings, die Menschen anstreben können, bezüglich ihrer Qualität gemessen und gewichtet werden müssten:

> "The richness of the capability perspective broadly interpreted, thus, includes its insistence on the need for open valuational scrutiny for making social judgements, and in this sense, it fits well with the importance of public reasoning." (Sen 2004, 333)

Allerdings weist Knecht (2010, 48 f.) zu Recht darauf hin, dass Sen an verschiedensten Stellen und über einen großen Publikationszeitraum immer wieder bestimmte Hinweise zu für den ein gutes Leben wichtigen Functionings (damit aber gleichzeitig weniger zu den diesen zugrundliegenden Capabilities) aufgeführt hat. In loser Zusammensetzung, aber trotzdem deutlicher Nähe zur Liste Nussbaums ordnet Sen z.B. einer ausreichenden Ernährung, dem Freisein von vermeidbaren Krankheiten oder auch der Teilhabe am Gemeinschaftsleben (Sen 1999, 75), der Möglichkeit ein hohes Alter erreichen zu können (Sen 1999, 96), der Verfügung über Wohnung und Kleidung, dem Lesen- und Schreiben-Können sowie der Möglichkeit zum Urlaub (Sen 1985, 46) eine gewisse Bedeutung bei.

Nussbaum geht an diesem Punkt weiter als Sen und legt eine definitive, wenn auch unterschiedlich formulierte Liste von Capabilities vor (Nussbaum 1993, 334; 1999, 57 f.; 2011, 33 ff.), die aber im Gegensatz zu Sen eben mehr die grundlegenden Möglichkeiten des guten Lebens (und nicht nur einer Wahl) beschreibt:

> "What are *capabilities*? They are the answers to the question, 'What is this person able to do or to be?' In other words, they are what Sen calls 'substantial freedoms', a set of (usually interrelated) opportunities to choose and to act. To make the complexity of capabilities clear, I refer to these 'substantial freedoms' as *combined capabilities* [kursiv im Original]" (Nussbaum 2011, 20 f.).

Capabilities sind also zunächst einmal Möglichkeiten, eine bestimmte Form des guten Lebens erreichen bzw. diese realisieren zu können.

Ihr Capabilities Approach enthält einen Doppelfokus auf die Frage der Gerechtigkeit: Einerseits hat sie ein klares, fast materialistisches Verständnis der Grundbedingungen menschlichen Lebens und andererseits sieht sie es als notwendig an, bestimmte Capabilities zu besitzen, die dieses Leben erst ermöglichen. Damit wird die Analogie zum oben angedeuteten Verhältnis von Sozialarbeit zu Sozialpädagogik oder Verhältnissen zu Verhalten offenkundig und daher für eine Theorie Sozialer Arbeit instruktiv.

In ihren früheren Werken (1990, 1993, 1999) unterschied Nussbaum noch zwischen einer ersten Ebene, auf der die Gestalt der menschlichen Lebensform beschrieben wird („the Constitutive Circumstances of the Human Being", 1990, 219), und einer zweiten Ebene, die die dazugehörigen bzw. dieses gute menschliche Leben ermöglichenden „Fähigkeiten" („Capabilities") beschreibt.
Zur essentialistischen (ich würde sagen: existenzialistischen) Gestalt des Menschen gehöre z.B. seine ‚Abneigung gegen den Tod':

> "All human beings face death and, after a certain age, know that they face it. [...] Moreover, all human beings have an aversion to death. Although there are many circumstances [...] in which death will be preferred to the available alternatives, it is still true that in general human beings wish to life [...]." (Nussbaum 1990, 219)

Um diese essentialistische Gestalt des menschlichen Daseins verwirklichen zu können, braucht es, so Nussbaum weiter, entsprechende Capabilities, u.a. jene:

> "Being able to live to the end of a complete human life, as far as possible; not dying prematurely, or before one's life is so reduced as to be not worth living." (Nussbaum 1990, 225)

Neben veränderten Formulierungen der Capabilities lässt Nussbaum in ihren jüngeren Veröffentlichungen (2006, 2011) die erste Ebene nicht mehr anklingen, was teilweise zu Verwirrungen führte, da die von ihr skizzierte Liste an Central Capabilities als Grundform des menschlichen Lebens interpretiert wurde.

Daher räumt Nussbaum selbst ein, dass eine solche Liste von „central capabilities" (2011, 17 ff.) immer einem kritischen, sozialkonstruktionistischen Diskurs[53] offen stehen müsse, was aber die Möglichkeit und Notwendigkeit einer empirisch fundierten und materialistischen bzw. essentialistischen Fassung guten menschlichen Lebens nicht aufhebt (Nussbaum 1993). Die Erstellung der Liste ist dabei intuitiv und diskursiv angelegt und soll unbedingt den Pluralismus achten (Nussbaum 2006, 78 ff.), sie umfasst in der letzten Veröffentlichung Nussbaums (2011, 33 ff) folgende Elemente bzw. Beschreibungen:

> "1. Life. Being able to live to the end of a human life of normal length; not dying prematurely, or before one's life is so reduced as to be not worth living.

53 vgl. zum Unterschied von Konstruktivismus und Konstruktionismus Gergen (2002) und Kapitel 3.

2. Bodily health. Being able to have good health, including reproductive health; to be adequately nourished; to have adequate shelter.

3. Bodily integrity. Being able to move freely from place to place; to be secure against violent assault, including sexual assault and domestic violence; having opportunities for sexual satisfaction and for choice in matters of reproduction.

4. Senses, imagination, and thought. Being able to use the senses, to imagine, think, and reason – and to do these things in a 'truly human' way, a way informed and cultivated by an adequate education, including, but by no means limited to, literacy and basic mathematical and scientific training. Being able to use imagination and thought in connection with experiencing and producing works and events of one's own choice, religious, literacy, musical, and so forth. Being able to use one's mind in ways protected by guarantees of freedom of expression with respect to both political and artistic speech, and freedom of religious exercise. Being able to have pleasurable experiences and to avoid nonbeneficial pain.

5. Emotions. Being able to have attachments to things and people outside ourselves; to love those who love and care for us, to grieve at their absence; in general, to love, to grieve, to experience longing, gratitude, and justified anger. Not having one's emotional development blightened by fear or anxiety. (Supporting this capability means supporting forms of human association that can be shown to be crucial in their development.)

6. Practical reason. Being able to form a conception of the good and to engage in critical reflection about the planning of one's life. (This entails protection for the liberty of conscience and religious observance.)

7. Affiliation. (A) Being able to live with and toward others, to recognize and show concern for other human beings, to engage in various forms of social interaction; to be able to imagine the situation of another. (Protecting this capability means protecting institutions that constitute and nourish such forms of affiliation, and also protecting the freedom of assembly and political speech.) (B) Having the social bases of self-respect and nonhumiliation; being able to be treated as a dignified being whose worth is equal to that of others. This entails provisions of nondiscrimination on the basis of race, sex, sexual orientation, ethnicity, caste, religion, national origin.

8. Other species. Being able to live with concern for and in relation to animals, plants, and the world of nature.

9. Play. Being able to laugh, to play, to enjoy recreational activities.

10. Control over one's environment. (A) Political. Being able to participate effectively in political choices that govern one's life; having the right of political partici-

> pation, protections of free speech and association. (B) Material. Being able to hold property (both land and movable goods); and having property rights on an equal basis with others; having the freedom from unwarranted search and seizure. In work, being able to work as a human being, exercising practical reason and entering into meaningful relationships of mutual recognition with other workers."

Für jede der Capabilities sollte ihrer Ansicht nach ein Schwellenwert definiert sein, der – um von einem guten Leben sprechen zu können – überschritten sein muss; sprich eine jede der zehn für ein gutes menschliches Leben zentralen Capabilities muss Menschen in einer Mindest-Qualität bzw. -quantität zur Verfügung stehen. Nussbaum (2011,41 ff.) selbst ist sich nicht sicher, ob diese Festlegung den einzelnen Nationen überlassen bleiben sollte:

> "In all of these areas, as I have said, treating citizens as free and equal means moving all of them across the threshold into capability to choose well, should the available resources at all permit this." (Nussbaum 1990, 229)

Basic, internal und external Capabilities – eine notwendige Begriffsklärung

Um die Bedeutung des zentralen Begriffs der Capabilities besser verstehen zu können, ist, wie bereits zu Beginn dieses Kapitels angedeutet, eine begriffliche Klärung notwendig.

Das sind zum Einen die von Nussbaum als External Capabilities bezeichneten Entitäten zu betrachten. Sie wären m.E. treffender als ‚Capacities' zu konzipieren, weil man ansonsten der Gefahr unterliegen könnte, sie als ‚Abilities', d.h. als individuelle Fähigkeiten zu missverstehen[54], wobei diese wiederum die Internal Capabilities meinen. Es ist also m.E. davon auszugehen, dass diese Capacities (Kapazitäten, Daseinsressourcen[55] etc.) im gesellschaftlichen Raum, in Lebenswelt und Gemeinschaft der Menschen sowie in Funktionssystemen vorzufinden sind und erst durch aktive Subjektivierung zu genutzten oder nichtgenutzten Potentialen werden.

Der Capabilities Approach geht weiterhin davon aus, dass im konsequent liberalen Sinne kein Zwang zur Nutzung der Capabilities (oder wie gesagt besser: Capacities) besteht, sondern diese auch nicht gewählt oder genutzt werden

---

54 Fast durchgängig werden „Capabilities" in den deutschen Übersetzungen der Publikationen Nussbaums als „Fähigkeiten" und der damit korrespondierende Begriff der „Functionings" als „Tätigkeiten" übersetzt (Nussbaum 2010a; 1999).

55 vgl. das Konzept der „Daseinsmächtigkeit" (Gronemeyer 1988) oder auch Lebensführungstheorien in der Sozialen Arbeit (Meyer o.J.) und zur Lebensführungsethik (Schmid 1998)

können. Nur wenn sie in einer konkreten Art und Weise genutzt werden, ergeben sich spezifische „Functionings" dt.: Tätigkeiten, also eine individuell ganz spezifische Lebensweise. "Functionings are beings or doings that are the outgrowths or realizations of capabilities." (Nussbaum 2011, 25)

Der zehn „central capabilities" umfassenden Liste Nussbaums liegt – in Anlehnung an Marx' Vorstellung eines „reichen menschlichen Lebens" bzw. einer „Totalität der menschlichen Lebensäußerung" – die Annahme zugrunde, dass Menschen mindestens über die Möglichkeit verfügen müssen, diese Fähigkeiten (Capabilities) zu entwickeln bzw. zu nutzen. Dabei sei weniger Gleichheit in der quantitativen Verteilung dieser Ressourcen anzustreben als vielmehr Gleichheit in der Qualität der Ressourcennutzung[56], was in bestimmten Fällen auch bedeuten kann, dass z.B. Menschen mit Behinderung oder andere benachteiligte Gruppen temporär oder dauerhaft mehr dieser Ressourcen benötigen, um eine gleichwertige Realisierung ihres Lebensentwurfes zu erreichen.

Gleichzeitig ist der Anspruch der Nussbaum'schen Gerechtigkeitstheorie in zwei Richtungen einzugrenzen. (1) Erstens ist die Nutzung gesellschaftlich vorhandener Ressourcen nicht zu eng mit einer auch gesellschaftlich akzeptierten Nutzung dieser Ressourcen zu verknüpfen. Wenn die moralische Wertung des Nutzenziels vorgegeben würde, wäre dies nicht mehr mit der Freiheitsidee des Capabilities Approach vereinbar. Nur in bestimmten Fällen, in denen durch die Subjektivierung von Einzelnen oder Gruppen die Chancen oder Fähigkeiten anderer Subjekte beschränkt oder verletzt, soll mit der Ressourcennutzung auch die Pflicht zur guten und gegenseitig achtsamen Nutzung einhergehen. Beispielsweise wird ein bestimmtes Gesundheitsverhalten von Nussbaum (2006, 80; 2010a, 117) in den freiheitlichen Bereich gesetzt, wohingegen die Nutzung materieller oder symbolischer Macht achtsam zu geschehen habe und damit durchaus zwingend an die jeweilige Capability gebunden wäre (z.B. Kontrolle über die eigene Umwelt). Mit anderen Worten: Bzgl. bestimmter Gesundheitsbereiche (z.B. Ernährung) seien genügend Informationen und Hilfen anzubieten, sich gesund verhalten zu können, allerdings dürfe kein Zwang herrschen, dieses Gesundheitsverhalten ach auszubilden. (2) Zweitens können mit noch so viel gesellschaftlichem Willen, allen Menschen vergleichbare Chancen oder eine Wahl zu ermöglichen, bestimmte Menschen trotzdem nicht in die Lage versetzt

---

56 Der auf den ersten Blick kontrastierende Befund von Wilkinson/Pickett (2010), dass gleiche Gesellschaften gerechter wären, entpuppt sich auf den zweiten Blick als Bestätigung Nussbaums, da Wilkinson/Pickett eine erstaunliche Anzahl von empirischen Daten zusammenfassen, die alle zeigen, dass je weniger Ungleichheit in der Ressourcenausstattung desto größer die Chancen aller auf ein glückliches Leben. Allerdings ist bei Nussbaum der befähigende Aspekt einer ausgewogenen Güterverteilung ausgeprägter.

werden, diese Chancen zu nutzen, wie das z.B. bei Menschen mit schweren geistigen Behinderungen der Fall ist.[57]

Entscheidend ist weiterhin, dass Nussbaum diese Capabilites als Fähigkeiten ansieht, die nicht nur in der Person liegen:

> "In other words, they are not just abilities residing inside a person but also the freedoms or opportunities created by a combination of personal abilities and the political, social, and economic environment." (Nussbaum 2011, 20).

Daher muss ihrer Ansicht nach zwischen „internal capabilites" und „combined capabilities" analytisch unterschieden werden, wobei letztere das Ergebnis des Zusammenwirkens individueller Kapazitäten (Persönlichkeitseigenschaften, intellektuellen und emotionalen Fähigkeiten, körperlichen Merkmalen, Gesundheit etc.) und externer Kapazitäten (aus der politischen, sozialen und ökonomischen Umwelt) darstellen.[58]

Anders als dieses zweistufige Modell von Capabilities und Functionings vermuten lässt, muss man tatsächlich bei genauerer Betrachtung davon ausgehen, dass Nussbaums Theorie eine dritte, sehr basale Stufe enthält, die sie 1987[1999][59] noch als Grundfähigkeit beschrieb, die aber auch 2006 und 2011 noch vorkommt:

> "First of all, the notion of human nature in my theory is explicitly and from the start *evaluative*, and, in particular, *ethically evaluative:* among the many actual features of a characteristic human form of life, we select some that seem so normatively fundamental that a life without any possibility at all of exercising one of them, at any level, is not a fully human life, a life worthy of human dignity, even if the others are present. If enough of them are impossible (as in the case of a person in a persistent vegetative state), we may judge that the life is not a human life at all, any more. Then, having identified that (extreme) threshold, we seek a higher threshold, the

57 vgl. das Beispiel des geistig behinderten Kindes Sesha (Nussbaum 2010a, 259)

58 In früheren Schriften (z.B. 1999) nutzte Nussbaum die Begriffe „interne Fähigkeiten", „externe Fähigkeiten" und „Grundfähigkeiten", die später zum Teil in anderen Begriffen aufgehoben werden, wobei diese Trias nur „verschleiert" wird, da später nur noch die beiden ersten benannt werden, ohne jedoch die grundlegenden Fähigkeiten, die philosophisch gesehen nur Personen zugesprochen werden (Identität, Urteilskraft), aufzugeben.

59 Die 1987 im Rahmen der WIDER Working Papers veröffentlichte Arbeit Nussbaums („Nature, Function, and Capability: Aristotle on Political Distribution") diente als Grundlage für die deutsche Übersetzung (1999). In diesem Papier definiert sie die Grundfähigkeit (Basic Capability) wie folgt: "A person is B-capable of function A if and only if the person has an individual constitution organized so as to A, given the provision of suitable training, time, and other instrumental necessary conditions." (Nussbaum 1987, 27)

> level above which not just mere human life, but *good life*, becomes possible. [kursiv im Original]" (Nussbaum 2006, 181)

Diese Beschreibung eines „extremen“ Schwellenwertes suggeriert also, dass dieser – was die subjektiven, vor allem aber die kognitiven Fähigkeiten anbelangt – überschritten sein muss, um darauf aufbauend nach weiteren Schwellenwerten für ein gutes Leben zu suchen. Im Umkehrschluss bedeutet dies zunächst, dass menschliches Leben unterhalb dieser Grenze nicht mehr von Anstrengungen um Gerechtigkeit erreicht werden kann. Es kann aber auch – will man diese Formulierung so verwenden – auch zu einer Abstufung menschlichen Lebens führen, bis hin zu der m.E. unglücklich gewählten Formulierung, dass es sich dabei nicht mehr um menschliches Leben handelt („not a human life at all, any more“).

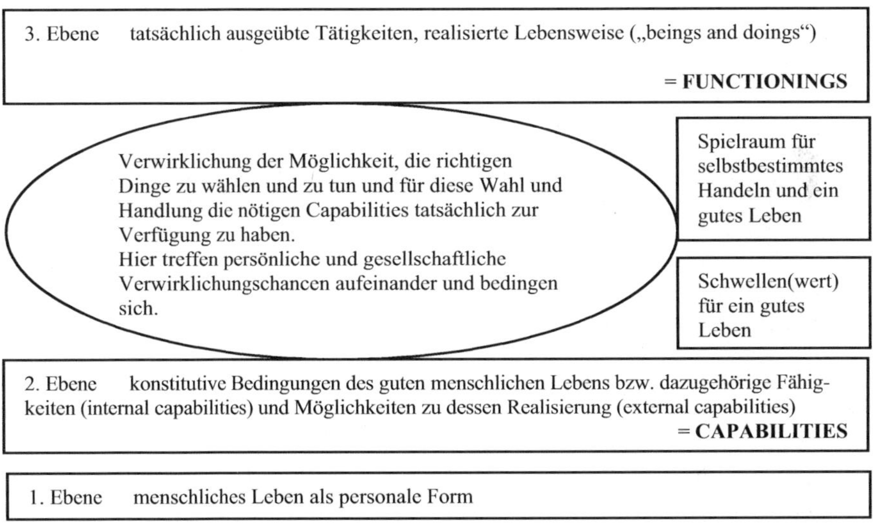

Abbildung 2: Schematische Darstellung des Capabilities Approach nach Nussbaum

Wie bereits oben erwähnt, geht Nussbaum, anders als Sen, von konstitutiven Bedingungen des Menschseins als Grundstruktur menschlicher Lebensform aus, deren Verwirklichung für sie auch Ziel einer sozialen Gerechtigkeitspolitik sein sollte. Erst in jüngeren Veröffentlichungen werden nur noch die Capabilities als Fähigkeiten zur Erreichung oder Realisierung dieser Grundstruktur menschlicher Lebensform erwähnt.

Der Vollständigkeit halber muss man also von drei Ebenen ausgehen, wie in der obigen Abbildung verdeutlicht. In „Nature, Function, and Capability. Aristotle on Political Distribution" (1987) beschrieb Nussbaum dieses Problem noch mit den Konstrukten der „Grundfähigkeiten" (basic capability) sowie der „internen und externen Fähigkeiten" (internal and external Capabilities), wobei die Grundfähigkeit – wie oben beschrieben – so etwas wie die minimale Ausrüstung der Menschen darstellte, ohne die sie keine Urteilskraft entwickeln können. Seien diese vorhanden, so könnten interne Fähigkeiten unter Nutzung der externen Fähigkeiten ausgebaut werden. Interne Fähigkeiten werden von ihr wie folgt definiert:

> "A person is I-capable of function A at time t if and only if the person is so organized at t that, should the appropriate circumstances present themselves, the person can chose an A action." (Nussbaum 1987, 20)

Externe Fähigkeiten sind wie folgt charakterisiert:

> "A person is E-capable of function A at time t, if and only if at t the person is I-capable of A and there are no circumstances present that impede or prevent the exercise of A." (Nussbaum 1987, 24)

Mit der Annahme einer Grundfähigkeit sowie auch den internen Fähigkeiten innerhalb der Person wird implizit die Locke'sche Personendefinition übernommen, die dem Einzelnen ‚Personalität' nur dann zuspricht, wenn bei ihm von einem „denkende[n], vernünftige[n] und sich um sein Glück sorgende[n] Handlungssubjekt" (Krebs u.a. 2004)[60] auszugehen ist. Nussbaum folgt dieser Personendefinition insofern, als auch sie, wie bereits gezeigt, eine Mindestfähigkeit zum rationalen Denken und eine Identität und Präferenzvorstellung voraussetzt, die vorhanden sein muss, bevor jemand von gerechteren Verhältnissen profitieren kann. Die nicht ganz ungefährliche Beschreibung jenes Personenkreises, der nicht über diese Personalität verfügt, als „andere Lebensform" bzw. „nie im vollen Sinne gedeihendes menschliches Leben" (Nussbaum 2010a, 260) ist nicht unproblematisch und ihr Verhältnis zur ‚schiefen Ebene' der Euthanasie ist nicht hinreichend von Nussbaum geklärt. Rein kategorisch ist die von ihr getroffene

---

60 In ähnlicher Weise definiert Brumlik (2004, 97) eine Person „als dasjenige männliche oder weibliche, der Gattung Mensch angehörige Individuum […], dem wir die prinzipiell vorhandene Fähigkeit zuschreiben, Bedürfnisse und Wünsche zu haben, über ein biographisch kontinuierliches Selbstbewußtsein zu verfügen und sich zu sich selbst und den anderen so verhalten zu können, daß dies Verhalten sowie dessen mögliche Folgen als das eigene anerkannt wird, für das unter gegebenen Umständen auch die Verantwortung zu übernehmen ist."

Schlussfolgerung einer in diesen Fällen geschuldeten Vormundschaft zur Wahrung der Menschenwürde und der Lebensqualität der Betroffenen zwar ein gänzlich anderer Schluss als der Peter Singers (1994), jedoch eben nur hinsichtlich der gezogenen Konsequenzen.

So finden wir also im Grunde genommen Folgendes vor: Gerechtigkeit als Problem stellt sich nur innerhalb der Gruppe derjenigen, die mindestens über die hier angedeuteten Grundfähigkeiten verfügen können. Ausgenommen ist daher die – wenn auch kleine – Gruppe derjenigen, die nicht im vollen Bewusstsein verantwortliche Entscheidungen treffen können, z.B. schwer geistig behinderte Menschen, Menschen im Wachkoma oder mit fortgeschrittenen Demenzerkrankungen oder anderen schweren geistigen Funktionseinschränkungen. Obwohl sie nicht von Bemühungen um Gerechtigkeit in diesem Sinne erreicht werden können bzw. ihre Lage dadurch nicht verbessert werden kann, ist für sie aus ethischer Sicht so zu sorgen, dass ihre grundsätzlichen Ansprüche an menschliche Würde gesichert sind. Somit hat auch die Befähigung ihre Grenzen, was Nussbaum (2006, 187) insbesondere an schwer geistig behinderten Menschen, konkret am Beispiel eines schwer geistig behinderten Kindes exemplifiziert:

> "Sesha will not vote, not because she holds a comprehensive conception of value that forbids voting, but because her cognitive capacities will never reach a level at which she has a meaningful possibility of voting. Similarly, freedom of the press means nothing to her, not for the reasons of the ultraorthodox, but because her cognitive level makes reading and verbal communication impossible."

Schwer geistig behinderte Menschen und andere „Noch-Nicht, Nicht-Mehr oder Niemals-Personen" (Brumlik 2004) können also von der Gerechtigkeitstheorie und dem staatlichen und gesellschaftlichen Bemühen der Befähigung nur insofern erreicht werden, als sie über eine Grundfähigkeit verfügen oder verfügen können, die Verwirklichungschancen zu nutzen. Noch-Nicht-Personen, zuvorderst Kinder, sollten allerdings schon früh in den Genuss der ‚central capabilities' kommen, denn ihre weitere Entwicklung hängt ganz wesentlich von deren sukzessiven Nutzung ab. Nicht-Mehr-Personen hingegen (z.B. Wachkomapatienten) und Niemals-Personen (z.B. schwer geistig behinderte Menschen) können an dieser Stelle von den dargebotenen Capabilities nicht profitieren. Sollten sie hierzu nicht in der Lage sein, so ist ihnen durch sachwaltende Personen und Institutionen (siehe das deutsche Betreuungsgesetz, § 1896 ff. Bürgerliches Gesetzbuch) Schutz und Gewährleistung ihrer Rechte zu garantieren. Auch die zunächst missverständliche Begrenzung des menschlichen Lebens als eines, das nur über der 1. Stufe stattfindet, kann hier ohne weiteres relativiert werden.

Zusammenfassend und für die weitere Arbeit an der Handlungstheorie bestimmend, soll zukünftig von folgenden Begriffsdefinitionen ausgegangen werden, die m.E. eine Klärung der unterschiedlichen semantischen und theoretischen Verwendung von Capabilities und Functionings bedeutet:

- Capabilities[61]: Dieser innerhalb der Gerechtigkeitstheorie Nussbaums und Sens zentrale Terminus sollte m.E. als aus zwei Teilen zusammengesetzt verstanden werden: Man könnte ihn aufschlüsseln in
  a) ‚Capacities', d.h. Kapazitäten oder auch Ressourcen, die selbst befähigenden Charakter haben bzw. tatsächlich nutzbar sind und
  b) ‚Abilities', d.h. Fähigkeiten oder auch Kompetenzen zur Ressourcentransformation.
- Fähigkeiten selbst wäre dann zu definieren als ‚die Fähigkeit etwas zu sein oder zu tun' (being able to) oder noch besser: ‚in der Lage sein zu', was wiederum im Zuge der Empowermenttheorie einerseits als ‚Macht/Kraft' und andererseits als ‚Fähigkeit/Kompetenz' verstanden werden kann. (vgl. Kapitel 5.10)
- Die von Nussbaum angeführten „internal capabilities" wären demnach Kompetenzen, die eine Person zur Verfügung hat für ihre Lebensführung und damit auch zur Ressourcentransformation. Diese Kompetenzen sind durch Erziehung, Bildung, Sozialisation und weitere Phasen des Kompetenzerwerbs erworben und von den „basic capabilities" abzugrenzen (siehe Kapitel 5.7.1 und 6).
- „basic capabilities" sind in früheren Fassungen Nussbaums jene Grundfähigkeiten, die eine Person ausmachen, vor allem die Fähigkeit zum Denken und zu Entscheidungen sowie zum sinnvollen Handeln. Nussbaum lässt diese Kategorie in neueren Publikationen (z.B. 2011, 21) nur noch als „innate equipment" erscheinen. Für die hier anvisierte Handlungstheorie ist dies insofern relevant, als davon grundsätzliche Fragen der Befähigung von ‚Nicht-Personen' betroffen sind (siehe die obige Trennung der Personen).
- Die von Nussbaum zunächst als „external capabilities" (1999) und mittlerweile (2011) als „combined capabilities" angeführte Kategorie sind die externen Bedingungen, die eine Ressourcennutzung beeinflussen und somit als Rahmenbedingungen bzw. externe Ressourcen der Lebensführung verstanden werden können. (vgl. Kapitel 5.7, 5.8 und 6)

---

61 ‚Capability' oder ‚to be capable' wird im Oxford Dictionary als „the power or ability to do something" definiert, wobei sich diese Kraft oder Fähigkeit auf Personen wie auch auf Dinge beziehen kann. [http://oxforddictionaries.com/definition/english/capability?q=capability]

- Functionings sind schließlich als das tatsächlich realisierte Leben in der von den Subjekten gewählten Form anzusehen und weder das Ziel einer Gerechtigkeitstheorie noch einer Sozialen Arbeit als Gerechtigkeitsprofession. (vgl. zu einer Einschränkung Kapitel 5.3)

4.3.4 Minimale und partielle Theorie des Politischen oder Moraltheorie?

Handelt es sich beim Capabilities Approach um eine politische Theorie der Gerechtigkeit oder um eine umfassende Moraltheorie bzw. um beides? Diese Frage soll hier unter Bezug auf die Aussagen Nussbaums und Sens geklärt und für die spätere handlungstheoretische Aufgabenbeschreibung Sozialer Arbeit verwendet werden.

Zunächst ist festzuhalten, dass Nussbaum sich zwar deutlich von den Schwächen der Rawls'schen Gerechtigkeitstheorie abgrenzt bzw. diese transzendiert, auf der anderen Seite aber selbst ihren Gerechtigkeitsansatz in die Gruppe liberaler Gerechtigkeitstheorien einreiht (Nussbaum 2006, 6), ihn aber eben nicht – in Abgrenzung zu Rawls – als einen kontraktualistischen Ansatz aufbaut (Nussbaum 2006, 149). Allerdings stimmt Nussbaum durchaus mit einigen Grundannahmen Rawls' überein, wie z.B. dem overlapping consensus (Nussbaum 2006, 163) oder dem Differenzprinzip (Nussbaum 2006, 248).

Die prozeduralen Anteile spielen bei ihr jedoch, anders als z.B. bei Sen, eher eine untergeordnete Rolle. So hebt Sen an mehreren Stellen hervor, dass sich Werte und Normen, die von allen geteilt werden können, erst und nur durch den sozialen Diskurs herausstellen können (Sen 2010, 117; vgl. Kapitel 4.5). Im Übrigen sieht auch Sen seinen Ansatz als Ausdruck eines liberalen Verständnisses, wobei er insbesondere der Freiheit ein instrumentelles Gewicht verleiht (vgl. Sen 1999, 36 f., 182):

> "The instrumental role of freedom concerns the way different kinds of rights, opportunities, and entitlements contribute to the expansion of human freedom in general, and thus to promoting development." (Sen 1999, 37)

Für Nussbaum sind stärker die von ihr postulierten, über alle religiösen, kulturellen und weltanschaulichen Grenzen hinweg gültigen Capabilities als Ergebnisse staatlichen Handelns interessant. Die Qualität dieser Ergebnisse fällt zum großen Teil in die Verantwortung des Staates, der von ihr mehrfach als Akteur adressiert wird (zuletzt 2011, 19). Gleichwohl ist auch das Subjekt gefragt, die tatsächlich dargebotenen Capabilities zu nutzen, insofern es guten Grund hat, dies zu tun. Letzteres kann aber ohne weiteres angenommen werden, da es sich bei den von ihr aufgelisteten Capabilities um „central capabilities“ handelt, die insofern auch zentralen menschlichen Bedürfnissen entsprechen.

Vorrangig versteht Nussbaum ihren Ansatz als eine nur teilweise und minimale Antwort auf die Frage nach sozialer Gerechtigkeit: “I am only to provide a partial and minimal account of social justice.” (Nussbaum 2006, 71) Wie ist das zu verstehen? Eine besondere Rolle bzgl. des Minimalanspruchs spielen die innerhalb ihrer Theorie bedeutsamen Schwellenwerte (threshold level of each capability: Nussbaum 2006, 71). Unterhalb dieser Schwellenwerte ist es Bürgern nicht möglich, ein wirklich menschliches Tätigsein zu verwirklichen, oder anders gesagt: ein gutes Leben zu führen und daher sei es ein gesellschaftliches Ziel, die Bürger dabei zu unterstützen bzw. sie aktiv über diesen Schwellenwert zu heben: “The social goal should be understood in terms of getting citizens above this capability threshold.” (Nussbaum 2006, 71)

Die Nutzung von Schwellenwerten, unterhalb derer kein gutes Leben zu führen sei, kann als Weiterentwicklung des Rawls'schen Differenzprinzips, und damit eher partiellen Fragen der sozialen Gerechtigkeit, interpretiert werden. Zwar sei es nicht möglich, alle Capabilities in eins zu sehen und hier eine angemessene (Un-)Gleichheit als gerecht anzusehen, da die aristotelische Sichtweise es geradezu erzwingt, von einer Ungleichheit im Ausgangsstadium und eine evtl. Ungleichheit im erreichten Zustand auszugehen, jedoch sollte unbedingt darauf geachtet werden, dass das Mindestmaß an Capabilities für alle Personen gleichermaßen zur Verfügung stehen sollte. Darüber hinaus ist es dann Teil gesellschaftlicher Prozesse, individueller Präferenzen und ungleicher Bedarfe, inwieweit sich die Ungleichheit ergibt oder – wie am Beispiel behinderter Menschen deutlich wird – sogar erzeugt werden muss.

Bemerkenswert ist hier die Verwendung des Begriffs „social goal“, wobei es nicht nur definitorisch, sondern auch programmatisch sehr bedeutsam ist, die Wortverwendung zu klären. In „Frontiers of Justice“ (2006, 71) spricht Nussbaum davon, dass es sich bei der Befähigung um ein „social goal“ handele,[62] an anderer Stelle benutzt sie Wörter wie „society“, „public policy“ bzw. „public political arrangement“ (Nussbaum 2006, 193).

Für die hier vorgeschlagene Handlungstheorie Sozialer Arbeit ist deshalb ‚das Soziale‘ definitorisch zu bestimmen, wofür sich folgende Varianten anbieten:

(a) Das Soziale könnte in der Gesellschaft als öffentlicher Sphäre für die jeweiligen Organisationen stehen und damit im Sinne der Systemtheorie Luhmanns als funktionell differenziertes System im Allgemeinen oder

62 In der dt. Ausgabe wird dies mit „gesellschaftliches Ziel“ (Nussbaum 2010a, 105) übersetzt.

(b) im politologischen Sinne als verfasster Staat/Regierung/Verwaltung und schließlich auch
(c) als Zivil- oder Bürgergesellschaft verstanden werden.

Im Sinne gängiger soziologischer Distinktion (Scherr 2006, 56) schlage ich vor, es so zu verstehen, dass sowohl politische Strukturen, Funktionssysteme und Organisationen (Institutionen) – sprich: die formale Gesellschaft – als auch die Zivilgesellschaft, d.h. vor allem die Bürgergesellschaft – sprich: die Gemeinschaft oder Lebenswelt – vom Capabilities Approach und einer darauf aufbauenden Theorie Sozialer Arbeit adressiert werden können.

Für eine diesbezüglich aktive Soziale Arbeit würde sich daraus sowohl zivilgesellschaftlich (in nicht-staatlichen Organisationen, Verbänden und Vereinen) als auch in staatlichen Einrichtungen, z.B. in Ämtern, erstens die Aufgabe ergeben würde, für die jeweiligen Schwellenwerte einzutreten bzw. diese zu garantieren, und zweitens die Aufgabe, die Bürgerinnen und Bürger über diese Schwelle insoweit zu heben, z.B. durch Bildung oder Stellvertretung, dass sie danach ihre Angelegenheiten im Sinne eines guten Lebens selbst regeln können.

4.4 Grenzen der Gerechtigkeit

In zweifacher Hinsicht hat diese (und haben wohl alle) Gerechtigkeitsperspektiven ihre Grenzen. Die Grenze markiert das, was eine Gerechtigkeitstheorie dazu beitragen kann, Prozesse und Strukturen zu definieren, die das Leben von Menschen verbessern können, und zudem zu klären, was dabei die Gesellschaft als Garant von Gerechtigkeit sich selbst und ihren Mitgliedern schuldig ist und zumuten kann (Nussbaum 2003). In gewisser Weise wird hier die bereits angedeutete Frage des Einbezugs von Gütern in eine Gerechtigkeitstheorie weitergeführt. Der entscheidende Unterschied ist hier allerdings darin zu sehen, dass zunächst bestimmte Menschen (Niemals- oder Nicht-Mehr-Personen) ausgeschlossen, dagegen aber die Zahl derjenigen menschlichen, tierischen, natürlichen und gesellschaftlichen Wesen (Nationen) erhöht wird, die in die Gerechtigkeitstheorie mit einbezogen werden sollen.

Nussbaum (2006) zieht diese Grenzen entlang dreier Problembereiche, die bislang im Gerechtigkeitsdenken keine Beachtung fanden: erstens die Frage nach einer Gerechtigkeit für Tiere und Natur, zweitens die Frage nach einem gerechten Umgang mit behinderten Menschen und drittens die nach dem Umgang mit Gerechtigkeitsnormen in Bezug auf die gesellschaftliche Konstitution anderer Nationen oder Völker.

Dabei wendet sie sich – wie bereits oben erläutert – der kritischen Abwehr gegenüber utilitaristischen und kontraktualistischen Theorien zu, insbesondere der Gerechtigkeitstheorie Rawls', der Gerechtigkeit in der Hauptsache als ein System von fairen Regeln und Institutionen begreift und diese Frage aus seinen Überlegungen bewusst ausschließt.

Für eine im engeren Sinne ethische Positionierung der Sozialen Arbeit soll hier nur Bezug genommen werden auf die Argumentation Nussbaums in Hinsicht auf behinderte Menschen und daraus – und über sie hinausgehend – Fragen nach der Entscheidungsfreiheit und -fähigkeit weiterer Personenkreise gestellt werden. Die von ihr darüber hinaus aufgeworfenen Fragen nach einer Gerechtigkeit im Umgang mit Tieren und der Natur sowie im Umgang mit anderen Nationen sollen hier ausgeblendet werden, da sie nicht zwangsläufig etwas mit dem Gegenstand und der Funktion Sozialer Arbeit zu tun haben. Obwohl der internationale Aspekt der Gerechtigkeit einige wichtige Fragen aufwirft, gehe ich trotzdem davon aus, dass sich die mit den verschiedenen Gesellschaftssystemen verbundenen Wohlfahrtssysteme nicht ohne weiteres vergleichen bzw. Prozesse und Strukturen der einen in die anderen übernehmen lassen.

Zur ersten Grenzziehung – von der Fähigkeit zur rationalen Wahl

Menschen mit Behinderungen sieht Nussbaum von einigen bisherigen Gerechtigkeitsüberlegungen insofern ausgeschlossen, als sie sowohl in der gesellschaftlichen Praxis des sozialen und räumlichen Ausschlusses (bzw. Einschluss in isolierende Einrichtungen) als auch z.B. in der Gerechtigkeitstheorie John Rawls' von partizipativen Prozessen, wie etwa politischen Wahlen oder der Entscheidung im Urzustand, exkludiert wurden. Dieser vor allem in den Vertragstheorien mit ihrer Präferenz bewusst handelnder, rationaler Akteure vorgenommene Ausschluss aus der Entscheidung über gerechte Regeln und Verträge, wird, so Nussbaum, zum Problem, da die Interessen behinderter Menschen so nicht vollständig und gleichberechtigt berücksichtigt werden. Wenn beispielsweise Rawls in seinem Urzustand die entscheidenden Personen als gleiche, freie und unabhängige Akteure konzipiert und gleichzeitig das Problem der Interessensvertretung behinderter Menschen in die Verantwortung der auf Basis grundlegender Gerechtigkeitsprinzipien agierender Institutionen verlagert, so spricht er sich für eine spätere und auch nur indirekte Berücksichtigung ihrer Belange aus. Nussbaum (2006, 16) problematisiert dies wie folgt:

> "The core moral idea in the tradition [of social contract theories, D.R.] is that of mutual advantage and reciprocity among people who need to make such a contract. The

> chosen principles regulate, in the first instance, their dealings with another. Other interests and persons (or other creatures) may be included either derivatively, through the parties' own cares and commitments, or at a later stage, after the principles are already chosen."

Den zentralen ausschließenden Faktor bildet dabei die Vernunftzentrierung, die diese zum Maßstab der ersten Entscheidungssituation macht und damit Menschen ausschließt, die nicht in vollem Maße und aktuell über diese Vernünftigkeit verfügen. Obwohl auch Nussbaum an einer Grundfähigkeit zur rationalen Argumentation von Personen als Mindestqualifikation festhält, so ist sie doch der Meinung, dass es eine weitaus größere Zahl von Menschen mit Behinderungen gibt, die an der Entscheidung grundlegender gesellschaftlicher Prinzipien beteiligt werden sollte, und die gesellschaftliche Praxis dahingehend geändert werden müsste. Abgesehen davon kann wohl auch erwartet werden, dass sie ihre Interessen besser selbst artikulieren und durchsetzen können, als dies von nichtbehinderten Menschen stellvertretend für sie geschehen könne. Trotzdem ist auch Nussbaum der Meinung, dass eine bestimmte Gruppe von Menschen mit schweren geistigen Behinderungen nicht in diesen Gerechtigkeitsdiskurs einbezogen werden kann bzw. es nicht ungerecht wäre, für sie und in ihrem Sinne über die grundlegenden Regeln und Institutionen zu entscheiden (Nussbaum 2010a, 35; 2011, 24).

Mit dieser Problematisierung der Gerechtigkeit für Menschen mit Behinderungen hätten wir eine wichtige Grenze des Nachdenkens über Gerechtigkeit und des gerechten Handelns überschritten bzw. diese erweitert. Es sollte – so eine normative Schlussfolgerung aus den von Nussbaum angestellten Überlegungen – viel stärker als bislang darüber nachgedacht werden, wie Menschen mit Behinderungen originär die sie selbst betreffenden und größtenteils nur von ihnen selbst direkt empfundenen Interessen in die Diskussion um Gerechtigkeit einbringen können. Diese Erkenntnis schließt an Empowermentbestimmungen, z.B. der Selbstbestimmt-Leben-Bewegung (Miles-Paul 1992), an.

Gleichzeitig ist jedoch auch die durch Behinderung oder andere menschliche Daseinsbedingungen eingeschränkte Wahlmöglichkeit ernst zu nehmen und eine stärker ausgewogene Betrachtung von Nöten, gerade auch unter Einbezug der Lebensqualitätsfrage. Somit könnte man insbesondere den Bedürfnissen von behinderten Menschen eher gerecht werden. Deshalb fordert Eurich (2008) eine vorsichtige Abwägung, die sich zwischen Versorgung bzw. Sorgekonzepten und Autonomie und Rechte- und Chancengewährung für ein selbstbestimmtes Leben einjustiert:

> „Um das Prinzip fairer Chancengleichheit auch im Blick auf die spezifische Situation von Menschen mit Behinderungen aufrechtzuerhalten, muss daher eine Annäherung der Chancen durch Präventions- und Rehabilitationsmaßnahmen zumindest angestrebt, besser: annäherungsweise erreicht werden. Bei den Menschen, bei denen eine Annäherung der Chancen aufgrund einer Behinderung nicht (mehr) möglich ist, sind die Grundlagen für eine menschenwürdige Lebensform sicher zu stellen." (Eurich 2008, 82)

Gleichzeitig ist bei aller – auch nach Präventions- und Rehabilitationsmaßnahmen – bestehen bleibender Differenz die moralische Gleichheit bzw. Gleichwertigkeit zu beachten.

Eine zweite Grenzziehung – von der Schwierigkeit der ‚richtigen Wahl' oder der Wahl der ‚richtigen Dinge'

Daneben erzeugt die Problemstellung des Einbezugs der Interessen von Menschen mit Behinderungen, insb. jedoch derjenigen mit mehr oder weniger schweren geistigen oder psychischen Behinderungen, ein weiteres Problem, welches wir als konstitutiv ansehen und in der weiteren Ausarbeitung einer Theorie Sozialer Arbeit, die auf dem Capabilities Approach basiert, berücksichtigen müssen. Zum einen muss die von Nussbaum fokussierte Gruppe genauer beschrieben werden: Neben Menschen mit schweren kognitiven Einschränkungen, die typischerweise als schwer geistig behindert bezeichnet werden, zählen gegebenenfalls und bei genauerer Betrachtung auch diejenigen, die unter schweren psychischen Krankheiten leiden, wie etwa chronifizierte und manifeste Psychosen, vor allem aber Menschen, die unter Demenz oder anderen vergleichbaren gerontopsychiatrischen Erkrankungen leiden, zur Gruppe derjenigen, die aktuell oder dauerhaft in ihrer vernünftigen Wahl eingeschränkt sind. Schließlich muss auch die – wenn auch zahlenmäßig viel kleinere, aber ethisch gewichtige – Gruppe der WachkomapatientInnen dazu gezählt werden.

Was verbindet all diese Personen? Sie alle sind mehr oder weniger stark in ihrer Urteilsfähigkeit eingeschränkt, was nicht nur grundlegende Lebensentscheidungen, sondern auch das alltägliche Entscheiden und Handeln betrifft. Die Fähigkeit zur vernünftigen Wahl ist bei ihnen eingeschränkt, was im Einzelfall und im Extrem zu selbst- und fremdschädigendem Verhalten führen kann. Genauso wie Nussbaum eine Stellvertretung (guardianship) für diejenigen Menschen vorschlägt, die unter einer schweren geistigen Beeinträchtigung leiden, deren Würde aber geschützt werden muss, so ist eine solche Stellvertretung auch bei dem erweiterten Personenkreis, wie er oben skizziert wurde, notwendig bzw.

diese Konsequenz könnte sich aus der ersten grundlegenden Fähigkeit der Rationalität nicht nur für diejenigen ergeben, die Noch-Nicht-Personen oder Nicht-Mehr-Personen sind, sondern auch für diejenigen, die derzeit ihre Fähigkeit zur klugen Wahl nicht hinreichend ausbilden bzw. anwenden können.

Noch weiter gedacht, führt uns die Frage nach einer angemessenen Stellvertretung dieser Personen innerhalb einer Gesellschaft, die ihre Würde achtet und ihre Interessen möglichst vollständig durch legitimierte Stellvertreter sichern lässt (siehe das deutsche Betreuungsrecht), zu der Frage nach einem grundsätzlichen Verständnis von Wahlfreiheit und Wahlvermögen und damit auch zur Frage des Umgangs mit evtl. eingeschränktem Wahlvermögen (Paternalismusverständnis). Wenn die Fähigkeit der vernünftigen Wahl, also die praktische Vernunft, schon allein durch Krankheit und Behinderung eingeschränkt ist, so ist weiterhin zu fragen, was zusätzlich zur Einschränkung dieses Vernunftgebrauchs führt.

In der Konsequenz dieser Fragestellung tauchen auch Kinder bis zu einem gewissen Alter auf, für die in (abnehmender Intensität) paternalistische Entscheidungen insofern zu treffen sind, als sie selbst die Reichweite ihres Handelns oder auch die mittel- bzw. langfristig zu erreichenden Ziele, die ein gutes Leben ermöglichen, nicht abschätzen können oder noch nicht über die persönlichen, materiellen wie sozialen Möglichkeiten verfügen, diese zu realisieren. Keinesfalls ersetzt diese temporäre Unfähigkeit bzw. eingeschränkte Fähigkeit zur klugen Wahl allerdings einen partizipativen Einbezug ihrer derzeit vorhandenen Urteilsfähigkeit, wie übrigens auch bei anderen im Folgenden genannten Personen.

Schließlich, und damit kommen wir zum Kern und zum schwierigsten Problem, stellen sich ähnliche Fragen auch für weitere Personen, die aktuell nicht in der Lage sind, ihre tatsächlichen, im Sinne eines guten Lebens favorisierten Ziele zu verwirklichen. Ob und wieweit andere Personen oder auch gesellschaftliche Institutionen ihnen ‚vorschreiben' dürfen, was sie tun oder was sie lassen sollten, ist daher zu klären. Bis zu welcher Grenze ist Paternalismus legitim?

Unter Bezugnahme zu Sen (2010, 11) ist jedoch davon auszugehen, dass „Gerechtigkeit […] letzten Endes verbunden [ist] mit der Lebensführung von Menschen und nicht nur mit der Eigenart des Institutionen in ihrer Umgebung". Sen geht daher davon aus, dass auch die Entscheidungen der Subjekte in einer Gerechtigkeitstheorie berücksichtigt werden sollten, was wiederum den Doppelfokus der Sozialen Arbeit bestätigt. Einerseits müssen die Bedingungen für ein gutes Leben bereitgestellt werden, andererseits müssen Menschen aber auch befähigt werden, dieses gute Leben zu leben. Sogar die eher alltäglichen und nicht immer dramatischen Handlungs- und Entscheidungsformen sind dabei zu berücksichtigen, also jene Situationen, in denen sich Menschen für etwas entscheiden, das sie mittel- oder langfristig schädigt bzw. ihre weiteren Lebenschancen limitiert. Sehr hilfreich ist beim Verständnis dieser alltäglichen Wahl das Konzept der Selbstfeindschaft bei Holzkamp (1985, 324) als Ergebnis einer Präferenzordnung, die zwar kurzfristige Ziele anvisiert, aber die langfristig wichtigeren oder besseren Ziele blockiert.

4.5 Paternalismus

Wie bereits angesprochen, besteht der größte Unterschied zwischen Vertretern einer liberalen und Vertretern einer mehr materialen Gerechtigkeitstheorie wohl in der Sorge um die möglicherweise paternalistischen Konsequenzen einer allgemein geteilten Vorstellung des Guten und ihrer politischen bzw. staatlichen ‚Verwertung' im Sinne einer Menschenerziehung[63] (vgl. Nussbaum 1990, 234 ff.). Deshalb sieht Nussbaum in dieser Kritik auch die Aufforderung an alle Aristoteliker, sich klärend zu artikulieren und die berechtigte Sorge argumentativ zu entkräften, denn ihrer Ansicht nach ist die Theorie des Guten

> "designed to admit of plural specifications, in a number of different ways. First of all, the constitutive circumstances of human life, while broadly shared, are themselves realized in different form in different societies. The fear of death, the love of play, relationship of friendship and affiliation with others, even the experience of the bodily appetites – these never turn up in a vague and general form, but always in some specific and historically rich cultural realization, which can profoundly shape not only the conceptions used by the parties in these areas, but also their experience itself, and the choices they will make" (Nussbaum 1990, 235).

Am Beispiel sexuellen Verlangens verdeutlicht Nussbaum, dass es selbstverständlich unterschiedliche Interpretationen und Überzeugungen gibt, wie sexuelle Praxen aussehen, und jede Kultur hat hier ihre Variationen, aber allen Menschen gemein scheint doch zu sein, dass ihr Mensch-Sein mit sexuellem Verlan-

---

63 Die im Konzept der „Gouvernementalität" gebündelte Hypothese Michel Foucaults besagt, dass es eine Wechselwirkung gibt zwischen Herrschafts- und Selbsttechniken, wobei es – anders als in der Vormoderne – immer weniger um Unterwerfung der Massen unter ein bestimmtes Dogma oder Herrschaftsmodell geht, sondern darum festzustellen, inwieweit sich Menschen selbst (mittels Selbsttechniken) unterwerfen bzw. durch subversive Regierungstechniken manipuliert werden: „Der Kontaktpunkt, an dem die Form der Lenkung der Individuen durch andere mit der Weise ihrer Selbstführung verknüpft ist, kann nach meiner Auffassung Regierung genannt werden. In der weiten Bedeutung des Wortes ist Regierung nicht eine Weise, Menschen zu zwingen, das zu tun, was der Regierende will; vielmehr ist sie immer ein bewegliches Gleichgewicht mit Ergänzungen und Konflikten zwischen Techniken, die Zwang sicherstellen, und Prozessen, durch die das Selbst durch sich selbst konstruiert oder modifiziert wird." (Foucault 1993, zitiert nach Lemke 2008, 37)

gen einhergeht.[64] Dann ist es selbstverständlich abhängig von ihrer individuellen Präferenz, ob und wie stark sie diesem Verlangen einen Stellenwert beimessen (z.B. im Rahmen eines Zölibats oder auch anderer Formen sexueller Askese), inklusive der jeweils gewählten Form des praktizierten Auslebens dieses sexuellen Verlangens. Entscheidend ist aber dagegen:

> "[That, D.R.] we have in these areas of our common humanity sufficient overlap to sustain a common discourse, focusing on a family of common problems. And frequently the common discourse will permit us to criticize some conceptions of the grounding experience themselves, as at odds with other things human beings want to do or to be" (Nussbaum 1990, 235).

Deutlich werden an dieser Stelle die Verbindungen zu einer Rechteperspektive, wie sie bereits weiter oben dargestellt wurden. Jenseits kultureller Varianzen, etwa im Hinblick auf sexuelle Praxen und Vorstellungen, ist aber das Recht auf sexuelle Selbstbestimmung bis zu einem gewissen Grad zwar in die individuelle Präferenz des Einzelnen gestellt, gleichzeitig aber limitiert hinsichtlich der eigenen Schädigung oder auch der Fremdschädigung. Sexuelle Handlungen sind nur insofern legitim, als sie nicht zur Selbst- oder Fremdschädigung beitragen. Es sei denn, diese finden im Rahmen eines gemeinsamen Selbstverständnisses hinsichtlich dieser Praxis, etwa im Rahmen von sadomasochistischen Beziehungen oder Sexpraktiken, statt.

Dieses zugegebenermaßen recht drastische Beispiel soll verdeutlichen, was Paternalismus eben nicht ist: Es ist keine Bevormundung eines wirklich frei gewählten Lebensentwurfes. Aber wann ist dieser Lebensentwurf frei gewählt? Auf diese und verwandte Fragen werde ich später noch ausführlicher als Grundlegung einer ethisch fundierten Handlungstheorie Sozialer Arbeit eingehen (vgl. Kapitel 5.3 – 5.4).

An dieser Stelle soll jedoch die weitere Beschäftigung mit dem Paternalismusproblem im Allgemeinen fortgeführt werden. Paternalismus kann ganz

[64] Zu einer etwas kuriosen Variante kultureller Deutung sexueller Praktiken siehe das aus heutiger Sicht fast romantisch anmutende Beispiel von Watzlawick/Beavin/Jackson (1996[1969]), das die unterschiedliche Interpretation der Bedeutung des ersten Kusses im Zusammenhang mit der „Anbahnung" des Geschlechtsverkehrs zwischen Engländern und Amerikanern während des Zweiten Weltkrieges sichtbar macht. Für die in England stationierten amerikanischen Soldaten bedeutete der erste Kuss in der Reihenfolge von Verhaltensformen bis zum Geschlechtsverkehr noch nicht viel, wohingegen er für die Engländerinnen schon einen sehr weitgehenden Schritt darstellte. So musste es zu Missverständnissen kommen, da die Amerikaner nicht verstehen konnten, warum sie beim Kussversuch während des ersten Treffens sich gleich eine Abfuhr einfingen, und die Engländerinnen nicht verstehen konnten, wie jemand so forsch und frivol sein konnte.

allgemein verstanden werden als die individuelle oder überindividuelle (zumeist sozial-gemeinschaftliche oder auch gesellschaftlich-kulturelle) mehr oder weniger starke Einflussnahme auf einzelne Menschen oder Gruppen, um diese von einer anderen als der von ihnen präferierten Handlung oder Denkweise zu überzeugen oder sie zu zwingen. Diese andere Handlungs- und Denkweise ist meistens diejenige der größeren bzw. dominierenden Gemeinschaft. Teilweise verstehen wir jene im Wortsinne ‚väterliche' (pater-nalistische) Aktionen als eine Bevormundung, die den Willen des dem Paternalismus ausgesetzten Individuums einschränkt. Ein weiteres Kriterium von Paternalismus ist, dass es sich bei den von der größeren oder dominierenden Gruppe vertretenen Vorstellungen nicht um irgendeine andere handelt, sondern um eine – zumindest von dieser Gruppe vermutete – bessere Vorstellung. Dabei geht es im positiven Sinne, wie es Berlin (1958, 133) definierte, um etwas, das für den anderen besser sei: „I know what they truly need better than they know it themselves."[65]

Starker und schwacher Paternalismus[66]

Um dem Vorwurf der ungerechtfertigten und damit ungerechten Bevormundung zu entgehen, ist die Unterscheidung zwischen starkem und schwachem Paternalismus entscheidend.

In seiner Auseinandersetzung mit dem Paternalismusbegriff analysiert Zude (2010, 49 ff.) den Ursprung des Paternalismusbegriffs, den er anhand von Quellen aus dem 19. Jahrhundert in die politische Diskussion der USA um die staatliche Einflussnahme und Direktion der Schulpolitik, also um die Einführung einer Schulpflicht, und um die Frage nach einer staatlichen Beteiligung an Land, Bahn, Post und Telekommunikation eingelagert sieht. Die damalige Diskussion verlief zentral entlang der Frage nach einer Befürwortung oder Ablehnung staatlichen Einflusses auf diese zentralen Themen. Wo Liberale (heute würde man sie Republikaner nennen) nichts davon hielten, dass sich der Staat in die Bildung oder in die Infrastruktur einmischen und stattdessen Ersteres der Familie und Letzteres der Privatwirtschaft überlassen sollte, argumentierten die Vertreter der ande-

65 Hier können wir eine Nähe zu einer ähnlichen Überlegung bei Kant feststellen. In seinen pädagogischen Vorlesungen widmet er sich u.a. der Frage „Wie kultiviere ich die Freiheit im Zwange?" (Kant 1970 [1803], 16), denn Zwang sei zwar ein notwendiger Teil der Erziehung zum guten Leben, jedoch erstrecke sich Erziehung nicht nur darauf. Vielmehr solle der Mensch lernen, sich selbst zu führen, um aus der „selbstverschuldeten Unmündigkeit" hinaus zu gelangen. Dazu müssten ihm aber zunächst ein paar grundlegende Dinge beigebracht werden.

66 In einer anderen Variante kann zwischen hartem vs. weichem Paternalismus unterschieden werden.

ren Position (Demokraten), dass Paternalismus ein notwendiges Instrument gegen die Inhumanität eines reinen Liberalismus und daher im Sinne der Förderung eines umfassenden Wohlstandes für alle amerikanischen Bürgerinnen und Bürger geboten sei. Es zeigten sich bereits hier die unterschiedlichen Vorstellungen davon, wer für die Verwirklichung eines guten bzw. glücklichen Lebens verantwortlich sein soll: Der Einzelne bzw. die kleine Gruppe (etwa die Familie) oder die größere Gruppe bzw. der Staat. Die Vorstellung einer väterlichen und damit hierarchisch geprägten Einflussnahme ‚von oben herab' wurde dabei, so Zude, schon früh von z.B. dem Ökonomen Richard T. Ely (1854-1943) hinsichtlich dieser Annahme kritisiert bzw. relativiert. Verstehe man den Staat als etwas Außenstehendes oder Übergeordnetes, so komme man zu der Annahme einer hierarchischen Bevormundung durch dieses Andere, diesen staatlichen Apparat, wohingegen schon eine leichte Umdeutung der Staatsfunktion dazu verhelfe, diesen als Stellvertreter einer politischen Gemeinschaft – und daher im Grunde als Gemeinschaft der Staatsbürger – zu verstehen, der die menschliche Kooperation befördere (vgl. Zude 2010, 60).

Es gibt also zwei Möglichkeiten, Paternalismus zu verstehen. Zunächst lohnt sich eine Unterscheidung der Ebenen, von denen aus paternalistisch gehandelt wird. Zum einen kann Paternalismus in Form einer staatlichen, gesellschaftlichen oder strukturellen Einflussnahme geschehen, d.h. in diesem Fall ist beispielsweise die staatliche Regierungsgewalt und ihre Verwaltung oder eine größere Gruppe von zumeist mächtigen Personen mein Widersacher, da sie meine Freiheit einschränken und mir eine bestimmte Entscheidung vorschreiben bzw. abnehmen. Auf einer anderen Ebene ist m.E. die Einflussnahme anderer, mir nah stehender oder für mich sorgender Menschen zu meinem Wohl zu sehen, wie z.B. Eltern, Therapeuten, Lehrer oder Sozialarbeiter.

Die zweite Möglichkeit der differentiellen Betrachtung von Paternalismus besteht in der Unterscheidung zwischen starkem und schwachem Paternalismus (Zude 2010, 218 ff.). Der starke Paternalismus hat die allgemeine Form: „A handelt an B gegen dessen *völlig freie Willensentscheidung*, um das Wohl von B zu erreichen." und der schwache Paternalismus hätte folgende allgemeine Form: „A handelt an B gegen dessen *beeinträchtigte Willensentscheidung*, um das Wohl von B zu erreichen." (Zude 2010, 219; kursiv im Original)

Im ersten Fall wäre von einer meist mit körperlichem, psychischem, ökonomischem oder sozialem Zwang verbundenen Handlung auszugehen, die entgegen meiner Willensentscheidung etwas anderes von mir fordert. Diese diktatorische Form des Paternalismus ist von dem zweiten Fall insofern zu unterscheiden, als hier eine beeinträchtigte Willensentscheidung angenommen wird.

So kann es vorkommen, dass andere etwa mehr wissen als ich, dass sie meine Situation besser überschauen oder dass sie meine ‚wirklichen' Bedürfnisse besser wahrnehmen, als ich es gerade tue. Natürlich ist damit das Problem der falschen Annahmen noch nicht gelöst, denn diese anderen Menschen, Gruppen oder Institutionen können natürlich falsche Vorstellungen vom guten Leben haben bzw. falsche Annahmen über meine ‚wirklichen' Bedürfnisse. Gleichwohl ist davon auszugehen, dass auch der Einzelne nicht immer weiß, was für ihn am besten ist. Dies können wir theoretisch am besten verstehen, wenn wir mit Berlin (2006, 226 ff.) ein rationales Selbst von einem empirischen Selbst unterscheiden. Selbst wenn das rationale Selbst das Richtige weiß, dann kann sich doch trotzdem das empirische Selbst, definiert als das irrationale, wunsch- oder triebgeprägte Selbst, durchsetzen. Natürlich, so Berlin, sollte das rationale Selbst das empirische dominieren und die irrationalen Impulse beständig dahingehend prüfen, ob diese wirklich zu wollen sind. Aus der ökonomischen Verhaltensforschung ist zudem bekannt, dass es für Menschen schwer ist, ihr Verhalten zu ändern, obwohl sie es ‚eigentlich' besser wissen (Ariely 2008).

Kritiker des Capabilities Approach führen sehr schnell die Rede vom drohenden Paternalismus im Munde. Die Idee des guten Lebens bringe die Gefahr mit sich, dieses gute Leben Menschen nicht nur zuzumuten oder zuzutrauen, sondern es ihnen sogar aufzuzwingen. Jeder habe – gemäß einer einmal definierten Art und Weise zu leben – sein Leben tatsächlich gemäß dieser Vorstellung auszurichten. Andernfalls drohten ihm mehr oder minder drastische gesellschaftliche Sanktionen, also die eine oder andere Form des oben beschriebenen schwachen oder starken Paternalismus. Obwohl sich sowohl Nussbaum und, noch stärker, Sen gegen diese Kritik wehren und sie als eine unhaltbare Unterstellung entlarven, hält sie sich hartnäckig und ist tatsächlich eine der größten Herausforderungen eines auf dem Capabilities Approach ruhenden, moraltheoretischen Fundaments Sozialer Arbeit. Ein starker Paternalismus wird von beiden vehement abgelehnt bzw. überhaupt nicht in Erwägung gezogen. Ob und in welcher Form ein schwacher Paternalismus im Rahmen ihrer theoretischen Argumentation denkbar ist, kann im Zusammenhang mit der bereits eingeführten Unterscheidung von Capabilities und Functionings geklärt werden. Bis auf wenige Ausnahmen solle sich insbesondere der Staat nicht mit Sollensvorschriften oder sogar Zwang in die Lebensführung der Menschen einmischen (vgl. Nussbaum 2006, 116, 187 und 239; Sen 2010, 302 und 328).

Doch damit ist noch nicht das eigentliche Problem der Sozialen Arbeit gelöst, da sie als gesellschaftlicher Akteur auch von gesellschaftlichen Vorgaben (sozial- wie ordnungspolitischen) mitbestimmt und beeinflusst ist. Selbst wenn, wie Sen postuliert, die Freiheit Vorrang vor dem guten Leben haben sollte, so ist damit nur die philosophische Frage geklärt, aber keineswegs die praktische Frage der Lebensführung. Denn obwohl Sen immer wieder mahnt, die Wahl der Kriterien eines guten Lebens in den öffentlichen Diskurs zu verlagern, so ist doch auch bei ihm das Primat der vernünftigen Entscheidung virulent:

> "Freedom to choose gives us the opportunity to decide what we should do, but with that opportunity comes the responsibility for what we do – to the extent that they are chosen actions. Sinces a capability is the power to do something, the accountability that eminates from the ability – that power – is a part of the capability perspective, and this can make room for demands of duty – what can be broadly called deontological demands." (Sen 2009, 19)

Wenn ich also etwas als richtig erkannt habe, muss ich im Sinne der Kant'schen Deontologielehre dieser Erkenntnis auch moralisch folgen, indem ich mein Handeln daran ausrichte. Die vernünftige Wahl (u.a. Sen 2010, 328) ist damit die individuelle Entscheidung für das, was im individuellen wie im überindividuellen, also gesellschaftlichen Sinne als das ‚gute' und ‚richtige' Leben erkannt wurde (vgl. Röh 2012).

Für die Soziale Arbeit bedeutet dies Folgendes: Von Menschen kann und sollte nicht verlangt oder erwartet werden, dass sie sich moralischen Vorstellungen Einzelner oder Gruppen und Gemeinschaften, ja sogar ganzer Gesellschaften, auf jeden Fall aber bestimmter Mehrheiten ‚blind unterwerfen' oder anpassen sollten, jedenfalls ist das nicht Auftrag Sozialer Arbeit. Diese muss vielmehr dafür Sorge tragen, dass sie durch Befähigungsprozesse an der Bildung selbstreflexiver Entscheidungskompetenz mitwirkt bzw. diese unterstützt. In manchen Fällen, insbesondere bei Selbst- und Fremdgefährdung, ist jedoch auch ein starker Paternalismus legitim, insofern er die Interessen der Person nicht schädigt oder leugnet.

Freiheit und Verantwortung des Subjekts

Lohnenswert scheint auf jeden Fall, die Frage nach der Verantwortung des Subjektes ebenso ernst zu nehmen wie jene nach der Verantwortung des Staates. Dabei geht es nicht darum zu fragen, was jemand für den Staat tun kann anstatt was dieser für den Einzelnen tun kann, sondern darum, wie subjektive und kollektive Verantwortung zueinander passen, welche Konfliktlinien es geben kann und wie diese gegebenenfalls zu bearbeiten sind.

In klassischer Lesart sind dabei zunächst die von Max Weber (1864-1920) analytisch getrennten Bereiche der Gesinnungs- und der Verantwortungsethik zu betrachten. Wo Erstere ihren Schwerpunkt auf die pflichtgemäße Befolgung vorher festgelegter Regeln legt, rückt die Letztere eine moralisch gute Handlung in den Fokus und die daraus resultierenden Konsequenzen. Gesinnungsverantwortlichkeit kann dabei in bestimmten Fällen zu moralisch schlecht zu bewertenden Konsequenzen führen, wie bereits das Beispiel des Lügens bei Kant (1797/1997) beweist, obwohl nach dessen kategorischem Imperativ konsequent richtig gehandelt wurde.

Auch Jonas (1979) geht in seiner Verantwortungsethik davon aus, dass sich die ethische Qualität des Handelns an den zukünftigen, bei ihm vor allem globalen und transgenerationellen Konsequenzen messen lassen muss.

In einer nicht ganz so weiten Perspektive wäre daher auch vom Einzelnen eine Verantwortungsübernahme zunächst für sein eigenes Handeln, und zwar nicht nur in kurzfristiger, sondern gerade auch in langfristiger Perspektive zu fordern. Doch entgegen der Notwendigkeit, immer und zu jeder Zeit vorausschauend zu handeln und alle Konsequenzen abzuwägen, ist es vielmehr angemessener, Menschen zu einer beständig reflexiven, aus den eigenen kasuistischen Erfahrungen lernenden Haltung zu befähigen. Menschen sind eben nicht jederzeit und fortwährend in der Lage, die beste Wahl zu treffen. Dieses theoretische wie praktische Problem ist, wie Knecht (2010, 69) treffend feststellt, bei Sen (und – wie ich hinzufügen möchte – auch bei Nussbaum) unterbelichtet:

> „Das Leben, die Nutzung von und die Verfügung über Ressourcen, die Art und Weise, wie Transformationen vor sich gehen, all das ist zu einem großen Teil nicht planbar. Daraus ergibt sich die Notwendigkeit Risiken zu bearbeiten."

Obwohl man also an die einzelnen Subjekte niemals den Anspruch (allerdings den Wunsch) herantragen sollte, sie müssten sich stets der Konsequenzen ihrer Handlungen bewusst sein, trifft dies auf gesellschaftliche Entscheidungen in weitaus stärkerem Maße zu. Natürlich sind auch gesellschaftliche Prozesse der Regelfindung, z.B. in Gerechtigkeitsfragen, nicht vollständig und perfekt möglich. Allerdings sind die von solchen Entscheidungsprozessen ausgehenden Konsequenzen doch insofern von größerer Bedeutung, als durch einen bestimmten Mechanismus mehr Reflexivität als beim einzelnen Subjekt erwartet werden darf. Das von Sen vorgeschlagene ‚social-choice'-Modell oder auch die Diskursethik Habermas' trügen dazu bei (vgl. den nächsten Abschnitt).

Darüber hinaus sind schließlich auch Interdependenzen zwischen Gesellschaft und Subjekt in dieser Hinsicht zu erwarten, da mindestens die Subjekte auch von den vernünftig nachvollziehbaren Entscheidungen der Gesellschaften hinsichtlich ihres eigenen Lebenswandels profitieren sollten, indem sie ihre subjektiven Entscheidungen daran ausrichten. Sollten die gesellschaftlichen Prämissen jedoch von den Einzelnen auf eine vernünftige Art und Weise nicht nachvollziehbar sein, so folgt daraus auch nicht die Erwartung einer Befolgung, sondern vielmehr die intersubjektive und kollektive Kritik an den unvernünftigen

Entscheidungen anderer Kollektive bzw. ganzer gesellschaftlicher Institutionen. Wie dieses schwierige Verhältnis prozedural abgesichert werden kann, soll im Folgenden anhand der von Sen weiterentwickelten und von Kenneth Arrow zuerst konstruierten Sozialwahltheorie und mittels Ergänzung durch die Habermas'sche Diskursethik erläutert werden.

Social Choice versus Rational Choice

Wir haben uns nun der Frage zuzuwenden, wer darüber bestimmt, was ein gutes Leben sein sollte bzw. was dafür gesellschaftlich getan werden müsste, um ein solches gutes Leben zu verwirklichen. Ist dafür primär das Subjekt in Abhängigkeit von gesellschaftlichen Sinndeutungen und Positionen verantwortlich oder die Gesellschaft, verstanden als öffentliche Agora im Streit um das gute Leben, an das sich dann das Subjekt anschließen kann (oder auch nicht!)? Was verhilft zu einer guten Entscheidung in der Lebensführung? Ist es die Rationalität oder die Vernunft? Inwieweit unterscheiden sich diese beiden voneinander? Inwieweit spielt Sinnlichkeit, Leiblichkeit und hedonistisches Verlangen des Individuums eine Rolle?

In der Philosophie werden diese Fragen in mindestens zwei verschiedenen Richtungen beantwortet, zum einen durch die Theorie des Rational Choice und zum anderen durch jene des Social Choice. Die Sozialwahltheorie fragt danach, ob und wie eine kollektive Entscheidung aus den Präferenzen der einzelnen Individuen abgeleitet werden kann (Sen 1998, 178), und die Rational-Choice-Theorie geht davon aus, dass die Aggregation der individuellen Entscheidungen für alle Individuen das beste Ergebnis erzeugen wird, wobei hier die Individuen zunächst ihren egoistischen Nutzen verfolgen (Sen 2010, 206).

Insbesondere für die Klärung der Paternalismusgefahr ist diese Unterscheidung von eminenter Bedeutung. Ausgeblendet werden soll an dieser Stelle die Frage, ob die Vernunftbegabung des Menschen bzw. seine praktische Vernunft, also die Urteilskraft in moralischen Dingen, überhaupt – und wenn ja, in welchem Maße – eine Rolle spielt. Diese Frage wird zu einem späteren Zeitpunkt noch geklärt, wenn es um die individuelle Zurechnung von Verantwortung vs. dem Ausgeliefertsein gegenüber strukturellen oder biologisch-sinnlichen Fragen und damit wiederum um das Verhältnis von empirischem und idealem Selbst (Berlin 2006) oder um die sog. Willensschwäche (Sen 2010, 204) geht (siehe Kapitel 5.3). Denn sowohl die Rational-Choice- als auch die Social-Choice-Theorie gehen grundsätzlich von der praktischen Vernunft aus, auch wenn sich Letztere mehr auf die kollektive Praxis der Entscheidungsfindung, allerdings auch als praktische Vernunft, verlassen möchte.

Worin liegt also der Unterschied bzgl. der Entstehungsmöglichkeit von Entscheidungen über das gute Leben?

Zur Beantwortung dieser Frage können wir uns auf Sen stützen, der sich hiermit ausführlich beschäftigt hat. Er verfolgt, gegen den wirtschaftswissenschaftlichen, politischen und rechtlichen Mainstream, die Idee, dass statt von einer rationalen, d.h. in diesem Sinne rein ökonomischen, Wahl und Bevorzugung eigener Interessen besser von der Idee eines „social choice" auszugehen wäre. Durchaus kämpferisch äußert sich Sen (2009, 32) hierzu wie folgt:

> "Proponents of so-called 'Rational Choice Theory' (first proposed in economics and then enthusiastically adopted by a number of political and legal thinkers) have tried hard to make us accept the peculiar understanding that rational choice consists only in clever promotion of self-interest [...]. Nevertheless, our heads have not all been colonized by that remarkable alienating belief. There is a considerable resistance to the idea that it must be patently irrational – and stupid – to try to do anything for others except to the extent that doing good to others would enhance one's own well-being."[67]

Sen behauptet, dass es nicht zwangsläufig notwendig, ja sogar offenkundig falsch sei, sich nur darauf zu berufen, dass Menschen zuvorderst ihr eigenes Interesse durchsetzen wollten und damit als ‚homo oeconomicus' agierten. Natürlich weiß auch Sen, dass aus einer empirischen Perspektive nicht ausgeschlossen werden kann, dass Menschen sich im Sinne der Rational-Choice-Theorie für das für sie momentan und subjektiv ‚richtige' Ziel entscheiden, auch wenn sich dies in einer späteren oder externen Betrachtung als ‚Irrweg' oder ‚Fehler' herausstellt.

Allerdings gilt für Sen, dass – statt die rationale Wahl durch entsprechende gesellschaftliche Attitüden zu befördern – die Grundlagen für die Ausbildung einer Fähigkeit zur sozialen und damit vernünftigen Wahl zu schaffen sind. Obwohl Sen die öffentliche Rationalität präferiert, unterschätzt er nicht die Verantwortung der Einzelnen, die allerdings zu ihrer vernünftigen Wahl befähigt werden sollten:

> "In seeing freedoms in terms of power to bring about the outcome one wants with reasoned assessment, there is, of course, the underlying question whether the person has had an adequate opportunity to reason about what she really wants. Indeed, the

---

[67] An einer Stelle schlägt er vor, einfach die Konnotation von „rational choice" zu ändern, indem nicht allein der egoistische Impetus gelten solle, sondern dieser sich jederzeit einer kritischen Untersuchung unterziehen lassen müsse. Damit würden viele Möglichkeiten eröffnet, mit der Ratioal-Choice-Theorie auch die Beachtung der Interessen Anderer zu verbinden (Sen 2009, 176 ff.).

> opportunity of *reasoned assessment* cannot but be an important part of any substantive understanding of freedom.“ (Sen 2009, 301)

Man sieht also, dass die Voraussetzung, ein gutes Leben zu wählen, höchste Ansprüche stellt. Auf Wahlen basierende Entscheidungen und damit Mehrheitsentscheidungen sind nach Sen durchaus eine Möglichkeit, bestimmte Arten von Problemen zu entscheiden. Allerdings muss dann geklärt sein, dass wirklich alle und vor allem die direkt von dieser Frage Betroffenen an dieser Wahl teilnehmen, sodass auch ihre Präferenzen Eingang in die Entscheidung finden. Gerade in Fragen der sozialen Gerechtigkeit reiche es, so Sen, aber nicht aus, Mehrheiten entscheiden zu lassen, denn die Interessen der weniger durchsetzungsfähigen Gruppen sind nicht zu vernachlässigen.

Grundsätzlich ist aber mit der Erweiterung der Informationsmenge durch Beteiligung verschiedenster Individuen bzw. Gruppen mit ihren Präferenzen ein besseres Entscheidungsergebnis zu erwarten.

Doch auch bei der Entscheidung für die Sozialwahl als einer besseren Alternative bleibt das Problem der vernünftigen versus der rationalen Wahl, denn auch eine größere Gruppe, zumal unter Einbezug von weniger durchsetzungsfähigen Gruppen, kann in ihrer Wahlentscheidung falsch liegen.

Die Unterscheidung von vernünftigem und rationalem Entscheiden und Handeln finden wir sehr klar formuliert, wenn auch nur kursorisch benannt, bei Rawls (2001, 6 f.), denn für ihn ist vernünftiges Urteilen damit verbunden, dass

> “reasonable persons are ready to propose, or to acknowledge when proposed by others, the principles needed to specify what can be seen by all as fair terms of cooperation. Reasonable persons also understand that they are to honor these principles, even at the expense of their own interests as circumstances may require, provided others likewise may be expected to honor them”.

Und grundsätzlich unterscheiden sich rationales und vernünftiges Handeln wie folgt:

> “Here again we distinguish […] between the rational and the reasonable, a distinction that parallels Kant’s distinction between the hypothetical imperative and the categorical imperative. Kant’s categorical imperative procedure subjects an agent’s rational and sincere maxim (drawn up in the light of the agent’s empirical practical reason) to the reasonable constraints contained in that procedure, and thus constrains the agent’s conduct by the requirements of pure practical reason.” (Rawls 2001, 81)

Vernunft ist also – hier im Zug der ursprünglichen Wahlsituation, des Urzustandes – eine Kompetenz, auch das gelten zu lassen, was fair ist, auch wenn es meinen eigenen Interessen im Einzelfall zuwiderlaufen kann.[68] Im Gegensatz zu Sen sieht Rawls diese Vernünftigkeit nicht als prozedurale Konstante im Sinne beständiger öffentlicher Diskurse an, sondern postuliert, dass diese öffentliche Diskussion unter bestimmten Bedingungen, von denen der Schleier des Nichtwissens der wichtigste ist, im Urzustand stattfinden sollte.

Vernunft ist also in diesem Sinne eine Form von Rationalität, die die eigenen Entscheidungen „anhand der kritischen Überprüfung der Gründe für diese Wahl" (Sen 2010, 208) kontrollieren kann. Es kommt also weniger auf die scheinbar objektive Vernünftigkeit der Kriterien für die Wahl des einen oder anderen Lebensweges an als vielmehr darauf, dass sich diese Wahl an vernünftigen Kriterien im sozialen Diskurs wird messen lassen müssen. Es gilt, gute Gründe zu haben bzw. diese benennen zu können, will man gesellschaftliche oder soziale Akzeptanz für das eigene Handeln reklamieren. Um die Fehlbarkeit der eigenen kritischen Distanzierung und Prüfung abzusichern, ist daher die soziale Validierungschance notwendig:

> "While survival under one's own engaged scrutiny is central to the idea of rationality, taking serious note of critical scrutiny from the perspectives of others must have a significant role in taking us beyond rationality into reasonable behaviour in relation to other people." (Sen 2009, 197)

Gleichzeitig schlägt Sen vor, die Wahlfreiheit hoch zu schätzen. So können Argumente für eine bestimmte Lebensweise, die kulturell begründet werden, alleine aus dieser Begründung heraus, die ja letztlich nichts anderes meint als etwas Traditionelles, nicht beanspruchen, hinreichend gute Gründe zu sein (Sen 2010, 265), denn sie müssen letztlich – neben ihrem kulturellen Gehalt – ihre Legitimation aus einer freien Entscheidung beziehen, so und nicht anders leben zu wollen. Vollständige Vernunft entsteht nach dieser Denkart also immer dann, wenn sie gleichzeitig subjektiv gut begründete und intersubjektiv akzeptierte Rationalität ist. Wenn ich mit guten Gründen eine bestimmte Wahl treffe, so muss mir die Freiheit gewährt werden, so und nicht anders zu entscheiden. Allerdings hat dies insofern sein Grenzen, als bestimmte Entscheidungen zustimmungspflichtig sind, d.h. Andere müssen diesen mit eigenen guten Gründen zustimmen können.

Wells (o. J.) vermutet drei verschiedene Motive bei Sen für die Rationalitätsdiskussion, die hier wiedergegeben werden sollen, da sie Aufschlüsse auch für die spätere Handlungstheorie ermöglichen. Wells erwähnt zunächst, dass Sen

---

[68] Interessanterweise verschärft Rawls dieses Argument – und streicht damit den prozessuralen, kontraktualistischen Charakter seiner Argumentation heraus –, wenn er sagt: "it is worse than unreasonable if one merely seems, or pretends, to propose or honor them but is ready to violate them to one's advantage as the occasion permits." (Rawls 2001, 7)

die Individuen vor der Ökonomie schützen wolle, des Weiteren seien die Individuen vor der Gesellschaft zu schützen und schließlich vor sich selbst. Im ersten Fall wird dem Risiko der alleinigen Nutzenabwägung bei der Zuteilung von Chancen begegnet, in zweiten Fall wird das Individuum vor einer Gesellschaft geschützt, die es im Sinne der o.g. Gouvernementalitätshypothese Foucaults (2000) subversiv beeinflusst, und im letzten Fall sollen die Individuen – damit zusammenhängend – vor ihrer eigenen Fehleranfälligkeit bzgl. Entscheidungen und Wahlen geschützt werden. In einer fast idealistischen Gegenüberstellung resümiert Wells (o. J.):

> "What Sen seems to need is a universalistic account of rationality by which individuals can abstract from the grip of particular traditions and societies but which still respects society and tradition as the source of reasons; a procedure by which people's own reasons can be neutrally scrutinised and debated, so that people are free and able to consider and revise both 'social concerns and moral reasons' without being ruled by them."

Insgesamt enthält der Capabilities Approach, bei Sen wie auch bei Nussbaum, also eine Wertschätzung der subjektiven wie der sozialen Rationalität, und zwar nicht im Sinne rein ökonomischer Rationalität, sondern im Sinne sozialen Vernunftgebrauchs (vgl. etwa Sen 2010, 59 ff.). Darin stimmt der Ansatz mit der Theorie des kommunikativen Handelns von Habermas (1981) überein (vgl. Sen 2010, 71), wobei er sich auch der Grenzen bewusst ist:

> "A theory of justice that rules out the possibility that our best efforts could still leave us locked into some mistakes or other, however hidden it might be, makes a pretensions that would be hard to vindicate. Indeed, it is not defeatist for an approach to allow incompleteness of judgments, and also to accept the absence of once-and-for-all finality. It is particularly important for a theory of practical reason to accommodate a framework for reasoning within the body of a capacious theory – that, at any rate, is the approach to the theory of justice that this work pursues." (Sen 2009, 89)

In diesem Sinne wären daher die Habermas'schen Ansprüche an eine Diskursethik durchaus brauchbar: Habermas schlägt bekanntlich vor, dass für jeden Diskurs, will er vernünftig und herrschaftsfrei/-arm verlaufen, folgende Prinzipien gelten sollten:

a. Wahrhaftigkeit (expressive Sprechhandlung)
b. Richtigkeit (regulative Sprechhandlung)
c. Wahrheit (konstative Sprechhandlung)

Dies führt zu zwei Grundsätzen (Habermas 1983,103):

(D): Normen sind nur dann gültig, wenn sie die Zustimmung aller Betroffenen als Teilnehmer eines praktischen Diskurses finden (oder finden könnten).
(U): Jede gültige Norm muss der Bedingung genügen, dass die Folgen und Nebenfolgen, die sich aus der allgemeinen Befolgung der strittigen Norm für die Befriedigung der Interessen eines jeden Einzelnen voraussichtlich ergeben, von allen zwangslos akzeptiert werden können.

In ähnlicher Weise argumentiert auch Sen (2010, 134), wenn er folgende Prinzipien vorschlägt:

a. Vergleiche zwischen verschiedenen Entscheidungsgründen und -alternativen ermöglichen
b. Pluralität der Entscheidungsgründe zulassen
c. Falsifizierbarkeit zulassen
d. Teillösung akzeptieren, statt nach einer ‚Grundformel' der Entscheidung zu suchen
e. Vielfalt von Interpretationen und Inputs zulassen
f. präzises Argumentieren

Unterm Strich läuft diese Argumentation auf die grundsätzliche Akzeptanz der jederzeitigen Widerlegbarkeit oder Falsifizierung der vorgebrachten Gründe hinaus und damit auch, grundsätzlich akzeptieren zu müssen, dass der Andere/die Anderen ‚auch' Recht haben können (Sen 2010, 225), oder um es mit Tucholsky zu sagen: „Toleranz ist der Verdacht, dass der andere Recht hat."

Meiner Ansicht nach ist innerhalb dieser Debatte, und quasi unabhängig von der Frage nach der rationalen Wahl des Einzelnen oder der sozialen Wahl der Vielen, eines entscheidend: Kann es überhaupt eine kluge Wahl geben? Und selbst wenn man die ‚kluge Wahl' als prinzipiell möglich ansieht, bleibt doch ein Rest an Unbestimmbarkeit im menschlichen Handeln. So hat Aubenque in seiner Analyse der Klugheitskonzeption Aristoteles' herausgearbeitet, dass Menschen nur ihr „menschlich Mögliches" (Aubenque 2007, 128) tun können und eben nicht ‚göttlich' oder vollständig durchrationalisiert bzw. mit absoluter Vernunft ausgestattet entscheiden und agieren. Klugheit kann daher mit Aristoteles als eine Form der Urteilskraft angesehen werden, die – mangels totalen Wissens- und Urteilsvermögens auf Seiten der Menschen – auch eine falsche Wahl sein kann und zudem auch noch den Zufälligkeiten des Lebens unterliegt:

„Die Verwirklichung unserer Projekte verliert sich in der Unbestimmtheit der Materie, die nur ein anderer Name für den Zufall ist.“ (Aubenque 2007, 133). Auf ähnliche Erwägungen treffen wir auch bei Marquard, der uns daran erinnert, dass der Mensch „statt als triumphierendes vielmehr nur als kompensierendes Lebewesen“ (Marquard 2003, 272) zu bestimmen ist und er daher

> „mehr seine Widerfahrnisse [ist] als seine Leistungen. Er ist nicht nur das handelnde, sondern vor allem auch das leidende Wesen: darum ist er seine Geschichten; denn Geschichten sind Handlungs-Widerfahrnis-Gemische. Mehr als durch seine Ziele ist er bestimmt durch seine Hinfälligkeiten.“ (Marquard 2003, 272 f.)

Wenn man das dem Capabilities Approach zugrundeliegende Menschenbild in dieser Form relativiert, kann man, zumindest in den theoretischen Erwägungen, etwas mehr Gelassenheit walten lassen. Was bleibt, ist – obwohl menschliche Handlungen eher komparative denn superlative Tätigkeiten darstellen – die Forderung, dass auch im begrenzten Rahmen des „menschlich Möglichen“ die Anstrengung gefördert werden müsste, Vernunft herauszubilden und zu gebrauchen oder zumindest: „und am wichtigsten ist schlichtweg Vernunft: der Verzicht auf die Anstrengung, dumm zu bleiben.“ (Marquard 2001, 113)

Dieses ‚Menschenmögliche‘ sollte im Rahmen der Entscheidungstheorie des Capabilities Approach zur Relativierung ebenso bedacht werden wie die eher externen Möglichkeiten der Wahl, wie sie von sozialökologischen Faktoren definiert werden. Aus diesem Grund soll im nächsten Abschnitt eine Betrachtung von Lebenslagentheorien zur Bestimmung von Wahlmöglichkeiten oder „Spielräumen“ erfolgen.

4.6 Vergleich mit Lebenslagentheorien

Lebenslage und Capabilities, Lebenslage und Befähigung, Lebenslage und Ressourcenausstattung. Mit diesen Wortpaaren ist eine der theoretischen Parallelen zwischen dem Capabilities Approach und Lebenslagenansätzen benannt. Leßmann (2006, 31) stellt drei Kennzeichnen dieser Ähnlichkeiten fest:

> „Grob betrachtet haben die Ansätze drei Kennzeichnen gemeinsam: Erstens halten sie die Betrachtung mehrerer Dimensionen zur Erfassung von Wohlergehen und Armut für notwendig. Zweitens sehen sie die Aussagekraft des Einkommens als Indikator für Wohlergehen kritisch. Drittens stellen sie den Menschen als Handelnden in den Mittelpunkt und postulieren einen Einfluss seines Handlungsspielraums auf sein Wohlergehen.“

Lebenslagen können mit Amann (1984, 34) wie folgt definiert werden:

> „Lebenslagen sind die je historisch konkreten Konstellationen von äußeren Lebensbedingungen, die Menschen im Ablauf ihres Lebens vorfinden, sowie die mit diesen äußeren Bedingungen in wechselseitiger Abhängigkeit sich entwickelnden kognitiven und emotionalen Deutungs- und Verarbeitungsmuster, die diese Menschen hervorbringen. Lebenslage ist ein dynamischer Begriff, der die historischen, sozialen und kulturellen Wandel erzeugende Entwicklung dieser äußeren Bedingungen einerseits umfasst und andererseits die spezifischen Interaktionsformen zwischen dem sozialen Handeln der Menschen und diesen äußeren Bedingungen."

Nach dieser Auffassung, die in weiten Teilen Ähnlichkeiten mit dem Capabilities Approach aufweist, können wir also Lebenslagen als ein Modell begreifen, das sowohl strukturelle als auch subjektive Bedingungen gelingender Lebensführung umfasst.

Im Folgenden werden zwei Parallelen zwischen dem Lebenslagenkonzept und dem Capabilities Approach herausgestellt: Verwirklichungschancen und Spielräume sowie Spielraum und Wahl der Verwirklichung.

Zunächst ist aber festzuhalten, dass sich hier zwei bislang weitgehend getrennt betrachtete theoretische Ansätze zur Wohlfahrtsmessung bzw. zur Bestimmung der Ressourcenlage und zur Lebensqualität finden lassen. (vgl. Arndt u.a. 2006, 13)

Wo der eine (Capabilities Approach) sich aus der internationalen Wohlfahrtsindikatorenmessung seit Beginn der 1990er Jahre entwickelte, zumal im Zusammenhang mit dem Entwicklungsprogramm der Vereinten Nationen, entsprang der andere (Lebenslagenansatz) weitestgehend der deutschen, vor allem der sozialdemokratischen Politik und ihren Leitideen im Nachkriegsdeutschland. Obwohl aus vorherigen Überlegungen gespeist, übernimmt insbesondere der Ökonom Gerhard Weisser in den 1960er Jahren den Begriff der Lebenslage von Otto Neurath, ohne dessen Wortverwendung zu nutzen (vgl. Leßmann 2007, 60 ff.). Sowohl der Lebenslagenansatz als auch der Capabilities Approach haben auf die nationale Armutsberichterstattung Einfluss gehabt. Anders als der Capabilities Approach ist der Lebenslagenansatz jedoch über Deutschland hinaus nur wenig bekannt.

Erste Parallele: Verwirklichungschancen und Spielräume

Wie der Capabilities Approach misst auch der Lebenslagenansatz, in der Lesart Gerhard Weissers und Ingeborg Nahnsens, den Möglichkeiten, die sich aus einer bestimmten Ressourcenausstattung ergeben, eine große Bedeutung zu. Wo Sen und auch Nussbaum von Capabilities sprechen, in Deutschland zum Teil als „Verwirklichungschancen" übersetzt, gehen Weisser und Nahnsen von Lebenslage und darin vorkommenden Spielräumen aus:

> „Als Lebenslage gilt der Spielraum, den die äußeren Umstände dem Menschen für die Erfüllung der Grundanliegen bieten, die er bei unbehinderter und gründlicher Selbstbesinnung als bestimmend für den Sinn seines Lebens ansieht." (Weisser, zitiert nach Leßmann 2007, 95).

Eine weitere, spätere Definition lautet:

> „Als Lebenslage gilt der Spielraum, den die äußeren Umstände dem Menschen für die Erfüllung der Grundanliegen bieten, die ihn bei der Gestaltung seines Lebens leiten oder bei möglichst freier und tiefer Selbstbesinnung und zu konsequentem Verhalten hinreichender Willensstärke leiten würden." (ebd.)

Nahnsen (1992) führt folgende Bereiche an, in denen Menschen einen Spielraum auf der Basis einer gesicherten Existenz haben müssten:

„a. Versorgungs- und Einkommensspielraum

Der Komplex gesellschaftlicher Umstände, der hier angesprochen wird, lässt sich zusammenfassend als gesellschaftliches System der Einkommensverteilung bezeichnen. Es schließt sowohl die Primär- als auch die Sekundärverteilung ein. Es ist maßgeblich für die typischen Unterschiede hinsichtlich Einkommenshöhe, Einkommensstabilität sowie Einkommensentwicklung im Lebensverlauf zwischen den Gesellschaftsmitgliedern. So handelt es sich in diesem Einzelspielraum um die Verfügbarkeit der Mittel, die notwendig sind, um einmal den lebensnotwendigen Bedarf zu decken, und zum anderen alle jene sonstigen Interessen zu befriedigen, deren Realisierung mit dem Einsatz von Geld zu erreichen ist (Nahnsen 1992, 119). [...]

b. Kontakt- und Kooperationsspielraum

- Die Möglichkeit Kontakte zu anderen Menschen, soziale Beziehungen, zu unterhalten, gilt [...] als eine[r] der wesentlichen Stabilitätsfaktoren für die menschliche Persönlichkeit. Dabei spielen auch Art und Inhalt solcher Beziehungen eine Rolle. Neben dieser eher psychischen Funktion erleichtert die Möglichkeit, mit anderen in Kontakt zu treten und solche Kontakte auch kontinuierlich wahren zu können, die Bewältigung zahlreicher auch äußerlich-materieller Probleme (ebd. 123). [...]

c. Lern- und Erfahrungsspielraum

- Mögliches Lernen und Erfahrungsgewinn sind zusammen mit sozialisationsbedingten Einstellungen ganz wesentliche Einflussfaktoren für die Lebenslagen. Sie beeinflussen mögliches Verhalten und Denkmöglichkeiten; sie wirken sich nachhaltig auf den Erwerb des Lebensunterhaltes und auf die Berufskarrieren aus, sie sind maßgeblich für allgemeine Welt- und Wertorientierung, vermitteln Vergleichsmöglichkeiten, sind schlechthin maßgeblich für die Vorstellmöglichkeiten alternativer Lebensweisen (ebd. 128). […]

d. Muße- und Regenerationsspielraum

- Muße ist zweifellos neben Kenntnissen, Erfahrung, Wissen von Möglichkeiten der Lebensgestaltung der zweite wichtige Faktor für das Vermögen, sich auf Grundanliegen zu besinnen. Sie ist gleichzeitig eine wesentliche Voraussetzung dafür, nach der Erfüllung bestimmter Grundanliegen streben zu können. […] Regenerationsfähigkeit, die jeweilige Wiederherstellung und Erholung der psychophysischen Konstitution nach und von Belastungen und Strapazen ist ein wesentlicher Faktor für ein erfolgversprechendes Streben nach der Befriedigung wichtiger, leitbildbezogener Interessen. Beides wird durch alle jene Verhältnisse bestimmt, die für Sicherheit oder Unsicherheit der psychophysischen und der ökonomischen Existenz maßgeblich sind, die die Arbeitsmühen bestimmen, einschließlich der Gefährlichkeit von Arbeit, die Not und Lebensängste zu erzeugen vermögen, aber auch diejenigen, die Hilfe bereitstellen (ebd. 133). […]

e. Dispositions- und Partizipationsspielraum

- Um hinsichtlich dieses Spielraums die wichtigsten Elemente zu erfassen, ist es sinnvoll von drei Bereichen möglicher Dispositionspotentiale zu sprechen, nämlich dem privaten, dem sozio-ökonomischen und dem politischen (ebd. 140).“

Insbesondere die von Nussbaum aufgestellte Liste an Capabilities ist mit dieser Aufschlüsselung von Spielräumen vergleichbar.

Zentral ist dabei die Annahme, dass eine Person die Chance haben sollte, verschiedene Dinge zu tun, wobei diese tatsächlichen Chancen aus einer großen Auswahlmenge und eben nicht nur aus wenigen, vor allem materiellen Grundgütern (Sen 2010, 261) resultieren, womit der Spielraum der Menschen gemeint ist. Dabei ist Sen wie Nussbaum klar, dass der absolute wie auch der relative Mangel an Ressourcen, wie z.B. Einkommen, die Chancen, ein Leben nach eigener Wahl zu führen, in erheblichem Maße einschränkt. Allerdings führt umgekehrt eine reichere Ausstattung an Ressourcen auch nicht zwangsläufig zu einer Verbesserung der Lebenslage.

Zweite Parallele: Spielraum und Wahl der Verwirklichung

Bemerkenswert ist eine zweite Parallele, die darin besteht, dass zwar sowohl der Capabilities Approach als auch der Lebenslagenansatz Weissers von notwendigen Grundlagen als Spielräumen der Selbstentfaltung von Chancen ausgehen, gleichzeitig aber dem Subjekt eine „unbehinderte und gründliche Selbstbesinnung" (Weisser) bzw. eine „Wahlfreiheit" (Sen) zugemessen bzw. diese erwartet wird, da hierdurch die Nutzung der Ressourcen im Wesentlichen angeleitet wird. Die Weisser'sche „Selbstbesinnung" ist dann als frei anzusehen, wenn sie nicht durch Traditionen oder aufgedrängte Ideologien beschränkt werde (vgl. Husi/ Meisser Kressig 1998, 265).

Sen geht dabei allerdings so weit, dass er die Selbstkritik noch stärker fokussiert: Die Rationalität der Wahl „bestünde [...] hauptsächlich darin, dass wir unsere Entscheidungen explizit oder implizit aufgrund von Argumenten treffen, die unserer kritischen Überprüfung standhalten" (Sen 2010, 207).
So kommt der eigenen Vernunft bei beiden hinsichtlich der guten oder richtigen Wahl von Lebenszielen eine ebenso große Bedeutung zu wie der Freiheit bzw. der Verfügbarkeit von Ressourcen.

Insgesamt gilt es festzuhalten, dass sowohl das Lebenslagenkonzept als auch der Capabilities Approach davon ausgehen, dass Wohlergehen aus der Kombination von strukturell bedingter Ressourcenausstattung und subjektiver Ressourcennutzung entsteht. Für alle Bürgerinnen und Bürger gilt aber, dass sie in einer gerechten Gesellschaft alle Möglichkeiten vorfinden müssen, um mittels Bildung, Kompetenzerwerb, sozioökonomische Ressourcen und sozialökologische Umweltfaktoren (vgl. Kaufmann 2005, 86 ff. und 123 ff.) ein gutes Leben entwickeln und führen zu können. Hier liegt der Spielraum für ein selbstbestimmtes Handeln und ein gutes Leben.

Für die Soziale Arbeit haben Wendt (1988; 2010a) und Amann (1983) den Lebenslagenansatz fruchtbar gemacht. Wendt (2010a, 152) sieht vier Dimensionen innerhalb der Lebenslagen, „die mit ihrer inhaltlichen Erfüllung subjektiv und objektiv für die individuelle Lebensführung gleichermaßen wesentlich sind: Lebensgeschichte, Lebensperspektive, äußere und innere Disposition". Damit verbindet er interne und externe Dispositionen (oder auch Capabilities) mit der zeitlichen, biografischen Dimension des Lebenslaufs.

Schließlich soll nicht unerwähnt bleiben, dass es auch bei Dahrendorf (1979) eine Ähnlichkeit zum Capabilities Approach und auch zum Lebenslagenkonzept gibt. Er vertrat die Ansicht, dass sich „Lebenschancen" von Menschen aus einer Mischung von Optionen und Ligaturen ergäben.

> „Lebenschancen sind keine Attribute von Individuen. Individuen haben in ihrer gesellschaftlichen Existenz Lebenschancen; ihre Lebenschancen können sie zur Entfaltung bringen oder zerbrechen; aber ihr Leben ist eine Antwort auf diese Chancen. Lebenschancen sind Formen. Sie können zu groß sein für den einzelnen und ihn herausfordern, sich zu strecken und zu wachsen; sie können auch zu begrenzt sein und ihn zum Widerstand herausfordern. Lebenschancen sind Möglichkeiten des individuellen Wachstums, der Realisierung von Fähigkeiten, Wünschen und Hoffnungen, und diese Möglichkeiten werden durch soziale Bedingungen bereitgestellt." (Dahrendorf 1979, 49 f.)

Dabei sind diese Chancen gemäß Dahrendorfs Annahmen nicht alleine von einer Auswahl an Optionen bestimmt und die Chancen sich demnach vergrößerten, je mehr Optionen bestünden. Vielmehr sind sie gleichfalls auch durch Ligaturen bestimmt, wobei diese Ligaturen vor allem aus sozialen Positionen und Rollen in Bindungen resultieren. In liberaler Interpretation bestimmt Dahrendorf dabei vor allem auch die Chancen dieser Freiheit:

> „Freiheit ist gewiß die Abwesenheit von Zwang. Aber dies ist nur die passive, negative Seite des Bildes. Viel zu oft hat diese negative Seite die Sorgen und Ängste von Menschen bestimmt und mußte das tun. Dennoch ist die Abwesenheit von Zwang nicht genug. Der Weg ins Unbekannte, Ungewisse und Unsichere ist auch ein Weg zur Erweiterung menschlicher Lebenschancen." (Dahrendorf 1979, 61)

Dadurch verkennt er die Gefahren einer erzwungenen Pflicht zur Lebensführung, die nicht nur aus der „Freisetzung" der Subjekte im materiellen Sinne (Marx), sondern auch aus der kulturellen Entpflichtung der Subjekte entsteht, und wie sie später durch die Diskussion um eine Risikogesellschaft mit ihrer Individualisierung, Pluralisierung und Prekarisierung des Lebens (vgl. u.a. Beck/Gernsheim 1994; Dahrendorf 1979, 421 ff.; zu psychischen Konsequenzen Ehrenberg 2008) erkennbar wird.

4.7 Vergleich mit Bedürfnistheorien

Ohne Zweifel existieren im Hinblick auf die anthropologische Dimension derjenigen Faktoren, die ein ‚gutes Leben' ausmachen, viele verschiedene Ansichten und Ansätze, wie sich bereits in den vorherigen Kapiteln zeigte. Eher individualistische Konzeptionen, die eine Festlegung auf grundlegende Aspekte menschlichen Lebens weitestgehend vermeiden, konkurrieren mit mehr oder weniger definitiven Kategorienlisten guten menschlichen Lebens. Auch wenn es – kategorial gesehen – zwischen Menschenrechts-, Lebenslagen-, Bedürfnis- und

Capabilities-Listen Unterschiede gibt, so konvergieren sie doch alle in dem Wunsch nach einer anti-relativistischen Bestimmung dessen, was ein (gutes) menschliches Leben ausmacht. Neben der rein deskriptiven Bestimmung wollen die meisten dieser Ansätze auch eine Grundlage für Planungen von Sozial-, Gesundheits- oder Entwicklungshilfe und damit insgesamt eine Lebenslagenbestimmung und -verbesserung liefern. Neben den Lebenslagenkonzepten sind des Weiteren die bedürfnisorientierten Theorien von großer Bedeutung, da auch sie von einer definierbaren Menge an grundlegend menschlich Notwendigem ausgehen. Wenn von Bedürfnissen die Rede ist, so liegt diesen eine materialistische bzw. ontische und keine relativistische Bestimmung zu Grunde.

Bedürfnisse sind daher auch nicht mit Wünschen zu verwechseln, die uferlos oder unrealistisch sein können, und auch nicht mit hedonistischen, auf die kurzfristige Befriedigung abzielende Bedürfnisse. Bedürfnisse stellen vielmehr grundlegende, für die menschliche Lebensführung basale Entitäten dar, aus deren Nicht-Befriedigung bestimmte Probleme resultieren, die beispielsweise Staub-Bernasconi (2007) überzeugend nachgewiesen hat.[69]

Auch die von Nussbaum proklamierte Liste der ‚central capabilities' ist hinsichtlich der dort formulierten „Fähigkeiten" mit Bedürfnissen zu vergleichen bzw. erstere als letztere zu verstehen, wenn man davon ausgeht, dass diese Fähigkeiten gleichzeitig auch menschliche Bedürfnisse darstellen. Gleichzeitig lohnt sich eine Analyse der Parallelen zwischen dem Capabilities Approach Nussbaums und weiteren, hier vor allem bedürfnisorientierten Ansätzen (zu den Parallelen in Bezug auf den Menschenrechtskatalog siehe das nächste Kapitel). Alkire (2002) hat mehrere dieser Bedürfnislisten analysiert und verglichen und kommt zu dem Schluss, dass damit zwar eine Grundlage, wenn auch in bestimmten Teilen unterschiedlichen Bedürfnissen, geschaffen wurde, diese Grundlage aber ebenfalls einem öffentlichen Diskurs unterliegen muss und daher mehr als Angebot verstanden werden kann. Neben diesem Schluss lohnt es sich jedoch festzuhalten, dass es ohne Weiteres einige Gemeinsamkeiten in den von ihr untersuchten Listen gibt. So legen alle Ansätze extremen Wert auf die Existenzgrundlage bzw. die materiellen Grundlagen des Überlebens, einschließlich der eigenen materiellen Existenzsicherung durch Arbeit. Neben diesen oft als Grundbedürfnisse gefassten Kategorien konstatieren fast alle Ansätze den Wert von sozio-emotionalen Komponenten, wie etwa der Anerkennung, der Sicherheit, der Freundschaft, der Regeneration etc., und schließlich sehen einige einen spezifischen Wert darin, auch die politische, kulturelle und soziale Teilhabe zu

[69] Siehe zu einem kritischen Blick auf Bedürfnisse und insbesondere ihre soziogene Erzeugung Gronemeyer (1988, 2002).

berücksichtigen.[70] Eine Vielzahl an Übereinstimmungen lässt hoffen bzw. lässt die berechtigte Annahme zu, dass von einer materiellen, ontischen Grundlage guten, menschlichen Lebens ausgegangen werden kann, wenn diese Bedürfnisse erfüllt sind.

Die von Alkire untersuchten Ansätze sollten für unsere Zwecke noch mindestens um zwei weitere Bedürfnismodelle erweitert werden.[71] Einer der interessanteren, aber lange Zeit in Vergessenheit geratenen Ansätze finden wir in der Fürsorge- und Bedürfnistheorie Ilse Arlts (1876-1960), die darin ihre erste professionsspezifische Ausformung gefunden hat und stark von den Eindrücken des Ersten Weltkrieges und dessen fürsorgerischen Erfordernissen geprägt ist (Arlt 1921). So beschreibt Arlt 13 Bedürfnisklassen (vgl. Maiss 2009, 64 und siehe unten), die in gewisser Weise mit der von Martha Nussbaum aufgestellten Liste der „central human capabilities" Überschneidungen aufweist. Bedürfnisse sind für Arlt,

> „abgesehen davon, dass sie das einzige genau zu erhebende Maß für die *Not* und für das *Gedeihen* abgeben, auch das gemeinsame Maß für arm und reich. Erst in Art und Ausmaß ihrer Erfüllung kommen die Verschiedenheiten der wirtschaftlichen Lage zum Ausdruck, sie selbst sind allen Menschen gemeinsam" (Arlt 2010a[1921], 53; kursiv D.R.).

Wie die meisten Bedürfnistheoretiker geht also auch Arlt im Grunde von einer Universalität dieser Bedürfnisse aus (z.B. Arlt 2010b [1958], 62), wenngleich sie selbst hervorhebt, dass diese Bedürfnisse bzgl. ihrer Anerkennung oder ihres Strebens nach Erfüllung für den Einzelnen oder Gruppen „bewusst oder unbewusst, natürlich oder anerzogen" sein können und dass sie „nach Alter und Geschlecht, sowie teilweise nach der Verwöhnung" (Arlt 2010a [1921], 53; vgl. auch Arlt 2010b [1958], 62) variieren. Hervorzuheben ist zudem, dass nach Ansicht Arlts die Bedürfnisklassen, die sie im Folgenden (Arlt 2010a [1921], 59) auch noch weiter hinsichtlich der Notschwellen bzw. des Mindestmaßes detailliert beschreibt, auch zur Messung der Armut dienen können.

Maiss (2009, 65) hat auf die in der Bedürfnistheorie Arlts enthaltene Schwellenkonzeption hingewiesen, wie wir sie in ähnlicher Form auch bei Nussbaum finden:

---

70 Natürlich gibt es auch ein paar extraordinäre Kategorien in manchen Bedürfnislisten, wie etwa das Bedürfnis nach Heirat oder Kindern, die allerdings tatsächlich eher relativer Art und damit kulturspezifisch oder historisch zu interpretieren sind.

71 Den Klassiker der Bedürfnistheorien, Abraham Maslows Bedürfnispyramide, lasse ich dabei außen vor.

> „Genauso, wie die Bedürfnisbefriedigung Gefahr laufen kann, die Schwelle zum Luxus hin zu überschreiten […], könne sie auch Gefahr laufen, eine bestimmbare ‚Notschwelle' zu unterschreiten. Mit dem Begriff der Notschwelle bezeichnet Arlt einen jedem Grundbedürfnis entsprechenden Entbehrungszustand, der nicht weiter unterschritten werden darf, da dies zu beträchtlichen Schädigungen für den Einzelnen und seine Umwelt […] führt."

Noch interessanter als diese Parallele von „Schwellenwerten" (Nussbaum) und „Notschwelle" (Arlt) ist allerdings der normative Fluchtpunkt bei Arlt, den sie mit den Formulierungen „menschliches Gedeihen" und „menschliche Gedeihenserfordernisse" (Arlt 2010b [1958], 61) bezeichnet und der große Ähnlichkeit mit der Vorstellung vom guten Leben aufweist, wie ihn Nussbaum im Auge hat. Menschen können nur gedeihen, d.h. in ihrer Lebensführung zurechtkommen, daran wachsen und sich entwickeln, wenn sie über die dafür notwendigen Grundlagen verfügen.

Auch die Systemtheorie, wie sie von Obrecht (2001) und Staub-Bernasconi (2007) vertreten wird, nutzt ähnliche Kategorien und ein verwandtes Grundverständnis. Bedürfnisse werden hier verstanden als ontische Entitäten, als zum Wesen des Menschen dazugehörig (Staub-Bernasconi 2007, 170). Ähnlich wie bei Arlt werden diese Bedürfnisse auch bei Staub-Bernasconi und Obrecht als solche vorgestellt, die durch einen mehr oder wenigen bewussten Prozess zum Anlass einer Handlung werden, welche auf Bedürfnisbefriedigung zielt. Wünsche sind dabei die bewusst gewordenen Bedürfnisse, wobei diese Wünsche insofern legitim sind, als sie die Bedürfnisbefriedigung anderer Menschen nicht behindern. Obrecht (vgl. Staub-Bernasconi 2007, 172) unterscheidet zwischen biologischen, biopsychischen und biopsychosozialen Bedürfnissen und entwickelt unter diesen Überschriften definitive Vorstellungen davon, was sich im Einzelnen damit verbinden lässt. Schließlich ist die Unterscheidung von elastischen und unelastischen Bedürfnissen erwähnenswert, wobei selbstverständlich die unelastischen Bedürfnisse (z.B. Nahrung, Sauerstoff) eine mehr oder weniger sofortige Befriedigung erforderlich machen, wohingegen die elastischen Bedürfnisse (z.B. nach Anerkennung) etwas länger unbefriedigt bleiben können. Schließlich geht auch diese Theorie davon aus, dass unbefriedigte Bedürfnisse zu Mängellagen bzw. sozialen Problemen führen.

Abschließend sollen alle erwähnten Bedürfnistheorien mit den Kategorien des Capabilities Approach und dem bereits erwähnten Lebenslagenverständnis Weissers synoptisch verglichen werden. Schließlich finden wir auch bei Gerhard

Weisser Kategorien (1957) guten Lebens, die in eine synoptische Übersicht aufgenommen werden können.[72]

Tabelle 2: Kategorienvergleich verschiedener Lebenslagenansätze mit dem Capabilities Approach nach Nussbaum

M. Nussbaum (2006)	**I. Arlt (1958)**	**W. Obrecht (2001)**	**G. Weisser (1957)**
Leben	ärztliche Hilfe und Krankenpflege; Unfallverhütung und Erste		Deckung des Bedarfs an sog. ‚lebenswichtigen' Gütern
Körperliche Gesundheit	Luft/Licht/Wärme/Wasser; Ernährung; Wohnen; Körperpflege; Kleidung; Erholung	für die Autopoiese notwendige Austauschstoffe (Essen, Wasser, Sauerstoff)	Deckung des Bedarfs an sog. ‚lebenswichtigen' Gütern, an Gegenständen des Gemeinbedarfs
Körperliche Integrität		physische Integrität; sexuelle Aktivität und Fortpflanzung	
			neg. Interesse an der Belastung mit Steuern/Abgaben; neg. Interesse an Abhängigkeit von anderen im Bereich der wirtschaftlichen Bedarfsdeckung
	Rechtspflege		
	Ausbildung zu wirtschaftlicher Tüchtigkeit		Interesse an aktiver Teilnahme am Wirtschaftsleben; besonders: Selbstbestimmtes Handeln, gleichzeitig auch Kooperation; Einkommen und Vermögen

72 vgl. zu einer ähnlichen Vorgehensweise Leßmann (2007, 282 ff.)

M. Nussbaum (2006)	**I. Arlt (1958)**	**W. Obrecht (2001)**	**G. Weisser (1957)**
Sinne, Vorstellung-kraft und Denken	Erziehung	wahrnehmungsgerechte sensorische Stimulation; Abwechslung/Stimulation; assimilierbar orientierungs- und handlungsrelevante Info	Befriedigung sinnlicher und geistiger Interessen
		schöne Formen in spezifischen Bereichen des Lebens	
Gefühle			
Praktische Vernunft	Geistespflege (Moral, Ethik, Religion)	subjektiv relevante (affektiv besetzte) Ziele und Hoffnung auf Erfüllung; Erkenntnismöglichkeit	
		effektive Fertigkeiten, Regeln und soziale Normen zur Bewältigung von Situationen in Abhängigkeit von subjektiv relevanten Zielen	

M. Nussbaum (2006)	I. Arlt (1958)	W. Obrecht (2001)	G. Weisser (1957)
Zugehörigkeit	Familienleben	emotionale Zuwendung; spontane Hilfe; sozialkulturelle Zugehörigkeit durch Teilnahme; Unverwechselbarkeit; Autonomie; soziale Anerkennung (Funktion, Leistung, Status); Austauschgerechtigkeit	
Andere Spezies			
Spiel			
Kontrolle über die eigene Umwelt			

An der Wahl der Kategorien erkennt man zwar die unterschiedlichen historischen Kontexte und theoretischen wie weltanschaulichen Heimaten der jeweiligen Autoren.[73] Aber trotz dieser Unterschiede gleichen sich alle hinsichtlich der basalen Begründung ihrer Kategorien als lebensnotwendig. Gleichzeitig wird an ihrer Differenz die kulturelle und historische Varianz deutlich, was uns Hinweise darauf bietet, mit definierten Begriffen sorgsam und kritisch zu verfahren.

Aussagen zu Bedürfnissen sind schließlich bei allen AutorInnen solche Aussagen, die bestimmen, was zur Erreichung eines guten Lebens wichtig ist. Dieses gute Leben als Zweck bedarf vieler verschiedener Mittel, um es realisieren zu können. Auf eine andere Art und Weise könnte man diese Zwecke bzw. Mittel auch in Termini von Menschenrechten definieren (vgl. auch Ife 2008, 93 ff.), was im Folgenden als weiterer Vergleich detailliert geschehen soll.

73 So bezieht Ilse Arlt die Notversorgung und die moralisch-sittliche Erziehung und Nussbaum auch die drängenden Probleme des Natur-, Arten- und Klimaschutzes sowie interessanterweise das Spiel mit ein, wohingegen Obrecht sehr stark die im weitesten Sinne physischen Bedürfnisse des Menschen als „Bio-System“ betont und Gerhard Weisser jene der wirtschaftlichen Partizipation.

4.8 Vergleich mit Menschenrechtstheorien

Genauso wie es eine kategoriale Nähe des Capabilities Approach zu verschiedenen Bedürfnistheorien gibt, besteht eine solche theoretische Nähe auch zu diversen in der Sozialen Arbeit und darüber hinaus existierenden Ansätzen zur Begründung von Menschenrechten (Ife 2008, Mührel/Röh 2007, 2008).

Auch Sen (2010, 382 ff.; 2004) und Nussbaum (2006, 115, 284 ff.; 2002a) haben sich an verschiedenen Stellen zu diesem Zusammenhang geäußert. Nussbaum kritisiert dabei vor allem die in der öffentlichen und wissenschaftlichen Diskussion oft vorkommende unterschiedlich genaue Betrachtung der verschiedenen Menschenrechte: Die negativen oder auch Bürgerrechte, die die Freiheit des Einzelnen und dessen Schutz vor staatlicher Einflussnahme und Vorschriften gewährleisten sollen, stehen ihrer Meinung nach zu häufig im Vordergrund und die positiven oder auch Sozialrechte dagegen eher im Hintergrund.

> "Both the distinction between state action and noninterference and the distinction between justice and material aid need to be criticized if we are to make a progress." (Nussbaum 2006, 372)

Es sei also eine verkürzte Perspektive auf die Menschenrechte, wenn die Abwehrrechte der Individuen gegenüber dem Staat zu stark gewichtet würden, da der Staat – auch in Form von Steuern und Abgaben – seine Potenz erhöht, die soziale Entwicklung der Gesellschaft voranzutreiben bzw. die sozialen Rechte von Menschen, z.B. auf materielle Sicherheit, zu garantieren. Dies erfordere geradezu Eingriffe in die rein individuelle Freiheit der Bürger, z.B. in Form der Einkommens- oder Vermögensbesteuerung oder auch der Gewerbesteuer:

> "The state that protects capabilities has affirmative tasks in every area, and in every area these jobs require money, which typically must be gathered through taxation that is to some extent redistributive." (Nussbaum 2006, 372)

Die positiven und die negativen Menschenrechte seien also gar nicht sinnvoll voneinander zu trennen oder die einen gegen die anderen einsetzbar im Sinne einer Abwehr staatlicher Steuerpolitik oder staatlich gesteuerter Umverteilungspolitik. Der Capabilities Approach umfasse beide Dimensionen:

> "The capabilities that I include in my capabilities list, [...], include many of the entitlements that are also stressed in the human rights movement: political liberties, freedom of association, the free choice of occupation, and a variety of economic and social rights. And the capabilities, like human rights, supply a moral and humanly rich set of goals for development, [...]." (Nussbaum 2006, 284)

Sen argumentiert – allerdings defensiver in Richtung der Kritik an der Realisierbarkeit dieser Rechte – in ähnlicher Intention, wobei er allerdings akzeptieren kann, dass insbesondere die sozialen und wirtschaftlichen Rechte zu einem gegebenen Zeitpunkt nicht vollständig gesichert sein könnten:

> "The viability of this approach does not crumble merely because further social changes may be needed at any point of time to make more and more of these acknowledged rights fully realizable and actually realized." (Sen 2009, 384)

In diesem Zusammenhang ist die Nussbaum'sche Argumentation auch insofern interessant, als sie diese aus der Kant'schen Definition von vollständigen und unvollständigen Rechten ableitet (Nussbaum 2006, 285 ff.; siehe auch Sen 2010, 382 ff.). Man sieht nämlich, dass erst der Capabilities Approach ein hinreichendes Grundgerüst für ein Leben in Würde darstellt.[74] Mit dem Menschenrechtsblick fällt es uns viel leichter, die offensichtliche Verletzung dieser Rechte bzw. die Nicht-Befriedigung von Bedürfnissen zu erfassen und diejenigen moralisch, ökonomisch oder sonst wie zu sanktionieren, die dagegen verstoßen. Es handelt sich dabei mit Kant[75] um die vollkommene Pflicht gegen Andere, eine Pflicht, die aus der Logik des kategorischen Imperativs entspringt. Der Capabilities Approach geht aber noch weiter, indem er die – ebenfalls von Kant eingeführte – unvollkommene, will sagen: tugendhafte Pflicht gegen Andere, die das Subjekt zu ethischer Reflexion herausfordert bzw. sie von ihm fordert, mittransportiert. Auch wenn die Kant'sche Distinktion nur aus seiner eigenen Kategorial-Ethik heraus zu verstehen ist – und damit die von ihm vorgenommene Zweiteilung hinfällig wird, wenn wir sie auf die staatlichen Pflichten beziehen, die eben nicht nur den Vernunftgebrauch beim Einzelnen bezeugen, sondern auch die sittliche Moral insgesamt steuern sollten –, so lohnt es sich doch, den dahinterliegenden Pflichtgedanken insofern zu übernehmen, als es über die Gewährung von Rechten (und die Sicherung dieser Rechte im Falle ihrer Verletzung) hinaus bedeutsam ist, Menschen in der Wahrnehmung ihrer Rechte nicht nur legislativ, sondern auch effektiv zu helfen.

> "In other words, to secure a right to citizens in these areas is to put them in a position of capability to function in this area. To the extent that rights are used in defin-

[74] Nussbaum selbst bezeichnet den Capabilities Approach allerdings nicht als weitergehende Theorie, sondern als „a species of human rights approach" (Nussbaum 2011, 62), der allerdings von ihrem Ansatz ergänzt wird.

[75] Kant, Immanuel (1797): Metaphysik der Sitten, Metaphysische Anfangsgründe der Tugendlehre

> ing social justice, we should not grant that the society is just unless the capabilities have been effectively achieved." (Nussbaum 2006, 287)

Dabei stünden wiederum vor allem die staatlichen Instanzen, vor allem die Regierungen, in der Pflicht, diese tatsächlichen Möglichkeiten zu gewährleisten. Regierungen hätten somit die – mit Kant gesprochen – unvollständige Pflicht einer Sicherung der vollen und tatsächlichen Möglichkeiten einer Rechteperspektive, die auch die sozialen Rechte miteinschließt. Dabei billigt Nussbaum Regierungen einen gewissen Spielraum zu, wofür sie direkt und selbst verantwortlich sind und was sie in den privaten bzw. privatwirtschaftlichen Bereich übergeben können. Letztlich sind sie aber auch für diesen Bereich und die darin erzielten Ergebnisse einer Rechtegewährung und tatsächlichen Chancengerechtigkeit zuständig (vgl. Kapitel 4.3.4).

Anders sieht es bezüglich der unvollständigen Pflichten bei individuellen Menschen und den an sie gerichteten moralischen Imperativen aus: Während staatliche oder größere Gemeinschaften (über den Modus der Solidarität) verpflichtet sind, die vollständige Gewährleistung für ein gutes Leben zu übernehmen (vollständige und unvollständige Pflichten), kann diese unvollständige Pflicht für Individuen nicht bestehen. Sen argumentiert daher, dass

> „Menschenrechte anerkennen [nicht] bedeutet […], darauf zu bestehen, dass alle Menschen sich aufmachen, um überall jede Verletzung eines Menschenrechts zu verhindern" (Sen 2010, 400),

wobei dies gleichfalls nicht bedeuten kann, wegzusehen, wenn in meinem näheren Umfeld eine Menschenrechtsverletzung stattfindet. Zunächst bin ich daher nach Sens Auffassung nur dazu verpflichtet, niemandem durch mein aktives Handeln direkt zu schaden. Darüber hinaus bin aber nicht verpflichtet, allerdings moralisch aufgefordert, jemanden durch mein aktives Handeln in seiner Entwicklung zu unterstützen (vgl. Sen 2010, 401 ff.), wobei Sen sich hier auf Aristoteles beruft, der die Spezifität einer moralischen Handlung sehr genau beurteilt. (vgl. Kapitel 5.3)

Die tatsächliche Fähigkeit zur Rechtewahrnehmung ist also das Ziel der Gerechtigkeitsperspektive, wie sie aus dem Capabilities Approach folgt, wohingegen diese Tatsächlichkeit im Menschenrechtsansatz so nicht gesichert scheint. Wo Letztere, z.B. in der Menschenrechtsdeklaration der Vereinten Nationen, diese als nominale Rechte festschreibt, so garantiert die Erstere ihre tatsächliche oder effektive Umsetzung, und zwar nicht nur durch entsprechende rechtliche, sondern vor allem durch tatsächliche, materielle, institutionelle wie prozedurale Grundlagen. In diesem Sinne sind sie also mehr als bloßes „Brüllen auf Papier", wie einst Jeremy Bentham die Menschenrechte der Französischen Revolution schalt.

Eine Parallele zwischen dem Capabilities Approach und manchen Zugängen zu den Menschenrechten besteht weiterhin in der Tatsache, dass beide von der Naturrechtlichkeit, also der Zugehörigkeit von Rechten (bzw. Bedürfnissen oder central Capabilities), zur menschlichen Spezies als bedingungslose Voraussetzung der Rechteperspektive bzw. des Anspruchs auf die „central capabilities“ ausgehen.

> “Like the human rights approach, it insists that each and every human being in the world has entitlements to these important goods, and it assigns to humanity generally the duty of realizing these entitlements.” (Nussbaum 2006, 291)

Im Gegensatz zu Nussbaum geht Sen, wie so oft, nicht mit so viel Sicherheit an den Zusammenhang heran. Vielmehr sind für Sen die Parallelen weniger materieller als vielmehr ideeller Art:

> “The ‘existence’ of human rights is obviously not like the existence of, say, Big Ben in the middle of London. Nor is it like the existence of a legislated law in the stature book. Proclamations of human rights, even though stated in the form of recognizing the *existence* of things that are called human rights, are really strong ethical pronouncements as to what *should* be done.” (Sen 2009, 357; kursiv i.O.)

Daher sind die Menschenrechte – ähnlich wie andere moralische Imperative (inkl. der Capabilities) – also starke Behauptungen, die begründungspflichtig sind bzw. der öffentlichen Überprüfung standhalten müssen (vgl. auch Sen 2010, 412 ff.). Sen bietet zu dieser Überprüfung auch verschiedene Testfragen an, die zeigen sollen, ob eine moralische Behauptung dem Anspruch, ein Menschenrecht zu sein, standhalten kann (vgl. Sen 2004, 318 ff.).[76]

Aufgabe Sozialer Arbeit wäre es an dieser Stelle, die Grundlagen einer solchen Diskussion zu sichern, womit sie ihrem Anspruch als Menschenrechtsprofession gerecht werden könnte (vgl. Mührel/Röh 2007, 2008). Dazu würde neben der ggf. notwendigen stellvertretenden Rechtevertretung auch die individuelle oder auf Gruppen bezogene Förderung derjenigen Fähigkeiten notwendig, die eine aktive, selbstbestimmte Einflussnahme und ein Eintreten der Betroffe-

---

[76] Richard Rorty (1994) argumentiert dafür, dass sich Menschenrechte überhaupt nicht über Vernunft legitimieren lassen, sondern vielmehr Ausdruck intuitiver Erfahrungen sind. Daher sei, um Menschenrechte einzuklagen bzw. auf Menschenrechtsverletzungen hinzuweisen, auch stärker auf die emotionale Ansprache von Menschen zu setzen und nicht so sehr auf deren vernünftige Einsicht.

nen selbst für ihre Rechte erst ermöglicht. Wie Nussbaum (2002a) ausführt, ergänzen sich Rechte- und Capabilities-Perspektive nämlich in zweierlei Hinsicht. Wo es zunächst um die Sicherung des externen Rahmens einer Handlung geht, also im weitesten Sinne um die Befreiung von Einschränkungen in der Ausübung von Fähigkeiten, so geht es weiterhin ebenso darum, das Recht auf die Entwicklung eben dieser Fähigkeiten zu wahren bzw. die Ausübung zu ermöglichen (Nussbaum 2002a, 134 ff.)

Sen kennzeichnet jene Instanzen, die sich für die Sicherung der Menschenrechte einsetzen sollten, wie folgt: "Human rights generate reasons for action for agents who are in a position to help in the promoting or safeguarding of the underlying freedoms" (Sen 2004, 319), und zu diesen ‚agents' kann wohl, zumindest in fördernder Perspektive, auch die Soziale Arbeit gezählt werden (vgl. IFSW).

Ife (2008, 39 ff.), der sein Professionsverständnis der Sozialen Arbeit auf den Menschenrechtsansatz stützt, unterscheidet drei Interventionsebenen entlang der drei Ebenen von Menschenrechten, nämlich den historisch entwickelten Menschenrechten der „first generation" (freiheitliche Bürgerrechte), der „second generation" (soziale und wirtschaftliche Rechte) und der „third generation" (sog. kollektive Rechte, die v.a. von den Entwicklungsländern bzw. nicht-westlichen Ländern eingefordert werden).[77]

Methodisch sind die Menschenrechte der ersten Generation nach Ife durch „advocacy" zu sichern, also durch Parteinahme für Menschen, deren Rechte nicht geachtet werden, z.B. weil sie verfolgt, misshandelt, ohne rechtsstaatlichen Prozess verhaftet und inhaftiert oder als Bürger nicht anerkannt werden (sans papiers). Die Rechte der zweiten Generation zu sichern, stellt wohl die weitaus größere Aufgabe dar, da diese selbst in rechtsstaatlichen Systemen nicht vollständig gesichert sind:

> "While only a minority of social workers would be seen as concerned primarily with the first-generation rights, most if not all social workers are concerned with helping people realize second-generation rights. Social workers in the public welfare system, and indeed many others, are concerned daily with poverty and with people who have to make do on very low incomes." (Ife 2008, 42).

Neben der direkten Arbeit mit den Personen, deren diesbezügliche Rechte nicht gewahrt sind, also z.B. in der Sozialberatung innerhalb sozialer Sicherungssysteme, zählen nach Ife auch Instrumente der Organisation und Entwicklung ent-

---

77 Mit dieser Einteilung unzufrieden, schlägt Ife (2008, 49) eigene Klassen von Menschenrechten vor: „survival rights", „social rights", „economic rights", „civil and political rights", „cultural rights", „environmental rights" und „spiritual rights"

sprechender Leistungen und Praktiken sowie Forschung zu den Aufgaben in diesem Bereich.

Als hauptsächliche Methode zur Sicherung der „third-generation rights“, also der eher kollektiven Rechte, die häufig eher mit der Entwicklung der Umwelt (natürlich wie kulturell) zu tun haben, dient nach Ife das „community development“, also mit anderen Worten die sozialräumlichen Aktivitäten oder auch die Gemeinwesenarbeit. Im Vordergrund steht dabei nicht der Einzelne, sondern ein mehr oder weniger großes Kollektiv (z.B. ein Stadtteil, eine Gemeinschaft, eine Kommune oder noch größere Einheiten), das in seiner Entwicklung unterstützt werden soll, weil es beispielsweise kolonialisierenden Prozessen ausgesetzt ist (z.B. die in vielen Städten vorkommende Gentrifizierung).

Die Capabilities sind dabei m.E. jeweils allen drei Ebenen in verschiedenster Weise zuzuordnen bzw. die Freiheits-, Sozial- und Kollektivrechte sichern jeweils auf ihre Art und Weise die Realisierung eines guten Lebens im Sinne einer ausreichenden Ausstattung an materiellen Gütern und Bildungschancen (Sozialrechte), der Freiheit zur eigenen Wahl der Dinge, die der Einzelne wertschätzt (Freiheitsrechte), und der Möglichkeit, dieses Leben in Gemeinschaft mit anderen zu leben.

4.9 Zusammenfassung und Ergebnissicherung

Wie wir in den letzten Abschnitten zu Lebenslagen, Bedürfnissen und Menschenrechten gesehen haben, gibt es eine Menge Überschneidungen, die die Menge der semantischen oder auch kategorialen Trennung zwischen ihnen bei weitem überwiegt.

Bedürfnisse können daher zur Grundlage einer Beschreibung gemacht werden, die Nussbaum auch Capabilities nennt, und diese Beschreibung wiederum ermöglicht die Klärung von Menschenrechten als menschlichen Rechten. Lebenslagentheorien wiederum geben ihrerseits Hinweise auf Bedürfnisse, die Menschen zur Verwirklichung eines guten Lebens oder zur Verwirklichung ihrer Menschenrechte benötigen.

Alles zusammen bietet uns eine sehr gute Grundlage für die Entwicklung einer Handlungstheorie Sozialer Arbeit, die – ausgehend vom Wechselspiel zwischen subjektiver Handlung und gesellschaftlicher Struktur – Möglichkeiten der professionellen Handlung aufzeigen kann.

5 Soziale Arbeit als Unterstützung einer daseinsmächtigen Lebensführung

Der Sozialen Arbeit, so wie sie hier betrachtet wird, stellen sich in disziplinärer wie in professioneller Hinsicht zwei grundlegende Aufgaben:

1) Zum einen muss es ihr um eine befähigende Ressourcenausstattung gehen, eine Ausstattung mit Gütern und Chancen bzw. eine mit solchem ‚Material' ausgestattete gute Lebenslage derjenigen Menschen, denen sie sich angesichts prekärer Verhältnisse, verpflichtet fühlt. Mindestens – so eine Prämisse Sozialer Arbeit – soll damit die Grundlage für ein gutes Leben, für eine gelingende(re) Lebensführung gelegt werden. Auf Basis der von Nussbaum formulierten Liste an Capabilities kann hier eine Ressourcenperspektive eingenommen werden, die die kritische Reflexion eines fehlenden Ressourcenzugangs ermöglicht. Zugespitzt formuliert: Was brauchen Menschen für ein ‚gutes Leben' bzw. worin besteht dieses ‚gute Leben'?

2) Zum anderen sollte es Sozialer Arbeit darum zu tun sein, die Intentionalität und potentielle Handlungsfreiheit von Menschen verstehen und gegebenenfalls unterstützen zu können. Welche Möglichkeiten und Restriktionen wohnen dieser Handlungsfreiheit inne? Zugespitzt formuliert: Was ist ‚das richtige Leben' oder worin besteht ‚richtige' Lebensführung?

Zugegebenermaßen ist der damit aufgespannte Bogen der theoretischen wie professionellen Thematisierung des Gegenstandes und der Funktion Sozialer Arbeit in hohem Maße selbst prekär, gefährdend wie auch gefährlich. Dies zum einen, da die traditionelle (Selbst-)Betrachtung innerhalb der Sozialen Arbeit die beiden Sphären der gesellschaftlichen Umwelt und der subjektiven Handlung, oder anders gesagt: der Verhältnisse und des Verhaltens, schön sauber voneinander getrennt behandelte. Die verschiedenen VertreterInnen der einen oder anderen Seite waren in gewissem Sinne gegenseitig immun gegen die Kritik des Anderen. Wer nur die gesellschaftlichen Strukturen als Verursacher von Notlagen oder einer gefährdeten Lebensführung in Betracht zog, der konnte naturgemäß wenig mit einer subjektiven, wenn nicht gar individualistischen Interpretation von Problemen anfangen, die hauptsächlich auf die Handlungskompetenz abhob. Wer hingegen den Blick auf das ‚problembehaftete' Subjekt oder eine Familie oder Gruppe richtete, der tat dies u.a. auch in bewusster Abwendung von der als zu groß gewähnten Distanz zu den Einflüssen gesellschaftlicher Prozesse und Strukturen. Entweder sei die Gesellschaft verantwortlich oder das Subjekt, entweder müsse diese Gesellschaft geändert werden oder sich Subjekte ändern.

Dass beide Perspektiven für sich genommen eine Teilrationalität beanspruchen können, wurde selten betrachtet, und noch seltener wurde versucht, diese Teilrationalitäten auf ihre Verschränkung miteinander zu untersuchen. Diesem Mangel an einer integrativen Sicht auf Verhalten und Verhältnisse, auf subjektive Handlung und soziale Struktur soll hier Abhilfe geschaffen werden. Um das zu erreichen, werden von einem integrativen Verständnis der Sozialen Arbeit ausgehend die Früchte des Capabilities Approach und anderer philosophischer und sozialarbeitswissenschaftlicher bzw. sozialpädagogischer Theorien geerntet und zu einem neuen Verständnis der Sozialen Arbeit als Expertise für die Zusammenhänge zwischen subjektiver Handlung und sozialen Strukturen weiter entwickelt.

Beschrieben wird eine Handlungstheorie für die Soziale Arbeit, die die theoretischen Annahmen des Capabilities Approach nutzt und diese mit wissenschaftlichen Erkenntnissen aus der Sozialen Arbeit verknüpft.

Bislang wurden in den vergangenen Kapiteln mehrere Erkenntnisse aus der Exegese sozialwissenschaftlicher, sozialarbeitswissenschaftlicher und sozialpädagogischer Theorien gewonnen, die hier noch einmal zur Einführung in das folgende Kapitel resümiert werden.

Im Kapitel über die professionstheoretische Richtung der hier erörterten Handlungstheorie wurde diese zunächst als eine allgemeine Handlungstheorie eingeführt. Eine allgemeine Handlungstheorie der Sozialen Arbeit soll die Möglichkeit bieten, die methodischen Schritte aus einer theoretischen Basis heraus zu begründen. Nur in diesem Fall – so eine weitere professionstheoretische Annahme – kann von wissenschaftlich begründetem Handeln in der Praxis gesprochen werden. Die hier vorgestellte Handlungstheorie reiht sich unter das Paradigma systemischer Theoriemodelle ein, wobei deutliche sozialökologische und subjektwissenschaftliche Ansätze enthalten sind. Soziale Arbeit wird dabei als Expertise für die Zusammenhänge zwischen Individuum und Gesellschaft verstanden, die ganz wesentlich sowohl auf die subjektiven als auch auf die strukturellen Merkmale gleichermaßen und insbesondere auf ihre trajektive Verbindung eingeht. Daher wird es zentral sein, die Verbindung von subjektiver Handlungsfähigkeit und gesellschaftlicher Handlungsermöglichung so zu erfassen, dass daraus ein professionelles Verständnis und Handeln der vor allem gefährdeten Lebensführung von Menschen resultiert.

In ihrer Angewiesenheit und Abhängigkeit von sozialpolitischen und weiteren Rahmenbedingungen ist Soziale Arbeit weiterhin als ‚relativ autonom' bestimmt worden, da sich jenseits dieser Rahmungen eine professionelle Eigenlogik mit Hilfe einer eigenständigen Ethik und verschiedenen Konzepten und Methodiken entwickelt haben. Daher ist Soziale Arbeit als wissenschaftliche Disziplin ebenso wie als professionelle Handlungspraxis für die Ergebnisse ihrer Tätigkeit (mit-) verantwortlich. Neben dieser Einschränkung wird die professionelle Einflussmöglichkeit Sozialer Arbeit auch noch durch die Tatsache relativiert, dass Menschen nicht als ‚triviale Systeme' gesehen werden und ihr Handeln daher auch nicht auf ‚triviale' Weise von außen beeinflussbar ist. Als wesentlicher Eckpunkt einer solchen Praxeologie wurde ein ‚weiches' Expertentum mittels einer ganzheitlichen, dialogischen Expertise erkannt, wobei diese sich vor allem im Verständnis von Hilfe als Koproduktion ausdrückt und Soziale Arbeit daher als eine personenbezogene Dienstleistung verortet werden kann, deren Expertise in der Vermittlung von gesellschaftlichen Ansprüchen und individuellem Wohlergehen besteht. Vor allem mithilfe des Empowermentkonzeptes stehen der Profession bereits Sichtweisen und Mittel zur Verfügung, um dieses schwierige Verhältnis anzugehen.

Soziale Arbeit als Expertise für die Zusammenhänge von subjektivem Handeln in gegebenen sozialen Umständen kann allerdings, ausgestattet mit einer sozialethisch sensibilisierten Lebenslagenkritik, dazu beitragen, dass Menschen die an sie gesellschaftlich herangetragenen Anforderungen besser bewältigen oder diese – sollten sie aus ethischen Gesichtspunkten einer guten Lebensführung abträglich sein – kritisieren und ggf. überwinden können. Sinn und Zweck einer diesbezüglichen Gegenstands- und Funktionsbestimmung Sozialer Arbeit ist dabei auch die Integration der bislang eher dichotom gegeneinander beschriebenen Stränge der Sozialarbeit als Sicherung der materiellen Grundlage und der Sozialpädagogik als Sicherung der Lebensführungspraxis, wie sie spätestens mit dem hier vertretenen Verständnis aufgehoben wird. Soziale Arbeit als Ganzes geht weder in der Behebung der materiellen Not allein noch in der Behebung der sittlich-moralischen Not allein auf. Vielmehr ist sie auf die Verschränkung beider Sphären gerichtet, wie bereits in Kapitel 2 ausführlich dargestellt.

Ihre Aufgabe ist allerdings nicht als bloße Oszillation zwischen beiden Polen (Verhalten und Verhältnissen) zu verstehen, sondern als integrative Verschränkung beider Perspektiven, wie sie auch im Capabilities Approach angelegt ist. Es geht eben weder nur allein um die Gewährung von (materiellen) Chancen noch allein um eine Freiheit der Lebensführung, sondern um die im günstigsten Fall richtige Verschränkung einer Lebensführung auf der Basis echter Chancen. Eine so zu verwirklichende Freiheit benötigt die Fähigkeit der Menschen, diese Chancen zu nutzen, allerdings eben nur, insofern sie wirklich vorhanden sind und eine entsprechende Nutzung zu lassen. Dieser in gewisser Weise zirkuläre Prozess der Lebensführung (vgl. auch Sommerfeld/Hollenstein/Calzaferri (2011) ist dann Aufgabe Sozialer Arbeit, wenn die (scheinbar) unkomplizierten und gelingenden Lebensführungsprozesse durchbrochen werden, prekär oder sogar unmöglich erscheinen.

In diesem Sinne ist die hier verfolgte Idee einer handlungswissenschaftlichen Begründung Sozialer Arbeit dadurch motiviert, (a) eine normative Grundlage der professionellen Bearbeitung sozialer Phänomene zu wählen, (b) diese Grundlage zu nutzen, um professionelles Handeln in einer bestimmten Form zu verstehen und zu beschreiben, vor allem die Möglichkeit zur Bestimmung dessen, was die Aufgabe Sozialer Arbeit ist, und (c) damit der Praxis auch ein Orientierung anzubieten über ihren Gegenstand und ihre Funktion sowie über daraus abzuleitende Wege der Bearbeitung und ggf. auch Lösung von sozialen Problemen. Sie stellt damit aber nur die eine Seite einer durch eine eher historische, epistemologische, methodologische sowie empirische Grundlagenforschung zu vervollständigenden Handlungswissenschaft Soziale Arbeit dar und greift gleichwohl einige dieser grundlegenderen Fragen in ihrem Theoriegebäude mit auf.

Bezüglich des Gegenstandes Sozialer Arbeit wird hier – teilweise in Abgrenzung vom Ausgangspunkt der sozialen Probleme – vielmehr die Selbsttätigkeit des Subjekts in ein engeres Verhältnis zu den seine Lebensführung limitierenden, aber auch ermöglichenden gesellschaftlichen Strukturen gebracht. Dadurch entstehen theoretische Parallelen zur Akteursperspektive (vgl. z.B. Scheer 2011; Schimank 2007), die hier aber dezidiert nicht eingenommen wird. So gesehen gibt innerhalb der hier vertretenen Theorie die Annahme einer zwar selbsttätigen und damit subjektiven ‚Lebensführung' bzw. ‚Lebensbewältigung' unter gegebenen, aber partiell veränderbaren gesellschaftlichen Rahmenbedingungen eine passendere Folie für die Gegenstandsbestimmung Sozialer Arbeit ab. Diese Lebensbewältigung/Lebensführung kann analog auch als Daseinsmächtigkeit gefasst werden, wobei diese in drei verschiedene Richtungen von Bedeutung ist: a) Die Verfügung über ausreichende ökonomische und ökologische Mittel, um den eigenen ‚oikos' (Haushalt) besorgen zu können, um somit b) anstehende Entwicklungs- und Bewältigungsaufgaben mithilfe relevanter Anderer und Gemeinschaften meistern zu können und so schließlich c) innerhalb relevanter Lebensbereiche entsprechende Rollen ausüben zu können.

Im Ganzen ist damit ein Doppelfokus auf Handlungsfähigkeit gewonnen, der zum einen die Kompetenz des Einzelnen meint, sich im o.g. Sinne der Lebensführung aktiv an der eigenen Lebensgestaltung zu beteiligen, und zum anderen auch über die Macht und Chance zu verfügen, auf die für diese Lebensführung notwendigen Ressourcen Zugriff zu haben. Daseinsmächtigkeit ist also –

ähnlich wie der Empowermentbegriff – zugleich ein Subjekt- wie auch ein Strukturbegriff, er erhält die Handlungskompetenzen genauso wie die Handlungsmacht. In ähnlicher Weise, und damit den hier vertretenen Standpunkt bestärkend, sehen auch Scheu/Autrata (2011, 288)[78] die Aufgabe Sozialer Arbeit:

> „Für die hier vorgenommene Aufgabenbestimmung der Sozialen Arbeit ist es wichtig festzuhalten, dass es die Soziale Arbeit mit handelnden Menschen zu tun hat, denen immer Handlungsalternativen zur Verfügung stehen. Die Menschen sind und bleiben handelnde Subjekte, wenn es um eine Auseinandersetzung mit der Lebensqualität im Sozialen geht."

Bis zu diesem Punkt sehe auch ich in der Freiheit der Menschen eine Perspektive der Lebensführung, die zunächst als solche die kompletten Lebensäußerungen des Menschen umfassen und den handelnden Subjekten eine Verantwortung zuweist, die bis dahin erst einmal nicht in den Einflussbereich der Sozialen Arbeit reicht. Allerdings sind Menschen, wie bereits mehrfach erwähnt, eben nicht in allen Bereichen völlig autark, ja nicht mal autonom, sondern ganz wesentlich von den strukturellen und kulturellen Rahmenbedingungen des gesellschaftlichen Lebens beeinflusst und auf diese angewiesen. Deshalb trifft meines Erachtens auch nicht zu, was Scheu/Autrata (2011, 288) in konsequenter Fortführung ihrer auf Sozialbeziehungen beruhenden Theorie im Weiteren schlussfolgern:

> „Lebensqualität im Sozialen kann auch nicht durch die Gewährung von finanziellen Hilfeleistungen oder Sachgütern erreicht werden: Gelingende Sozialbeziehungen können nur im sozialen Prozess zwischen Menschen entstehen. Das kann nicht stellvertretend erledigt werden."

Die Absolutheit dieser Kennzeichnung, dass Lebensqualität nicht durch finanzielle Hilfen oder Sachgüter erreicht wird, ist insofern zu relativieren, als dass, auch in Übereinstimmung mit dem Capabilities Approach und in Abgrenzung etwa zur Rawls'schen Vorstellung der notwendigen Güter, in den finanziellen und sonstigen materiellen Hilfen zwar nicht die hinreichenden, so aber doch die

---

78 Es sei bereits jetzt erwähnt, dass Scheu/Autrata (2011) eine interessante und bedenkenswerte Erweiterung der Theorie Sozialer Arbeit unter Nutzung der Aneignungs- und Subjekttheorie vorschlagen, die bei ihnen in der Fokussierung der Sozialbeziehungen kulminiert, die es als Grundlage „des Sozialen" auch durch die Soziale Arbeit zu bearbeiten gelte. Der sehr weitreichende Vorschlag, die Aufgabe Sozialer Arbeit in einer umfänglichen (Mit-)Gestaltung dieser Sozialbeziehungen zu sehen, ist zwar nicht unbedingt zu teilen, da er es schwierig werden lässt, die Grenzen der professionellen Aufgabe zu stecken, aber die innerhalb der Theoriebildung Sozialer Arbeit notwendige Ausdehnung des Blicks auf die Gestaltung der Sozialbeziehung als wichtiger Grundlage eines gelingenden Lebens ist anzuerkennen.

notwendigen Bedingungen eines guten Lebens bestehen. Allerdings geht es darüber hinaus um die tatsächlichen Chancen zur Verwirklichung der in diesen materiellen Geld-, Sach- und Strukturleistungen innewohnenden Potentiale, also darum, eine befähigende Perspektive einzunehmen.

Deshalb war es notwendig, im nächsten Kapitel die Grundlagen des Capabilities Approach in verschiedenen Richtungen darzustellen, und auch diesbezüglich sollen hier in einer Art Anthologie die zentralen Erkenntnisse noch einmal resümiert werden. Zum Teil als wirtschafts- bzw. wohlfahrtstheoretische Alternative (Sen) und zum Teil als moraltheoretische bzw. politische Theorie (Nussbaum) entwickelt, stellt der Capabilities Approach heute eine Alternative zu utilitaristischen, deontologischen oder auch kontraktualistischen Ethiken dar. Als liberale Theorie legt der Capabilities Approach in der Lesart Sens Wert auf die Realisierungsmöglichkeit tatsächlicher Freiheiten gegenüber dem bloßen Angebot von Chancen als Freiheit. Damit ist die Theorie selbst zwar als liberal, aber im besten Sinne als neo-liberal zu bezeichnen (und zwar nicht im Sinne der wirtschaftsliberalen aktuellen Fassung von Neo-Liberalität; vgl. zu diesem Unterschied Mührel 2008), was insbesondere darin begründet ist, dass sie bei Nussbaum – stärker noch als bei Sen – von der Notwendigkeit einer ausreichenden Chancenausstattung ausgeht, die gleichzeitig selbst befähigenden Charakter hat bzw. durch Befähigung der Menschen tatsächlich genutzt werden kann. Anders als Nussbaum reklamiert Sen die Freiheit als oberstes Prinzip und sieht keine Notwendigkeit, von einer feststehenden Liste dieser Capabilities (im Sinne Nussbaums die central Capabilities) auszugehen. Vielmehr plädiert er für eine öffentliche Diskussion auf der Grundlage vernünftiger Argumente darüber, was Menschen für ein gutes Leben benötigen.

Nussbaum dagegen veröffentlicht nun schon seit mehr als zehn Jahren verschiedene Listen mit Capabilities, die für sie die Grundlage einer starken, vagen Konzeption des Guten darstellen, wobei sie sich dezidiert auf die aristotelische Philosophie bezieht.

Instruktiv für die Handlungstheorie, die hier ins Auge gefasst wird, ist die Unterscheidung zwischen Capabilities und Functionings, wobei Erstere die realen Möglichkeiten darstellen, die dann, nach eigener Präferenz, von den Subjekten in verschiedene Tätigkeiten (Functionings) umgewandelt werden.

Zusätzlich wird diese Handlungstheorie von dem Gedanken geleitet, dass sich innerhalb der subjektiven Wahl die Frage nach der Rationalität stellt. Die vom Capabilities Approach (insbesondere in der Lesart Sens) gelieferte Unterscheidung von Rational-Choice und Social-Choice soll hier auf die Akteursperspektive angewandt werden. Denn das ‚Zur-Verfügung-Haben' von Ressourcen, um bestimmte Functionings auszuprägen, ist nur die eine Seite der Medaille. Die andere Seite ist die, des diese Ressourcen nutzenden Subjekts bzw. seine

Möglichkeiten einer Ressourcentransformation. Dass diese Ressourcentransformation an sich keine rein individuelle Leistung darstellt, sondern sehr stark sozial geprägt ist, betonen wiederum beide, wenn sie das Konzept der „adaptiven Präferenzen“ bemühen, um zu zeigen, dass die Tätigkeiten, die das Individuum anstrebt, sehr von kulturellen und sozialen Werten und Normen bestimmt sind. Deshalb ist es eine Form der Solidarität, die Wahl des guten Lebens in einem öffentlichen Diskurs zu unterstützen bzw. die Menschen dazu zu befähigen, die richtige Wahl zu treffen. Der Staat bzw. die Gemeinschaften haben dabei die Aufgabe, die entsprechenden Rahmenbedingungen zur Verfügung zu stellen, um Menschen ein Leben mindestens über einem definierten Mindestmaß der Capabilities zu ermöglichen. Sorge spielt deshalb als politisches Merkmal eine große Rolle und weniger, wie in anderen Moraltheorien, der Egoismus der Menschen. Dabei ist auf der anderen Seite aber auch das Subjekt gefragt, dass nach Ansicht Nussbaums mindestens über bestimmte Grundfähigkeiten (interne Fähigkeiten) verfügen muss, um diese Capabilities nutzen zu können. Gerade dieser Aspekt der Befähigung durch Ressourcen und zur Nutzung von Ressourcen wird eine zentrale Rolle in der in diesem Kapitel noch auszuarbeitenden Handlungstheorie Sozialer Arbeit spielen. Sowohl für Sen als auch für Nussbaum spielt dabei die Fähigkeit des Menschen zur begründeten Wahl eine entscheidende Rolle und daher greift der vielerorts benannte Paternalismusvorwurf nicht, da zuletzt selbstverständlich – bis auf wenige Ausnahmen – das Subjekt selbst wählen muss, wie es leben möchte. Das steht auch nicht im Widerspruch zu einer staatlichen Politik der Sanktionierung (positiv wie negativ) von Handlungen, die offensichtlich ein gutes Leben gefährden. Die an dieser Stelle wichtigen Erkenntnisse der Paternalismusdebatte werden auch in der Handlungstheorie Sozialer Arbeit, wie sie hier skizziert werden soll, eine wesentliche Rolle spielen.

Schließlich konnten einige Parallelen zwischen Lebenslagentheorien und dem Capabilities Approach und Bedürfnistheorien und dem Capabilities Approach gefunden werden, die die grundlegende Argumentation dieses Ansatzes stärken. Dabei traten wiederum interessante Parallelen zum Doppelfokus der Sozialen Arbeit im Sinne von Verhalten und Verhältnissen als sich gegenseitig beeinflussenden Gebieten zu Tage. Auch die Menschenrechtstheorie kann ihrerseits zu einer Handlungstheorie Sozialer Arbeit insofern beitragen, als sie in der Unterscheidung von negativen und positiven Rechten sehr gut das Spannungsverhältnis zwischen subjektiver Freiheit und dazu nötigen materiellen und politischen Rahmenbedingungen umreißt.

5.1 Erkenntnisleitende Feststellungen

Aus dem bisher Beschriebenen gehen einige fundamentale Grundsätze hervor, die für die nun zu konkretisierende Handlungstheorie Sozialer Arbeit konstitutiv sind. Bevor auf die einzelnen Theoriebausteine eingegangen werden soll, möchte ich diese Grundsätze in programmatischer Absicht voranstellen.

Soziale Arbeit wird von mir als Expertise für die Zusammenhänge von Individuum und Gesellschaft, mithin von handelndem Subjekt und strukturellen Umwelten verstanden. Sie erhält ihren Auftrag einerseits durch die auf der Basis des Capabilities Approach mögliche Kritik an den jeweiligen Verhältnissen, durch die Menschen in ihrer Lebensführung beeinflusst werden, und andererseits durch die Kritik am jeweils aktuellen Vermögen der Subjekte zur Lebensführung.

Erstere Konstellation zeigt sich dadurch, dass den Subjekten nicht die vollen Möglichkeiten zur Entfaltung eines guten Lebens zur Verfügung gestellt werden bzw. stehen. Daher können diese Verhältnisse vor dem Hintergrund des moralischen Imperativs, ein gutes Leben für jeden Menschen ermöglichen zu sollen, kritisiert und eine verbesserte Ausstattung mit gesellschaftlichen Möglichkeiten eingefordert werden. Die z.B. mit der Liste der central Capabilities von Nussbaum gewonnene Sicherheit, hiermit beurteilen zu können, was Menschen für ein gutes Leben benötigen, stellt den strukturell-kritischen Teil einer Handlungstheorie Sozialer Arbeit dar. Er fordert zur politischen Aktion, zur stellvertretenden Handlung oder auch zur Stärkung der Kritikfähigkeit der Subjekte selbst unmittelbar auf. In der Sprache des Capabilities Approach nach Nussbaum geht es hier um die „external capabilities“ (Nussbaum 1987, 24) bzw. die „social, political, economic conditions“ (Nussbaum 2011, 22).

In der zweiten oben genannten Konstellation des Subjekt-Umwelt-Verhältnisses geht die hier vertretene Handlungstheorie Sozialer Arbeit davon aus, dass Menschen nicht immer in der Lage sind, die vorhandenen Möglichkeiten richtig oder bestmöglich zu nutzen. Angesprochen sind hier die „internal capabilities“ (Nussbaum 2011, 21). Genauer gesagt, geht es hier um Kompetenzen, Ressourcen und damit im engeren Sinne auch Fähigkeiten, die die Subjekte zur Verfügung haben, um die „external capabilities“ bzw. die Ressourcen zu nutzen. Ich gehe hier jedoch nicht nur auf die Bildung und den Erwerb dieser Capabilities ein, sondern auch auf die eingeschränkte Verfügung darüber. In diesem Sinne versuche ich hier die von Böhnisch/Schröer (2012, 111) konstatierte „tiefendynamische Naivität des Capabilities Approachs“ zu überwinden, da sie dazu verleiten würde, „zu ungeprüften handlungsoptimistischen Annahmen“ zu gelangen. Dieser Gefahr ist voll zuzustimmen, wenn man annimmt, dass Menschen nicht jederzeit und stets vollständig in der Lage sind, die beste Wahl zu treffen. Deswegen kann auch nicht angenommen werden, dass Menschen die ihnen zur Verfügung stehenden inneren wie äußeren Ressourcen stets zu ihrem Besten nutzen.

Durch bestimmte biografische, psychische und strukturelle Erfahrungen geprägte Lebenseinstellungen wird der Blick verstellt und das Handeln blockiert, welches für eine gelingendere Lebensführung nötig wäre. Dabei wird die eigene Handlungsfähigkeit durch strukturelle Hintergründe, erlernte Hilflosigkeit, die Internalisierung adaptiver Präferenzen und gesellschaftlicher Normen und weitere Mechanismen insofern eingeschränkt, als zugunsten kurzfristiger Bedürfnisbefriedigungen langfristig richtigere Entscheidungen zurückgestellt werden. Gleichzeitig – quasi als korrektive Konstante – muss eine Handlungstheorie Sozialer Arbeit die Eigensinnigkeit und Non-Konformität von Subjekten berücksichtigen, um nicht in die Gefahr zu geraten, sie einer expertokratischen Entmündigung auszusetzen.

In diesem Sinne ist es Aufgabe Sozialer Arbeit, sich sowohl um eine Verbesserung der Verhältnisse als auch um eine Verbesserung des subjektiven Verhaltens zu bemühen. Dabei hat sie es in den allermeisten Fällen mit einer aktuell begrenzten, subjektiven Bemühung um eine gelingende(re) Lebensführung zu tun, der mit einem differenzierten Empowermentkonzept begegnet werden sollte. Dieses aktuell verfügbare Lebensführungskonzept der Subjekte ist zunächst als der unter den gegebenen externen wie internen Umständen beste aller bis dahin möglichen Bewältigungsversuche zu deuten. Darüber hinaus sollte dieser aktuell verfügbare Weltaneignungsmodus aber nicht unbedingt als der bestmögliche aller überhaupt möglichen Bewältigungsversuche gesehen werden. Deshalb zielt eine diesbezügliche Handlungstheorie Sozialer Arbeit immer auf die bessere Welt(-aneignung) ab, sowohl bezogen auf die subjektive Weltaneignungskompetenz als auch auf das strukturelle Weltaneignungspotential. Schließlich können Menschen sich die Welt für ihre Lebensführung nur soweit aneignen, wie diese sich aneignen und produktiv nutzen lässt, gleichwohl sind sie aber auch aufgefordert, stets nach den besseren Nutzungsmöglichkeiten zu suchen. Sie dabei zu unterstützen und ihre Rechte mit zu vertreten, sollte das Ziel Sozialer Arbeit sein.

Auf der einen Seite ginge es darum, Menschen in ihrer aktuellen Handlungsweise des Umgangs mit den dargebotenen Realisierungschancen anzuerkennen und ihnen ggf. Unterstützung anzubieten, ihre Möglichkeiten der Ressourcentransformation zu erweitern, ihre Kompetenzen zu (re-)aktivieren oder soziale Unterstützung zu mobilisieren. Hieraus ergäbe sich also ein eher einzel- oder gruppenbezogener Bildungs- oder Kompetenzaspekt, inkl. einer partizipatorischen Methodik, die die betroffenen Subjekte in diesen Prozess im Zuge einer

Selbstaufklärung einbezieht (vgl. zu einer notwendigen Theorie des Lernens auch Leßmann 2011[79] oder auch Benner 2001[80]).

Zweitens ergibt sich ein Auftrag für die Soziale Arbeit aus der Tatsache, dass die befähigenden Strukturen und Güter, die Nussbaum (2010a, 112; 2011, 33) als Capabilities in einer Zehn-Punkte-Liste beschreibt, gesellschaftlich nicht angemessen verteilt sind. Hier wäre der Ansatz der Sozialen Arbeit in einer eher gesellschaftsanalytischen und auf eine Verbesserung der Lebenslage abzielenden sozialarbeitspolitischen Richtung zu sehen. Neben der Bildsamkeit der Subjekte soll daher auch von einer Veränderbarkeit der Strukturen ausgegangen werden. In diesem Zusammenhang muss das Verhältnis von Sozialpolitik und Sozialarbeit näher ausgeleuchtet werden.

Da in Vielem der hier vertretenen Handlungstheorie Sozialer Arbeit ähnlich, wird zudem eine genaue Betrachtung des Empowermentkonzeptes notwendig, welches, wiederum und analog zum oben bestimmten Doppelfokus auf Subjekt und Struktur, in eine eher strukturelle (Empowerment) und eine eher subjektive (Enablement) Sphäre aufgeteilt wird. Es soll zudem durch eine Form des schwachen Paternalismus (advokatorische Ethik) ergänzt und zuletzt das gesamte ethische Kontinuum von einem Sorgekonzept umrahmt werden.

Folgerichtig wird schließlich in diesem Gesamtkapitel eine grobe Zuordnung methodischer Zugänge zu dem bisher Dargestellten erfolgen.

5.2 Der Zusammenhang von Bedürfnissen, Chancen, Rechten und Macht

Fassen wir als Ausgangspunkt der hier anvisierten Handlungstheorie zunächst das Verhältnis von Bedürfnissen, Rechten und Macht als das konstitutive Moment der Lebensführung ins Auge.

Dies kann nur gelingen, wenn wir die anthropologischen Erkenntnisse über die Existenz und damit die Lebensführungskompetenz des Menschen an den Anfang setzen. Davon ausgehend, dass wir onto- wie auch phylogenetisch als Mängelwesen unsere Existenz beginnen, dadurch aber auch in hohem Maße anpassungsfähig, lernbereit und bildsam sind und auf der anderen Seite jedoch im gleichen Maße als bedürftige und vulnerable Wesen von anderen Menschen

---

79 Leßmann plädiert für eine Theorie des Lernens im Anschluss an die Bildungtheorie John Deweys.

80 Die instruktiven Hinweise zur „unbestimmten Bildsamkeit“, „Aufforderung zur Selbsttätigkeit“ und zur legitimen „Transformation gesellschaftlicher in pädagogische Einflüsse“ von Benner (2001) sind an dieser Stelle nach wie vor sehr erhellend, da sie das Subjekt-Objekt-Verhältnis und die in professioneller Hinsicht zu berücksichtigenden regulativen Prinzipien von Pädagogik schlüssig beschreiben.

mehr oder minder beständig abhängig sind, entsteht für die gesamte Lebensführung ein grundsätzliches Problem, das so formuliert werden kann: Was bin ich anderen und was sind andere mir schuldig, damit wir gemeinsam ein für mich und andere gedeihliches (Zusammen-)Leben erreichen können?

Durch Pflege, Sorge und Sozialisation, durch die Wahrung und Erzeugung körperlicher Integrität auf der einen und der sozialen Integrität auf der anderen Seite wachsen wir im besten Fall so auf, dass wir genügend Kompetenzen für eine spätere erwachsene, selbständige und selbstbestimmte Lebensführung erwerben. Ausgehend von unseren somato-psycho-sozialen Bedürfnissen, die für alle Menschen die gleichen sind (vgl. etwa die Bedürfnistheorien in Kapitel 4.7), entwickeln wir im Idealfall von Geburt an (und vielleicht sogar schon pränatal) ein Gespür dafür, was uns wichtig ist, was uns hilft, was wir brauchen und wie wir diese Bedürfnisse befriedigen können. Natürlich ist dieser Sozialisationsprozess in hohem Maße störanfällig, und zwar nicht nur aufgrund individueller Konstitution sondern vor allem aufgrund von Umweltvariablen, wie etwa der frühkindlichen Versorgung durch Eltern oder andere Bezugspersonen. Neben Bindungserfahrungen sind dabei weitere Erfahrungen von großer Bedeutung, da sie unser Empfinden für die Welt ‚da draußen', die in unterschiedlichem Maße Sicherheit geben kann, und die Welt ‚da drinnen', die unsere Identität ist, maßgeblich prägen. Hierzu zählen die Lebensbedingungen, unter denen wir aufwachsen und leben – in kultureller wie in natürlicher Hinsicht ebenso wie im Hinblick auf soziale Strukturen, Regeln und Möglichkeiten, die sich aus den gemeinschaftlichen und gesellschaftlichen Verhältnissen ergeben. Im Sinne der ökologischen Sozialisationstheorie Bronfenbrenners (1981) kommen im Laufe des Aufwachsens immer weitere Erfahrungskreise hinzu, die wiederum entweder gefährdend oder unterstützend sein können. Grundsätzlich ist dieser Prozess erstens kontingent, da er nicht vollständig präformiert ist, sondern in jeder Phase des Lebens neue Herausforderungen bereithält, denen wir ausgehend von unseren Bedürfnissen begegnen müssen, und zweitens stellt er einen die gesamte Lebensdauer andauernden Prozess mit immer wiederkehrenden Herausforderungen dar.

Gelungene Erfahrungen, d.h. Erfahrungen, an denen das Subjekt gewachsen ist, mehren schließlich die Chancen, sich auf weitere Erfahrungen produktiv einzulassen und diese ebenfalls zu bewältigen. Gleichzeitig sind dem Subjekt diese Chancen auch einzuräumen, damit Wachstum geschehen kann. Wenn irgendwann im Laufe des Prozesses diese Chancengewährung nicht erfolgt, obwohl das Bedürfnis nach Wachstum bzw. der Wunsch nach Bedürfnisbefriedigung vorhanden ist, so führt dies in unterschiedlichem Maße zu Deprivation oder auch Hilflosigkeit und erschwert die weitere Bewältigung von Anforderungen und Lebensereignissen und damit die Chancen einer gelingenden Lebensführung.

Die Entwicklung unserer Kompetenzen für eine zunehmend autonomere Lebensgestaltung ist zudem immer auf Hilfe von außen angewiesen und wir können davon ausgehen, dass die Fähigkeiten wachsen, für sich selbst in eigener Regie ein Konzept der Lebensführung zu entwickeln und dieses umzusetzen. Wir sind ständig aufgefordert, unser Leben zu gestalten:

> „Die Freiheit der Wahl ist insofern leiblich vermittelt, als im Leib weder angelegt ist, was und wie gewählt wird, noch die Wahl unmittelbar durch die Weltdinge zustande kommt, die den Leib affizieren. Die Freiheit der Praxis äußert sich vielmehr dadurch, dass der Wählende in seiner Wahl sich und das zu Wählende selbst wählt und auf diese Weise Erfahrungen macht, die stets doppelt – über ihn als Wählenden und über das von ihm Gewählte – vermittelt sind." (Benner 2001, 75)

Je mehr Kompetenzen wir diesbezüglich entwickeln, desto eher wird uns auch bewusst, dass wir Rechte einfordern können und Pflichten gegen uns selbst und andere beachten müssen, um unser Leben selbständig führen zu können. Im Wechselspiel von Rechten und Pflichten zeigen wir damit unsere Fähigkeit der Lebensführung auch anderen gegenüber, indem wir nicht nur unsere eigenen Bedürfnisse befriedigen, sondern auch die Bedürfnisse anderer Menschen achten und sie gegebenenfalls auch befördern. Eine Wahl der ‚richtigen' Wege ermöglicht es uns, unseren eigenen Einflussbereich zu erweitern und andere von unserem Weg zu überzeugen, ihn ggf. als den ihren zu akzeptieren oder sich mit guten Gründen dagegen zu entscheiden. Zunehmend gehen wir dabei biografisch von einer fremdautoritären zu einer selbstautoritären Regulation unseres Lebens über, die uns zunehmend Autonomie gewährt, ohne uns vollständig autark werden zu lassen. Selbstverständlich ist dies im Lebenslauf durch Krisen, Übergänge und Probleme insofern auch keine starke und immerwährende Erfolgsgeschichte, als wir in vielerlei, aber unterschiedlichem Maße hilfs- und sorgebedürftig sind, bleiben bzw. werden. Auch bleiben wir stets Teil des sozialen Gefüges und sind mindestens ebenso stark den jeweiligen Einflüssen anderer Menschen, Gemeinschaften, Gesellschaften oder Kulturen ausgesetzt wie unseren eigenen Vorstellungen des guten Lebens.

Gleichzeitig ergeben sich aus dieser Lebensführungskompetenz und dem Recht, das eigene Leben nach guten Gründen so oder so zu leben, auch Pflichten, vornehmlich die Pflicht zur Verantwortungsübernahme:

> "Freedom to choose gives us the opportunity to decide what we should do, but with that opportunity comes the responsibility for what we do – to the extent that they are chosen actions. Since a capability is the power to do something, the accountability that emanates from the ability – that power – is a part of the Capabilities perspective,

> and this can make room for demands of duty – what can be broadly called deontological demands." (Sen 2009, 19)

Zunächst benötigen wir aber die Macht zur Lebensführung, also die Kontrolle über bestimmte Teile unseres Lebens, wie z.B. über unsere Sozialbeziehungen, unsere körperliche und psychische Integrität und unsere materielle wie politische Umwelt – und damit wesentlicher Teile der auch in den central Capabilities Nussbaums genannten Bereiche.

Diese Macht, über die eigenen Lebenskonzepte und -ziele frei bestimmen zu können, ist aber eingeschränkt bzw. flankiert von Anderen, denen wir ebenso viel Macht zubilligen müssen, zumindest insofern ihr für uns nachvollziehbare, vernünftige Gründe zugrunde liegen. Voraussetzung für die Einwilligung in die vernünftigen Gründe Anderer ist jedoch, dass bestimmte Regeln eingehalten werden. Mit Habermas (1983, 103) können wir zwei Grundsätze annehmen, die die Chance erhöhen, dass ein Konsens verschiedener Ansichten gefunden werden kann: Erstens sind

> „Normen […] nur dann gültig, wenn sie die Zustimmung aller Betroffenen als Teilnehmer eines praktischen Diskurses finden (oder finden könnten)"

und zweitens muss

> „jede gültige Norm […] der Bedingung genügen, dass die Folgen und Nebenfolgen, die sich aus der allgemeinen Befolgung der strittigen Norm für die Befriedigung der Interessen eines jeden Einzelnen voraussichtlich ergeben, von allen zwangslos akzeptiert werden können."

Auch Wells sieht in der Habermas'schen Diskursrationalität eine geeignete Konkretion der von Sen postulierten Sozialwahl als der besseren Entscheidungsgrundlage, vor allem gegenüber der Rational-Choice-Theorie:

> "It is also important to note that Habermas and Sen are fellows in the enlightenment project. They share a faith in the direction of modernity as the rationalization of more and more aspects of our received view of the world, not only through the increasing use of instrumental reasoning for greater efficiency, but also by placing accepted norms under an abstract critical scrutiny which demands universalisable reasons." (Wells o.J., 8)

Diesem hohen Anspruch an die Diskursrationalität entspricht zwar keine wirkliche Situation, allerdings muss sie meiner Ansicht nach stets Zielgröße entsprechender Diskurse um ein ‚gutes Leben' sein. Dementsprechend kann Macht nur beansprucht werden, wenn dahinterliegend auch die Rationalität der Gründe, die diese Macht legitimieren, vernünftig nachvollziehbar ist.

Im Sinne des Capabilities Approach bzw. auch der Menschenrechtsperspektive als normativer Grundlage der Sozialen Arbeit können dabei nur solche Gründe als ‚vernünftig' gelten, die die jeweiligen Capabilities fördern bzw. die Menschenrechte sichern helfen. So dürfen gesellschaftliche Normen nur insofern durch sozialpädagogische oder sozialarbeiterische Prozesse transportiert werden, wenn sie – neben der Perpetuierung der Normen zur Stabilisierung der Gesellschaft – auch das individuelle Wohl und die Lebensführungskompetenz des Einzelnen stärken. Nur so gewinnen gesellschaftliche Normen ihre Legitimität gegenüber der Freiheit des Einzelnen, sein Leben so zu leben, wie er es sich wünscht (vgl. das regulative Prinzip Benners 2001, 105 ff.).

Gleichwohl müssen wir auch erkennen, dass diese Daseinsmächtigkeit nicht nur von innen heraus – durch unsere individuellen Präferenzen, unsere biografischen Erfahrungen und unserer Kompetenzen – beeinflusst wird, sondern auch durch externe Einflüsse. Diese bestehen in bestimmten sozioökonomischen und sozioökologischen Lebenslagen, in bestehenden Segregations-, Diskriminierungs- und Stigmatisierungserfahrungen und in bestimmten damit einhergehenden Machtverhältnissen.

Schließlich gilt es zu beachten, dass gerade diese externen Faktoren in der Moderne weniger im Sinne gewalttätiger Zwangskorrekturen wirken als vielmehr im Sinne gouvernementalitärer Prozesse (Foucault 2000), die unser eigenes Bild über das, was gut und richtig ist bzw. was wir beanspruchen dürfen bzw. den anderen schulden, vorbewusst formen.

> „Der Grund dafür, daß die Macht herrscht, daß man sie akzeptiert, liegt ganz einfach darin, dass sie nicht nur als neinsagende Gewalt auf uns lastet, sondern in Wirklichkeit die Körper durchdringt, Dinge produziert, Lust verursacht, Wissen hervorbringt, Diskurse produziert; man muß sie als ein produktives Netz auffassen, das den ganzen sozialen Körper überzieht und nicht so sehr als negative Instanz, deren Funktion in der Unterdrückung besteht." (Foucault 1978, 35).

Macht ist damit nicht nur ‚feindliche' Instanz von außen, vermittelt in prominenter Kritik durch die die Lebenswelt kolonialisierenden Effekte der kapitalistischen Logik (vgl. May 2005; Rauschenbach 1999; Habermas 1981), sondern auch ‚verinnerlichte' Feindschaft, wenn äußere Zwangsstrukturen zur inneren Entfremdung beitragen statt zum Protest gegen diese Strukturen und zur Veränderung der sozialen Strukturen.[81] Gleichwohl ist offensichtlich, dass sich letzt-

[81] vgl. das Konzept der Selbstfeindschaft bei Holzkamp (1985, 324)

lich Menschen entscheiden, in bestimmte Machtverhältnisse einzuwilligen, weil ihnen die Opportunität zunächst kurzfristig mehr Chancen bietet als die kritische Analyse und Veränderung dieser repressiven Strukturen.

Im Folgenden möchte ich daher nicht einer einseitigen Fundamentalkritik jener Strukturen, die Menschen gängeln, folgen, sondern mich vielmehr auf die viel komplexere dialektische Sichtweise einlassen, die darin besteht, das Wechselspiel von subjektiver Handlung und sozialer Struktur zu erkunden. Deshalb werde ich die in diesem Abschnitt verschiedentlich angesprochenen Fragen weiter konkretisieren und schließlich ein systemisch-zirkuläres Modell des Handlungs-Struktur-Verhältnisses vorschlagen.

5.3 Subjektive Handlung und gesellschaftliche Struktur – ein systemisches Modell

Ebenso wenig, wie wir unserer begrenzten Rationalität hilflos ausgeliefert sind (vgl. Kapitel 5.5), sondern sie verändern können, sind wir auch den sozialen Strukturen um uns herum hilflos ausgeliefert. Menschen sind weder ferngesteuerte, willenlose Roboter einer sie gängelnden und steuernden Umwelt noch sind sie natürlich völlig frei von dieser Umwelt. Ihre Möglichkeiten, aber auch ihre Begrenzung hinsichtlich ihrer Lebensführung hängen eng mit den Möglichkeiten und Begrenzungen der Umwelt zusammen.[82] Daher ist der hier verwendete Begriff der Lebensführung weder festgelegt auf die vollkommene Freiheit einer ‚Bastelbiografie' bzw. einer individualisierten und pluralisierten Existenz in der

---

82 vgl. die für meinen Gedankengang richtungsweisende, marxismuskritische Analyse Jean-Paul Sartres, dass der Menschen eben kein „widerstandsloses Produkt, eine Summe bedingter Reflexe [sei], weil er völlig durch die vorgefundenen Umstände, d.h. letzten Endes durch die ökonomischen Bedingungen determiniert ist. Dieser träge Gegenstand steuert aber mit seinem Eintritt in die gesellschaftliche Welt – inmitten anderer ebenso bedingt träger Körper – vermöge der ihm beschiedenen Natur sein Teil dazu bei, daß der ‚Lauf der Welt' entweder beschleunigt oder verlangsamt wird, denn er ändert die Gesellschaft, […]" (Sartre 1971, 70). Der Widerspruch der dialektischen Sicht, wie sie auch Engels formulierte („Die Menschen machen ihre Geschichte selbst, aber in einem gegebenen, sie bedingenden Milieu."), ist für Sartre nicht bloß in orthodox-marxistischer, weil rein materalistischer Sicht aufzulösen (das Sein bestimmt das Bewusstsein), sondern vielmehr in existenzialistischer Sicht aufzuklären: „Das heißt, er [der Existenzialismus, Erg. D.R.] wird versuchen, die Gegebenheiten des marxistischen Wissens durch indirekte Erkenntnisse […] zu erhellen und im Rahmen des Marxismus eine *verstehende Erkenntnis* hervorzubringen, die den Menschen in der sozialen Welt wiederfinden und ihn bis in seine *Praxis* bzw. den Entwurf, der den Menschen auf Grund seiner bestimmten Situation mit dem gesellschaftlich Möglichen konfrontiert, verfolgen wird." (Sartre 1971, 143; kursiv i.O.; Unterstreichung D.R.). Der Existenzialimus Sartres möchte damit den Menschen einbeziehen und damit die marxistische Einseitigkeit wieder ausbalancieren.

entgrenzten Welt, in der alles möglich ist, noch ist er festgelegt auf die klare Bestimmung und Funktionalität des Menschen in starren Strukturen. Mit Holzkamp gesprochen ist Lebensführung also die relative Autonomie gegenüber den Verhältnissen.[83]

Ähnlich wie in den systemtheoretischen Reflexionen Staub-Bernasconis (2007) müssen wir also auch hier davon ausgehen, dass Menschen als Teil sozialer Systeme gleichzeitig autonom handeln können und von den Systemen, ihren Eigenschaften, Strukturen und Prozessen abhängig sind. Der Systembegriff wird hier nicht explizit eingeführt, da er im Besonderen die sozialsystemischen Strukturen der gesellschaftlichen (Sub-)Systeme (Wirtschafts-, Gesundheits-, Rechts-, Bildungssystem u.a.) meint, wie man sie im Anschluss an Habermas (1981) als jene im Vergleich zur kommunikationsorientierten Lebenswelt eher zweckorientierte Rationalität verstehen kann. Im Großen und Ganzen wird hier die Feststellung genügen müssen, dass Menschen diese Systeme nutzen (können müssen), um ihre vor allem materielle Reproduktion zu sichern, konkret: ein Einkommen, Arbeit und Beschäftigung, Wohnraum, Gesundheitsleistungen, freiheitliche und soziale Rechte sowie (Aus-)Bildung. Wie im Rahmen der Diskussion um Inklusionsmechanismen bzw. das Funktionieren dieser Systeme deutlich wurde, ist dafür neben der Struktur und Funktion dieser Systeme, die die jeweiligen Inklusionsregeln bestimmen, auch das Subjekt in seiner Inklusionsfähigkeit, aber auch seinem Inklusionswillen gefragt (Merten/Scherr 2004; Balz/Benz/Kuhlmann 2012; Sommerfeld/Hollstein/Calzaferri 2011).

Alles in allem müssen wir für unsere Frage nach dem Verhältnis von Handlung und Struktur ein komplexes Wechselverhältnis zwischen Person und Umwelt konstatieren, das zwei Betrachtungsweisen eröffnet:

Erstens sind Menschen als Kulturwesen mit der Kontingenz der Möglichkeiten in ihrem Leben konfrontiert und müssen diese als Lebensaufgabe bewältigen. Dabei sind sie wie keine anderen Lebewesen darauf angewiesen, ihr Leben aktiv und selbstbewusst führen zu müssen. Aristotelische Erkenntnisse haben uns gelehrt, dass menschliches Handeln angesichts manchmal begrenzter Rationalität und allgemeiner Kontingenz bzgl. der Handlungsfolgen nicht immer ‚erfolgreich' sein muss, aber dass gerade in dieser Unbestimmtheit die große Herausforderung liegt. In ähnlicher Weise äußert sich auch Marquard, wenn er daran erinnert, dass wir – entgegen einer postmodernen Lesart des Menschen als ‚Objekt seiner eigenen Wahl' – immer auch mit von uns nicht zu steuernden Widerfahrnissen zurecht kommen und uns daher auch damit arrangieren müssen – ja, dass wir

[83] In diesem Zusammenhang sei auch an die zu Beginn der Einleitung erwähnte Denkfigur Pestalozzis erinnert.

vielleicht sogar stärker durch diese als durch unsere aktive Leistung geprägt werden (Marquard 2003, 273).

Gleichzeitig ist, zweitens, diese Aufgabe durch strukturelle Begrenzungen limitiert, die durch menschliche Handlungen selbst, aber auch durch sozial produzierte Macht- und Strukturmuster, durch die Ausformung bestimmter machtförmiger Sozialbeziehungen, durch verinnerlichte Begrenzungen und „Selbstfeindschaften" oder dysfunktionale Handlungsweisen produziert wurden. Ihr ist somit eine Art Widerstand inhärent, den es innerhalb einer Handlungstheorie Sozialer Arbeit ebenfalls zu beachten gilt. Diesen Widerstand zeigen vor allem die sozialen Systeme mit ihren jeweiligen Inklusionsregeln.

Menschliches Handeln bewegt sich somit im Kontinuum von strukturellen Grenzen und kontingenter Zukunft einerseits und den aktiven Potenzialen der Daseinsmächtigkeit andererseits. Diese Erkenntnisse bleiben nicht ohne Folgen für ein Handlungsverständnis Sozialer Arbeit, da es vornehmlich mit den begrenzten, dysfunktionalen und behindernden Möglichkeiten sowie mit fehlenden Ressourcen, Fähigkeiten und persönlichen Möglichkeiten konfrontiert ist und weniger mit gelingende(re)n Leben oder einer ausreichenden Daseinsmächtigkeit.

Zudem relativiert dieses Handlungsverständnis auch das im Capabilities Approach enthaltene Modell der Entscheidungskompetenz. Nussbaum sieht drei unterschiedliche Sphären, die diese Entscheidungskompetenz ermöglichen: Erstens müssen Menschen über grundlegende Fähigkeiten verfügen, die philosophisch gesehen nur ‚Personen' zugeordnet werden. Dazu zählen die Fähigkeit der Interessensartikulation (‚Was will ich?'), die Fähigkeit der Identitätsbildung (‚Wer bin ich?') und die Fähigkeit, vernünftige Entscheidungen zu treffen.[84] Weiterhin müssen personenbezogene Fähigkeiten vorliegen („internal capabilities"), die Nussbaum sich als Ergebnis von grundlegenden Fähigkeiten vorstellt, die durch, mit und in sozialen, wirtschaftlichen, familiären und politischen Umständen herausgebildet und weiterentwickelt werden. Schließlich müssen diese drittens auch angewandt werden,[85] um sich heraus zu bilden, was darauf hinweist, dass Menschen nicht daran gehindert werden sollten, die ihnen möglichen Dinge zu tun. Diese letzte Form von Fähigkeiten bezeichnet Nussbaum als kombinierte Fähigkeiten („combined capabilities").[86]

84 vgl. die provozierenden Befunde der sog. Verhaltensökonomie bei Ariely (2008), die die „Vernünftigkeit" menschlicher Handlungen in Frage stellt.

85 vgl. die Theorie der Moralentwicklung bei Aristoteles, der davon ausgeht, dass sich Tugenden erst im Tun beweisen und nicht ohne ihre Realisierung oder Bewährung herausbilden.

86 Wie Nussbaum (2011: 23) selbst einräumt, ist die Trennung von internen, personenbezogenen und externen, sozialen Fähigkeiten nicht trennscharf, zumal die externen Fähigkeiten eher Umstände bezeichnen als tatsächliche Fähigkeiten. Hier taucht das alte Problem des

Daher besteht begründeter Anlass, sich von der folgenden verabsolutierenden theoretischen Festlegung zu verabschieden: Weder geht es darum, ‚eigentlich' nur den Einzelnen im Erwerb seiner personellen Kompetenzen zu unterstützen, noch darum, ‚eigentlich' nur die strukturellen Hemmnisse alleine beseitigen zu müssen, um Menschen ein besseres, gerechteres oder gelingenderes Leben ermöglichen zu können.

Weniger eine dichotome als vielmehr eine komplementäre Hinwendung zu den emergenten Interaktionen von Subjekt und Gesellschaft, von Person und Umwelt ist also anzustreben. Dabei kommt der Ausstattung der Umwelt insofern Relevanz zu, als sie die Möglichkeiten eröffnet, ein gutes Leben führen zu können. Darüber hinaus müssen Menschen aber auch in der Lage sein, diese Möglichkeiten zu nutzen, wozu sie unbedingt ihre Vernunft gebrauchen müssen. Dabei ist ihre Wahl stets eine „komparative, keine superlative Aktivität" (Aubenque 2007, 127) und damit nicht mehr aber auch nicht weniger als „das menschlich Mögliche", d.h. sie ist auch mit der Gefahr verknüpft, die falsche Wahl zu treffen oder getroffen zu haben, Umwege gehen zu müssen oder zu scheitern, wenngleich dahinter keine absichtliche Selbstschädigung liegt, sondern nur eine Art ‚Ungeschicklichkeit' oder fehlende ‚Erfahrung' in der Wahl der Mittel für ein gutes Leben oder in der Entscheidung selbst.

Alles zusammen genommen führt zu einer Ressourcentheorie, die die ‚Freiheitslücke' im Capabilities Approach zu schließen hilft – diejenige Lücke also zwischen Capabilities und Functionings oder anders ausgedrückt den positiven Freiheiten (‚Freiheit, etwas zu tun oder zu sein'), die anders als die negativen Freiheiten (Freiheit von etwas, z.B. Unterdrückung) dann entstehen, wenn Menschen ihren persönlichen Möglichkeitsraum mit dem gesellschaftlichen verbinden (vgl. zu einem ähnlichen, wenn auch stärker etatistischen Modell Knecht 2010).

Mit Hilfe dieses systemischen Modells, welches gleichermaßen den persönlichen Möglichkeitsraum wie auch den gesellschaftlichen Möglichkeitsraum in den Blick nimmt und an den Wechselwirkungen zwischen beiden ansetzt, kann die Soziale Arbeit die alte Dichotomie von Subjektverantwortung im Gegensatz zu Strukturverantwortung überwinden.

Die folgende Übersicht soll die verschiedenen Aspekte einer solchen Systemik verdeutlichen.

„Fähigkeitenbegriffs" als deutsche Übersetzung von Capabilities wieder auf, die vielmehr als „Verwirklichungschancen" zu verstehen sind.

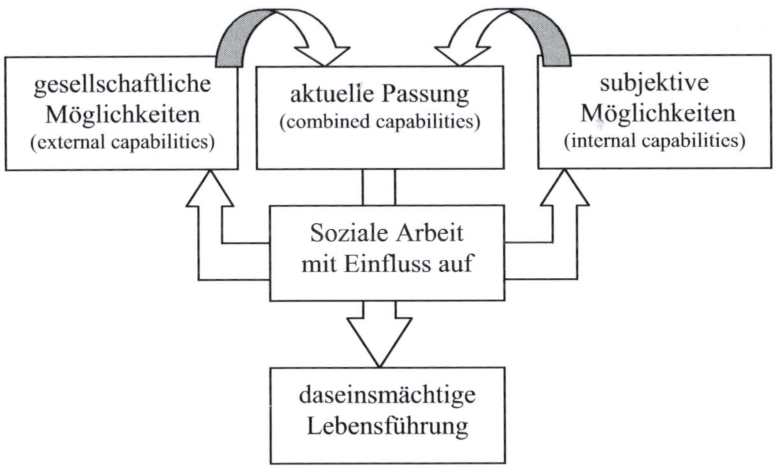

Abbildung 3: Ein systemisches Modell daseinsmächtiger Lebensführung

Zusammengefasst kann man sagen, dass sich aus dem Capabilities Approach für die Soziale Arbeit zwei Handlungsaufträge auf der Grundlage normativer Ansprüche ergeben:

1. Die Handlungsbefähigung von Leistungsberechtigten bzw. von Menschen, die derzeit nicht in der Lage sind, ihre Daseinsaufgaben selbstständig zu lösen, da sie nicht über die entsprechenden tatsächlichen Chancen (Macht, Ressourcen oder Kompetenzen) verfügen. Das klassischerweise als sozialpädagogische Aufgabe zu verstehende Anliegen einer Befähigung und Bildung korreliert dabei mit der sozialarbeiterischen Funktion der Unterstützung in sozioökonomischer bzw. sozioökologischer Hinsicht.

2. Die Kritik der Lebensverhältnisse entlang bestehender Normen, die sich aus sozialpolitischen (aber auch ordnungspolitischen) Grundsätzen ergeben und die die Befriedigung grundlegender Bedürfnisse bzw. die tatsächliche Nutzung von Lebenschancen verhindern oder erschweren. Dabei muss Soziale Arbeit ihre politische Funktion insofern wahrnehmen, als sie ein Gradmesser für unmenschliche, sozial benachteiligende oder exkludierende Strukturen ist, da sie in der Arbeit mit diesen Menschen deren Lebenslage sehr direkt erkennen kann. Im Sinne von Advocacy ist damit auch die stellvertretende Deutung und Artikulation der Situation der Betroffenen verbunden, insofern sie hierzu nicht selbst in der Lage sind oder – wenn sie dazu fähig

sind – die Ermöglichung von Wegen, dass sie selbst sprechen und ihre Kritik an den bestehenden Verhältnissen anbringen können.

Ideengeschichtlich ist dieser Dualismus bis in die frühen Professionalisierungs- und Wissenschaftsansätze zurück zu verfolgen, wie das folgende Zitat von Alice Salomon zeigt:

> „Alle Fürsorge besteht darin, daß man entweder einem Menschen hilft, sich in der gegebenen Umwelt einzuordnen, zu behaupten, zurecht zu finden – oder daß man seine Umwelt so umgestaltet, verändert, beeinflußt, daß er sich darin bewähren, seine Kräfte entfalten kann. Persönlichkeitsentwicklung durch bewußte Anpassung an seine Umwelt – oder der Umwelt an die besonderen Bedürfnisse und Kräfte des betreffenden Menschen." (Salomon 1927, 60)

5.4 Gesellschaftliche Möglichkeiten – zum Verhältnis von (Sozial-)Politik und Sozialer Arbeit

Wie bereits im Kapitel 4.3.4 beschrieben, wird innerhalb des Capabilities Approach zumindest in der Lesart Nussbaums dem politischen oder staatlichen Gemeinwesen eine zentrale Rolle in der Herstellung gerechter Verhältnisse zugewiesen. Der Staat bzw. seine politischen und administrativen Organisationen sowie die zivilgesellschaftlichen Akteure haben gemeinsam für die Sicherung und Gewährung der Capabilities im Sinne der Schwellenwerte Sorge zu tragen. Insbesondere die Sozialpolitik (inkl. der Bildungs- und Gesundheitspolitik), aber auch Umwelt-, Städtebau- und Verkehrspolitik, sollen dazu beitragen, dass es gerechte Verhältnisse für alle Bürgerinnen und Bürger gibt, und zwar insofern, als diese ausreichende, was heißen soll: tatsächliche Chancen für eine daseinsmächtige Lebensführung bereithalten sollten.

Politik und im engeren Sinne Sozialpolitik wird hier verstanden als die demokratisch legitimierte und administrierte Schaffung von Systemen und systemischen Bedingungen der Daseinssorge. Daher umfasst politisches Handeln auch weit mehr Bereiche als die Bildungs-, Gesundheits- und Sozialpolitik im engeren Sinne. Für die Soziale Arbeit, die häufig mit den Folgen einer gescheiterten Daseinssorge durch die primären Systeme des Bildungs- und Gesundheitswesen zu tun hat, erscheint daher vor allem ihr Verhältnis zur Sozialpolitik von großer Bedeutung.

Folgt man den Grundideen des Capabilities Approach nach einer befähigenden Gerechtigkeit, dann sollte der Staat – im Gegensatz zu früheren Sozialpolitikverständnissen – nicht mehr nur ‚verteilend', sondern vor allem ‚befähigend' agieren. M.E. sind aber die eher systemisch und mit bestimmten Medien (Recht, Geld, Macht) agierenden Instanzen staatlicher Steuerungs- und Regelungspolitik nur bedingt in der Lage, die entsprechenden Ressourcen auch insofern in ihrem befähigenden Charakter auszugestalten bzw. diesen zu formen. Daher sehe ich gerade in der Sozialen Arbeit eine zusätzliche Instanz der sozialen Gerechtigkeit. Wo bestimmte Verbesserungen der Lebensbedingungen sicherlich in den Aufgabenbereich der Sozialpolitik und anderer Politikbereiche fallen, ist es Aufgabe der Bürger, gegebenenfalls mit Unterstützung der Sozialen Arbeit, diese Lebensbedingungen zu nutzen oder auch fehlende oder unzureichende Lebensbedingungen anzumahnen und zu erstreiten.

Politik wird hier verstanden als eine Aktivität, die Ausdruck demokratischer Legitimation ist und die zur Gestaltung des gesellschaftlichen Zusammenlebens benötigt wird. Staatliche Sozialpolitik ist darin ein spezielles Ressort, welches mit Kaufmann (2005, 27) als „sich ausbreitender und intensivierender Prozess des staatlichen Einwirkens auf die gesellschaftlichen Verhältnisse“ verstanden werden kann, wobei sich dieser Prozess grundlegend durch die Antagonismen von (Privat-)Wirtschaft und Mensch beschreiben lässt. Im strenger marxistischen Sinne ließe sich Sozialpolitik als Vermittlung der Interessen von ‚Kapitalisten‘ und ‚Arbeitern‘ verstehen oder noch genauer: ‚von Produktionsmittelbesitzern‘ und ‚Produktionskräften‘. Letztlich geht es dabei um einen Ausgleich von Produktivgewinnen, entweder direkt über die Arbeitsmarktpolitik, die Tarifpolitik und das Arbeitsrecht oder indirekt über die Transferleistungen für diejenigen, die entweder arbeitslos sind oder von ihrem Arbeitslohn nicht vollständig existieren können. Die im 19. Jahrhundert noch als ‚soziale Frage‘ auftauchende Problematik einer gesamtgesellschaftlichen Entwicklung, die den gesellschaftlichen, industriellen und finanziellen Fortschritt als Wohlstand für immer mehr Gesellschaftsschichten erreichen soll bzw. will, erfährt in der Weimarer Republik und später im Rechts- und Sozialstaat der Bundesrepublik immer weitere Formen und Wirkungskreise (wie zuletzt die Hinzunahme der Pflegeversicherung in die Sozialgesetzgebung). Der Sozialstaat (als sozialer Rechtsstaat) tritt damit als eine vermittelnde Agentur zwischen den Partikularinteressen des Kapitals bzw. der Wirtschaft, vor allem deren Profitinteressen, und denen der Gesellschaft insgesamt, vor allem aber der abhängig beschäftigten Lohnarbeitern und zu einem gewissen Teil auch anderer Beschäftigter auf.

Dabei haben sich nicht nur die Maßnahmen zur Vermittlung dieser Interessen, sondern auch die sozialen Probleme diversifiziert; überhaupt wird die Rede von ‚der sozialen Frage‘ seit Beginn des 20. Jahrhunderts durch die Rede von ‚den sozialen Problemen‘ abgelöst. Anders ausgedrückt könnte man auch als das Wirkungsfeld der Sozialpolitik die „sozialen Verhältnisse“ (Kaufmann 2005, 76) bezeichnen, und zwar sind damit insbesondere jene „Lebensverhältnisse natürlicher Personen in der Perspektive ihrer Teilhabe an den unter bestimmten historischen Bedingungen gegebenen gesellschaftlichen Möglichkeiten" (ebd.) gemeint. Somit wird die Verbesserung der Teilhabemöglichkeiten zentrales Ziel staatlicher Sozialpolitik

Mit Kaufmann ist weiterhin davon auszugehen, dass sich neben der Vermehrung verfügbarer Ressourcen wie Zeit, Einkommen und Vermögen auch weitere Formen als Teil der Sozialpolitik deuten lassen, wie etwa die „Verbesserung des rechtlichen Status von Personen", die „Verbesserung der Gelegenheitsstruktur" und die „Verbesserung der Handlungskompetenz". Gerade letztere sind als Programme und Maßnahmen im weitesten Sinne mit der Sozialarbeit verbunden (Kaufmann 2005, 87).

In einer anderen Lesart wird der soziale Rechtsstaat als ein Staat gesehen,

> „dessen soziale Politik durch das soziale Staatsziel eine wesentliche Rechtfertigung und einen Ansporn von höchster Autorität bekommt. Und er ist zudem ein Staat, dessen Politik kraft der Institutionen und Prinzipien des Rechtsstaats eine differenzierte und vertrauenswürdige Gestalt gewinnt. Aber die Inhalte der Politik kommen aus der Dynamik der bundesstaatlich strukturieren Demokratie". (Zacher, zitiert nach Schütte 2013, 79)

Die Ausgestaltung der sozialstaatlichen Angebote wird hier als demokratisches Produkt verstanden, welches sich in einem zwischen Politik und Rechtsprechung bedingenden Wechselspiel ergibt und damit einer stetigen Entwicklung unterworfen ist. Mit dem Capabilities Approach in der Version Nussbaums gewönnen politische Entscheidungsträger eine ‚Messlatte' für jene Mindeststandards, die es in einem sozialen Sinne von Gerechtigkeit zu sichern gälte. Auf der anderen Seite sind jedoch neben diesem, vor allem durch materielle Güterausstattung definierten Mindeststandard auch die prozessualen Aspekte des Sozialstaats, oder mit den Begriffen des Capabilities Approach, die befähigenden Aspekte als Indikator für ein gutes Leben heranzuziehen. Diese Befähigung ist allerdings nicht mit den diversen Aktivierungspolitiken der letzten Jahre zu verwechseln. Wo diese ein zu starkes Gewicht auf Deliberalisierung von Arbeitsbedingungen und Eigenverantwortung der Menschen legte, so kann eine wirklich befähigende Unterstützung der Menschen zu einem ausgeglichenen Bild von Befähigung und Chancengleichheit beitragen. Denn zum Wesen des sozialen Staatszieles gehört es eben auch, eine Balance zu finden zwischen Freiheits- und Sozialrechten. Daher schlussfolgert Schütte (2013, 81):

> „Grundrechtsdogmatisch ist Teilhabe ein Aspekt der Grundrechtsrealisierung, der Ausgestaltung und Realisierung individueller Freiheitsräume im Umfeld des Sozialstaates. Dies hat die Verfassungsrechtsprechung frühzeitig erkannt, als sie aus der Gewährung subjektiver Freiheitsrechte durch das Grundgesetz folgerte, mit der programmatischen Deklaration einer Staatsferne sei real und individuell für die Freiheitssphäre der Grundrechtssubjekte oft wenig gewonnen, vielmehr hänge die Verwirklichung der Freiheitsrechte vielfach von positiv gestaltendem staatlichen Handeln ab. Insofern könnten aus den staatsfern und ‚negativ' konstruierten grundrechtlichen Freiheitsgewährleistungen des GG ‚positive' Handlungspflichten staatlicher Gewalten resultieren."

Mit den staatlichen Schutzpflichten der Gewährung von persönlicher Freiheit der Subjekte geht also in dieser Interpretation des Verfassungsrechts eine quasi kompensatorische oder ergänzende Handlungspflicht des Gesetzgebers einher, „weil die Berechtigten bei der Realisierung ihrer Grundfreiheiten auf sozialstaatliche Leistungen als Freiheitsvoraussetzung existenziell angewiesen sind." (Schütte 2013, 81)

Diese Formulierung eines sich ergänzenden staatlichen Auftrages kommt der hier ins Auge gefassten Handlungstheorie Sozialer Arbeit insofern sehr nahe, als damit einerseits der politische Auftrag benannt und damit auch der Sozialen Arbeit die Möglichkeit gegeben wird, auf Missstände hinsichtlich der Gewährung von ‚echten' Chancen als Freiheit zu reagieren und andererseits die zusätzliche Aufgabe der Sozialen Arbeit zur Befähigung bzw. Unterstützung in der Nutzung dieser Freiheiten deutlich wird.

Der Sozialen Arbeit kommt dabei in allen vier Interventionsformen der Sozialpolitik eine besondere Rolle zu. Obwohl die sozialpolitischen Rahmenbedingungen ganz entscheidend über den Wirkungskreis und das Wirkungsziel mitbestimmten, geht eine professionelle Soziale Arbeit m.E. nicht darin auf. Entweder wendet sie die vorgenannten Ziele an, oder sie erweitert bzw. modifiziert diese. Letzteres im günstigsten Fall durch Rückkopplung an politische Instanzen, die dann die entsprechenden Rahmenbedingungen dafür ändern.
Die Beteiligung Sozialer Arbeit will ich im Folgenden, unter Bezugnahme auf die o.g. Typologie Kaufmanns (2005, 123 ff.), einmal deklinieren:

- Rechtliche Interventionsform: Maßnahmen zur Verbesserung des rechtlichen Status von Personen

  In diesem Feld agiert Soziale Arbeit entweder parteilich für die Interessen derjenigen, die bislang in ihren Rechten noch nicht vollständig anerkannt wurden oder sie sichert die Rechtsanerkennung und Rechtsdurchsetzung bei denjenigen, die zwar potentiell schon über diese Rechte verfügen könnten, aufgrund fehlender Informationen oder persönlicher oder sozialer Hemmnisse (z.B. Schuld- und Schamgefühle) diese Rechte allerdings nicht in Anspruch nehmen.

- Ökonomische Interventionsform: Maßnahmen zur Verbesserung der Einkommensverhältnisse von Personen

  In diesen Bereich fallen alle Programme und Maßnahmen der Sozialen Arbeit, die klassischerweise der sozialen Sicherung zugerechnet werden, also z.B. die Sozialberatung von arbeits- oder wohnungslosen Menschen bzw. anderen (potentiellen) Empfänger/-innen von Grundsicherung, Renten oder anderen Transferleistungen. Auch die Beratung in Schuldenfragen gehört in diese Kategorie.

- Ökologische Interventionsformen: Maßnahmen zur Verbesserung der Gelegenheitsstrukturen von Personen

  Interessanterweise siedelt Kaufmann die sozialen Dienste mit ihrer residentiellen Konstitution im Bereich der ökologischen Intervention an, wobei deren Verteilung im kommunalen Raum eben eine gute Erreichbarkeit zum Ziel haben soll.

  In Erweiterung dieser Definition gewinnt Soziale Arbeit im sozialökologischen Sektor ihre Gestaltungsaufgabe durch klassische Gemeinwesenarbeit bzw. sozialräumliche Ansätze. Die räumliche Infrastruktur wird dabei als sozialräumliche verstanden, die Menschen dazu auffordern bzw. ihnen die Möglichkeit geben soll, sich aktiv und aneignend mit der kulturell geprägten oder natürlich gegebenen Umgebung auseinanderzusetzen und diese selbst zu gestalten.

- Pädagogische Interventionsform: Maßnahmen zur Verbesserung der Handlungsfähigkeit und Handlungsbereitschaft von Personen

  In Abgrenzung zu jenen staatlichen Institutionen, die eher die allgemeine Handlungsfähigkeit erzeugen (wie beispielsweise die Schule), zielt die im sozialpolitischen Sinne aktive Pädagogik auf die Erweiterung dieser allgemeinen Handlungsfähigkeit und die Herausbildung einer speziellen Handlungsfähigkeit. Die kooperative Besonderheit dieser pädagogischen Intervention, mithin also deren Angewiesenheit auf das ‚Mitmachen' der Adressaten erhöht die Komplexität und Kontrollierbarkeit der Wirkung dieses

Sektors. Allerdings wäre diese Interventionsform, sei es als Bildung, Beratung, Rehabilitation oder Selbsthilfeförderung, der Sozialen Arbeit und ihrer Professionalität originär zuzuordnen.

Über alles wird also ersichtlich, dass sich Sozialpolitik in ihrer rahmengebenden Funktion und Soziale Arbeit als personen- und umfeldbezogene Dienstleistung innerhalb dieses Rahmens gegenseitig ergänzen, da die eine die notwendigen gesetzlichen Rahmenbedingungen schafft und die andere diese Rahmenbedingungen in konkrete und unterschiedliche institutionelle und professionelle Angebote für die Betroffenen umarbeitet. Dies ist wiederum in hohem Maße an die Grundpositionen Nussbaums anschlussfähig, die sowohl politische Maßnahmen für ein gutes Leben anmahnt als auch die Befähigung der Subjekte für notwendig erachtet:

> "That task [political planning, D.R.], as he [Aristotle, D.R.] saw it, is to make available to each and every citizen the material, institutional and educational circumstances in which a good human functioning may be chosen; to move each and every one of them across a threshold of Capabilities into circumstances in which they may choose to live and function well." (Nussbaum 1999, 203)

Interessant hieran ist die Verbindung von materiellen, institutionellen und eben bildenden Bedingungen, die zur Verfügung gestellt werden sollen. Pädagogisches oder besser ‚agogisches' Handeln zielt dabei auf weit mehr als die bloße Erziehung oder Bildung von Kindern und Jugendlichen, sondern umfasst auch die Befähigung durch Bildung, Therapie oder Rehabilitation von Menschen, die derzeit nicht in der Lage sind, autonom über ihr Leben zu verfügen.

Formiert in sozialen Diensten agiert die Soziale Arbeit als intermediäre Instanz, wie Rauschenbach (1999) es unter Nutzung der Gesellschaftstheorie Habermas' formulierte. Diese Intermediarität besteht zum einen zwischen den Leistungsträgern und zum anderen zwischen den Leistungsberechtigten, also in der Dichotomie von gesetzlich-institutionellen und individuellen Ansprüchen an die professionelle Dienstleistung der Sozialen Arbeit. Zum anderen besteht diese Intermediarität in der Vermittlung von systemischen und lebensweltlichen Einflüssen auf die Lebensführung von Menschen, wobei davon auszugehen ist, dass historisch gesehen die berufliche Soziale Arbeit eher aus systemischen Imperativen entstanden ist, sie jedoch eine Form der sozialen Hilfe ist, die auch deutliche lebensweltliche Züge trägt. Soziale Arbeit agiert eben nicht nur systemisch über die Medien „Recht, Macht und Geld", sondern auch über die eher lebensweltlich geprägten Medien „Moral, Beziehung und Fürsorge", wobei sich in der Praxis diverse Schwierigkeiten, Brüche und Verzerrungen ergeben. Daher gewinnt auch hinsichtlich der letztlich menschlichen Aktivität von Hilfe und Unterstützung die Form der Hilfen, auch unter dem Aspekt der erlässlichen Kooperation zwischen Sozialarbeiter/Sozialpädagoge und Klient, eine besondere Bedeutung, wird Handeln in der Sozialen Arbeit eben nicht vollständig sozialtechnokratisch zu verstehen sein (vgl. auch Böhnisch/Arnold/Schröer 1999, 239 ff.; Böhnisch/Schröer 2012, 54 ff.).

Schließlich figuriert sich innerhalb dieser Intermediarität auch das Verhältnis von Hilfe und Kontrolle in einer spezifischen Art und Weise. Hilfe und Kontrolle sind dabei keineswegs so einfach voneinander zu scheiden. So kann auch gut gemeinte Hilfe selbst negative Effekte zeitigen und Kontrolle durchaus auch gute Wirkungen entfalten. Wie Hilfe selbst zu schlechten Ergebnissen führt, kann am besten unter Rekurs auf Margalit (2012) gezeigt werden. Denn einerlei, ob es sich um öffentliche oder private Einrichtungen der Wohlfahrtspflege handelt, beiden ist gemeinsam, dass sie in ihrer Arbeit stets diesen mitunter widersprüchlichen Ansprüchen gerecht werden müssen. Wohlfahrt und Fürsorge, insofern sie staatlich initiiert sind, sind dabei nicht ‚unschuldig', sondern können ihrerseits Wirkungen entfalten, die mit Margalit als unwürdig interpretiert werden können. Obwohl also mit dem Anspruch der Fürsorglichkeit antretend, können die wohlfahrtsstaatlichen Institutionen selbst einen demütigenden Charakter entwickeln, weil sie „die Bedürftigen gewissermaßen als Nichterwachsene [behandeln; Einfügung D.R.] und […] sie somit zu Bürgern zweiter Klasse [machen; dito]". (Margalit 2012, 218). Die Demütigung muss dabei gar nicht von konkret handelnden Personen ausgehen, sondern kann sich – dieses personale Handeln transzendierend – auch als institutionelle oder auch strukturelle ‚Gewalt' zeigen (Margalit 2012, 133). Allerdings, so Margalit (2012, 232) weiter, ist „eine Gesellschaft, in der die Bedürftigen ein Anrecht auf Unterstützung haben, grundsätzlich weniger entwürdigend […] als eine Gesellschaft, die auf Barmherzigkeit beruht – ganz unabhängig davon, wie dieses Prinzip umgesetzt wird.". Der Vergleich zwischen einer solchen, auf Barmherzigkeit beruhenden Wohltätigkeitsgesellschaft und einer auf Rechten basierenden Wohlfahrtsgesellschaft führt ihn schließlich zu der Annahme, dass „eine Wohlfahrtsgesellschaft […] im Idealfall weniger demütigend zu sein [scheint] als die Wohltätigkeitsgesellschaft." (Margalit 2012, 232). Unterm Strich gilt für Margalit allerdings, dass eine anständige Gesellschaft eher zu realisieren sei als eine gerechte Gesellschaft, da erstere nur nicht demütigen braucht, um gut zu sein, und letztere zudem auch noch weitere Prinzipien verwirklichen muss. Dies bedeutet für die Wohlfahrtsgesellschaft wohl so viel, und dies ist für uns sehr bedeutsam, dass sie einerseits durch ihr gleichwohl prinzipiell gut gemeintes Handeln nicht gleichzeitig demütigend agieren darf, andererseits aber in dieser Minimalbestimmung verharren darf. In den Worten des Capabilities Approach würde das bedeuten, dass sie mit der Zurverfügungstellung von Ressourcen oder Capacities gleichzeitig eine ‚Würdegarantie' verbinden muss. Dies geschieht sicherlich am ehesten dadurch, dass die Nutzung dieser Capacities in die Freiheit der Subjekte gestellt wird und die Erreichbarkeit der Capacities selbst nicht mit entwürdigenden oder demütigenden Verfahren oder Regeln verbunden ist.

Vielfach wurde dieses schwierige Verhältnis von Hilfe und Kontrolle mit der Formel vom Doppelten Mandat beschrieben, wie es Böhnisch und Lösch (1973) zuerst formulierten und wie es mittlerweile durch Staub-Bernasconi (2007, 198 ff) zu einem Tripelmandat weiterentwickelt wurde. Ich selbst habe einen Vorschlag gemacht, zukünftig noch genauer von einem Vierfachmandat zu sprechen (Röh 2006a, siehe auch Kapitel 2.8).

Unabhängig von der Frage, inwieweit Soziale Arbeit ‚abhängig' ist von sozialpolitischen oder gesellschaftlichen, normativen Aufträgen bzw. Rahmenbedingungen, besteht das größte Problem der ethischen Fundierung wohl in der eigenen Perspektive auf das Normativitätsthema, und es lässt sich die Frage in den Mittelpunkt rücken, inwieweit Soziale Arbeit als professionelles Handeln unabhängig von diesen Vorgaben eine eigene normative Grundlage nutzen kann.

Wenn hier vorgeschlagen wird, den Capabilities Approach als Folie für eine solche normative Vergewisserung des Handlungsauftrages Sozialer Arbeit zu verstehen, dann wird damit gleichzeitig behauptet, dass sich – ähnlich wie in der Begründung des Tripelmandates durch die Menschenrechte bei Staub-Bernasconi – eine gewisse Unabhängigkeit der Profession von staatlicher Direktive behaupten lässt. Diese Unabhängigkeit ist jedoch von den Professionsmitgliedern, von Verbänden und Organisationen, wie etwa den Berufs- und Fachverbänden, aktiv zu fordern, z.B. im Sinne eines Berufsgesetzes, weil ansonsten die normativen Einflüsse von sozialpolitischer und gesellschaftlicher Seite bestimmend bleiben dürften.

Dem Diskurs um die Frage nach dem Professionsstatus, der Professionalität und dem Theorie-Praxis-Verhältnis in der Sozialen Arbeit wird an dieser Stelle nicht weiter nachgegangen (Dewe/Ferchhoff/Scherr/Stüwe 2001). In der Entwicklung von strukturellen, modernistischen Ansätzen, die Professionen nur anhand bestimmter Merkmale wie abgegrenzte Kompetenzdomäne, weitgehende Autonomie und autonome Entscheidungsräume, akademische Ausbildung, Betreuung mit Aufgaben grundlegender Bedeutung, kodifizierter beruflicher Ethos und spezielle Expertise definieren, hin zu kompetenztheoretischen Ansätzen (Heiner 2004, 15f) steht das folgende Professionsverständnis eher auf der Seite der Letzteren: Soziale Arbeit wird zwar stets sozialstaatlich konstituiert und generiert sowie durch sozialpolitische Programme stets aufs Neue reproduziert, kann jedoch im Zuge ihrer zunehmenden Professionalisierung eine immer stärkere (relative) Autonomie (Müller 2003, 265) als Agentin des sozialen Wandels in Anspruch nehmen.

Neben der eher fall- oder problembezogenen intermediären Handlungsweise gewinnt die Soziale Arbeit mittels des Capabilities Approach (wie auch in ähnlicher Weise durch den Menschenrechtsansatz) eine Möglichkeit der Kritik bestehender sozialpolitischer und gesellschaftlicher Einschätzungen und Praktiken, wie z.B. im Bereich der Grundsicherung für erwerbslose Menschen oder auch im Bereich der Unterstützung behinderter Menschen. Aus der normativen Deklaration von Ansprüchen, die sich aus den Bedürfnissen (siehe Kapitel 4.7) ergeben und damit notwendig sind, kann sich auch ein kritischer Impuls in Richtung der bürokratischen wie gesetzlichen Praktiken und gesellschaftlichen Normen ergeben, der insgesamt einen Zuwachs an Lebenschancen gerade für diejenigen bedeuten kann, die bislang eher macht- und sprachlos als NutzerInnen bzw. Leistungsberechtigte oder eben Nicht-Leistungsberechtigte gelten.

Exkurs: Soziale Arbeit hat ein politisches Mandat

Wenn es also grundsätzlich um die beiden Ebenen des Subjekts und der Umwelt (vordergründig der Gesellschaft) gehen soll, dann ist Soziale Arbeit zwangsläufig mit einem Mandat versehen, das man politisch definieren könnte.

Die politische Qualität der Arbeit sowohl mit Subjekten als auch mit der Gesellschaft formiert sich dabei auch entlang des Anspruches, den wir aus dem Capabilities Approach extrahiert haben. Relativ eindeutig ist eine Politik des Sozialen dann erforderlich, wenn es darum geht, die Lebenslage der Menschen, insbesondere aber ihre sozioökonomischen und sozioökologischen Lebensverhältnisse zu verbessern. Dies kann nur über politische Einflussnahme geschehen, zu der die Soziale Arbeit auf verschiedenen Ebenen in der Lage ist. Sowohl institutionell, im Rahmen der eigenen Praxis, als auch organisationell, im Rahmen der Organisation der eigenen Praxis, des Weiteren auch verbandlich, im Rahmen berufs- oder fachverbandlicher Organisation, und schließlich sozial- und allgemeinpolitisch sind dabei die Erkenntnisse über die Lebenslage von Menschen zu veröffentlichen, zu thematisieren und zu skandalisieren, insofern sie die subjektiven Bemühungen um ein gutes Leben beeinträchtigen können.

Auch wenn man durchaus die Position vertreten könnte, dass im Grunde die Soziale Arbeit gleichviel politische Verantwortung für ihr Gebiet trägt wie andere Professionen für ihr Fach und ihren Einflussbereich (Röh 2006a), so stellt sich doch die Frage im Zusammenhang mit einer Handlungstheorie auf der Basis des Capabilities Approach insofern neu, als die Bipolarität des Handelns in Richtung

Subjekt und Gesellschaft unbedingt gewahrt und deshalb auch das politische Mandat als Handlungsauftrag unterstrichen werden muss.

Aus diesem Grund genügt es auch nicht, wie Merten (2001, 98) formuliert, anstelle eines politischen Mandats einen rein professionellen Auftrag zu sehen, um „mit einem Höchstmaß an Kompetenz“ Menschen dazu zu befähigen, die ihnen zustehenden Rechte zu erhalten und wenn möglich sogar selbständig wahrzunehmen und zu realisieren.

Vielmehr muss es auch um eine Stellvertretung in Sachen politischer Einflussnahme auf sozioökonomische und sozioökologische Rahmenbedingungen gehen, die im Sinne der Klientel auf Verbesserungen drängt. Wie man hierbei zu einem Mandat gelangt, dass kann Sorg anhand eines Gedankenspiels überzeugend darlegen, in dem er einen Sozialarbeiter in die griechische Polis zurückversetzt:

> „Er bekommt also kein direktes Mandat von den Sklaven, sondern – in Ermangelung von deren hinreichender Artikulationsfähigkeit – nimmt er [der Sozialarbeiter, D.R.] sich, begründet durch sein genaues Studium und seine intimen Kenntnisse der miserablen Lage dieser Unterprivilegierten, also durch seine Einsicht, seine Fachkompetenzen und sein soziales und politisches Engagement [...], das Recht heraus, für diese Sprachlosen zu sprechen.“ (Sorg 2003, 78).

Die „intimen Kenntnisse der miserablen Lage“ der Menschen gewann die Sozialarbeit schon damals und gewinnt noch heute, indem sie von einigen Grundkategorien des guten Lebens ausgeht, wie sie z.B. Nussbaum beschrieben hat. Von dieser Warte aus wird es somit möglich, sich den Lebensverhältnissen kritisch zu nähern, und zwar genauer, als dies mit einer rein ökonomisch-materialistischen Sicht gelänge. Vielmehr geraten dann auch die gemeinschaftlichen, umfeldbezogenen und sozialstrukturellen Verhältnisse in den Blick, die die Subjekte in ihrer Lebensführung beeinträchtigen.

Im Weiteren folgen Vorschläge für ein Verständnis der Sozialen Arbeit als Expertise für die Zusammenhänge zwischen Subjekt und Gesellschaft, die darauf Bezug nehmen. Es soll gezeigt werden, dass sich nicht nur analytisch, sondern auch handlungstheoretisch zentrale Perspektiven ergeben, die Bildsamkeit und damit die Veränderbarkeit bestimmter Dispositive und Konstitutive der Lebensführung zu verstehen.

Davor müssen allerdings noch diejenigen Beschränkungen in den Blick genommen werden, die weniger in der sozialen Struktur und einer auskömmlichen Ausstattung mit Ressourcen und Chancen begründet sind als vielmehr in den Einschränkungen menschlicher Handlungsfreiheit.

5.5 Persönliche Möglichkeiten – Handlungsfreiheit und ihre Beschränkungen

Nachdem bislang der gesellschaftliche Auftrag der Sozialen Arbeit entlang der normativen Vorstellung grundlegender Ansprüche der Subjekte an die Gesellschaft dargestellt wurde, sollen im nun Folgenden stärker die Bedingungen und Beschränkungen der subjektiven Handlungsfreiheit betrachtet werden. Neben den aus dem Capabilities Approach abzuleitenden Ressourcen- und Chancenansprüchen geht es hierbei um die subjektive Ressourcen- und Chancennutzung. Ausgeblendet wird an dieser Stelle die vorrangige und prioritäre Entstehung dieser Möglichkeiten durch Erziehung, Bildung und weitere Formen des Kompetenzerwerbs. Sie werden in Kapitel 5.6 und 5.10 aufgegriffen.

Es wird daher an dieser Stelle vereinfachend davon ausgegangen, dass sich trotz erfolgreichen oder wegen mangelnden Kompetenzerwerbs grundlegende menschliche Einschränkungen der Handlungsfähigkeit feststellen lassen.

5.5.1 Freier Wille und Zurechnung von Verantwortung

In vielfacher Weise ist der Sozialen Arbeit die Klärung einer zentralen Frage aufgegeben, die von ihr selbst bislang eher strittig diskutiert oder überhaupt nicht berücksichtigt wurde: Sind Menschen eher Opfer gegebener sozialer Strukturen oder selbständige Akteure mit Willen und Verantwortung für ihr Tun, oder kann diese Frage gar nicht solipsistisch beantwortet werden?

Wenn wir Handlung und Struktur gegenüberstellen und entweder behaupten, Menschen hätten einen Willen und damit auch eine Möglichkeit der Handlungssteuerung oder behaupten, dass sie mehr oder weniger von biologischen, sozialisatorischen, ökonomischen, kulturellen oder politischen Strukturen ‚gesteuert' werden, dann rückt das Verhältnis von Freiwilligkeit und Unfreiwilligkeit in den Fokus. Dies betrifft auch die Thematisierung dieses Spannungsfeldes innerhalb der Professions- und Wissenschaftsdiskurse über den Gegenstand der Sozialen Arbeit, wie von Scheu/Autrata (2011, 84) treffend formuliert wurde:

> „Eine weitere Schwachstelle der Theoriebildung über die Dimension der sozialen Probleme ist noch zu markieren: Einerseits werden Menschen zu Opfern von Problemlagen und leiden darunter. Andererseits ist die Spezifik des Menschlichen damit nicht erschöpfend erfasst. Menschen sind auch handelnde und intentionale Wesen, die unter Umständen durch Entscheidungen und Wahlmöglichkeiten zur Entstehung eigener Problemlagen beigetragen haben. Ebenso können Menschen, die selbst von

Problemen betroffen sind, durch ihre Handlungen die Probleme anderer Menschen hervorrufen oder verschärfen."

Handeln Menschen also aufgrund ihres freien Willens? Worin besteht dieser freie Wille und wo ist er begrenzt? Wie wirkt sich diese Intentionalität im Verhältnis zu gegebenen sozialen Strukturen aus?

Unabhängig von der von der Psychoanalyse und Neurobiologie vertretenen Skepsis gegenüber der Annahme eines freien und bewussten Willens, ist selbst in philosophischer Hinsicht nicht klar, ob – selbst wenn Menschen mit einem Willen ausgestattet sind – dieser Wille eine Handlung vollständig determiniert oder bis zu welchem Grad. Für Aristoteles galt noch: „Unfreiwillig scheint zu sein, was durch Gewalt oder Unkenntnis geschieht" (Nikomachische Ethik, Aristoteles, 1110 A1). Also immer dann, wenn eine äußere Instanz mich zu etwas ‚zwingt' oder ich es nicht besser weiß, so Aristoteles, handele ich unfreiwillig und bin damit auch nicht primär ursächlich verantwortlich. Komplizierter wird es schon, wenn man die Annahme hinzufügt, dass sich jemand diesem äußeren Druck beugt oder sich sogar dafür entscheidet, diesem äußeren Einfluss zu folgen, wenn also die Entscheidung selbst zum Ursprung der Handlung wird. Dabei ist zu beachten, dass mit dem Zwangsargument nicht nur die direkte oder autoritäre Beeinflussung von außen zu sehen ist, sondern auch die indirekte Beeinflussung, die meine Wahlmöglichkeiten verengt. Wenn ich z.B. als obdachloser Mensch zwischen einem Diebstahl von Lebensmitteln und starkem Hungergefühl wählen sollte, würde ich mich mangels anderer Alternativen wohl für den Diebstahl entscheiden.[87] Objektive Beobachter würden mir die Verantwortung für mein Verhalten zusprechen, obwohl die dahinterliegenden Gründe nicht vollständig durch meinen freien Willen determiniert waren, hier beispielsweise durch die Absenz legitimer alternativer Mittel zur Befriedigung des Hungers. Es bleibt also auch hier das Problem bestehen, dass der Grund für eine illegitime Handlung evtl. außerhalb meiner selbst liegt, die Handlung jedoch weitgehend durch meine Entscheidung bestimmt und mir als handelndem Subjekt auch zugerechnet wird. Des Weiteren ist auch das Unwissenheitsargument nicht unproblematisch, denn auch wenn sich in unserem Beispiel die obdachlose Person keiner anderen (legitimen) Mittel bewusst ist, wird sie sich doch nicht in Unkenntnis wägen, dass mit ihrer Handlung evtl. eine Schädigung Anderer oder eine Straftat einhergeht. Diese Kenntnis hat sie entweder aus einem moralischen Empfinden oder aus normativen (gesetzlichen) Bestimmungen über Konsequen-

87 Hier entsteht übrigens eine interessante Parallele zur Anomietheorie, die ja bekanntermaßen besagt, dass ein gesellschaftlich attraktives Ziel für bestimmte Personen nicht über legitime Mittel erreicht werden kann und deshalb Kriminalität oder andere illegitime Mittel verwandt werden.

zen des Ladendiebstahls gewonnen. Sollte damit Reue oder ein Schuldbewusstsein verbunden sein, könnte man nach Aristoteles allerdings wiederum von einer unfreiwilligen Handlung sprechen. Weiterhin wäre es in einem moralischen Sinne nicht unbedingt schlecht, den Ladendiebstahl zu begehen, wenn es nicht aus Gier oder einem gewissen Affekt (absichtliche Schädigung des Ladenbesitzers aus Zorn über dessen Art des Umgangs mit Obdachlosigkeit) geschieht.

Bereits diese wenigen Erörterungen verdeutlichen, wie schwierig eine ‚objektive' Bestimmung von Freiwilligkeit, Verantwortung und Zurechenbarkeit ist und wie daher zwischen dem ‚Phänotyp' des offensichtlichen Verhaltens und dem ‚Genotyp' der dahinterliegenden sozialen und psychischen Mechanismen unterschieden werden sollte.

Die Lehre aus der Kantischen Explikation des „radikal Bösen" soll uns abschließend helfen zu verstehen, wie Verantwortung als Zurechnung von Freiheit bzw. freier Entscheidung entsteht. Innerhalb seiner Moraltheorie, die ganz wesentlich auf Gesinnungsgründe setzt, um einen kategorischen Imperativ, wie Kant ihn für zwangsläufig aus der Vernunft kommend annimmt, zu ermöglichen, musste er zunächst auch prüfen, inwieweit trotz der angenommenen Richtigkeit des kategorischen Imperativs („Handle stets so, dass die Maxime Deines Willens jederzeit zum Maßstab allgemeiner Gesetzgebung werden könne.") auch eine von diesem Imperativ abweichende Handlung möglich sei. Schließlich kann man eigentlich nicht wollen, dass eine böse Handlung zu einem allgemeinen Maßstab werden kann. Kant sieht deshalb den Ursprung des Bösen im Widerspruch zur eigenen Vernunft:

> „In dem Augenblick, in dem Gut und Böse nicht mehr in äußerlichen, material definierten Handlungszwecken gesucht werden, sondern allein in der *Form* der vernünftigen Selbstbestimmung von Individuen durch die Annehmung von Handlungsregeln, ist der Konflikt zwischen Gut und Böse also kein Konflikt mehr zwischen Vernunft und Sinnen, zwischen vernünftig erwogenen, vorab fixierten moralischen guten Handlungszwecken und den Schwächen des Menschen als Sinnenwesen beim Erreichen dieser Zwecke, zwischen Geist und Leben, sondern er ist ein *Konflikt innerhalb der Vernunft, [...]*." (Schulte 1991, 36; kursiv i.O.)

Mit anderen Worten gewinnen wir einen Gutteil der moralischen Zurechnungsfähigkeit aus der Erkenntnis, dass Menschen vermittels ihrer Vernunftbegabung immer so oder auch anders handeln könnten und sie sich vielmehr aktiv für eine Handlung entscheiden. Das Böse als Handlung muss also dem Gebrauch der Freiheit zurechenbar sein und nicht einem Naturtrieb. Gleichzeitig nimmt Kant an, dass Vernunft auch nicht vollständig boshaft ist, genauso wenig wie Boshaftigkeit gleichsam rein sinnlichen, tierischen Gründen entspringt. Das bedeutet, dass sich stets für Menschen die Möglichkeit der Wahl ergibt, dieses oder jenes zu tun:

> „Wenn aber jemand bis zu einer unmittelbar bevorstehenden freien Handlung auch noch so böse gewesen wäre (bis zur Gewohnheit als anderer Natur): so ist es nicht allein seine Pflicht gewesen, besser zu sein; sondern es ist jetzt noch seine Pflicht, sich zu bessern." (Kant, zitiert nach Schulte 1991, 110)

In moralischen und juristischen Diskussion, in denen wir das Verhalten von Einzelnen beurteilen, gehen wir – im juristischen Sinne der Rechtsfindung zwangsläufig – davon aus, dass wir einem Einzelnen, insofern er aus einem freien Willen heraus handelt, die Verantwortung für sein Handeln zurechnen müssen. Im moralischen Sinne ist dies weniger eindeutig, wenngleich im Sinne eindeutiger Schuldzuschreibung notwendig. Und selbst wenn wir mit Kant sinnliche, triebhafte oder ‚natürliche' Gründe ausschließen können, so kann doch der freie Wille gleichfalls durch soziale und kulturelle Gründe in eine bestimmte Richtung präformiert worden sein. Mit dem Konzept der adaptiven Präferenzen haben wir hier eine Erklärung der subjektiven Entscheidung für die kurzfristig zu erreichenden Ziele (siehe Kapitel 5.5.4). Darüber hinaus müssen wir aber auch zur Kenntnis nehmen, dass limitierende soziale Strukturen oder fehlende Chancen, sich auch anders entscheiden zu können, einen erheblichen, komplizierenden Einfluss auf die einfache Zuschreibung von Verantwortung haben, wie das obige Beispiel des Obdachlosen zeigt.

Selbstbestimmung oder Fremdbestimmung

Mit (Un-),Frei-Willigkeit' eng assoziiert sind die Begriffe der ‚Selbstbestimmung' und dessen Antonym ‚Fremdbestimmung'. Wer sagt, ‚über sich selbst bestimmen' zu können, geht also davon aus, autonom, also nach eigenen Gesetzen (auto=selbst; nomos=Gesetz) zu handeln, mithin also ‚freiwillig'. Wie aus den vorherigen Erörterungen ersichtlich, ist dieses Verständnis jedoch in weiten Teilen nicht haltbar und stellt wohl eher eine soziokulturelle Konstruktion im Zuge der Individualisierung moderner Gesellschaften als eine anthropologische Tatsache dar. Diese Wirklichkeit lehrt nämlich, dass Selbstbestimmung und Sozialität sich wie Hintergrund und Bild zueinander verhalten, d.h. Menschen sind nicht vollständig ‚autopoietisch', sondern vielmehr auch ‚dependent', von anderen Menschen, von der physikalischen, biologischen, sozialen und kulturellen Welt abhängig.[88] Der autonome Einzelne ist ein Bild, das sich nur vor dem Hintergrund des zoon politicon, des sozialen Wesens Mensch, abzeichnet. Die soziale Umwelt beeinflusst in Wechselwirkung mit unserem Tun unsere Identität als ‚selbstbestimmtes Wesen', sie fördert oder hindert diese Selbstbestimmung und setzt ihr zum Teil legitime, zum Teil illegitime Grenzen. Selbstbestimmung ist somit nicht als Wert an sich zu verstehen, sondern steht immer im Spannungsfeld zu der Freiheit des Anderen, zur sozialen Verantwortung, und findet zugleich hierin auch eine Begrenzung. Gleichzeitig steht Autonomie als Emanzipationsergebnis spätestens seit der philosophischen Aufklärung und dem politischen Liberalismus für einerseits die Unabhängigkeit von fremder Führung (durch Kirche, König und Staat) und andererseits im Kant'schen Sinne für die Verantwortung, das eigene Wollen immer auch dahingehend vernünftig zu prüfen, ob es zu einem allgemeinen Gesetz werden solle.

Im existenzialistischen Sinne fördert dies die Pflicht zu einem selbstbestimmten Leben, zumindest aber zu einem vernünftigen (vgl. Brumlik 2004), in dem die Subjekte, wenn schon nicht frei, so doch zumindest reflektiert über ihre Entscheidungen nachdenken sollten und somit ihre Selbstbestimmung mit der Abhängigkeit von anderen korrelieren: Was kann oder soll ich tun, was anderen – wenigstens – nicht schadet?

‚Glückliche Fügung', Kontingenz und Kairos

Doch nicht nur die schwierige Frage nach dem Verhältnis von autonomen Entscheidungen und sozialen Kontexten bleibt ein Stück weit vage. Auch ist zudem auf ein weiteres, den Wechselfällen des Lebens angemessenes Handlungs-Struktur-Verständnis zu verweisen, um die Möglichkeiten menschlicher Handlungen nicht allzu übersteigert als immer ‚glückend', ‚erfolgreich' und ‚produktiv' anzunehmen und stattdessen auch die Schicksalshaftigkeit und Zufälligkeit einer scheinbar vernünftigen Lebensweise zu konstatieren. Aristoteles sah beispielsweise die ‚glückliche Fügung' als Einflussfaktor auf das Glück, indem er Tugend nicht als isoliert-absolute Eigenschaft im platonischen Sinne, sondern als eine Eigenschaft betrachtete, die sich erst in einer bestimmten Situation ‚bewähren muss', deren Merkmale der richtige Ort, die Begegnung mit bestimmten Menschen und auch die richtige Zeit (‚kairos') sind. In der griechischen Tragödie ist der Held auch deshalb ‚heldenhaft', weil er vor – mitunter selbst gewählte, manchmal aber durch göttlichen Zwang herbeigeführte – Aufgaben hero-

[88] vgl. Karl Marx: Der achtzehnte Brumaire des Louis Bonaparte (1983[1896], 226)

ischer Tragweite gestellt wird. Ob dabei etwas Gutes entsteht, kann häufig erst im Nachhinein festgestellt werden, wenn die Fähigkeiten richtig angewandt, richtig geurteilt und dementsprechend gehandelt wurden sowie schließlich die entsprechende ‚Bewährungsprobe' diese Verwirklichungschance auch hervorrufen konnte. ‚Fähig zu sein' wäre demnach nur die notwendige Bedingung und diese Fähigkeiten günstig und zum richtigen Zeitpunkt angewandt zu haben, dann die hinreichende Bedingung für eine ‚glückliche Tat'. Eine bestimmte Situation kann meine Tugendhaftigkeit also fördern oder eben auch verhindern, kann mir eine günstige Gelegenheit verschaffen, mich zu beweisen, oder eben auch nicht. In diesem Sinne sind m.E. auch die „combined capabilities" Nussbaums zu verstehen, die im Lichte dieser fast stoischen Relativierung in ihrer Zwangsläufigkeit ein wenig entschärft werden und damit auch der Paternalismusvorwurf, der häufig die Möglichkeit, etwas zu tun, mit der Notwendigkeit des Eintretens dieser Handlung gleichstellt. Der bereits erwähnte Fall der obdachlosen Person, die erwägen muss, ob sie zur Stillung des Hungergefühls den Ladendiebstahl begeht, ist insofern nun neu zu bewerten, als die situativen Faktoren (also z.B. die Gelegenheit zum Diebstahl) in die Interpretation hineinspielen.

Trotzdem wird die ausgeführte Handlung in den allermeisten Fällen der handelnden Person zugerechnet, denn „im Augenblick, in dem sie [die Handlungen, Anm. D.R.] ausgeführt werden, entscheidet man sich für sie." (Aristoteles, Nikomachische Ethik, 1110 A 10).

Schließlich bleibt auch in der Anwendungsnotwendigkeit die Möglichkeit des Scheiterns oder auch der ‚schicksalhaften' Fügung zum Schlechten, wie sie in der griechischen Tragödie häufig durch die göttlichen Eingriffe bestimmter Mächte repräsentiert sind. Handlung und Zufall erzeugen somit in gewisser Weise erst gemeinsam ein ‚glückliches' Ergebnis.

5.5.2 Die kluge Wahl und ihre Beschränkungen

Neben den weiter oben erwähnten Beschränkungen hinsichtlich einer ‚falschen Wahl' bzw. positiv ausgedrückt den Möglichkeiten einer ‚klugen Wahl' sind in diesem Abschnitt noch weitere Besonderheiten der subjektiven Handlungsfreiheit zu berücksichtigen, die mit der Eigensinnigkeit, der eingeschränkten Rationalität, der erlernten Hilflosigkeit und den adaptiven Präferenzen markiert werden können. Wir konnten bereits feststellen, dass sich menschliches Handeln in mehrfacher Hinsicht als kontingent darstellt:

Erstens ist die Eigenwirkung menschlichen Handelns angesichts restriktiver, mindestens aber gegebener natürlicher und sozialer Strukturen begrenzt, und zwar auf das menschlich Mögliche, also auf den individuellen, zeitlichen und räumlichen Einflussbereich. Zweitens ist diese Eigenwirkung auch hinsichtlich des subjektiv angeeigneten Kompetenzrepertoires beschränkt, denn ich kann nur im Rahmen meiner Fähigkeiten und Fertigkeiten auf die materielle wie auch immaterielle Welt einwirken. Drittens – und damit teilweise verbunden – kann die subjektive Präferenzordnung selbst zum Problem werden bzw. repräsentiert die Wahl der angestrebten Ziele die potentiell vorhandene Vielfalt der Realisierung menschlicher Lebenspraxis. Viertens ist die Zukunft prinzipiell selbst kontingent, weil sich im Lebensprozess (ontologisch wie auch phylogenetisch) immer Möglichkeiten ergeben können, die derzeit noch unerreichbar oder unrealisierbar scheinen. Damit sind meine derzeitigen Entscheidungen prinzipiell hinsichtlich ihrer Konsequenzen und ihrer Präjudiz für spätere Zeiten unberechenbar und mein Handeln daher in gewisser Hinsicht nicht planbar. Trotzdem muss ich handeln und dies schließlich und fünftens unter der Bedingung, den günstigen Augenblick erwischen zu müssen bzw. zu können bzw. die richtige Gelegenheit zu finden.

Die kluge Wahl, die in der bereits diskutierten Ambivalenz von rationalem und vernünftigem Handeln sich auf der Seite der Vernunft wiederfindet, ist zunächst philosophisch betrachtet jene Art und Weise der Entscheidung für oder gegen etwas inklusive der sich daran anschließenden Handlung, die mir selbst zu einem guten Leben verhilft. Einschränkend muss allerdings gesagt werden, dass ein zunächst als klug erscheinendes Handeln, das moralisch schlechten Zwecken dient oder das meine ‚eigentlichen' Bedürfnisse und Ziele nicht befördert, in Wirklichkeit unklug oder unvernünftig ist. Für Aristoteles bestand diese Unvernünftigkeit darin, nicht das richtige Maß anzustreben, was bei ihm mit seiner Tugendlehre korrelierte. Kluge und damit richtige Entscheidungen würden immer dazu führen, dass ich tugendhaft leben kann, indem ich das richtige Maß zwischen zwei Extremen anstrebe, wie es Aristoteles zu Beginn des zweiten Buches der Nikomachischen Ethik beschreibt. Die Tugend ist also nicht etwas Feststehendes, sondern das Ergebnis einer Urteilskraft, die stets „das Gute im Ganzen" (Aristoteles) wählt (siehe Nussbaum 1999, 227 ff.).

Nur kurz erwähnt sei das für kommunikations- und entwicklungspsychologische Zwecke entwickelte Werte- und Entwicklungsquadrat von Schulz von Thun (1992, 38 ff.), das auf der Grundlage der aristotelischen Tugendlehre zu lesen ist, auch wenn der Autor hierauf keinen expliziten Bezug nimmt. In diesem Modell (siehe Abb. 4 in Anlehnung an Schulz von Thun (1992, 39)) wird die Spannung des ‚tugendhaften' Verhaltens insofern gehalten, als es zur Selbstaufklärung der Klugheit eingesetzt werden kann.

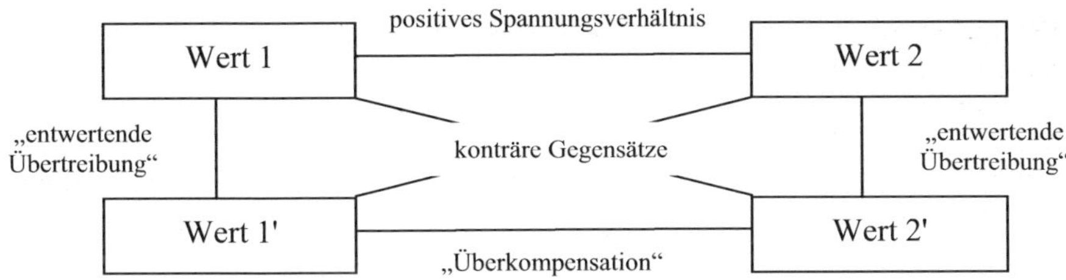

Abbildung 4: Werte- und Entwicklungsquadrat nach Schulz von Thun

Klugheit wird im Anschluss daran also als die Suche nach der richtigen Entscheidung bzw. der richtigen Handlung definiert, wobei dies eben nicht immer zwangsläufig mit der instrumentellen Handlung zur Erreichung des Eigennutzes einhergeht.

Die nicht-instrumentelle Verwendung des Begriffs wurde in der modernen Philosophie dann insofern verlassen, als vor allem utilitaristische Lehren der Nutzenvermehrung die Klugheit zu einer reinen Zweckrationalität umdeuteten, was wiederum Kant dazu brachte, zwischen Zweckrationalität und Moralität zu unterscheiden. Schließlich hat in einer modernen Lesart Habermas (1981) diese Unterscheidung als zwischen „instrumenteller“ und „kommunikativer“ Vernunft festgelegt und auf die Gefahren einer rein an Zwecken orientierten Systemrationalität hingewiesen (Kolonialisierung der Lebenswelt). (vgl. zusammenfassend Wimmer 2004)

5.5.3 Eigensinnigkeit, Widerstand und Reaktanz

Neben den bereits angeführten Argumenten bezüglich der Willens- und Handlungsautonomie des Menschen spielt auch die menschliche Eigensinnigkeit eine wichtige Rolle in der Betrachtung seiner Handlungsfähigkeit. Jedes Subjekt wird in diesem Falle als eigensinniges, weil individuelles Wesen mit je eigenen, zwar zeitlich und situativ variablen, aber doch mit der eigenen Identität stets zu vereinbarenden Wünschen und Zielen verstanden. Jenseits des Anpassungs- und Konformitätsdrucks, der u.a. zu adaptiven Präferenzen führen kann, sind letztlich individuelle Maßstäbe handlungsleitend. Diese sind prinzipiell in der menschlichen Freiheit selbst begründet und können nur über Erfahrungen und Einsicht verändert werden.

Eigensinnigkeit kann ganz grundsätzlich sowohl als Ressource als auch als Risiko verstanden werden. Zum Problem wird sie dann, wenn dadurch weitere Entwicklungschancen verstellt werden, und zwar durch bewusste Entscheidung für einen bestimmten Weg, dem wiederum eine dysfunktionale Präferenzordnung zugrunde liegt, die zumeist in der Bevorzugung kurzfristiger, deutlich spürbarer Ziele besteht. Als Chance und Ressource kann Eigensinnigkeit immer dann aufgefasst werden, wenn sie die Fähigkeit charakterisiert, nicht alles mit sich machen zu lassen, sich nicht beherrschen zu lassen bzw. ein bisschen weniger beherrscht zu werden. Mit Foucault ging es dabei um das „nicht dermaßen regiert zu werden" (Foucault 1992, 11), wobei das Regiment sowohl von Strukturen als auch von kulturellen und sozialen Konventionen und schließlich auch von mir selbst ausgehen kann.[89]

Balke (1999) weist daher richtigerweise darauf hin, dass ein „gesunder Eigensinn" als zivilgesellschaftliches Sozialkapital aufzufassen ist, da sich durch ihn der Wille des Einzelnen oder ganzer Gruppen ausdrückt, sich für die eigenen Belange einzusetzen. Für diese Art des Selbstbewusstseins benötigt das Individuum eine gewisse Eigensinnigkeit, die ihm Orientierung gibt und vor allem eine gewisse motivationale Energie. Eigensinn wird in diesem Sinne verstanden als eine Form der Belebung brachliegender gesellschaftlicher Lebensbereiche, die zur Demokratisierung der Gesellschaft beitragen. Diese Belebung brachliegender Lebensbereiche gilt ebenso für das quasi nach innen vollzogene Empowerment und somit für die Anwendung des eigenen Sinnes auf den eigenen Prozess der Lebensführung.

Eine weitere Variante im Begriffsverständnis von ‚Eigen-Sinn' besteht darin, diese als Fähigkeit zu deuten, sich der eigenen Sinne zu bedienen, um sowohl Situationen als auch handlungsleitende Ziele zu bewerten. Eigen-Sinn meint damit die Fähigkeit zur ‚Lebenskunst', also der Kunst, das eigene Leben zu einem gelingenden Leben zu machen. Eigen-Sinn verhindert somit in zweierlei Hinsicht eine Kolonialisierung der Welt nach innen und nach außen, in dem sowohl die fremdbestimmte Einmischung der äußeren Systeme als auch die eigenen Beschränkungen verhindert werden. Letztlich fördert damit Eigen-Sinn eine partizipative Kompetenz. Dabei ist die Konstruktion von Lebensentwürfen eine produktive Tätigkeit, d.h. die Eigensinnigkeit von Menschen wird dadurch bestimmt, wie sie ihr Leben beschreiben.

Ein gering ausgeprägter Eigen-Sinn bedeutet auf der anderen Seite, Verantwortung abzugeben und sich z.B. von Strukturen abhängig zu definieren. Dieser Selbstetikettierung stehen diejenigen Selbstbeschreibungen gegenüber, die normalisierend wirken, d.h. die dazu Anlass geben, die eigenen Einflussmöglichkei-

89 Diese drei „Entzauberungen", also die Erkenntnis, dass wir uns weder durch Strukturen, noch durch Konventionen, noch durch uns selbst regieren lassen sollten, können wir aus den marxistischen und psychoanalytischen Lehren ziehen.

ten in den Vordergrund zu rücken. Eigen-Sinn ist in diesem Sinne als Bewältigungsressource zu verstehen, die vermittelt, ob sich jemand als hilflos oder mit Hilfe von ‚Normalisierungsvorstellungen' als zwar belastet, jedoch weiterhin kompetent und zur Lebensgestaltung fähig sieht.

Widerstand gegen eine bestimmte soziale Lage oder Handlung ist ein weiteres, für die Soziale Arbeit zentrales, Kriterium der Handlungsfähigkeit von Personen. Zu unterscheiden sind dabei zwei Qualitäten von Widerständen: Zum einen den berechtigten Widerstand gegen unterdrückende, ausgrenzende, ausbeutende und gewalttätige Ausnutzung der Subjekte durch kolonialisierende Effekte sozialer Strukturen. Diese Form des Widerstandes würde ich als produktiven Widerstand bezeichnen, da hier ‚berechtigte' Emanzipationswünsche in eine aktive Tat umgesetzt werden sollen.

Zum anderen kann Widerstand aber auch im Rahmen der Veränderung des eigenen Handelns auftauchen, wobei es auch hier vernünftige (berechtigte) Widerstände geben kann, z.B. gegen erzwungene Tätigkeiten im Arbeitsleben. Für die hier zu betrachtende Einschränkung der Handlungsfähigkeit ist jedoch eine eher dysfunktionale Variante von Widerstand bedeutsam, die in gewisser Weise auch schon von Holzkamp (1995) als „restriktive Handlungsfähigkeit" und von Winkler (1988) als „Modus der Differenz" beschrieben wurden.

Jene letztere Form können wir auch als Reaktanz auffassen, die als normale Reaktion auf drohende Veränderungen mit zunächst nicht direkt sichtbaren Verbesserungen der Lebensqualität auftaucht. Reaktanz als psychologisches Phänomen „bezeichnet die Tendenz, den Empfehlungen oder Weisungen anderer zu widerstehen, um derzeitige oder befürchtete Einschränkungen von Handlungsfreiheiten abzuwehren bzw. die Freiheiten wiederherzustellen." (Conen/Cecchin 2011, 83) Die vermutete oder tatsächliche Einschränkung der subjektiv hochgeschätzten Autonomie erzeugt also zwangsläufig mehr oder weniger starke Formen der Reaktanz und ist deshalb in der Sozialen Arbeit, inner- und außerhalb von definierten Zwangskontexten, von großer Bedeutung und kann aktiv aufgenommen und bearbeitet werden (Kähler 2005).

5.5.4 Adaptive Präferenzen, begrenzte Rationalität und erlernte Hilfslosigkeit

Im diesem Abschnitt soll die dem Menschen innewohnende potentielle Begrenztheit einer vernünftigen Wahl zu jeder Zeit und in jeder Situation in drei aufeinanderfolgenden Schritten differenziert werden. Neben der ohnehin eingeschränkten Willensfreiheit an sich und den eigensinnigen Entscheidungen der Menschen spielen nämlich noch weitere Begrenzungen eine Rolle. Zunächst wird die Idee der adaptiven Präferenzen, wie sie u.a. auch von Sen und Nussbaum postuliert wird, dargestellt. Von ihr aus erreichen wir jenen Bereich der begrenzten Rationalität, der auch als Willensschwäche bezeichnet werden kann. Schließlich soll auch das lern- und sozialpsychologische Phänomen der erlernten Hilflosigkeit Berücksichtigung finden.

Adaptive Präferenzen

Die sogenannten adaptiven Präferenzen, wie sie mehrfach von Nussbaum erwähnt werden (Nussbaum 2006, 108, 263, 389), bezeichnen jene Wünsche und Vorstellungen, die Menschen allein deswegen hegen, weil ihnen der Zugang zu anderen Wünschen und Vorstellungen verbaut scheint bzw. diese unerreichbar scheinen. Schon frühzeitig (1987, 13 f.) nennt Nussbaum unter Bezug auf Sen die Lage von Frauen als Beispiel einer solchen Einschränkung der Entscheidungsfreiheit:

> "He [Sen, D.R.] has spoken in particular of the situation of women in many parts of the world, women who have been so deeply and thoroughly taught to believe that they should not be educated, and in general should not function in various non-traditional ways, that they lack desire for these functionings. [...] Even at the level of basic needs for food, it can be shown that women frequently express the belief that they are doing well, even while they are demonstrably suffering from diseases of malnutrition."

Ein anschauliches Beispiel wählt auch Benner (2001, 76 ff.), welches als Vorlage für ein selbst gewähltes Exempel dienen soll. Stellen wir uns ein junges Mädchen vor, das sich zum Ende der neunjährigen Pflichtschulzeit entscheiden muss, ob sie eine Ausbildung machen oder weiter zur Schule gehen möchte. Ihre gesamte Schulkarriere war geprägt von Erfahrungen, die in ihr das Selbstbild einer ‚schlechten' Schülerin hervorgerufen haben. Dazu trugen tatsächlich schlechte Noten bei, ein Elternhaus, das nicht unterstützte, sondern aufgrund der Alkoholkrankheit der Mutter und der Trennung vom Vater weitere Belastungen mit sich brachte und ein Freundeskreis, in dem die Schule nur als ‚nerviges Übel' angesehen wurde. Zudem – und dies verstärkend – kann das Mädchen auch bei ihren Eltern nicht auf eine erfolgreiche Schul- und Berufslaufbahn als Vorbild zurück greifen. Vielmehr erhält sie von dort Signale, dass aus ihr – wenn überhaupt – jemand werden könne, der einfache Jobs annehmen müsse und am besten jemanden heiraten solle, der genügend Geld verdiene. So könnte eine Entscheidung angebahnt werden, die z.B. so aussähe, dass sie eine Ausbildung zur Sozialassistentin machen und dann irgendwo in einem Kindergarten arbeiten wird. Obwohl sie ein unerkanntes Interesse an Gedichten und anderer Lyrik und ein ebenfalls unerkanntes Zeichentalent (sie zeichnet viel in ihrer Freizeit und schreibt kleinere Texte) besitzt, ist dies für sie kein gangbarer Weg, da ihr die nächsten Stationen (weiterer Schulbesuch, Hochschulreife und dann Grafik- und Kunstdesignstudium) als – wenn auch im Innersten hochattraktiv – unerreichbar gelten.

In ähnlicher Weise sieht auch Weisser in seiner Lebenslagentheorie ein Problem darin, die wirklichen Interessen von Menschen kennen zu können:

> „Neben den tatsächlich vorgefundenen Interessen werden zusätzlich aber auch solche berücksichtigt, die der Menschen bei „unbehinderter" Selbstbestimmung haben würde (…), d.h., die er nur deswegen nicht hat, weil die äußere Situation, in der er sich befindet, ihn verzweifelt machen, abstumpft, kulturell verflacht oder dgl. Einflüsse ausübt. Auch Bevormundung kann zu einem solchen Hindernis werden, wenn sie ihn psychisch überwältigt, so dass er sich ihrer nicht erwehren kann." (Weisser, zitiert nach Knecht 2010, 31).

So können wir bereits an dieser Stelle eine erste Begrenzung der ‚freien Wahl' bestimmen, die nämlich darin liegt, dass Menschen lernen können, was sie beanspruchen bzw. was sie wählen dürfen. Dies schließt auch den Fall mit ein, dass die falschen Dinge gewählt werden oder auch die falsche Menge von Dingen.

Begrenzte Rationalität

Am Rational-Choice-Modell, das Sen kritisiert und durch das Social-Choice-Modell ersetzt sehen möchte, wird u.a. bezweifelt, dass Menschen stets in der Lage sind, die bessere Wahl zu treffen, und zwar alleine aus dem Grund, dass sie über eine nur begrenzte Rationalität verfügen. Damit wird nicht die menschliche Fähigkeit zur rationalen Überlegung an sich angezweifelt als vielmehr die Tatsache, dass stets alle notwendigen Informationen vorhanden sind. Der Begriff der begrenzten Rationalität (bounded rationality) geht auf Herbert Simons zurück, und Sen (2010, 204) beschreibt ihn als

> „die Möglichkeit, dass Menschen nicht in allen Fällen auf eine vollkommen rationale Entscheidung aus sind, weil sie sich entweder nicht vollständig genug auf einen Punkt konzentrieren können oder nicht beharrlich oder aufmerksam genug Informationen suchen und nutzen, die für ein vollständiges Streben nach Rationalität nötig wären."

U.a. aus diesem Grund sieht Sen in der Sozialwahl als öffentlicher Diskussion auch die bessere Grundlage für vernünftige Entscheidungen, da hier davon auszugehen ist, dass die Anzahl der Informationen größer ist und außerdem niemand an entscheidenden Punkten vorbeischauen oder diese ignorieren kann.

Aus der Perspektive der subjektiven Entscheidungs- und Handlungsfähigkeit können wir parallel Erkenntnisse aus dem Modell der kognitiven Dissonanz (vgl. Beckmann 1984) gewinnen. Vereinfacht gesagt, geht es diesem sozialpsychologischen Modell darum, dass Menschen ihr realisierbares Handeln bewerten müssen, und zwar vor dem Hintergrund von Alternativen, die nicht gewählt wurden oder ihrer Ansicht nach nicht attraktiv sind, wobei diese Alternativen mit eher längerfristigen oder geringeren Belohnungen oder Strafen verbunden sind als die aktuelle Handlung. Zu Belohnungen und Strafen gehören auch Risiken und Nebenwirkungen der aktuellen Handlung, die zwar potentiell (kognitiv) bekannt sind, die aber die aktuelle Entscheidung nicht in eine Richtung lenken, die Risiken und Nebenwirkungen vermeiden hilft.

Willensschwäche

Wahrscheinlich meint Sen diese kognitive Dissonanz, wenn er von „Willensschwäche„ spricht, was allerdings m.E. den Trugschluss evoziert, dass es nur darauf ankäme, willensstark zu sein. Dieser hohe Anspruch ist gleichzusetzen mit einer gewissen Überforderung der Menschen, sowohl individuell als auch sozial und gesellschaftlich, da er in einem neoliberalen Setting zu einer Diktatur der Willensstärke mutieren kann. Sen (2010, 204) schreibt: „Man kann ziemlich genau wissen, was man unter rationalen Gesichtspunkten tun sollte, und trotzdem das entsprechende Handeln versäumen."

Die durchaus richtige Beobachtung, dass es z.B. in Kenntnis von Gefahren des Suchtmittelkonsums trotzdem zu diesem kommt, ist allerdings nicht zu verabsolutieren. Gleichwohl ist sie insofern sozialarbeiterische/sozialpädagogische Realität, als es vielfach in der Beratung und Begleitung von Menschen um solche Fragen geht. Obwohl der Professionelle als auch der Klient (im Prinzip) wissen, dass eine andere Handlung besser wäre, so sind doch die Einflussmöglichkeiten des Ersteren durch ethische und professionelle Maximen und die Handlungsmöglichkeiten des Letzteren evtl. durch biografische Erfahrungen, aktuelle Bewältigungsmuster oder andere Einflüsse begrenzt. Trotzdem ist das Ziel, mehr Kontrolle über die eigenen Entscheidungen durch ein reiferes und möglichst autonomes Nachdenken, auch für die Soziale Arbeit bestimmend, wenngleich es nur in definierten Ausnahmefällen ein paternalistisches Handeln (im Sinne advokatorischer Ethik) und in den allermeisten Fällen ein eher am Empowerment ausgerichtetes Handeln legitimiert.

Erlernte Hilflosigkeit

Schließlich ist auch – als Teil der eingeschränkten Handlungsfähigkeit – das Phänomen der erlernten Hilflosigkeit zu beachten. Das von der Forschergruppe um Martin Seligman in den 1960er Jahren durch lerntheoretische Versuche induzierte Modell der „erlernten Hilflosigkeit" ist für das Verständnis von Empowermentprozessen von eminenter Bedeutung. Es wurde von Seligman 1975 zuerst publiziert und in verschiedenen Forschungsarbeiten bestätigt und weiterentwickelt. Weit über die klinische Diagnose der Depression hinaus, kommt den von den Forschern im Experiment gemachten Beobachtungen in Bezug auf die Frage, wann Menschen sich hilflos oder ohnmächtig fühlen, eine zentrale Rolle zu. Auf eindrucksvolle Weise konnte gezeigt werden, wie Menschen durch wiederholte deprimierende, ohnmächtig machende Erfahrungen in einen Fatalismus geraten, der jede weitere Anstrengung blockiert. In mehreren klinischen Versuchen wurden Menschen Situationen ausgesetzt, die sie nicht vorhersehbar beeinflussen konnten und die sie daher über kurz oder lang zum Aufgeben verleiteten.

Die Adaption der Präferenzen an das, was erreichbar erscheint bzw. daran, was einem scheinbar nur zusteht, geht daher einher mit entsprechenden strukturellen, vor allem aber kulturellen und dann subjektiv internalisierten Vorstellungen, die eine Art Lähmung erzeugen. Auch das Phänomen der Hospitalisierung durch Institutionalisierung fällt in den Bereich dieser Erfahrungen. Mit Seligman (1999) können wir deshalb annehmen, dass es im Extremfall zu einer erlernten Hilfslosigkeit kommen kann, die in eine depressive Haltung des sich in die eigene Wirkungslosigkeit ergebenen Selbst münden kann. In ähnlicher Weise, wenn auch aus sozialwissenschaftlicher und nicht psychologischer Sicht heraus sieht Weisser das gleiche Problem:

> „Eine fruchtbare, nicht mit Vorurteilen philosophischer Art belastete heutige Lehre von der Sozialpolitik und der Sozialarbeit geht zweckmässig davon aus, dass es Teilmengen von Gesellschaftsmitgliedern gibt, deren materielle und/oder immaterielle Lebenslage zu ungünstig ist, als dass sich ihre Besserung allein aus der eigenen Initiative […] ergeben könnte, wobei beachtet werden muss, dass auch das Maß, in dem eigene Initiative tatsächlich aufgebracht wird, in topologisch bestimmbarem Umfang von der Lebenslage abhängt, besonders bei langandauerndem […] Bestehen dieser Lebenslage und besonders dann, wenn sich die Lage nahe dem physischen Existenzminimum befindet. Aufgedrängte Beruhigungsideologien der Mächtigen können zu dieser Lähmung der Initiative beigetragen haben. Das Maß der Zufrie-

denheit mit der Lebenslage kann also manipuliert sein." (Weisser, zitiert nach Husi/Meier Kressig 1998, 2679)

Was haben wir also in diesem Abschnitt feststellen müssen? Ausgehend von dem grundsätzlich Problem der genauen Bestimmung von Willensfreiheit und den Bedingungen, unter denen sie sich entwickeln und genutzt werden kann, sind wir zu der Feststellung gekommen, dass wir – auch in Unkenntnis der tieferen Gründe für eine bestimmte Handlung – doch davon ausgehen müssen, dieser Person eine Verantwortung für ihre Handlung zu übertragen. Tieferliegende Gründe wurden darüber hinaus aber auch in der Eigensinnigkeit, dem Widerstand, den adaptiven Präferenzen, der erlernten Hilflosigkeit und einer insgesamt damit eingeschränkten Rationalität bzw. Vernunft gesehen, wobei diese Gründe meist nicht offensichtlich sind, sondern sozusagen im Verborgenen wirken. Trotzdem sind sie im Sinne einer emanzipatorischen Entwicklung aufzudecken und im Rahmen einer sozialarbeiterischen oder sozialpädagogischen Handlung zu berücksichtigen. Mit dem Werte- und Entwicklungsquadrat von Schulz von Thun steht uns ein praktisches Instrument zur Arbeit an dieser begrenzten Rationalität zu Verfügung.

Nachdem nun sowohl die gesellschaftlichen Restriktionen als auch die subjektiven Beschränkungen der Handlungsfreiheit thematisiert wurden, soll im Folgenden stärker von den Möglichkeiten der Gestaltbarkeit dieser sozialstrukturellen und subjektbezogenen Einflüsse die Rede sein, also ein stärker lösungsorientierter Ansatz erarbeitet werden.

5.6 Bildsamkeit als Grundprinzip von Interventionen Sozialer Arbeit

Soziale Arbeit muss sowohl in ihrer der Umweltgestaltung als auch in ihrer der Subjektbildung zugewandten Seite von einer grundsätzlichen ‚Bildsamkeit' von Umwelt und Mensch ausgehen. Bildsamkeit ist damit aktive Einflussnahme auf die Bildung des Subjekts wie auch auf die Bildung günstiger Umweltbedingungen, zu denen die Sozialräume wie auch die Sozialbeziehungen gehören.

Ohne die Grundannahme der Bildsamkeit wäre – dies gilt es anfangs zu unterstreichen – jede professionelle Einflussnahme auf Menschen und Umweltstrukturen sinnlos, da so ein fatalistischer Determinismus herrschen würde, der die Entwicklung der Dinge alleine der menschlichen Anlage oder auch den Umwelteinflüssen überlassen würde.

Der bislang lediglich im Rahmen einer pädagogischen Theorie verwandte Begriff der Bildsamkeit (u.a. bei Johann Friedrich Herbart, vgl. auch Benner 2005) wird hier in seiner Anwendung auch auf die transsubjektiven Bereiche der

Sozialbeziehungen, der Sozialräume und der materiellen Ressourcen ausgeweitet. So wird neben der menschlichen Bildsamkeit auch jene Gestaltung von Sozialbeziehungen, Sozialräumen und auch materiellen Gütern als Bildsamkeit verstanden.

Die erweiterte Begriffsverwendung hat ihren Ursprung ganz wesentlich in der aristotelischen Unterscheidung von Stoff und Form (vgl. Kapitel 3), da ein kritisches Verständnis der Wirklichkeit immer von einer potentiellen Veränderbarkeit dieser Wirklichkeit ausgehen muss. So wie sich in der gegebenen Wirklichkeit immer auch die potentielle andere Wirklichkeit verbirgt, so ist diese andere Wirklichkeit nur durch aktives menschliches Tun zu bergen und damit die gegebene Wirklichkeit zu verändern. Die Wortherkunft von Bildung ist dabei die gleiche wie von Gestaltung, nämlich ‚formatio' (lat.), und Bildsamkeit ist in diesem etymologischen Wortursprungssinne gleichzeitig die Möglichkeit der Bildung, des Aufbaus, der Strukturierung und damit der Gestaltung eines Stoffes, der – mit Aristoteles gedacht – erst durch ‚formatio' seine bestimmte Form erhält.

Im Folgenden wird zur Kennzeichnung dieses Veränderungspotential der Wirklichkeit daher der Begriff der Bildsamkeit verwendet und diese Bildsamkeitshypothese soll im Folgenden auf vier Ebenen verfolgt werden. Zum einen gerichtet auf die handelnden Subjekte, die – selbst gebildet – durch ihr Handeln wiederum bildenden Einfluss auf soziale Beziehungen und soziale Räume nehmen können, zum Zweiten auf die sozialen Räume selbst, die wiederum als bildbar charakterisiert werden, zum Dritten auf die sozialen Beziehungen, selbst wiederum Ergebnis der subjektiven Bildung von Sozialbeziehungen und ihrerseits auf das Subjekt und die Sozialräume ‚rückbildend' Einfluss nehmend und viertens die sozioökonomische Lage, die eine wichtige Grundlage für die menschliche Fähigkeit darstellt, bildsam zu agieren.

In alle Bereiche hinein wirkt die Soziale Arbeit in einem handlungstheoretischen Sinne:

- Im Sinne der Einzelfallarbeit orientiert sie sich an der subjektiven Handlungsfähigkeit und versucht diese ressourcen- und kompetenzorientiert zu erweitern (wobei diese Kompetenzen auch zur Gestaltung von Sozialräumen und Sozialbeziehungen dienen sollen). Hier sichert oder erschließt sie auch durch Beratung die sozioökonomischen Ressourcen.
- Im Sinne der Gruppenarbeit adressiert sie die sozialen Beziehungen selbst, da diese wiederum auf das Subjekt zurückwirken und gleichzeitig Sozialräume bilden, in denen diese Sozialbeziehungen stattfinden.
- Im Sinne der Sozialraumorientierung letztlich will sie Einflüsse entwickeln auf soziale Strukturen, die es Subjekten ermöglichen, befriedigende und unterstützende Sozialbeziehungen zu leben.

- Unter anderem durch politische Arbeit versucht sie die soziomaterielle Lage derjenigen zu verbessern, die dadurch in ihrer Bildsamkeit und im Einfluss auf Sozialbeziehungen und Sozialräume limitiert werden.

5.6.1 Bildsamkeit der Subjekte

Zunächst kann unter Bezugnahme auf die Bildsamkeitsannahme der Pädagogik der Blick auf die subjektive Veränderbarkeit und damit auf die „internal capabilities" im Sinne Nussbaums gerichtet werden. Bei Benner (2005, 72 ff.) finden wir die folgende, auf Herbart zurückgehende Auffassung, dass sich Pädagogik stets nur als eine nicht-deterministische Beeinflussung der menschlichen Weltaneignung verstehen lässt:

> „Im Unterschied zum Anlagenbegriff meint Bildsamkeit keine vorgegebene genetische Bestimmtheit der Bestimmung des Menschen und auch keine vorgegebene Bestimmtheit des Heranwachsenden nach Maßgabe von Umwelteinflüssen." (Benner 2005, 72).

Vielmehr muss pädagogische, sozialpädagogische und sozialarbeiterische Professionalität darauf setzen, dass – trotz ggf. im Lebenslauf aggregierter Erfahrungen von Ohnmacht – Weltaneignung immer wieder bzw. stets möglich ist. Benner (2005, 79) argumentiert sogar soweit, dass er dieses pädagogische Konstitutiv zu einer Frage der Menschlichkeit erhebt: „Jemanden seine Bildsamkeit absprechen, hieße ihm sein Recht zur Mitwirkung an der menschlichen Gesamtpraxis, seine Menschlichkeit aberkennen."

Dass der Mensch also zeit seines Lebens bildsam ist und damit sich selbst verändern kann bzw. tatsächlich verändert, gilt darüberhinausgehend Winkler nur als die erste von zwei Konstitutionen menschlichen Wesens. Nicht nur ist es dem Menschen möglich, sich und seine Umwelt zu verändern, er ist geradezu dazu ‚verdammt' dies tun zu müssen. Da Menschen eben nicht auf die ‚Natürlichkeit' ihrer trieb- und reflexhaften Antriebsgründe beschränkt sind, sind sie stets aufgefordert und damit gezwungen, zu entscheiden, zu handeln und damit tätig zu sein. Dabei handelt es sich nach Winkler (1988, 139) um eine „einzulösende Möglichkeit der Moderne". Hier können wir auch an die existenzialistische Philosophie Jean-Paul Sartres anknüpfen, der im Menschen stets ein wählendes Subjekt wähnte, dass durch diese Wahl(en) das eigene Leben erst konstruiert wird und somit Ausdruck unserer menschlichen Freiheit ist. Daher sind wir auch stets – zumindest prinzipiell – in der Lage, eine andere Wahl zu treffen und damit auch diejenigen zu revidieren, die bislang unser Leben bestimmten.[90]

Die Bildung der eigenen Persönlichkeit, die Entwicklung von Kompetenzen und prosozialem Verhalten ist als ein lebenslanger Prozess zu verstehen, der nicht mit dem Abschluss der Adoleszenz als beendet und endgültig geformt angesehen werden kann, da auch im Erwachsenenalter Erfahrungen hinzukommen. Diese sind – obwohl nicht so prägend wie im Kindes- und Jugendalter – auch in späteren Lebensphasen noch eindrücklich genug, um zu einer Veränderung der eigenen Handlungsziele und -fähigkeiten beizutragen.

Subjektive Bildsamkeit wird dabei ganz wesentlich von der Fähigkeit der kognitiven und emotionalen Möglichkeiten sowie der moralischen Urteilskraft moderiert. Nur wer im Sinne Antonovskys (1997) seine Lage verstehen, ihr einen Sinn beimessen und kompetent handeln kann, wird die jeweiligen Lebensereignisse angemessen bewältigen können. Es ist allerdings – entgegen Antonovskys Pessimismus – davon auszugehen, dass die Formung dieser Kompetenzen während des gesamten Lebenslaufs potentiell möglich ist. Auch andere Bildungs- und Sozialisationstheorien sind in dieser Hinsicht aufschlussreich, wobei an dieser Stelle nur die grundlegenden Annahmen Jean Piagets, Carl Rogers und John Deweys referiert werden sollen.

Menschen lernen, so Piaget, über zwei Prozesse, die er als Akkommodation und Assimilation bezeichnet hat. Akkommodation steht dabei, wie Schraml (1983, 263) im Anschluss an Piaget formuliert, „für die Anpassung der Denkform an die Forderung der Umwelt„ und Assimilation für die „Angleichung der Außenwelt an die jeweilige Form des Denkprozesses“ (vgl. auch Oerter/Montada 1998, 518 ff.). Lernen findet demnach in einer Wechselbeziehung von subjektivem Vermögen – und wir können hier direkt die Erweiterung der kognitiven durch die emotionale, instrumentelle und soziale Dimension vollziehen, und objektiven Gegebenheiten statt, wobei sich die Handlungsmuster einerseits den neuen Erfahrungen gemäß verändern und damit andererseits diese Handlungsmuster eine Erweiterung bzw. Adaption erfahren, eine Sichtweise, die wir u.a. auch in der kulturhistorischen Entwicklungspsychologie nach Vygotskij und seiner Idee der „Zone der nächsten Entwicklung“ wiederentdecken (vgl. Keiler 2002, 291). So sind auch nach Vygotskij jene Niveaus der aktuellen Entwicklung von denen der zukünftigen oder nächsten Entwicklung zu trennen. Wenn wir diese Vorstellung nicht nur auf die kindliche Entwicklung beziehen, so wären auch für Erwachsene solche Zonen der nächsten Entwicklung in Form von noch nicht realisierten nächsten Schritten zu beachten, die ihnen – in Verbindung mit

---

90 vgl. zur Gegenposition die Philosophie Odo Marquards und seine Annahme, dass wir stets mehr unsere Zufälle sind als unsere Wahl (Marquard 2001, 117 ff.).

den Ideen des Capabilities Approach – zu mehr Verwirklichungschancen verhelfen.

Gestützt werden kann diese Annahme auch durch das zutiefst humanistische Verständnis von Entwicklung bei Rogers, der in der „Aktualisierungstendenz" eine anthropologische Konstante sah:

> „Eine der vorsichtigen Schlussfolgerungen, die im Laufe der Jahre gezogen wurden, bezieht sich auf die Grundnatur des menschlichen Organismus. Es wird hypostasiert, dass der Mensch ebenso wie jeder andere lebende Organismus, sei es Pflanze oder Tier, eine inhärente Tendenz zur Entfaltung aller Kräfte besitzt, die der Erhaltung oder dem Wachstum des Organismus dienen. Wenn diese Tendenz nicht behindert wird, bewirkt sie verlässlich beim Individuum Wachstum, Reife und einen Bereicherung des Lebens. Das beste Beispiel hierfür ist wohl das menschliche Kleinkind in einer einigermaßen normalen Umgebung. Es lernt mit der Zeit laufen. Obwohl es sich oft genug stößt, hinfällt oder frustriert ist, strebt es unablässig eine effektivere und befriedigendere Art der Fortbewegung an. Gleiches gilt für den psychologischen Bereich – dass nämlich in einem einigermaßen wachstumsfreundlichen Klima die Tendenz des Organismus, sich in umfassender Weise zu verwirklichen, so zuverlässig funktioniert, dass sie auch Hindernisse und Schmerz überwindet. Es bedarf wohl kaum eines besonderen Hinweises darauf, dass unzählige Umweltfaktoren den menschlichen Organismus auch darin hindern können, sich von seiner Aktualisierungstendenz leiten zu lassen. Seine physische und psychologische Umgebung kann sich in der Weise auswirken, dass seine Aktualisierungstendenz gehemmt oder vollkommen blockiert wird; dass sie nur noch auf verzerrte, absonderliche oder anomale Weise geäußert werden kann; dass sie sich in soziale destruktive statt in konstruktive Bahnen ergießt." (Rogers 1983, 41)

Die Annahme einer subjektiven Bildsamkeit speist sich also aus teils anthropologischen Konstanten (Aktualisierungstendenz, Weltoffenheit[91]) und aus prozesshaften, kompetenzlogischen Prozessen (Akkommodation, Assimilation) und enthält zudem die Vorstellung einer, zumindest theoretisch vorstellbaren, ständigen Entwicklung der Person.

---

[91] Zu denen man zusätzlich auch noch die autopoetischen Kräfte zählen könnte (vgl. Maturana/Varela 1990)

5.6.2 *Bildsamkeit der Sozialräume*

Zu den external Capabilities werden an dieser Stelle sowohl die nachfolgend fokussierten Sozialräume und Sozialbeziehungen als auch die sozioökonomische Lage gezählt.

Dass nicht nur Menschen bildsam sind, sondern auch die Umwelt, und dass die Bildung einer menschenfreundlichen – weil den Aneignungsprozess und die Bildung der Subjekte befördernden – Umwelt nicht nur möglich, sondern notwendig ist, nimmt bereits Winkler an, wenn er die Milieu- bzw. Ortsbildung als pädagogische Intervention definiert. Schon immer war und ist heute noch die Soziale Arbeit darum bemüht, die Lebensbedingungen der Subjekte so zu beeinflussen, dass sich daraus eine Verbesserung ihrer Lage, eine Ausweitung ihrer Entwicklungsmöglichkeiten und damit schließlich ein besseres Leben ergibt. Winkler benutzt hierzu den Ortsbegriff, den er dem Subjektbegriff als Konstituens der Sozialpädagogik zur Seite stellt. Dieser Ort ermöglicht dem Subjekt sich zu entwickeln und zu bestehen, denn er eröffnet Möglichkeiten bzw. enthält Begrenzungen subjektiver Aneignung.

Pädagogisch gesehen haben diese Orte verschiedene Funktionen, denn sie geben im günstigen Fall

> „Sicherheit als materielle Fürsorge und körperliche Versorgung, aber auch als ein Angebot emotionaler Gewißheit, kurz: in jener ‚allseitigen Besorgung', die aus dem ‚Sümpfe des Elends' aufhilft, […]." (Winkler 1988, 280).

Die hier anklingende Bezugnahme auf Pestalozzi wird schließlich insofern erweitert, als die von Winkler avisierten „Orte" stets nicht nur einen passiv-versorgenden Charakter, sondern darüber hinaus auch eine aktiv-kritische Möglichkeit der Veränderung innehaben sollten. Orte bzw. Milieus, oder wie wir später sie besser als Sozialräume verstehen sollten, gewähren also im günstigsten Fall Chancen für eine gelingende Lebensführung der Subjekte, indem sie

- „Sicherheit und Schutz, Geborgenheit, Versorgung" bieten,
- „fehlerfreundlich" sind,
- „Ruhezonen" sind,
- „Entwicklungs- und Lernprozesse ermöglichen",
- Orte sind, die „stets auch die Chance bieten, von ihnen aus andere Orte aufzusuchen" und schließlich
- „ein soziales Leben, einen sozialen Zusammenhang bieten müssen". (Winkler 1999, 321)

Orte als konkrete Gestalt von eher größeren und in ihren Grenzen unklareren Räumen haben somit einen definitiven Charakter. Gleichwohl müssen auch die Räume, vor allem soziale Räume, in den Blick genommen werden. Davon ausgehend, dass diese Räume, wie alle menschliche Kulturprodukte, bereits gestaltet wurden und damit prinzipiell auch umgestaltet werden können, stellt sich die Frage, welche sozialen Qualitäten die Räume bereithalten und wie sie für menschliches Wachstum (Bildung) gestaltet werden müssten. Andererseits sollte realistischerweise beachtet werden, dass die Gestaltung dieser Räume von sehr komplexen und unterschiedliche Ziele verfolgenden Prozessen und Akteuren begleitet wird. Beispielsweise ist nicht ohne weiteres möglich, die als ein wesentlicher Behinderungsfaktor in der Internationalen Klassifikation von Funktionsfähigkeit, Gesundheit und Behinderung erkannte Umwelt zu verändern. Bis heute stellen die in diesem Bereich vorfindlichen Barrieren den größten Teilhabeverhinderungsfaktor dar und können gleichzeitig nur mit großen Mühen und Mitteln tatsächlich verändert werden. So sind die ‚Beplanung' und damit Veränderung dieser Barrieren, seien es bauliche, materielle oder auch verhaltensbezogene, in der personenzentrierten Hilfeplanung bislang nicht berücksichtigt und allenfalls in der sozialräumlichen Einflussnahme von Trägern der Behindertenhilfe avisiert. Auch andere Bereiche der Umweltgestaltung können, wie die Erfahrungen aus der Gemeinwesenarbeit zeigen, nur mittels Verständigung über und Vermittlung von divergierenden Interessen in der Nutzung von Sozialräumen verändert werden.

Soziale Räume sind zum einen territoriale oder soziale Ganzheiten, die beschreibbare Grenzen und eine bestimmte räumliche Ausdehnung haben bzw. bestimmte Bevölkerungsgruppen umfassen. Die Raumsoziologie (Löw/Sturm 2005, 31) geht diesbezüglich in einem modernen Verständnis davon aus, dass

> „Raum nicht länger als naturhaft gegebener materieller Hinter- oder erdgebundener Untergrund sozialer Prozesse unveränderbar und für alle gleichermaßen existent angenommen werden kann. Vielmehr wird Raum selbst als sozial produziert, damit sowohl Gesellschaft strukturierend als auch durch Gesellschaft strukturiert und im gesellschaftlichen Prozess sich verändernd begriffen."

Gleichzeitig wird so deutlich, dass soziale Räume Lebenswelten darstellen, in denen Menschen ihr Leben leben und in dem sie die für ein gelingenderes Leben (Thiersch) und ihre Lebensführung notwendigen Ressourcen, aber auch entsprechende Restriktionen und Limitierungen vorfinden. Wenn Thiersch/Grunwald/Köngeter (2010) hier von einer Pseudokonkretheit sprechen, meinen sie die gleichzeitige Beständigkeit (Routine) der Lebenswelt und deren Veränderbarkeit (Emanzipation) und somit auch soziale Beziehungen und Strukturen, die nur vom aktiv handelnden, die räumliche Umgebung sich aneignenden und soziale Beziehungen gestaltenden Subjekt wahrgenommen und gestaltet werden können. Räume repräsentieren somit zum Zweiten menschliches Handeln in Form von temporär wirksamen, kommunikativen Vereinbarungen über die Gestaltung und Nutzung dieser Räume. Räume sind – mit dieser sozialen Qualität ausgestattet – also Orte des sozialen Handelns und damit ‚Container' für soziale Beziehungen, die in diesen Räumen gelebt werden. Somit schließt sich daher die soziale Netzwerktheorie an die beiden anderen Dimensionen des Sozialraums an. Soziale Netzwerke und soziale Beziehungen, vor allem in Form von Sozialer Unterstützung, finden ‚irgendwo' statt, entweder in privaten, halböffentlichen oder öffentlichen Räumen. Zum Dritten wird Sozialräumlichkeit auch von der subjektiven Deutung jedes Einzelnen bestimmt. Jede Person wird zu ihrem Sozialraum also verschiedene Orte und Milieus zählen, in bzw. mit denen sie bestimmte Aktivitäten oder Qualitäten verbindet. So kann der Stadtpark oder Wald, der sich nicht unbedingt direkt im Wohnumfeld befinden muss, Erholung bedeuten und die Freizeit- und Sportstätte in einer ganz anderen Gegend mehr für Sport und Spiel stehen. Wiederum befindet sich evtl. der Arbeitsplatz an einem ganz anderen Ort und ist eher durch eine Funktionalität des Einkommenserwerbs oder auch der beruflichen Verwirklichung gekennzeichnet.

Man könnte also neben der Betrachtung der sozialstrukturellen Dimensionen (klassische Sozialraumanalyse nach Einkommen, Wohnstandard, Alter, Geschlecht der Bevölkerung) auch die sozialen Begegnungen zwischen den ‚Bewohnern' des jeweiligen Raumes untersuchen sowie die subjektive Landkarte (Boettner 2007) jedes Einzelnen.

So sind auch verschiedenste Bildsamkeiten bzgl. der Sozialräumlichkeit möglich:

Die territoriale, streng räumliche und die natürliche Umgebung kann durch menschliche Aktivität in materieller, baulicher, landschaftsgestaltender und kultureller Hinsicht bearbeitet und verändert werden. Dabei treten diese Formen der Gestaltung in enge Verbindung und werden geformt bzw. ausgerichtet durch die sozialen Beziehungen, von denen diese Aktivitäten ausgehen und auf die sie zielen. Eine soziale Ferne zwischen den Raumbildnern (z.B. Architekten oder Kulturschaffenden) kann dabei in einen Widerspruch geraten mit den Bedürfnissen späterer Nutzer bzw. Bewohner dieser Sozialräume.

Deshalb sind hinsichtlich der sozialen Qualität der Sozialräume die späteren Wirkungen auf die Beziehungen zwischen den Nutzern oder Bewohnern von besonderer Bedeutung und im besten Fall werden sie bereits in die Planungs- und Entwicklungsphase von sozialräumlichen Gestaltungsprojekten partizipatorisch einbezogen. Auch in der Gestaltung und Schaffung von Sozialräumen sind jene sozialen Beziehungen überaus bedeutsam, da sie eine Identifikation mit dem Ergebnis antizipieren bzw. erreichen können.

Schließlich kann auch die subjektive Qualität hinsichtlich der Sozialräume auf eine bestimmte Art und Weise gestaltend einwirken, in den allermeisten Fällen wird es aber zu einer späteren Perzeption der ‚gegebenen Verhältnisse' kommen. Dann sind die subjektive Wahl der ‚Aufenthaltsorte' und die kluge Nutzung der Chancen und Ressourcen, die ausgewählte Sozialräume bieten, von großer Bedeutung. Hier wird also mehr die subjektive Landkarte zu bilden sein und weniger der Sozialraum selbst.

Dass letztlich eine interdependente, wenn auch mit unterschiedlicher Einflussstärke verbundene Beziehung zwischen Raum, Menschen als Interaktionspartnern und Subjekten als Individuen besteht, ist zu erwähnen, jedoch in systemischer Hinsicht auch offensichtlich.

5.6.3 Bildsamkeit der Sozialbeziehungen

Neben den subjektiven und sozialräumlichen Bildsamkeiten sollen schließlich auch noch die interpersonellen Sozialbeziehungen als gestaltbar wahrgenommen und den external Capabilities zugezählt werden.

Es wurde bereits deutlich, dass diese sozialen Beziehungen in Sozialräumen gelebt werden, die ihnen einen bestimmten ‚Stempel' aufdrücken. Sozialräume determinieren mitunter, welche Form von sozialen Beziehungen dort stattfinden soll (Boettner 2007). Darüber hinaus ermöglichen soziale Beziehungen erst die Gestaltung von Sozialräumen durch kooperative Aktionen bzw. gestalten Anordnungsmuster sozialer Beziehungen durch bestimmte Machtstrukturen erst die Sozialräume und die darin vorkommenden Sozialbeziehungen.

Sozialbeziehungen sind als Ergebnis menschlicher Interaktion von einer bestimmten Dauer und Qualität gekennzeichnet, die verschiedene Zwecke und Ziele darstellen (vgl. auch Heidbrink/Lück/Schmidtmann 2009; Honneth/Rössler 2008). So sind Sozialkontakte als eher einmalige, zufällige, jedenfalls nicht dauerhaft sozialbeziehungsbildend aufzufassende Akte menschlicher Interaktivität von persistierenden Sozialbeziehungen zu trennen. Auf die emotionale Qualität sozialer Beziehungen weisen Argyle/Henderson (1986, 12) hin:

> „Als ‚Beziehungen', ‚persönliche Beziehungen' oder ‚Dauerbeziehungen' bezeichnet man regelmäßige soziale Beziehungen mit bestimmten Personen über eine gewisse Zeit hinweg. (…) In vielen Fällen finden wir Bindung und gegenseitige Verpflichtung; das bedeutet, dass der andere bei Abwesenheit vermisst und das Ende der Beziehung als schmerzlich und belastend erlebt wird."

Die so charakterisierten ‚persönlichen Beziehungen' sind vor allem solche zu Familienangehörigen, engen Freunden oder Liebespartnern, wohingegen andere soziale Beziehungen, z.B. zu Arbeitskollegen, lediglich durch eine weniger intensive emotionale Qualität als vielmehr durch eine gewisse Anerkennungsqualität, z.B. bezogen auf Leistung oder Verlässlichkeit, gekennzeichnet sind.

Dabei sind anders als bei Tieren bei Menschen neben der Reproduktion bzw. dem Schutz der eigenen Spezies bzw. Gruppe viele weitere Intentionen vorhanden, die eine Sozialbeziehung entstehen und fortbestehen lassen (vgl. Scheu/Autrata 2011, 211).

> „Sozialbeziehungen [...] benötigen als notwendige, aber noch nicht hinreichende Voraussetzung Handeln im Kontext des Sozialen: Aus sozialen Handlungen können Sozialbeziehungen resultieren. Das muss aber nicht zwangsläufig so ablaufen: Soziale Handlungen können sehr passager und auch weitgehend anonym bleiben. [...]. Auf der anderen Seite ist die Bildung einer neuen Sozialbeziehung darauf angewiesen, dass aus sozialen Handlungen zwischen Unbekannten wechselseitig die Perspektive entsteht, daraus eine dauerhaftere und verbindlichere Perspektive herzustellen." (Scheu/Autrata 2011, 212)

Diese „persistente" bzw. „persistentere" Qualität von Sozialbeziehungen soll auch in dieser Handlungstheorie als ein Ausgangspunkt herangezogen werden, um darzustellen, wie diese Sozialbeziehungen ‚gebildet' werden. Mit Scheu/ Autrata (2011, 214) will ich aber annehmen, dass diese Sozialbeziehungen von der Wahl der Menschen abhängen und damit grundsätzlich veränderlich sind:

> „Jedem einzelnen Menschen steht jeweils ein Möglichkeitsraum zur Verfügung, in dem allein schon Handlungsalternativen offen stehen. Weiter können Menschen ihren Möglichkeitsraum verändern; das mag durch ihre gesellschaftliche Position erschwert sein, auch Einschränkungen und Widerstände sind zu gewärtigen. Es sind aber Weggabelungen, an denen Entscheidungen zu treffen sind." (Scheu/Autrata 2011, 215)

Die AutorInnen unterscheiden schließlich zwischen defensiven und expansiven Sozialbeziehungen, wovon die ersten durch eine Art Schutzhaltung des Subjekts begründet sind und damit eher den (wenn auch problematischen) Status quo konsolidieren als in Form expansiver Sozialbeziehungen eine „Erweiterung der Lebensmöglichkeiten und damit auch der eigenen Lebensqualität" (Scheu/ Autrata 2011, 226) anzustreben. Gleichzeitig charakterisiert die expansive Variante auch eine eher solidarische Entwicklung:

> „Auch im Bereich der defensiven Sozialbeziehungen wird ja an der Erhaltung und Festigung der eigenen Position gearbeitet, allerdings wird dabei in Kauf genommen, dass das auf Kosten anderer Menschen geschieht. Die expansive Perspektive der Sozialbeziehungen schließt die Position anderer Menschen in dem Sinn ein, dass sie nicht allein eigene Interessen realisieren will, sondern auch die Interessen anderer Menschen im solidarischen Kontext berücksichtigt." (Scheu/Autrata 2011, 226)

Sozialbeziehungen sind also einerseits konstitutiv für die menschliche Lebensführung, andererseits sind sie gleichzeitig variabel und die jeweilige Form der Sozialbeziehungen, in denen man lebt, ist von den Möglichkeiten und Begrenzungen der kulturellen und sozialen Umwelt wie auch von den subjektiven Entscheidungen abhängig. Für eine Handlungstheorie Sozialer Arbeit ist dabei entscheidend, dass Menschen in ihrer Handlungsfähigkeit nicht nur bezüglich der Reflexion ihrer subjektiven Entscheidungen unterstützt, sondern auch in der solidarischen Gestaltung von Sozialbeziehungen gestärkt werden müssen, um somit diese Sozialbeziehungen zu festigen.

Exkurs: Bildsamkeit der gesellschaftlichen Inklusions- und Exklusionsmechanismen (Merten/Scherr 2004)

Neben den eher vom Subjekt ausgehend betrachteten Möglichkeiten und Einschränkungen von Sozialbeziehungen sind darüber hinausgehend auch die allgemeinen Prozesse der Beziehungsstrukturen von Menschen als Gesellschaftsmitglieder von Bedeutung. Auf einem eher aggregierten Niveau müssen daher auch Inklusions- und Exklusionsmechanismen bzw. Stigmatisierungs- und Diskriminierungsprozesse betrachtet werden. Sie tragen vor allem zu einer strukturellen Benachteiligung in der Ausbildung und Nutzung von internal und external Capabilities bei. Zuletzt haben verschiedene Autoren bei Anhorn/Bettinger/Stehr (2008) diverse Mechanismen sozialen Ausschlusses thematisiert. Ihre makrogesellschaftlichen Analysen konstatieren moderne Formen des Ausschlusses, der im Zuge der gesamtgesellschaftlichen Flexibilisierung, Individualisierung und Pluralisierung von Lebens- und Arbeitsformen immer wieder neue Formen der Ungleichheit (re-)produziert. Diese Ungleichheit kann in einem weiteren Reduktionsschritt als eine ungleiche Verteilung von Partizipationschancen betrachtet werden, also jener Chancen „an mehr oder weniger zentralen Bereichen und Ressourcen der Gesellschaft" teilzuhaben und zwar, indem über „die Möglichkeit von (Lohn-)Arbeit, über Eigentum, über Geld, über freie Mobilität, über Wissen und Ausbildung, Autonomie in der Lebensgestaltung, Privatheit, Intimität, Anerkennung als gleich und gleich berechtigt u.a.m." (Steinert, zitiert nach Anhorn 2008, 37) verfügt werden kann.

Doch wo liegen die Verbindungen dieser doch eher distributionstheoretischen Überlegungen über die Verteilung gesellschaftlicher Ressourcen zur Partizipationsthematik bzw. zu Stigmatisierung und Diskriminierung? Auf der einen Seite ist Winkler (2008) insofern zu folgen, als dass sich die auf makrosoziologischer Ebene zu entdeckenden Mechanismen, mindestens für die Soziale Arbeit als Handlungsprofession, immer auch rückbeziehen lassen müssen auf subjektive Handlungsmöglichkeiten. Das könnte bedeuten, dass Gemeinschaften (neu) geschaffen bzw. Räume ge- oder eröffnet werden müssen, in denen sich Menschen (wieder) begegnen können. Dies würde zwar nicht alle machtbedingten Exklusionsmechanismen und schon gar nicht die gerade durch Gemeinschaften entstehenden Machtstrukturen beseitigen, jedoch kann sie, wie durch die Kontakthypothese angenommen (Cloerkes 2007), zu einem Abbau von Vorurteilen und damit Stigmata führen.

Und auch die subjekttheoretische Seite ist alles andere als banal, wie Winkler (2008, 125) eindrücklich argumentiert und eine Theorie Sozialer Arbeit als Erkenntnis zumutet:

> „Als besonderer Zynismus zeichnet die *liquid modernity* aus, wachsenden Teilen der Bevölkerung noch die zivilisatorischen Zwänge zu verweigern, aus welchen heraus Autonomie und Moral erarbeitet werden müssen. Insofern rekrutiert sich die Klientel Sozialer Arbeit und der Sozialpädagogik keineswegs aus guten Menschen, denen die Zumutungen erspart werden können, die mit Zivilisation einhergehen."

Also selbst bei partizipativ ausgerichteter Ressourcen- und Chancengerechtigkeit im Sinne des Capabilities Approach müssen wir – wie in Kapitel 5.5 bereits argumentiert – auch die subjektive Beschränkung zur Kenntnis nehmen.

5.6.4 *Bildsamkeit der sozioökonomischen Lage*

Zunächst erscheint es fremd, den Begriff der Bildsamkeit auf die sozioökonomische Lage von Menschen zu beziehen. Allerdings, so die hier vertretene These, ist auch die materielle, sozioökonomische Lage von Menschen nicht, oder jedenfalls nicht vollständig, durch außerhalb der menschlichen Verfügungsmacht liegende Kräfte prädisponiert. Vielmehr spielen an dieser Stelle tatsächlich die realen, von Menschen gemachten Verteilungsverhältnisse eine Rolle. Sie sind damit auch veränderbar, und zwar im Sinne einer menschlichen Tätigkeit, die auf dem Verständnis einer gerechten Verteilung von sozioökonomischen Grundlagen basiert. Auch die sozioökonomische Lage ist zu den external Capabilities zu zählen.

Dieses ökonomische Kapital steht zwar in Wechselbeziehung zu den anderen Kapitalsorten (vgl. Bourdieu 1992), hat jedoch eine eigenständige Bedeutung insofern, als es in modernen, kapitalistischen Gesellschaften eine sehr grundlegende Daseinssicherung garantiert. Allerdings ist mit Sen und Nussbaum darauf hinzuweisen, dass – anders als Rawls es annahm – mit einem bestimmten Einkommen und Vermögen allein noch kein gutes Leben zu erreichen ist. Vielmehr kommt es darauf an, die Nutzung dieses Kapitals zu betrachten, denn mit Geld kann vieles erreicht bzw. es kann zu vielem eingesetzt werden (vgl. Nussbaum 2006, 74 f.):

> "Resources are inadequate as an index of well-being, because human beings have varying needs for resources, and also varying abilities to convert resources into Capabilities. Thus two people with similar quantities of resources may actually differ greatly in the ways that matter most for social justice."

Wir sind auf diese Feststellung schon in Kapitel 4.3.2 gestoßen, als gezeigt wurde, dass die durchschnittlich verfügbare Menge an Einkommen in einer Nation allein noch kein genaues Maß dafür abgibt, wie sich dieses Einkommen verteilt und zu welcher Lebensqualität es führt.

Geld als eine basale Ressource determiniert für sich genommen zwar noch kein gutes Leben, ist aber trotzdem für die Entwicklung weitergehender Chancen eine wichtige Grundlage (vgl. Knecht 2010; Kaufmann 2005; IAW 2006).

Im Allgemeinen müssen wir also im Sinne der Schwellenwertkonzeption im Capabilities Approach davon ausgehen, dass Menschen mindestens über ein materielles bzw. wirtschaftliches Existenzminimum verfügen können müssen:

> „Existenzminimum bezeichnet die in Geldeinheiten ausgedrückte Wertsumme eines mit Preisen bewerteten Warenkorbes von Gütern und Dienstleistungen, die zur Sicherung des Überlebens oder eines menschenwürdigen Daseins in einer Gesellschaft erforderlich ist." (Hauser 2011)

In Deutschland bzw. in entwickelten Industriestaaten kommt vor allem ein relativ zu bemessendes Existenzminimum, das einem soziokulturellen Minimum für ein menschenwürdiges Leben entspricht, im Gegensatz zu einem für das Überleben notwendigen absoluten Existenzminimum zum Tragen. Es wurde in Deutschland nach verschiedenen Modellen berechnet (Warenkorbmodell, Einkommens- und Verbrauchsstatistik) und immer wieder höchstrichterlich, vor allem verfassungsrechtlich überprüft. Zuletzt erfolgten z.B. Prüfungen im Rahmen des SGB II sowie des Asylbewerberleistungsgesetzes. Das Bundesverfassungsgericht hat beispielsweise am 9.2.2010 die damals im Rahmen des SGB II gültigen Regelsätze als nicht verfassungskonform bewertet, da sie den Anspruch auf Gewährleistung eines menschenwürdigen Existenzminimums, wie er sich grundsätzlich aus Art. 1 Abs. 1 GG in Verbindung mit Art. 20 Abs. 1 GG ergibt, nicht erfüllen. In der Begründung heißt es u.a.:

> „Das Grundrecht auf Gewährleistung eines menschenwürdigen Existenzminimums aus Art. 1 Abs. 1 GG in Verbindung mit dem Sozialstaatsprinzip des Art. 20 Abs. 1 GG sichert jedem Hilfebedürftigen diejenigen materiellen Voraussetzungen zu, die für seine physische Existenz und für ein Mindestmaß an Teilhabe am gesellschaftlichen, kulturellen und politischen Leben unerlässlich sind. [...]".

Dieses Grundrecht sei durch die auf der Basis der Einkommens- und Verbrauchsstatistik berechneten Regelsätze durch mehrere, im Urteil einzeln aufgeführte Fehler des Gesetzgebers nicht garantiert.

Auch in der Sozialhilfe (SGB XII) wird dieser Mindestbedarf definiert, und zwar in § 27a als notwendiger Lebensunterhalt:

> „(1) Der für die Gewährleistung des Existenzminimums notwendige Lebensunterhalt umfasst insbesondere Ernährung, Kleidung, Körperpflege, Hausrat, Haushaltsenergie ohne die auf Heizung und Erzeugung von Warmwasser entfallenden Anteile, persönliche Bedürfnisse des täglichen Lebens sowie Unterkunft und Heizung. Zu den persönlichen Bedürfnissen des täglichen Lebens gehört in vertretbarem Umfang eine Teilhabe am sozialen und kulturellen Leben in der Gemeinschaft; dies gilt in besonderem Maß für Kinder und Jugendliche. Für Schülerinnen und Schüler umfasst der notwendige Lebensunterhalt auch die erforderlichen Hilfen für den Schulbesuch."

Bereits in § 1 SGB XII wird die Aufgabe der Sozialhilfe wie folgt verstanden:

> „Aufgabe der Sozialhilfe ist es, den Leistungsberechtigten die Führung eines Lebens zu ermöglichen, das der Würde des Menschen entspricht. Die Leistung soll sie so weit wie möglich befähigen, unabhängig von ihr zu leben; darauf haben auch die Leistungsberechtigten nach ihren Kräften hinzuarbeiten. Zur Erreichung dieser Ziele haben die Leistungsberechtigten und die Träger der Sozialhilfe im Rahmen ihrer Rechte und Pflichten zusammenzuwirken."

Es wird somit ersichtlich, dass die Festlegung des operationalisierten Mindestbedarfs/Regelsatzes einem politischen und juristischen Prozess unterliegt, da eine direkte Ableitung aus der Verfassung nicht möglich ist. Deshalb wäre Soziale Arbeit an dieser Stelle wiederum eher im Sinne politisch-advokatorischer Tätigkeit gefragt, um etwaige Ungerechtigkeiten, insofern sie sich aus der normativen Betrachtung eines menschenwürdigen Mindestbedarfs, z.B. im Anschluss an den Capabilities Approach, ergeben, zu thematisieren (vgl. Kapitel 5.4)

5.7 Ressourcennutzung als Grundprinzip von Interventionen Sozialer Arbeit

Die Erkenntnisse des Capabilities Approach in Verbindung mit der Funktionsanalyse einer Sozialen Arbeit als Profession und Disziplin für die Zusammenhänge zwischen Subjekt und Gesellschaft, die die Subjekte in ihrer Daseinsmächtigkeit unterstützen möchte, können in zweierlei Hinsicht eine Wirkung erzeugen: Zum einen ist die Handlungsbefähigung der Subjekte ein zentrales Ziel Sozialer Arbeit (siehe Kapitel 5.5, 5.6 und 5.8), zum anderen, und das soll in diesem Abschnitt erörtert werden, dient die Beschreibung von grundlegenden Capabilities als notwendigen Lebenschancen, die den Subjekten tatsächlich zur Verfügung stehen müssen und aus denen sie dann wählen können, zu einer ebenso fundamentalen wie auch detaillierten Kritik der Ressourcenlage sowie eines Zugangs zur Ressourcennutzung im Sinne einer Transformation dieser Ressourcen.

5.7.1 Ressourcenkritik und daseinsmächtige Lebensführung

Die fehlende oder mangelnde Verfügung über Ressourcen wird als mangelnde ‚Weltaneignungschance' verstanden, d.h. es wird die Unmöglichkeit problematisiert, sich die Ressourcen der materiellen, kulturellen wie sozialen Umwelt anzueignen bzw. diese zu nutzen. Dabei wird zwar grundsätzlich von einem inversen Verhältnis von Subjekt und Welt ausgegangen, in der hier problematisierten Sicht aber vor allem die sozialen und kulturellen Strukturen als entwicklungshemmend und die Daseinsmächtigkeit gefährdend gesehen:

> "Social and economic factors such as basic education, elementary health care, and secure employment are important not only in their own, but also for the role they can play in giving people the opportunity to approach the world with courage and freedom. These considerations require a broader informational base; focusing particularly on people's Capabilities to choose the lives they have reason to value." (Sen 1999, 63)

Im Sinne einer Verlustspirale sind dabei z.B. mangelnde Ressourcenausstattung im soziomateriellen Sinne und Ressourcennutzung bzw. Ressourcennutzungskompetenz aufs engste miteinander verbunden. Solange Menschen in Mangellagen leben und somit über wenig soziomaterielle Ressourcen verfügen, wirkt sich dies auch automatisch auf ihre Weltaneignung im Allgemeinen aus. Sprich, wenn ich kein Geld zur Verfügung habe, um Reisen zu unternehmen, Kulturveranstaltungen zu besuchen oder Bildungsangebote in Anspruch zu nehmen, werde ich daraus resultierend auch weiterhin wenig soziomaterielle Ressourcen zur Verfügung haben, da Bildung und Kultur selbst Ressourcen zur Verbesserung der soziomateriellen Lage darstellen. Eine mangelnde Ausstattung mit sozioökonomischen Mitteln wird auch von Staub-Bernasconi als ein wichtiger Faktor angesehen, der dann – in der Lesart ihrer Systemtheorie – den Austausch mit anderen limitiert bzw. diesen auf eine bestimmte Art und Weise figuriert, da er eher problematische Austauschbeziehungen produziert.

Gleichfalls werde ich durch unausgewogene, einseitige, mich eher dominierende, abhängig machende oder ausschließende Sozialbeziehungen in meiner Weltaneignung insofern gehemmt, als diese selbst, wenn sie ausgewogen, reziprok, partizipativ und kooperativ ausgerichtet sind, zu meiner Entwicklung beitragen werden. Ebenso trifft dies auch auf die mich umgebenden Sozialräume zu, die mich entweder in meiner Weltaneignung unterstützen oder diesbezüglich begrenzen.

Soziale Arbeit adressiert hier also nicht das jeweilige Subjekt, sondern die strukturellen Hemmnisse, die einer produktiven Daseinsmächtigkeit entgegenstehen.

So wie es der Capabilities Approach in der Lesart Nussbaums formuliert, sind dabei bestimmte Schwellenwerte hinsichtlich der Capabilities zu benennen, die dem Subjekt mindestens zur Verfügung stehen sollten, damit von einer echten oder tatsächlichen Chance zur produktiven Weltaneignung ausgegangen werden kann. Wie bereits deutlich wurde, ist dieser Ansatz auch mit der Arlt'schen „Notgrenze“ als einer nicht zu unterschreitenden Ressourcenausstattung zu vergleichen. Es geht also um gesellschaftliche Güter (materielle wie immaterielle), die den Subjekten (nicht) für ihre Lebensführung zur Verfügung stehen.

5.7.2 Grundlagen einer Ressourcentheorie

Ausgehend von der oben aufgefächerten Sozialanalyse können wir auch an diesem Punkt Ressourcen differenzieren, die sich direkt an das Subjekt wenden, die an Sozialräume gebunden sind und schließlich jene, die an die Sozialbeziehungen geknüpft sind.

Die Verwendung des Begriffs Ressourcen an dieser Stelle meiner Argumentation soll die Anschlussfähigkeit an andere Diskurse und Theorien Sozialer Arbeit sichern (siehe zusammenfassend Knecht/Schubert 2012) und gleichzeitig muss der Begriff der Ressource selbst eingeführt werden. Der Begriff Ressource ist innerhalb der Sozialen Arbeit ein zunehmend bedeutsamer Ankerpunkt für die professionelle Tätigkeit geworden, da – zunächst in kategorischer Abwehr des defizitären Problembegriffs – er mittlerweile als Pendant einer Problematisierung von subjektiven und sozialen Lagen charakterisiert wird.

Im 19. Jahrhundert wird der Begriff ‚Ressource' u.a. als Synonym für Erholungsräume im Rahmen städtebaulicher Reformvorhaben verstanden, durch deren Renaturierungsvorhaben (Anlegen von Stadtparks, Kleingartenkolonien, Stadtvierteln mit Gartenanlagen etc.) den insb. durch das Städtewachstum der Industrialisierung entstehenden Risiken begegnet werden sollte. Etymologisch steht Ressource, aus dem Französischen übersetzt, für eine Quelle, aus der geschöpft werden kann, die Erholung, Kraft und neue Energie bereitstellt.[92]

Eine erweiterte Bedeutung erhielt der Begriff ‚Ressource' durch die Ökologie-Diskussion der letzten drei Jahrzehnte des 20. Jahrhunderts, deren Anfang mit dem Bericht von Meadows und Meadows (1972) im Auftrag des Club of Rome über die „Grenzen des Wachstums" assoziiert werden muss. Es ging den Autoren um ein Plädoyer für ein ausgewogenes Verhältnis von Ressourcenverbrauch und Umweltbelastung auf der einen und Konsumhaltungen und Produktionsformen auf der anderen Seite. Ressourcenorientierung bedeutet also Schutz der materiellen wie der sozialen Existenzgrundlagen, was zur bis heute anhaltenden Konjunktur des Begriffes ‚Nachhaltigkeit' führte.

Dieser zunächst ökologische Begriff wurde in der Sozialen Arbeit in ‚Hilfe zur Selbsthilfe', ‚Emanzipation', ‚Empowerment', ‚Wiederbemächtigung' übersetzt bzw. war teilweise darunter schon bekannt. Nachhaltigkeit bedeutet in der Sozialen Arbeit die Fähigkeit und Lebensweise von Einzelnen, Gruppen und ganzen Bevölkerungsteilen, unabhängig und ohne bevormundende, pädagogische Führung ein selbstbestimmtes, selbstständiges Leben zu führen. Eigene Ressourcen (und zwar am besten solche, die regenerabel sind, wie z. B. soziale Beziehungen) sollen aufgebaut oder aktiviert werden bzw. soziale Ressourcen sollen genutzt und ggf. auch aufgebaut werden. Dabei sind sowohl materielle Ressourcen als auch immaterielle Ressourcen für eine ‚gelingende Lebensfüh-

[92] vgl. beispielsweise die Therbusch'sche Ressource in Berlin-Mitte, Oranienburger Straße, oder auch die Gründung des Hamburger Stadtteils „Wandsbek-Gartenstadt" als Teil der Gartenstadtbewegung

rung‘ ausschlaggebend. Hingegen sollen ‚Senken‘, d.h. Problemlagen und Störungen möglichst vermieden werden.

Um sich zu vergewissern, ob auch vor der o. g. Diskussion um Nachhaltigkeit in Ökologie und Sozialer Arbeit schon Ansätze einer Ressourcenorientierung vorhanden waren, lohnt sich ein Blick auf die historischen Vorläufer einer wissenschaftlichen Betrachtung des Gegenstandes und der Funktion sowie der Arbeitsweisen Sozialer Arbeit. Es ist nicht überraschend, wenn alle frühen Vertreterinnen einer wissenschaftlich-professionellen Individualfürsorge (Mary Richmond, Alice Salomon, Marie Kamphuis, Florence Hollis) ebenso wie deren Pendants auf Seiten der Settlements / Gemeinwesenarbeit (allen voran: Jane Addams) sowie Theoretikerinnen, wie z. B. Ilse Arlt, den Begriff der Ressourcen nicht nutzen. Trotzdem fällt bei allen auf, dass sie sich – in unterschiedlichen Dimensionen – auf die humanistische Vorstellung menschlicher Kräfte berufen: seien es individuelle bzw. familiäre, wie z. B. bei Mary Richmond, oder auch nachbarschaftliche bzw. gesellschaftliche, wie bei Jane Addams. Die Ausrichtung des Blickwinkels prägte auch ihre methodischen Ansätze, die bekanntermaßen von der Einzelfallhilfe (Case Work) über die soziale Gruppenarbeit bis hin zur Gemeinwesenarbeit (Community Work) reichten. Beispielsweise ordnete Richmond um den Einzelfall in fünf konzentrischen Kreisen die Familie, die Nachbarschaft, die Kommune, die private und die öffentliche Wohlfahrt, also das Gemeinwesen insgesamt an. In diesem auch hierarchisch verstandenen Aufbau vom Einzelnen zum Sozialwesen waren auch die Ressourcen entsprechend dieser Reihenfolge zu beachten und zu suchen. Bei Addams hingegen waren in entgegengesetzter Richtung zunächst die Umstände des Daseins im Gemeinwesen, die Wohn- und Arbeitsbedingungen ausschlaggebend und erst indirekt die persönlich unterschiedlich verteilten Kräfte einzelner Individuen oder Familien. Schließlich waren für die österreichische Fürsorgetheoretikerin Ilse Arlt die Bedürfnisse der Menschen, die sie in dreizehn Klassen einteilte, Ausgangspunkt aller weiteren Fürsorgebestrebungen. Bedürfnisbefriedigung war für Arlt eine ebenso individuelle wie professionelle und sozialpolitische Aufgabe und hing bei ihr von individuellen (Kenntnissen und Fähigkeiten), wirtschaftlichen sowie sozialen Ressourcen (verstanden als Möglichkeit, die eigene Zeit sowie die Zeit anderer zu nutzen) ab. Auf Dauer problematisch und in die Armut führend seien deshalb solche Lebenslagen, in denen weder individuelle Fähigkeiten noch wirtschaftliche oder soziale Möglichkeiten vorhanden seien.

Wie Bünder (2002, 122) feststellt, lässt sich bei den genannten Autorinnen ein unterschiedliches Verständnis von Ressourcen entlang der Frage nach deren Wirkungskreis und Zielrichtung herauslesen, das auch noch heute die theoretischen Ansätze in der Sozialen Arbeit in zwei Bereiche teilt:

> „Die eher funktionalistische Sichtweise ist m.E. dann gegeben, wenn die Aufgabe Sozialer Arbeit darin gesehen wird, das Individuum – mit welchen Maßnahmen auch immer – an bestehende Verhältnisse anzupassen. Zentraler Stellenwert beim Einsatz von Ressourcen wird somit der Anspruch, mittels dieser Ressourcen wieder in und für die Gesellschaft zu funktionieren. Die eher bedürfnisorientierte Sichtweise ist dagegen gegeben, wenn die universellen Rechte des Individuums zum Maßstab werden und Gesellschaft danach beurteilt wird, was in ihr für die Realisierung dieser Rechte unternommen und geleistet wird."

Im Zuge des derzeit vorherrschenden sozialpolitisch wirksamen Postulats ‚Fördern und Fordern' steht insbesondere die funktionalistische Sicht des Ressourcenbegriffs hoch im Kurs und eine darin noch verschachtelt enthaltene neoliberalistische Sicht auf das Individuum, welches für den Erwerb, die Aktivierung und Erhaltung von Ressourcen selbst verantwortlich ist. Ressourcen erhalten einen Warenwert und sind als soziales, kulturelles und ökonomisches Kapital (Bourdieu 1992) bestimmbar. So sieht Bourdieu (1992, 49) diese Verteilungsstruktur als das Ergebnis eines bestimmten Arrangements in der Gesellschaft:

> „Die zu einem bestimmten Zeitpunkt gegebene Verteilungsstruktur verschiedener Arten und Unterarten von Kapital entspricht der immanenten Struktur der gesellschaftlichen Welt, d.h. der Gesamtheit der ihr innewohnenden Zwänge, durch die das dauerhafte Funktionieren der gesellschaftlichen Wirklichkeit bestimmt und über die Erfolgschancen der Praxis entschieden wird."

Der Ressourcenbegriff ist also in der einen oder anderen Lesart auch ein politischer Begriff, wie bereits die Analyse der frühen fürsorgetheoretischen Arbeiten Ilse Arlts, die ökologische Dimension des Club of Rome sowie die soziologische Analyse Bourdieus zeigen. Die Verfügungsgewalt über Ressourcen stellt einen gesellschaftlichen Kampf dar, der nicht ohne Wirkung auf die alltägliche Lebensweise der Menschen bleibt, da je nachdem über gelingendes Leben oder die Entstehung von sozialen Problemen entschieden wird. Umso mehr erstaunt es, wenn der Ressourcenbegriff in der Sozialen Arbeit weitgehend als unpolitischer, eher technisch-methodischer Begriff verwandt[93] wird, wie z. B. in einer der jüngsten Publikationen zur Ressourcenorientierung in der Sozialen Arbeit:

---

93 In der konjunkturellen Hochphase dieser Sichtweise, dem Therapie-Boom in den 1980er Jahren, führte dies zur Dominanz des Therapeutischen als einer Arbeit an den individuellen Symptomen und dem Leiden Einzelner und von Familien ohne ausreichende Betrachtung der Bedeutung sozialer und materieller Ressourcen. Gleichzeitig kann für die 1970er Jahre und die darin vorkommende Politisierung der Sozialen Arbeit eine Vereinseitigung der materiellen Lebensbedingungen ohne Beachtung der individuellen Probleme diagnostiziert werden.

> „Man spricht von Ressourcenorientierung. Das bedeutet, dass man mit den Ressourcen der Klient(inn)en arbeitet statt einseitig mit ihren Störungen und Problemen. […] Unter Ressourcen verstehen wir daher nicht nur materielle Dinge wie Geld und Wohnraum sowie individuelle Stärken der Klient(inn)en, sondern viel mehr: gelingende Alltagsroutinen, motivierende Zielvorstellungen, tragende Selbstkonzepte und soziale Beziehungen, die als soziale Netzwerke bezeichnet werden" (Redlich 2010, 7).

Hier offenbart sich eine Orientierung auf den einzelnen Menschen und das Bemühen geht eindeutig dahin, Menschen mit ihren Ressourcen zu erkennen, diese zu fördern und für ein gelingendes Leben zu nutzen. Funktionalistische und bedürfnistheoretische Deutungen von Ressourcen in der Sozialen Arbeit vereint jedoch eines: Ressourcen werden benötigt, um individuell wie sozial leben zu können, der Mensch ist und bleibt ein sowohl bedürftiges, soziales wie auch kompetentes und aktives Wesen, das das Vorhandene in der Welt zur Weltauseinandersetzung nutzt. Daher wird als Nächstes zu klären sein, wie diese Ressourcen hinsichtlich ihrer Mindestverfügbarkeit zu skizzieren sind.

5.7.3 Schwellenwerte und Aneignungsbarrieren

Im Folgenden sollen deshalb solche Schwellenwerte als kritische Demarkationslinien beschrieben werden, die Menschen ihre Lebensführung erschweren bzw. deren Daseinsmächtigkeit einschränken. Gleichzeitig wird damit der Sozialen Arbeit die Chance eröffnet, die fehlenden Ressourcen zu thematisieren und insbesondere entsprechenden Zugangs- und Verfügungsbarrieren zu kritisieren.

Subjektive Weltaneignungsbarrieren

Zunächst erscheint es paradox, die subjektiven Weltaneignungschancen unter jene zu subsumieren, die eigentlich als strukturelle, dem Subjekt äußerliche Barrieren bestehen. Auf den ersten Blick sind die Barrieren, die das Subjekt in seiner Subjekthaftigkeit selbst hindern, gleichsam Ergebnis eines externen Einflusses und damit das Subjekt mehr Ergebnis der Umwelteinflüsse denn Akteur. Auf den zweiten Blick erscheint allerdings in einer dialektisch-materialistischen Sichtweise das Subjekt als Konsument der Verhältnisse wie gleichzeitig als Koproduzent dieser Verhältnisse. In jedem Akt der Konsumtion bestehender Verhältnisse werden diese nämlich gleichzeitig bestätigt und damit perpetuiert. Subjektive Entscheidungen tragen so zur weiteren Existenz der subjektiven Weltaneignung zunächst widerstrebender Barrieren bei und werden so gleichsam interaktiv wiederum bezüglich der Handlungen des Subjekts wirksam. Führt die Auseinandersetzung mit dieser Dialektik unter Anerkennung der eigenen menschlichen Aktivität als Bestätigung der Verhältnisse nicht zu einer (zumindest) teilweisen Emanzipation von diesen Verhältnissen, so droht die Entfremdung von der eigenen Person sowie von der äußerlichen Umwelt:

> „Der Mensch verliert sich nur dann nicht in seinem Gegenstand, wenn dieser ihm als menschlicher Gegenstand oder gegenständlicher Mensch wird. Dies ist nur möglich, indem er ihm als gesellschaftlicher Gegenstand und er selbst sich als gesellschaftliches Wesen, wie die Gesellschaft als Wesen für ihn in diesem Gegenstand wird." (Marx/Engels, MEW 40, 541 f.)

So sind Entfremdungsprozesse bezogen auf die gegenständliche Welt ebenso wie auf andere Menschen wie auch auf sich selbst dem Menschen ständige Begleiter und ist Entfremdung somit ein mehrfach verschachteltes Phänomen. Menschen sind also gleichzeitig Ergebnis der Verhältnisse und Produzenten dieser Verhältnisse. Als immer nur vorläufiges Ergebnis dieses Wechselverhältnisses sind sie daher von folgenden beispielhaften Einschränkungen in ihrer Daseinsmächtigkeit betroffen:

- mehr oder weniger stark ausgeprägter erlernter Hilflosigkeit als Ergebnis vergeblicher, dauerhafter Versuche der Umweltbeherrschung
- Egoismus als Verfolgung kurzfristiger Ziele zur Bedürfnisbefriedigung
- unkooperativem Verhalten zur eigenen Nutzenmaximierung bis zu antisozialen bzw. kriminellen Handlungen
- unkreativ-passivem Verhalten als Nicht-Erkennen produktiverer Möglichkeiten
- Abstumpfung emotional-sinnlicher Perzeptionsmöglichkeiten der Bedürfnisse anderer Menschen
- Verkapselung von Konflikten, die eigentlich mit der Umwelt ausgetragen, aber nach innen verlagert werden, bis hin zur klinischen relevanten Ausprägung einer psychischen Störung bzw. Krankheit

Unterm Strich sind dies die subjektiven Ausprägungen von Entfremdungsprozessen und eingeschränkter Daseinsmächtigkeit, also zwar das Ergebnis äußerer Einflüsse, die jedoch innerpsychisch bzw. intrapersonell verarbeitet werden und sich in extern wahrnehmbarem Verhalten niederschlagen.

Die Ressourcenkritik richtet sich damit sowohl auf die subjektive Ressourcennutzung mittels einer ‚klugen Wahl' als auch gleichzeitig auf die objektiven Ressourcen und deren Produzenten. Im Vordergrund stehen hierbei wahrscheinlich die verschiedenen Träger von informeller, formeller und non-formaler Bildung (BMFSFJ 2005, 95), die sich mit ihren Angeboten in je unterschiedlicher Art und Weise auf die Bedürfnisse der Subjekte einstellen. Im Beispiel der schulischen Bildung von Kindern ist es offensichtlich, dass hier durch ein Leistungs- und Selektionsprinzip des Schulsystems selbst Aneignungs- und Bildungsprozesse bei einigen Kindern gehemmt oder gestört werden. Aber auch Systeme der informellen oder non-formalen Bildung sind für den Aufbau solcher Bildsamkeitsbarrieren anfällig, man denke nur an die Informations- und Kommunikationsmedien, die zwar leicht zugänglich sind und niemanden von vornherein ausschließen, jedoch mit ihrem Angebot, deren Inhalt und Vielfalt, auch Weltaneignungsrisiken bedeuten können.

Sozialbeziehungen als Weltaneignungsbarrieren

Die subjektiven Weltaneignungsbarrieren sind selbstverständlich mit den folgenden Barrieren verschränkt, aus analytischer wie auch aus handlungstheoretischer Sicht jedoch von ihnen zu trennen. Menschen gehen während ihres Lebens immer wieder unterschiedlich intensive, in ihrer Dauer variable und unterschiedlichen Zwecken dienende bzw. unterschiedliche Bedürfnisse befriedigende Sozialbeziehungen ein. Wie bereits oben deutlich wurde, sind diese Sozialbeziehungen von reinen Sozialkontakten in ihrer Qualität für die Befriedigung sozialer Beziehungen zu unterscheiden. In der von Scheu/Autrata (2011) beschriebenen defensiven Form treten Sozialbeziehungen dann als Hemmnisse der gelingenden Weltaneignung auf, weil sie die Entwicklung der eigenen Person oder der anderen Sozialbeziehungspartner hemmen. Gleichzeitig können die vorhandenen Sozialbeziehungen auch stigmatisierend und diskriminierend wirken, d.h. bestimmte Personen aus Gruppen und Gemeinschaften ausschließen, sie dominieren oder moralisch entwerten.

Jede Sozialbeziehung ist auch Ausdruck einer sozialen Konstellation und Stellung der Personen zueinander und hat damit immer eine relationale Qualität. Im Grunde können wir verschiedene Formen von Sozialbeziehungen unterscheiden: Erstens die dyadischen Formen, wie etwa zwischen Mutter und Kind oder Vater und Kind sowie zwischen zwei Partnern einer Liebesbeziehung. Zweitens jene triadischen Formen, wie zwischen Mutter und Vater sowie ihrem Kind und schließlich jene komplexeren Formen von vier und mehr Sozialpartnern, etwa zwischen Freunden eines Freundeskreises oder zwischen Arbeitskollegen oder

Sportlern. Diese Sozialbeziehungen unterscheiden sich durch ihre emotionale Intensität (Nähe vs. Distanz), durch die Funktion der Sozialbeziehung (umfassend vs. partiell; unterstützend vs. kontrollierend) und durch die Dauer (z.B. Eltern-Kind vs. Mitschülerin-Schüler).

Aufgrund dieser Vielfältigkeit wird deutlich, dass Sozialbeziehungen nicht monolinear hinsichtlich ihrer Qualität beschrieben werden können, sondern auf ihre jeweiligen Funktionen hin geprüft werden müssen. Dies führt dazu, dass die oben beschriebenen Formen in der einen Sozialbeziehung angemessen sind und in der anderen nicht.

Einschränkungen der Daseinsmächtigkeit in Bezug auf Sozialbeziehungen können beispielsweise in folgender Art und Weise auftreten:

- Soziale Unterstützung erfolgt nicht in einem ausgeglichenen Verhältnis zwischen den Personen einer Sozialbeziehung.
- So kann eine Person oder können mehrere Personen über andere oder mehrere Personen Macht ausüben, die aus sozialer Anerkennung, Wissen, Fähigkeiten, Geld oder anderen Machtquellen resultiert.
- Ebenfalls kann diese Dominanz sich aus der fehlenden Reziprozität der Sozialbeziehungen ergeben, wenn die eine Person häufiger, intensiver oder dauerhafter etwas für den/die Anderen tut oder tun muss und somit die Gegenseitigkeitsnorm nicht eingehalten wird.
- Diese machtförmige Dominanz kann auch gewalttätige Züge annehmen und mit körperlicher oder emotionaler Gewalt einhergehen.
- Soziale Beziehungen bestehen evtl. nur zu einer bestimmten Gruppe, etwa der Familie oder einer bestimmten subkulturellen Gruppe, und die Sozialbeziehungen sind von einseitiger Qualität. Damit fehlt ein Mix aus verschiedenen Sozialbeziehungen, die alle unterschiedlichen Bedürfnisse befriedigen oder einen Ausgleich von Macht und Ohnmacht bedeuten.
- Diskriminierungs- und Stigmatisierungserfahrungen führen zur Randständigkeit innerhalb von Sozialbeziehungen oder zum Ausschluss aus diesen.

Sozialräume als Weltaneignungsbarrieren

Wie bereits oben skizziert, sind Sozialräume hinsichtlich ihrer räumlich-dinglichen, psycho-sozialen Interaktionsqualität und ihrer subjektiven Bedeutung bzw. ihres subjektiven Zuschnitts zu charakterisieren. Wo die räumlich-dingliche Beschaffenheit eines Sozialraums häufig Ergebnis städte- oder landschaftsbaulicher menschlicher Aktivitäten sowie zum Teil auch natürlicher Gegebenheiten ist, sind die psychosozialen Merkmale des Sozialraums in noch viel stärkerem, ja sogar ausschließlichem Sinne Ergebnis menschlicher Interaktionen.

Insbesondere für Menschen mit Mobilitätseinschränkungen, häufig körperlich behinderte oder alte Menschen, die permanent eingeschränkt sind, aber auch Eltern mit Kindern, die aufgrund der kindlichen Entwicklung individuell nur vorübergehend eingeschränkt sind, stellen materielle Barrieren, wie sie im Straßenverkehr oder auch hinsichtlich des Zutritts oder der Bewegung in Gebäuden zu finden sind, sozialräumliche Barrieren dar, die sie z.T. gar nicht oder nur mit erheblichem Aufwand oder mit sozialer Hilfe überwinden können.

Daneben spielen für Kinder gerade auch verkehrstechnische Barrieren, z.B. unüberwindbare Schnellstraßen oder auch industriell oder gewerblich genutzte Flächen oder Gebäude Barrieren hinsichtlich ihres ‚freien' Spiels dar. Diese Barrieren sind von ihnen häufig nur unter Inkaufnahme von Verboten, Strafen oder anderen Sanktionen zu nutzen. Allerdings verfügen Kinder, wie vor allem aber auch Jugendliche, über vor allem gruppenbezogene Mittel, sich ihre Sozialräume anzueignen und deren Qualitäten für ihre Interessen (Spiel, Treffpunkte etc.) trotz der ‚widrigen' Umstände zu nutzen.

Die immateriellen Barrieren von Sozialräumen, die sich psychosozial auswirken, sind dahingehend eher verstärkend oder subversiv wirksam. Hierbei spielen vor allem kulturelle Deutungsmuster, welche Aktivitäten in welchen Sozialräumen stattfinden dürfen, eine große Rolle. Diese werden zum Teil durch Mehrheitsentscheidungen, z.T. auch aber auch durch macht- und interessensgeleitete Entscheidungen von wenigen Akteuren im Sozialraum bestimmt. Zu letzteren zählen neben lokalen auch überregionale Interessen der politischen Akteure und betriebswirtschaftliche Interessen von Gewerbe- und Handelstreibenden oder auch von Dienstleistungsbetrieben. Die ‚Aufladung' von Sozialräumen mit bestimmten Verhaltensnormen, wie z.B. der hektischen Betriebsamkeit, der transitorischen und konsumtorischen Funktion in Bahnhöfen, führt so zu einer mehr oder weniger monothematischen Nutzungsmöglichkeit, die nur noch die Bewegung und den Einkauf kennt, jedoch nicht mehr das Ausruhen und Verweilen im Bahnhofsbereich.

Soziomaterielle Lage als Weltaneignungsbarriere

Die soziomaterielle Lage einer Person oder Personengruppe (z.B. der Familie) wirkt sich ebenfalls ‚behindernd' auf die Chancen von Menschen aus, sich ihrer Welt in einem positiven, weil weitere Entwicklungen ermöglichenden Sinne anzunähern.

Obwohl die materielle Lage innerhalb des Capabilities Approach bei Sen und bei Nussbaum nur eine Rolle im Gesamtkanon anderer Capabilities spielt, kann doch davon ausgegangen werden, dass ihre limitierende Qualität eine erhebliche Bedeutung für die Weltaneignungschancen spielt.

So können beispielsweise die Erkenntnisse aus sozialepidemiologischen Studien zum Zusammenhang von sozialer und gesundheitlicher Ungleichheit in überaus deutlicher Weise die enge Verknüpfung von soziomaterieller Lage und Lebenschancen verdeutlichen. Allein entlang der Parameter ‚Einkommen', ‚beruflicher Status' und ‚Bildung' werden deutliche Unterschiede im Gesundheitsverhalten, in der Inanspruchnahme von öffentlichen wie privaten Gesundheitsleistungen, -diensten und -produkten wahrnehmbar, die jenseits kleinerer empirischer Befunde vor allem die starke Abhängigkeit von Morbiditäts- und sogar Mortalitätsrisiken von diesen Faktoren belegen. Verschiedenste Studien (Mielck 2005; Wilkinson/Pickett 2010; Siegrist/Marmot 2008) belegen empirisch, wie deutlich der Einfluss der sozialen Faktoren auf die Gesundheit von Menschen aller Altersklassen ist. Unterm Strich belegen die Untersuchungen, dass je niedriger der sozioökonomische Status und je schlechter die sozioökonomische Ressourcenausstattung sowie die sozioökologische Umgebung, desto höher ist das Krankheitsrisiko für fast alle Erkrankungen.

Erklärt wird dieser Zusammenhang durch die transitorische Wirkung der sozialen Ressourcen, die sich ganz konkret als Wissens-, Motivations- oder Handlungsmängel auf das Gesundheitsverhaltens, die Zugänglichkeit und Nutzung der Gesundheitsversorgung sowie die gesundheitlichen Belastungen auswirken (vgl. Siegrist/Marmot 2008). Neben der Annahme, dass sich eine schlechte soziale Lage riskant auf die gesundheitliche Lage auswirkt (Verursachungshypothese), erscheint auch wahrscheinlich, dass sich die schlechte gesundheitliche Situation, etwa in Form chronischer Krankheiten mit entsprechenden sozialen und beruflichen Leistungseinschränkungen, wiederum negativ auf die soziale Lage auswirkt (Selektionshypothese).

Schließlich ist die Einkommensarmut, die nach Definition der OECD und der WHO dann besteht, wenn nur über 50-60 % des durchschnittlichen Nettoäquivalenzeinkommens verfügt werden kann, eine Weltaneignungsbarriere.

Neben der primären Armut spielt diese Form sekundärer Armut auch in westlichen Wohlfahrtsstaaten eine große Rolle. Die sekundäre Armut als Ausdruck einer längerfristigen oder sogar dauerhaften soziale Lage (im Gegensatz zu transitorischer Armut etwa als Schüler oder Student) behindert dabei in erheblichem Maße die materielle, kulturelle, soziale und sogar politische Teilhabe der betroffenen Personen.

Besonders drastisch erscheint diese Einkommensarmut in ihrer sozialisatorischen Wirkung, wie Daten über den Zusammenhang von elterlicher Einkommensarmut und damit familiärer sozialer Lage auf der einen und kindlicher Entwicklung auf der anderen Seite zeigen. Die kindliche Entwicklung scheint in erheblichem Maße und nicht nur bezogen auf die körperliche oder psychische Gesundheit, sondern auch bezüglich der sozialen Chancen durch die soziale Lage der Eltern beeinflusst. Dies zeigen die nationalen wie internationalen Bildungsstudien in überaus deutlichem Maße. Der 12. Kinder- und Jugendbericht nimmt diesen Zusammenhang auf und ergänzt mit der Familienform einen weiteren Faktor:

> „Die sozio-ökonomische Lebenssituation von Kindern und Jugendlichen leitet sich wesentlich aus der weitgehend vom Bildungsniveau abhängigen Beteiligung und Stellung der Eltern im Erwerbssystem sowie – damit verknüpft – deren Einkommen her und steht in einem engen Zusammenhang mit der Familienform (Paarhaushalte oder Alleinerziehende), der Anzahl und dem Alter der Kinder." (BMFSFJ 2005, 95)

Neben den sozialisatorischen Konsequenzen bzw. zum Teil damit einhergehend, sind die sozialen Konsequenzen von besonderer Bedeutung. So sind Menschen, die in Armutslagen leben, häufig auch in anderer Hinsicht benachteiligt. Die erhöhte Armutsquote von Migranten sowie von behinderten und alten Menschen zeigen beispielsweise, wie sich die materielle und sonstige soziale Lage gegenseitig beeinflussen.

Alle Faktoren zusammengenommen (soziale Beziehungen, subjektive Belastungen, soziomaterielle Lage, Sozialräume) stellen also jeweils mehr oder weniger starke Barrieren für eine gelingende Weltaneignung dar. Wie auf der anderen Seite jedoch, und darauf zielt Soziale Arbeit ab, Weltaneignung gelingen kann, das soll Gegenstand des nächsten Kapitels sein. Es wird dabei ein Modell der Weltaneignung durch Ressourcentransformation zu entwickeln sein, das die Sicht auf externe wie interne Begrenzungen dieser Transformation überwindet und ein die subjektive wie soziale Kompetenz der Ressourcentransformation angemessenes Bild des Vermögens von Subjekten wie Gesellschaft eröffnet.

5.7.4 Weltaneignung als Ressourcentransformation

Soziale Arbeit – so die dieser Handlungstheorie innewohnende Gegenstandsbestimmung – hat zum Ziel, die Daseinsmächtigkeit von Subjekten innerhalb ihrer sozialen, kulturellen und natürlichen Umwelt zu verbessern. Sie zielt daher auf eine Erweiterung der Handlungskompetenz von Subjekten innerhalb von Sozialbeziehungen, Sozialräumen und soziomaterieller Lage. Menschen sollen ein Leben verwirklichen können, das sie mit guten Gründen wählen würden, allerdings unter der Voraussetzung, dass sie tatsächlich frei in ihrer Wahl und kompetent in der Urteilskraft sind.

Soziale Arbeit steht dabei vor der schwierigen Aufgabe herausfinden zu müssen, inwieweit sich Menschen dieser guten Gründe gewiss sein können und inwieweit sie tatsächlich genügend Möglichkeiten zur Verfügung haben, ein Leben aufbauend auf diesen guten Gründen zu verwirklichen. Daher wird, im Sinne der o.g. IFSW-Definition der Sozialen Arbeit, der soziale Wandel ebenso notwendig sein wie auch die subjektive Befähigung zur Gestaltung dieses Wandels sowie zur sinnvollen Nutzung der Ressourcen.

Im Sinne des Capabilities Approach und auch im Einklag mit einer sozialarbeiterischen Lebenslagentheorie kommt dabei der Fähigkeit und dem Prozess der Ressourcentransformation eine wichtige Rolle zu. Dieser Prozess soll hier als ein systemischer verstanden werden, wobei von einer starken Rolle des Subjekts ausgegangen wird, einem Subjekt, das sich, z.T. in Auseinandersetzung und Kritik, z.T. in Kooperation mit anderen Akteuren, die notwendigen Ressourcen zum einen sichert und zum anderen diese klug zu nutzen weiß. Die gerechte Distribution von Gütern sollte dabei Hand in Hand mit der Befähigung einer gerechten Güternutzung gehen.

Eine gerechte Distribution von Gütern, die zu einer ausreichenden soziomateriellen Lage führt, stellt dabei jedoch nur den notwendigen Faktor dar. Um daseinsmächtig zu handeln, benötigt es darüber hinaus als hinreichenden Faktor für soziale Gerechtigkeit noch die subjektive wie soziale Fähigkeit, diese Güter angemessen zu nutzen. Angemessenheit spiegelt sich dabei in einem sozialkooperativen und nicht eigennützigen Maß der subjektiven Wahl wider. Gleichzeitig ist das somit charakterisierte Menschenbild anthropologisch und sozial um eine Möglichkeit der subjektiven Entfremdung (im Sinne des Modells der adaptiven Präferenzen) und der Eigensinnigkeit (im Sinne des Modells gerechtfertigten Egoismus) zu ergänzen.

Dermaßen aufgestellt, kann Soziale Arbeit weiterhin als professionelle Einflussnahme innerhalb dieses Weltaneignungsprozesses auf die Ressourcentransformationskompetenz der Subjekte definiert werden. Rufen wir uns zur Verdeutlichung dieser Aufgabe noch einmal die Nussbaum'sche Konzeption des Capabilities Approach in Erinnerung (siehe Kapitel 4.3.3):

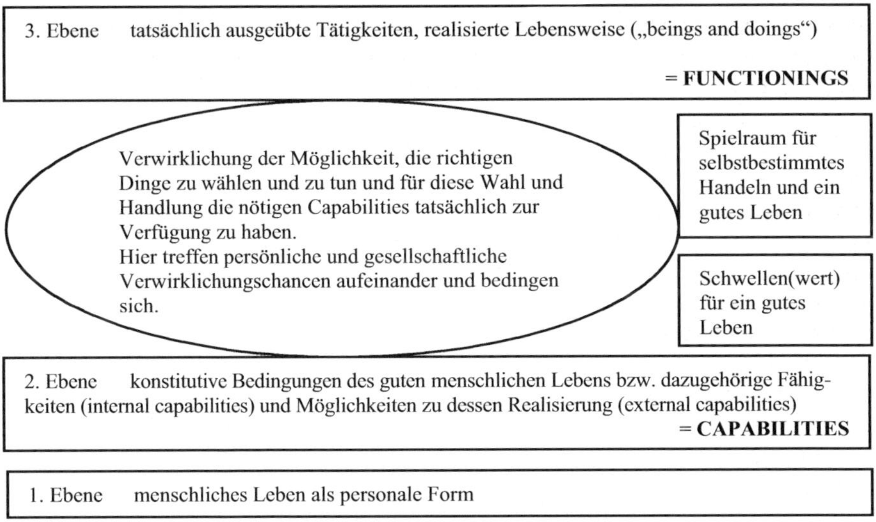

Anders als in Kapitel 4.3.3 soll hier allerdings die 2. Ebene (bei Nussbaum die erste Ebene) des menschlich guten Lebens als jene Grundlage verstanden werden, die es Menschen (insofern sie in Abgrenzung zur ersten Ebene in der oben stehenden Abbildung als Personen über Urteilskraft verfügen) ermöglicht, sich aus guten Gründen jene Verwirklichungsmöglichkeiten herauszusuchen, die sie aus guten Gründen für ein aus ihrer Sicht gutes Leben nutzen möchten.

Ihre Fähigkeit zur Ressourcentransformation wird also sowohl von den zur Verfügung stehenden Möglichkeiten als auch von ihrer Fähigkeit zu einer ‚klugen Wahl‘ bestimmt, also von den gesellschaftlichen Möglichkeiten ebenso wie von ihrer Urteilskraft. Auf beides sollte Soziale Arbeit Einfluss nehmen, insofern und insoweit die Personen dazu nicht selbstständig in der Lage sind.

Gemeinhin stellen wir uns Fähigkeiten als individuelle Fähigkeiten und Potenziale vor, die beim Einzelnen durch Erziehung, Bildung hergestellt sowie durch Therapie und Rehabilitation wieder hergestellt werden und somit in oder an ihm bzw. ihr ‚dran‘ hängen, somit ein individuelles Merkmal darstellen. Daneben könnte man sich Fähigkeiten aber auch als soziale Güter vorstellen, die durch soziale Beziehungen, Anerkennung, Werte und Normen sowie förderliche Strukturen erst nutzbar gemacht werden (vgl. Eurich 2008: 96). Fähigkeiten wären nach dieser Lesart also eher sozialkulturelle Güter, die sehr unterschiedlich nutzbar sind (vgl. Bourdieu 1992).

Natürlich sind Fähigkeiten, wenn wir an die Willenskraft und -freiheit der Subjekte glauben und nicht an Schicksal oder Vorherbestimmtheit, Mittel zur Erreichung von Zielen, die jedes Subjekt nach seinen eigenen Vorstellungen eines guten Lebens und nach besten Kräften einsetzen sollte. Gleichzeitig ist aber evident, dass wir eben in unserer Willenskraft und subjektiven Potenzialität auch abhängig davon sind, was unsere soziale Umwelt zulässt bzw. fördert. Dann wäre der/die Einzelne als Träger/in potenziell verfügbarer, weil in der sozialen Welt vorhandener Potentiale zur Weltgestaltung und Lebensführung zu denken und Sozialisationsprozesse über die gesamte Lebensspanne trügen dann dazu bei, dass diese Potentiale aktuell verfügbar würden oder eben auch nicht oder nicht in ausreichendem Maße. Umgekehrt limitieren nicht vorhandene Potentiale in der Umwelt die Entwicklungschancen bis hin zur Entwicklungsverhinderung.

Ressourcentransformation ist ein Begriff für den Prozess, der sich im Lebensvollzug als permanente Umwandlung von Ressourcen in tatsächliches Leben zeigt. Dabei geht diese Umwandlung weit über die in der marxistischen Ökonomie beschriebene Umwandlung von toter Arbeit in lebendige Arbeit hinaus, allerdings auf der Grundlage der theoretischen Figur einer Transformation materieller Dinge in soziale Ressourcen, wobei zu den materiellen Dingen hier auch noch die sozialräumlichen, soziomateriellen, sozialen Beziehungen und die eigene Subjektivität gezählt werden.

> „Die lebendige Arbeit muss die Dinge ergreifen, sie von den Toten erwecken, sie aus nur möglichen in wirkliche und wirkende Gebrauchswerte verwandeln. Vom Feuer der Arbeit beleckt, als Leiber derselben angeeignet, zu ihren begriffs- und berufsmäßigen Funktionen im Prozess begeistert, werden sie zwar auch verzehrt, aber zweckvoll, als Bildungselemente neuer Gebrauchswerte, neuer Produkte, die fähig sind, als Lebensmittel in die individuelle Konsumtion oder als Produktionsmittel in neuen Arbeitsprozess einzugehen. Wenn also vorhandene Produkte nicht nur Resultate, sonder auch Existenzbedingungen des Arbeitsprozesses sind, ist andrerseits ihr Hineinwerfen in ihn, also ihr Kontakt mit lebendiger Arbeit, das einzige Mittel, um diese Produkte vergangener Arbeit als Gebrauchswerte zu erhalten und zu verwirklichen." (MEW Bd. 23, 197 f.)

In diesem Zusammenhang ist allerdings nicht nur das Ergebnis der Ressourcentransformation, nämlich das gute Leben, entscheidend, sondern auch die Wahl dieses Ergebnisses selbst. Wenn ich mich – mangels subjektiv vorstellbarer oder auch sozial zugestandener Weltentwürfe – auf vorgefertigte und damit ‚tote' Lebensdeutungen bzw. auch Problemdeutungen beschränke, so komme ich nicht über die Reproduktion von unbefriedigenden Weltentwürfen hinaus. Mit May (2005, 123 f.) können wir dies wie folgt fassen:

> „Zu brauchbaren Werkzeugen wird die tote Arbeit von Problemdeutungs- und -bewältigungsmustern jedoch erst dann, wenn sie in der Reibung am komplexen Stoff einer neuen Problemsituation durch Hinzufügen lebendiger Arbeit sich als lernfähig erweist. Die tote Arbeit der Werkzeuge zur Problemdeutung und -bewältigung vermag aber ganz grundsätzlich betrachtet schon allein deshalb keine Auswege aus einer aktuellen Problemsituation zu liefern, weil die wirkliche Lösung eines Problems letztendlich immer von der Veränderbarkeit des Stoffes der Problemsituationen selbst abhängt."

Auch wenn May diese Analyse dazu nutzt, um die Verwendung des Begriffs ‚soziales Problem' an sich zu kritisieren, da er die Selbstregulation der Subjekte torpediere, kann hier für unsere Argumentation trotzdem Anschluss gefunden werden. Denn wenn es zwar im besten Falle zu einer subjektiven Lösung einer Aufgabe in Form lebendiger Arbeit (im Marx'schen Sinne) und damit zu einer selbsttätigen Selbstregulation kommen sollte, so sind doch auf dem Weg dahin auch Hilfen nötig, die aus der sozialen Kooperation, der sozialen Hilfe oder auch der sozialen Vertretung resultieren.

Ein vollständiger Begriff von Ressourcentransformationskompetenz anerkennt also die möglicherweise begrenzte Verfügung über ausreichende materielle wie immaterielle Ressourcen auf der einen aber auch die möglicherweise begrenzte Transformationskompetenz auf der anderen Seite. So ist neben der „vita activa", also der Tätigkeit selbst, der „vita contemplativa", als dem Nachdenken über diese Tätigkeit, ein gleichbedeutender Rang einzuräumen (Arendt 1996, 27). Denn nicht immer verfügen Menschen über die beste aller Lösungen aus sich selbst heraus, mitunter müssen sie zum Nachdenken über die richtige Wahl befähigt oder ermutigt werden.

Trotz allem ist der Lebensvollzug bzw. die Daseinsmächtigkeit von einer permanenten Transformation durchzogen, um ein aus guten Gründen gewähltes gutes Leben zu erreichen.

Die Ressourcentransformation ist permanent, damit zirkulär und schließlich persistent. Knecht (2010, 109) bezeichnet diese Beständigkeit mit dem Begriff der „Transformationsketten" und kennzeichnet damit den im besten Sinne produktiven Prozess einer Zielerreichung. So werden bestimmte Ressourcen, im Zuge des Capabilities Approach auch als Capacities zu verstehen, wiederum in andere Ressourcen (Capacities), Capabilities oder Functionings verwandelt. Sen formalisierte diesen Prozess teilweise in einer mathematischen Funktion, die die tatsächlich realisierten Möglichkeiten (Functionings) als das Ergebnis der Vektorisierung von Gütereigenschaften beschreibt (Sen 2000, 96; vgl. auch Knecht 2010, 56 ff.).

Für Sen bestehen deshalb die Verwirklichungschancen in der Möglichkeit, aus einer Vielzahl von Capabilities auszuwählen, was für ihn gleichbedeutend mit Freiheit ist.

Mit Bourdieu argumentiert auch Knecht, dass sich die Verwendung von Ressourcen für die Gewinnung oder Erschließung anderer Ressourcen niemals als ‚Verschwendung' von Ressourcen auffassen ließe. Vielmehr ist es unmittelbar nachzuvollziehen, dass jeder Ressourceneinsatz eine ‚Investition' darstellt, die allerdings nicht immer gleich zusätzliche, gewinnbringende Erfolge zeitigt. Daher können wir zwar annehmen, dass sich ein Ressourcenverlust ergeben kann, der zudem, wie Hobfall/Buchwald (2004, 15) argumentieren, schwerer wiegt als ein ausbleibender Ressourcengewinn, dass dieser Ressourcenverlust aber als ein mögliches Ergebnis der Kontingenz menschlichen Handelns nicht auszuschließen ist.

So müssen bei genauerem Betrachten auch mehrere Qualitäten der Ressourcentransformation unterschieden werden. Über folgende Merkmale kann diese Transformation verfügen (vgl. auch Hobfall/Buchwald 2004):

- direkte oder indirekte Effekte
- kurzfristige oder langfristige Zeiträume
- multifaktorielle oder monofaktorielle Ergebnisse
- intensive oder extensive Ressourcennutzung
- erhaltende oder erzeugende Ressourcennutzung
- hochenergetischer oder niedrigenergetischer Aufwand in der Erschließung oder Verwendung von Ressourcen

Als direkte Effekte der Ressourcennutzung sind solche Ergebnisse zu bezeichnen, die sich kausal oder zeitlich dicht auf den Ressourceneinsatz folgend beobachten lassen. Indirekt ist dieser Effekt, wenn er nicht kausal oder zeitlich nah beim Ressourceneinsatz liegend betrachtet werden kann. Direkte Effekte des Ressourceneinsatzes ergeben sich beispielsweise durch den Einsatz von Geld zur Erlangung persönlicher Güter, die für die eigene Lebensführung als bedeutsam angesehen werden. Indirekte Effekte im Einsatz von Geld dagegen bestünden beispielsweise im Kauf von Büchern, deren Lektüre über den Umweg eines Bildungszuwachses zu einer verbesserten Problemlösekompetenz zu einem späteren Zeitpunkt beitragen.

Kurzfristige Zeiträume, in denen der Ressourceneinsatz stattfindet, unterscheiden sich von eher langfristigen dadurch, dass der Ressourceneinsatz komprimiert stattfindet und relativ schnell zu einem Erfolg führt bzw. die Effekte schnell wahrgenommen werden können.

Multifaktorielle Ergebnisse können solche sein, die aus der Nutzung bestimmter Ressourcen, z.B. körperlicher Gesundheit, in mehrfacher Hinsicht resultieren, so z.B. die Erhaltung des Arbeitsplatzes oder auch der sozialen Beziehungen zu anderen. Monofaktoriell hingegen wäre der Einsatz von Ressourcen dann, wenn dieser nur zu einem Ergebnis führen würde, was in der komplexen Realität eher der seltenere Fall sein dürfte.

Intensive Ressourcennutzung zeichnet sich dadurch aus, dass die Ressourcen entweder dauerhaft oder sehr umfassend genutzt werden, um ein bestimmtes Ziel zu erreichen. Extensive Ressourcennutzung dagegen wäre als Prozess zu definieren, über kürzere Zeiträume und mit wechselnder oder dauerhaft niedriger Intensität Ressourcen zu nutzen.

Von einer Ressourcenerhaltung können wir dann sprechen, wenn diese durch ihre Nutzung nicht abnehmen, sowohl in qualitativer als auch in quantitativer Hinsicht, und von Ressourcenerzeugung dann, wenn sie sogar durch oder während der Nutzung zunehmen.

Ein hochenergetischer Aufwand in der Erschließung oder Verwendung von Ressourcen unterscheidet sich schließlich von einem niedrigenergetischen dadurch, dass ersterer mit sehr viel Kraft, Engagement oder einer gewissen Dauer geprägt ist.

5.8 Das ethische Kontinuum in der Sozialen Arbeit

Die verschiedenen Ebenen, auf denen sich Ressourcenzugang, Ressourcennutzung und Schwellenwerte sowie die subjektive Handlungsfähigkeit ‚abspielen', wurden als Raum verstanden, in dem sich die Verwirklichung von Chancen, die Befriedigung von Bedürfnissen und die Durchsetzung von Rechten denken lassen. Gelegentlich wurden darin bereits die professionellen Einflussmöglichkeiten Sozialer Arbeit erwähnt, die sich sowohl auf die Beeinflussung der Verhältnisse – im Sinne eines Ressourcen- und Chancenmodells – und des Verhaltens – im Sinne des persönlichen Möglichkeitsraums zu Nutzung dieser Ressourcen und Chancen – beziehen lassen.

Doch wie weit reicht die Handlungsmöglichkeit der Sozialen Arbeit bzw. ihre interventorische Berechtigung, in dieses Verhältnis einzugreifen? In welchem ethischen Rahmen bewegen wir uns und wo liegen Grenzen, aber auch Indikatoren für die Soziale Arbeit und ihr Handlungsrepertoire? Als Gegenstand der Sozialen Arbeit wurde die Lebensführung benannt und darin im Besonderen die prekäre, gefährdete Daseinsmächtigkeit der Subjekte. Doch wie weit geht die Berechtigung, sich in Lebensführungsfragen bzw. Daseinsthemen ‚einzumischen'? Diese Frage soll nun mittels der Darstellung eines ethischen Kontinuums zwischen einem schwachen, sorgenden Paternalismus, einer advokatorischen Ethik und einem Empowermentverständnis beantwortet werden.

5.8.1 Empowerment und Enablement

„Wenn du einem Mann einen Fisch gibst, machst Du ihn für einen Tag satt. Lehre ihn das Fischen und Du machst ihn ein Leben lang satt." (Laotse, 6. Jh. v. Chr.)

Die in diesem Aphorismus zum Ausdruck kommende, emanzipatorische Haltung deckt sich in gewisser Weise mit der Philosophie des Capabilities Approach, geht doch auch dieser von einer Befähigungsperspektive aus. Sprechen wir über Befähigung als zentraler Kategorie des Capabilities Approachs und damit auch einer Handlungstheorie Sozialer Arbeit, so ist dies nicht zu diskutieren ohne einen Blick auf die Empowermenttheorie der letzten Jahrzehnte. Das Konzept des Empowerment wird seit Mitte der 1980er Jahre, angestoßen durch einen Aufsatz von Julian Rappaport (1985), auch in der psychosozialen Arbeit in Deutschland weitreichend diskutiert (siehe z.B. Miller/Pankofer 2000; Herriger 2010; Lenz 2011). Ursprünglich stammt es jedoch aus der politisierten sozialen Bewegung der schwarzen Bevölkerung in den USA, die zunehmend mehr für die Verwirklichung ihrer Persönlichkeits- und Bürgerrechte und gegen eine weitere Diskriminierung eintrat. Simon (1994) nennt in ihrer historischen Analyse über Empowerment aus der Tradition der nordamerikanischen Sozialen Arbeit heraus auch den Anarchismus und den Feminismus als Wurzeln dieses Verständnisses. Aktuell ist der Empowermentansatz sowohl im englischsprachigen (vgl. z.B. Payne 2005) als auch im internationalen Diskurs (vgl. die IFSW-Definition Sozialer Arbeit) zu einem zentralen Bezugspunkt Sozialer Arbeit geworden.

Der Capabilities Approach mit seiner grundsätzlich optimistischen Sicht auf die Handlungsfähigkeit von Menschen ist dringend mit einer Empowermentperspektive anzureichern, will er ein tieferes Verständnis der Handlungsfähigkeit von Menschen erreichen. Bislang wird davon ausgegangen, dass, sobald ihnen die nötigen Ressourcen zur Verfügung stünden und sobald sie tatsächlich frei wären, über ihre Lebensziele zu entscheiden, Subjekte die beste Wahl träfen und ihr Leben in einem vernünftigen Sinne führten. Neben dem Capabilities Approach sind auch andere gerechtigkeitstheoretische Ansätze von einer grundsätzlichen Fähigkeit der Menschen zur Nutzung von Ressourcen überzeugt. Diese Diagnose trifft zumindest dann zu, wenn man sich anschaut, dass diese Ansätze sich vornehmlich der prozeduralen Gerechtigkeit einer fairen Verteilung von Ressourcen und Positionen in der Gesellschaft widmen (Rawls 2001). Doch unter welchen psychologischen und sozialen Umständen können wir überhaupt davon sprechen, dass Menschen zu einer Ressourcennutzung in der Lage sind?

Der amerikanische Gemeindepsychologe Julian Rappaport (1981, 59; dt. 1985) hat sehr früh mit den folgenden Worten das Grundproblem rein fairer Verteilungsgerechtigkeit auf den Punkt gebracht: „Having rights but no resources and no services available is a cruel joke." Er formuliert mit dieser Sentenz das Programm eines Empowerment-Ansatzes, der eben nicht nur von fairen Chancen oder einer Rechtegerechtigkeit ausgeht, sondern gleichfalls die Bedingungen dieser Rechtenutzung in den Blick nimmt.

Auch der Begriff der Ressource ist hier bei Rappaport in gemeindeorientierter Perspektive weitergedacht: Er umfasst sowohl die personalen als auch die gruppen- und umweltbezogenen Ressourcen, die es Menschen ermöglichen, ihr Leben zu führen. Und da sich immer wieder verschiedene Konfundierungen bzw. Störungen dieser Lebensführung ergeben können, die nicht alleine auf fehlenden Ressourcen oder Rechten, sondern auch aufgrund der ungenügenden Fähigkeit zur Ressourcennutzung beruhen, sind bzgl. des Empowerments als Handlungsbefähigung auch zwei Ebenen gleichzeitig zu betrachten.

Soziale Arbeit unterstützt Menschen in ihrem Bewältigungsprozess, insofern sie es aus eigenen Mitteln nicht schaffen, ihr Leben zu führen. Die beiden im Empowerment-Begriff enthaltenen Qualitäten der Kraft, der Macht und des Mutes (Empowerment) auf der einen und die Fähigkeiten, Kompetenzen (Enablement) auf der anderen Seite machen deutlich, was es gleichermaßen für die gelingende Lebensführung braucht. In dieser Hinsicht stellt Empowerment so etwas wie das Scharnier dar, das die strukturellen Ressourcen (den gesellschaftlichen Möglichkeitsraum) und die personellen Ressourcen (den personalen Möglichkeitsraum) verbindet.

Spätestens an dieser Stelle wird deutlich, dass eine Bezugnahme auf die aristotelische Lehre von der Entelechie nahe liegt: Jeder Mensch, insofern er über die oben beschriebene Grundfähigkeit einer rationalen Vernunft verfügt, kann – unter den entsprechenden Umständen – seine ihm innewohnenden Lebensentwürfe realisieren, wobei er sich erstens an kulturellen Maßstäben orientiert und zweitens an gesellschaftlichen Werten und Normen ausrichtet. Günstigstenfalls kommt es zu einer Passung von Ressourcen und Anforderungen im Rahmen selbstgewählter Lebensziele, im ungünstigen Falle zu Widerständen, Reibungen, Problemen, Diskontinuitäten oder Inkommensurabilitäten oder auch überindividuell aggregiert zu sozialen Problemen. Adaptivität von Präferenzen, Erfahrungen von Entmutigung und schließlich sogar erlernte Hilfslosigkeit sind neben den extremeren Formen von Traumatisierungen und Chronifizierungen durch externe wie interne Stressoren die Negativfolie, vor der die Bedeutung von Empowermentprozessen noch deutlicher wird.

Das Empowermentkonzept, wenn man es überhaupt als solches bezeichnen will, stellt eine besondere Strategie dar, der Gefahr einer ‚Entmündigung', einer ‚Entmutigung' oder ‚erlernter Hilflosigkeit' adäquat zu begegnen. Empowerment wird in der deutschsprachigen Literatur als „Selbst-Befähigung" (Knuf/Seibert 2000) oder auch „Ermächtigung" übersetzt. Empowerment stellt im professionellen Setting eine Herangehensweise dar, Menschen, die ohnmächtig und verunsichert sind, (wieder) dazu zu befähigen, sich um ihre Angelegenheiten primär selbst bzw. unter Rückgriff auf Ressourcen aus ihrem sozialen Netzwerk oder den Funktionssystemen zu kümmern, coping-Strategien zu entwickeln oder sich aktiv politisch für ihre Belange einzusetzen. Stark (1996) weist darauf hin, dass Empowerment nicht nur eine professionelle Methode, sondern vielmehr eine professionelle Haltung darstellen muss, um überhaupt wirksam zu sein. Ich muss als professioneller Helfer grundlegend – d.h. von meinem Menschenbild her – davon überzeugt sein, dass jedem Menschen die Fähigkeit zur Reorganisation bzw. Selbstaktualisierung inne wohnt. Ich muss, um auf Stark (1996) zurückzugreifen, von „brennender Geduld" (Antonio Skármeta) erfasst sein. Ich muss daher auch – wie Schernus (1997) konstatiert – Umwege oder Rückschritte der Betroffenen akzeptieren und aushalten können. Auf einen wichtigen Aspekt weist Gronemeyer (1988) in ihrer Analyse der „Macht der Bedürfnisse" hin, indem sie – in Illich'scher und Foucault'scher Tradition – professionelle Hilfe als ein Moment einer Machtstellung aufdeckt, die den Menschen sogar noch hilfloser machen kann. Das Gegenmodell zur „fürsorglichen Belagerung" (Heinrich Böll) stellt ihres Erachtens ein „Leben-in-Daseinsbedingungen" dar, eine Art psychosozialer Existenzwirtschaft. In diesem Verständnis sind Bedürfnisentstehung und Bedürfnisbefriedigung nicht voneinander getrennt, sondern innerhalb der Wirkungssphäre eines Menschen zusammengefasst. Es ist damit dem in der Selbsthilfetheorie bekannten ‚uno-acto-Prinzip' ähnlich.

Trotz der hohen moralischen Qualität des Empowermentansatzes und seiner humanistisch wertvollen Perspektive auf Menschen und dem darauf aufbauenden Expertenverständnis, das die Rolle der professionellen Fachkraft dementsprechend eingrenzt, sind doch mittlerweile einige Ernüchterungen bzw. Limitierungen festzustellen. Mindestens von folgenden realistischen Einschätzungen ist daher auszugehen (vgl. Röh 2006b):

- Empowerment ist keine zusätzliche, additive Herangehensweise, sondern kann nur als integraler Bestandteil einer Handlungstheorie Sozialer Arbeit verstanden werden. In diesem Sinne ist zusammenfassend davon auszugehen, dass es wenig erfolgreich erscheint, wenn Empowerment einfach zu den bestehenden Angeboten hinzugefügt wird. Daneben bleibt das professionell angewandte Empowermentkonzept der Widersprüchlichkeit ausgesetzt, dass mithilfe von Fremdhilfe Selbsthilfe angeregt werden soll.

- Weiterhin ist nicht davon auszugehen, dass es ein absolutes Ende von Empowermentprozessen gibt, sondern dass diese immer selbst prozedural und kontinuierlich bleiben. Niemals erreichen Subjekte die beste aller Möglichkeiten, über das eigene Leben selbst zu bestimmen und ein gutes Leben zu führen. Vielmehr wird immer wieder von einer relativen Erreichung des bestmöglichen Maßes guten Lebens auszugehen sein, denn Menschen können stets nur ihr Menschen-Mögliches schaffen.
- Empowermentprozesse sind weiterhin nur in einer zeitlichen, nie in einer abgeschlossenen Perspektive zu erfassen. Ausreichend Zeitfreiheit, inklusive Um- und Irrwegen sowie Sackgassen, ist notwendig, um die richtigen Wege der Lebensführung zu finden und immer weiter an der eigenen Daseinsmächtigkeit zu arbeiten.
- Schließlich ist es hilfreich, in ebenfalls nicht-absoluter Art, eher den Möglichkeitssinn zu schärfen, als die einfache Einsicht (und Einwilligung) in die Verhältnisse (innere wie äußere) hinzunehmen. Menschen sollten stets, auch durch professionelle Soziale Arbeit, befähigt und ermutigt werden, sich neuen Möglichkeiten zuzuwenden und diese anzustreben.
- Dabei ist es unterm Strich die Devise Sozialer Arbeit, mithilfe des Empowermentansatzes Fremdbestimmung über die Lebensführung zurückzunehmen und Selbstbestimmung zu stärken. Diese normativen Begriffe können durch die handlungstheoretische Begriffe der Fremd- vs. Selbstregulation konkretisiert werden, da diese noch stärker die Handlungsbefähigung der Subjekte fokussieren.

Gleichwohl und im Zusammenhang mit diesen Argumenten ist die Empowermentperspektive allerdings nicht zu verabsolutieren. Auch der Gedanke einer Stärkung der Menschen durch „Ermächtigung“, „Ermutigung“ und „Befähigung“ gelangt insofern theoretisch wie empirisch an seine Grenzen, als er zwar ein wichtiges Ziel, vielfach aber (noch) nicht erreichte Praxis im Rahmen subjektiver Lebensführung darstellen kann. Deshalb spricht vieles dafür, von einem ethischen Kontinuum auszugehen, auf deren einen Seite Selbstregulation/Selbstbestimmung und auf der anderen Seite Paternalismus/Fremdbestimmung stehen (vgl. hierzu beispielsweise die Partizipationsstufen von Wright/Block/Unger (2007). Irgendwo dazwischen wäre zudem eine advokatorische Ethik anzusiedeln, die – Empowerment im Sinn und als Ziel – auch die Grenzen der aktuellen Selbstbestimmung und damit die Notwendigkeit der temporären und im Sinne der Subjekte stellvertretenden Handlung erkennt.

5.8.2 Advokatorische Ethik

Ausgehend von den Erwägungen um einen drohenden Paternalismus innerhalb des Capabilities Approach (Kapitel 4.5) und gleichzeitig als realistische Ergänzung der Empowermentperspektive ist an dieser Stelle die Frage nach legitimen Eingriffen in die autonome Lebensführung von Menschen zu beantworten. Was kann hier Legitimität bedeuten und wann ist es – im Anschluss daran – der Sozialen Arbeit gestattet, auch stellvertretend, ersetzend oder gegen den Willen der Betroffenen zu handeln?

Die Arbeitsfelder, in denen Soziale Arbeit (auch) eingreifend-kontrollierend bzw. in anderen paternalistischen Formen einflussnehmend agiert, sind – in unterschiedlicher Abstufung – vielfältig. So ist im Bereich des Kinderschutzes (SGB VIII) sowie der gesetzlichen Betreuung (BGB) und auch der psychiatrischen Arbeit (PsychKG) Zwang ein Mittel der Wahl, um Menschen vor einer Selbst- oder Fremdgefährdung zu schützen. Die Entscheidung, die letztinstanzlich eine rechtliche ist, wird dabei durch Fallkenntnisse, bestehende Beziehungen zu den Personen sowie durch Stellungnahmen und gutachterliche Berichterstattung von SozialarbeiterInnen/SozialpädagogInnen vorbereitet und begleitet. Aber nicht nur in diesen Grenzfällen können wir von eingreifendem, ersetzendem oder stellvertretendem Handeln sprechen. Auch in Beratungssituationen, im Wohngruppenalltag, in der ambulanten Begleitung und Betreuung sowie während pädagogischer Situationen in Bildungs- und Erziehungsinstitutionen kommen Handlungen vor, die, hoffentlich bewusst und professionell reflektiert, stärkeren Einfluss auf die Motivation, die Problemdefinition oder auch die Anbahnung von Bearbeitungs- oder Lösungsmustern von Menschen nehmen, die (derzeit noch) nicht in der Lage sind, eine vernünftige Entscheidung zu treffen. So sind beispielsweise in der ambulanten sozialpsychiatrischen Tätigkeit regelmäßig Situationen anzutreffen, in denen SozialarbeiterInnen/SozialpädagogInnen mit KlientInnen darüber diskutieren, wie der Wohnungs- oder Gesundheitszustand zu bewerten und was (dringend) zu tun sei, und gegebenenfalls wird hier die eigentlich in die Autonomie des psychisch kranken Mieters gestellte Wohnungspflege durch eine Haushaltshilfe ersetzt. In einer Jugendwohngruppe spielt dagegen eventuell eine Diskussion um Drogengebrauch und dessen Folgen für den Verbleib in der Wohngruppe eine Rolle, und es wird gegebenenfalls in die autonome Lebensführung des Jugendlichen eingegriffen, indem das Jugendamt über eine drohende Kündigung des Platzes informiert wird. Und auch in ganz alltäglichen Begegnungen zwischen Straßensozialarbeitern und obdachlosen Personen werden Gefährdungen z.B. durch den körperlichen Gesundheitszustand thematisiert und ggf. auch stellvertretende Maßnahmen eingeleitet.

Des Weiteren ist auch ein sozialer Zwang, ohne Einfluss der Sozialen Arbeit, zu beobachten, der wiederum eine Reaktion der Professionellen herausfordert. So beschreibt Kähler (2005) fünf verschiedene Kliententypen und darin die gesamte Spanne von aktiver Handlung und freiwilliger Inanspruchnahme von Hilfeleistungen bis hin zu durch Andere motivierter Inanspruchnahme von Hilfen. Daran wird deutlich, dass selbst wenn Soziale Arbeit personell oder institutionell keinen Zwang ausübt, dieser auch von sozialen Gruppen (Familie, Arbeitsplatz, Peers etc.) kommen kann und dass auch darin bereits eine Form von Zwang enthalten ist. Denn diese Formen der Motivation, Hilfe zu suchen, müssen als normale „Reaktanzphänomene" (Kähler 2005)[94] gesehen werden, d.h. als Widerstände, eine bestimmte Unterstützung anzunehmen, da nicht aus „freiem Willen" (siehe Kapitel 5.3) heraus entschieden wurde und die Person zudem ihre ‚Komfortzone' verlassen muss, die zwar nicht eine gute (die beste) Form der Lebensführung darstellt, aber die beste, die in der bisherigen Lage des Klienten von ihm gewählt wurde bzw. werden konnte.

Alles in allem ist daher auch eine advokatorische Ethik, die einen legitimen Paternalismus ausübt, zu rechtfertigen, allein deshalb, weil sie in der Praxis vorkommt und daher reflektiert aufgenommen und zur Qualität professioneller Handlung beiträgt.

> „Advokatorische Ethik ist eine Theorie moralischen Handelns zur Klärung der Frage ob und unter welchen Umständen und auf welcher Grundlage von Rechtstiteln Personen das Recht haben gegenüber Menschen ohne ihr Wissen oder gegen deren erklärten Willen in eben deren Namen zu handeln." (Brumlik 2004, 82)

Aus einer solchen Ethik kann nach Brumlik (2004, 161)

> „ein System von Behauptungen und Aufforderungen in Bezug auf die Interessen von Menschen, die nicht dazu in der Lage sind, diesen selbst nachzugehen, sowie jenen Handlungen, zu denen uns diese Unfähigkeit anderer verpflichtet"

aufgebaut werden, welches es ermöglicht, von einem legitimen Eingriff in die zunächst als autonom verstandene Lebensführung von Menschen auszugehen. Dabei sind auch jenseits einer an strengen Rationalitätskriterien entlang entwickelten Definition von ‚Personalität' (siehe Kapitel 4.3.3) eine Vielzahl von möglichen Lebens- und Entscheidungssituationen vorstellbar, die zwar nicht

[94] „Reactance ist eine normale Reaktion auf die Drohung von Verlust von Freiheit, die für das Individuum als wertvoll erlebt wird. Reaktionen können sowohl direkt als auch indirekt geäußert werden." (Hesser zitiert nach: Kähler, 63)

Ausdruck der Unfähigkeit, aber doch der eingeschränkten Fähigkeit zur Interessenwahrnehmung sind.

Allen diesen Formen der eingeschränkten Wahl gemein ist eine gewisse ‚Irrationalität', oder – wie oben gesagt – einer bestimmten Form von Rationalität bzw. fehlender Vernunft/Vernünftigkeit. Daher ließen sich im Anschluss und in Fortführung der Beschreibungen Brumliks (2004, 87 ff.) drei verschiedene Formen von Unvernunft unterscheiden:

- Handlungen, die sinnloses Leiden zur Folge haben, weil dadurch weder für die handelnde Person noch für Andere nachvollziehbare Zwecke angestrebt werden, sie den Handelnden aber gleichwohl Leiden einträgt. (Ein Beispiel für einen nachvollziehbaren Zweck wären etwa Schwangerschaft und Geburtsvorgang.)
- Handlungen, die sinnlose Lust erzeugen, weil dadurch weder für die handelnde Person noch für Andere nachvollziehbare Zwecke angestrebt werden, sondern lediglich kurzfristige Lusterfahrungen bei der handelnden Person. (Beispiele für nachvollziehbare Zwecke wären etwa gleichberechtigte und selbstbestimmte sexuelle Handlungen oder Zeugungsakte).
- Handlungen, die Tod, Schmerzen, Selbstverstümmelung, Verlust von Freiheit oder Chancen erzeugen und die weder für die handelnde Person selbst noch für Andere einen nachvollziehbaren Zweck verfolgen. (Beispiele für nachvollziehbare Zwecke wären etwa Organspenden, legitime Haftstrafen oder Handlungen im Zusammenhang mit der Elternrolle.)

Aus diesen Gründen heraus ist mit Brumlik (2004, 230 ff.) davon auszugehen, dass Menschen, insofern sie derzeit nicht in der Lage sind, Verantwortung für vernünftige Handlungen zu übernehmen, ein Recht darauf haben, dass Andere ihre potentiellen Interessen vertreten, wenn sie nicht, noch nicht oder nicht mehr dazu selbst in der Lage sind.[95] Dies kann z.B. bedeuten:

- Erziehung als einen Prozess zu verstehen, Kinder in ein vernünftiges Leben einzuführen, ihnen Werte und Normen zu vermitteln und sie in ihrer Identität zu stärken und ihnen bei der Entwicklung ihrer Fähigkeiten zu helfen, die sie für eine vernünftige, auf gute Zwecke ausgerichtete Lebensführung benötigen.

[95] Für Brumlik (2004, 246) schließt dies auch alle „rauschaften Zustände ohne Kontrolle" ein, an denen wir nur insofern „Freude" haben können, als sie vor dem „Hintergrund einer verantwortungsvollen und vernünftigen Lebensführung" stattfinden.

- Therapie bzw. Rehabilitation als einen Prozess zu verstehen, Kinder, Jugendliche oder Erwachsene, die bereits über Fähigkeiten verfügten, diese aber durch bestimmte Lebensereignisse oder in bestimmten Lebensphasen verloren haben, zu einem vernünftigen Leben zurückführen, indem sie wieder in die Lage versetzt werden, ein vernünftiges, selbstbestimmtes Leben zu führen.
- Schließlich sollte für alle diejenigen, die nicht mehr in die Lage versetzt (befähigt) werden können, sich um sich selbst zu kümmern, Pflege und Verantwortung (z.B. durch gesetzliche Betreuungen) so arrangiert werden, dass auch jenseits eines vernünftigen Lebens ihre körperliche und seelische Integrität gewahrt bleibt.

In ähnlicher Weise hat auch Nussbaum die Unterscheidung zwischen denjenigen getroffen, die die Capabilities zur Verfügung haben und für die – sofern sie zur Nutzung befähigt werden können – diese eine Verbesserung ihrer Lebenslage bedeuten und jenen, bei denen – weil sie nicht über die grundlegenden Fähigkeiten verfügen – auch eine bessere Ausstattung an Capabilities nicht zu einer Verbesserung ihrer Lebenslagen führt (vgl. Kapitel 4.4).

Für Brumlik (2004, 155) ist in ähnlicher Weise zunächst ein Zustand unvorstellbar, „in dem zwar alle Individuen uneingeschränkte und symmetrische Chancen haben, ihre Interessen und Bedürfnisse in praktischen Diskursen zu erörtern, gleichwohl aber leiden."

Ich möchte dies in ähnlicher Form auf jede Handlung hin umformulieren: Es scheint zunächst unvorstellbar, dass, obwohl alle Individuen uneingeschränkte und symmetrische Chancen haben, ihre Interessen und Bedürfnisse mittels Capabilities durch Handlungen umzusetzen, sie gleichsam ihre ‚wahren' Interessen und Bedürfnisse nicht kennen oder diese doch nicht realisieren können. Dieser Widerspruch lässt sich daher nur dann aufheben, wenn es nicht bei einer reinen Chancengewährung bleibt, sondern vielmehr an der Befähigung zur Chancenwahrnehmung gearbeitet und diese unterstützt wird. Dies kann sowohl im Sinne von Empowerment, aber auch – in den oben beschriebenen Fällen – im Sinne einer advokatorischen Ethik, ja sogar definierter paternalistischer Handlungen erfolgen.

Selbst der liberale Gerechtigkeitstheoretiker Rawls stimmte der Legitimität paternalistischer Eingriffe zu, da diese Grundsätze des Paternalismus auch von den Parteien im Urzustand anerkannt werden würden,

> „um sich gegen Schwäche und Versagen ihrer Vernunft und ihres Willens in der Gesellschaft zu schützen. Andere erhalten das Recht und sind manchmal verpflichtet, an unserer Stelle zu handeln und das zu tun, was wir für uns tun würden, wenn wir

> vernünftig wären; [...] Paternalistische Eingriffe müssen durch das offenbare Versagen oder Fehlen der Vernunft oder des Willens gerechtfertigt sein; und sie müssen geleitet sein von den Grundsätzen der Gerechtigkeit und den Kenntnissen der längerfristigen Bedürfnisse des Betroffenen oder der Theorie der Grundgüter. [...] Paternalistische Grundsätze dienen dem Schutz gegen unsere eigene Unvernunft, sie sind keinerlei Erlaubnisse für Angriffe auf jemandes Überzeugungen und Charakter, auch wenn die Aussicht auf spätere Zustimmung besteht. Auch Erziehungsmethoden müssen diesen Bedingungen genügen." (Rawls 1979, 281 f.)

Daher ist abschließend festzuhalten, dass eine advokatorische Ethik die bislang entlang der Prämissen von Selbstbestimmung und Empowerment konzeptionalisierte und auf den Grundlagen einer die Capabilities mindestens als Schwellenwerte garantierende Gesellschaft ergänzt, um ein Verantwortungs-Selbstbestimmungs-Kontinuum zu bilden. Dieses Kontinuum verbindet den Pol der Selbstbestimmung – und damit die professionelle Unterstützung derselben durch Empowerment – auf der einen mit dem Pol der Fremdbestimmung durch Verantwortungsübernahme für Andere – und damit der professionellen Unterstützung derselben durch eine advokatorische Ethik – auf der anderen Seite zu einem festen Band.

In der folgenden Übersicht soll dieses Kontinuum eines Menschen verdeutlicht werden:

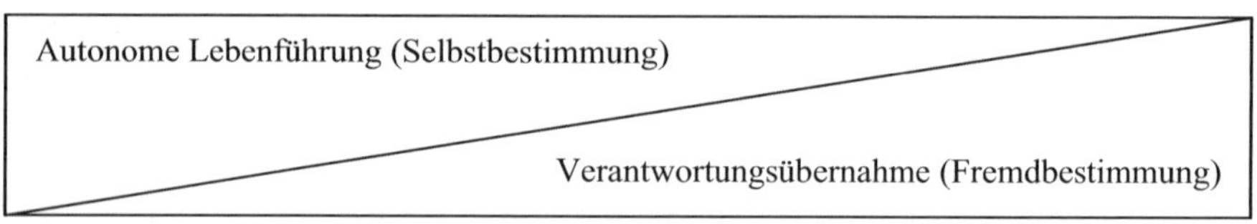

Abbildung 5: Ethisches Kontinuum

Mit der Abnahme der Fähigkeit zur selbstbestimmten Lebensführung geht somit die Verantwortungsübernahme durch Andere einher. Ebenso kann umgekehrt keine Verantwortungsübernahme durch Andere legitimiert werden, wenn die Person zu einer selbstbestimmten Lebensführung in der Lage ist.

Diese Fähigkeit zur selbstbestimmten Lebensführung schließt daher verantwortliche und damit vernünftige Entscheidungen und Handlungen im Allgemeinen mit ein, d.h. in der alltäglichen Lebenspraxis. Das bedeutet nicht, dass sich im Laufe dieser Alltäglichkeit bzw. des Lebenslaufes nicht Phasen der ‚Unvernunft' oder der fehlenden bzw. mangelhaften Reflexion ergeben können, die allerdings – da sie kurzzeitig oder eher in Fragen des Lebensstils auftreten – keinen Eingriff in die Lebensführungssouveränität der Menschen erlauben. In diesem Sinne kann also ein starker Paternalismus vermieden werden, der sich deutlich gegen die freie Willensentscheidung der betroffenen Person richtet. Ein schwacher Paternalismus im Sinne eines Eingriffes aufgrund der beeinträchtigten Willensentscheidung hingegen ist dadurch nicht blockiert. Aufgrund der fließenden Übergänge zwischen diesen beiden Formen und der schwierigen Entscheidung, welcher Zustand nun vorliegt, ist daher besser von einem Kontinuum statt von einer Dichotomie auszugehen.

5.8.3 Sorge und Unterstützung – zur Bedeutung von Sozialbeziehungen und sozialen Rechten

Eine advokatorische Ethik ist, ebenso wie die Empowermentphilosophie, allerdings nur mit einer sorgenden Verantwortung zusammen verstehbar, da ansonsten eine ausbeutende, kolonialisierende oder gewalttätige Einmischung in die Lebensführung von Menschen droht.

Auch für Nussbaum stellt ein solches ‚Sorgekonzept' eine wesentliche Grundlage von Gerechtigkeit dar. Zum einen weist sie den Capabilities „practical reasoning" und „affiliation" eine gemeinsame architektonische Funktion innerhalb der ganzen Capabilities zu (vgl. Kapitel 4.3.3), wobei diese Zugehörigkeit („affiliation") eben auch die Sorge und die Achtung Anderer mit einschließt. Ihr Ansatz geht zum anderen von einem Begriff der Kooperation aus, zu dem Menschen aus verschiedensten Gründen motiviert sind, nicht nur aus egoistischen heraus:

> "It [the Capabilities approach; D.R.] envisages human beings as cooperating out of a wide range of motives, including the love of justice itself, and prominently including a moralized compassion for those who have less than they need to lead decent and dignified lives." (Nussbaum 2006, 156 f.)

und weiter:

> "Society is held together by a wide range of attachments and concerns, only some of which concern productivity. Productivity is necessary, and even good; but it is not the main end of social life." (Nussbaum 2006, 160)

Die Sorge für Andere kann sich, so Nussbaum, also auch aus Mitgefühl, ja sogar Mitleid speisen und zu einem grundlegenden Anspruch an Andere werden (Nussbaum 2006, 178).

So wird also die Sorge für das Wohl Anderer eine zentrale Kategorie innerhalb des Capabilities Approach, da wir einerseits selbst von der Sorge Anderer abhängig sind und wir ihnen (deshalb) andererseits auch auf reziprokem Wege Sorge schulden. Zu beachten ist dabei allerdings, dass

> „jede reale Gesellschaft eine Fürsorge-spendende und eine Fürsorge-empfangende Gesellschaft [ist] und daher Wege finden [muss], um mit diesen Fakten klarzukommen, Wege, die vereinbar sind mit der Selbstachtung der Fürsorgeempfänger, und die den Fürsorgespender nicht ausbeuten." (Nussbaum 2003, 183)

Bei Schmid (1998, 267) finden wir darüber hinaus eine weitere Facette dieses Sorgeverhältnisses, denn für ihn sind Selbstsorge und Fremdsorge sich ergänzende Handlungen:

> „So wie die Selbstsorge erst dann zu ihrem vollen Begriff kommt, wenn sie die Sorge für Andere mit umfasst, setzt die Sorge für Andere das Selbst voraus, das in der Lage ist, seine Wahl zu treffen, sich selbst zu verpflichten und in diesem Sinne seine Selbstsorge wahrzunehmen."

Ein solches ‚Sorgekonzept' kann auf diese Weise zu einer weiteren Grundlage für eine ethisch sensibilisierte Handlungstheorie Sozialer Arbeit werden. Sich-Sorgen kann daher, wenn wir auf die Vielfalt der Begriffsnutzung des englischen ‚care' schauen, in verschiedenen Facetten vorkommen, wobei es immer um ‚sorgen', ‚pflegen', ‚sich kümmern' und ‚achtsam sein' geht:

- „caring about" meint die eher emotionale Sorge und Anteilnahme bzw. die Achtsamkeit für die Bedürfnisse Anderer
- „take care of" dagegen meint mehr die aktive, tätige Sorge für Andere und
- „take care of yourself" bezeichnet die Selbstsorge, also das selbsttätige Sorgen für die eigene Person. (vgl. Brückner 2004, 9)

Auch wenn bestimmte Sorgetheorien (z.B. Conradi 2001) eher die mikrosozialen Beziehungen als Bezugspunkt von Verantwortung und Aufmerksamkeit für den Anderen ansehen, so kann diese wichtige Grundlage um größere, meso- und sogar makrosoziale Beziehungen bzw. Strukturen erweitert werden (vgl. etwa Brückner 2004). Das größte makrosoziale Gebilde, das hier in Betracht kommt, ist wohl die Gesellschaft als funktionales Gebilde von miteinander interagierenden sozialen Systemen und die Gemeinschaft als lebensweltliches Gebilde von miteinander interagierenden Subjekten. Dazwischen könnte es aber auch so etwas wie einen „Dritten Sozialraum" geben, wie ihn Dörner (2007) konstruiert, allerdings wäre es m.E. zutreffender, diesen Sozialraum als lebensweltlichen, gemeinschaftlichen Raum zu definieren, wodurch er wiederum deutlich mehr Nähe zur intersubjektiven Begegnung aufweist. Dörner verortet dagegen neben dem Privaten und dem Öffentlichen insofern einen Mesobereich, den er als Dritten Sozialraum bezeichnet und der sich dadurch auszeichnet, dass er verschiedenste Möglichkeiten des bürgerschaftlichen Engagements und der Begegnung zwischen unterschiedlichen Menschen ermöglicht. Es geht ihm nicht um eine systemisch induzierte, sozialstaatlich garantierte Hilfe, sondern vielmehr um eine Form von zivilem Engagement von Bürgern für Bürger. Dadurch gewinnt der Ansatz Dörners kommunitaristische Züge einer zukünftigen Hilfe aus der Gemeinschaft für alte, behinderte und anderweitig in ihrer Lebensführung auf Unterstützung angewiesene Personen, die seiner Ansicht nach die Strukturen der sozialstaatlichen wie lebensweltlichen Hilfen verändern wird.

Folgende Rahmenbedingungen (vgl. Dörner 2007, 94 ff.) erzeugen für ihn die Möglichkeit der Sorge für Andere bei gleichzeitigem Schutz von Überforderung. Mit anderen Worten fördern diese Bedingungen das Sorgeengagement und verhüten die Gefahren einer lebensweltlich gebundenen Sorge.

- Eine territoriale Eingrenzung schafft Verantwortungsgefühl, jeder ist nur für eine kleine, überschaubare Gruppe von Hilfebedürftigen verantwortlich und dies ermöglicht alltägliche Begegnung.
- Wichtiger als die Größe ist allerdings die erfahrbare Überschaubarkeit des Sozialraums, sodass man diejenigen (persönlich) kennt, die einem helfen.
- Nachbarschaftliches Engagement kann allerdings nicht von oben verordnet werden, sondern muss wachsen und sich möglichst einer demokratischen Selbstverwaltung bedienen.
- Da Nachbarschaft niedrigschwellig ist und auf Wechselbeziehungen angewiesen ist, sollten alle im Sozialraum Lebenden etwas im Sinne sozialer Unterstützung beizutragen haben.
- Bürger, d.h. Nachbarn, so Dörner, sind auf eine gewisse Art helfensbedürftig, d.h. möchten gerne anderen Menschen Unterstützung anbieten.
- Dafür benötigen sie allerdings in Teilen selbst professionelle Hilfe, sie sind somit auch hilfsbedürftig. Die Anbahnung und Begleitung, auch durch Krisen und Konflikte, wird dabei durch professionelle Fachkräfte zu gewährleisten sein, denn es ist nicht zu erwarten, dass sie selbst die Initiative ergreifen oder das nötige Durchhaltevermögen aufbringen.
- Die notwendigen Impulse können zwar aus der Nachbarschaft selbst kommen, aber auch durch soziale Institutionen, Kommunen, Wohnungsbaugesellschaften und Kirchengemeinden.

In eine ähnliche Richtung entwickelt sich neuerdings auch eine intensive Diskussion um ein Community-Care-Konzept und damit verbunden ist die Vorstellung, verloren gegangene, natürliche Netzwerke und Gemeinschaften wieder zu erzeugen. „Aktivierung durch Verantwortungszuweisung heißt es nun vor allem dort, wo die Menschen nicht mehr ‚zusammen kegeln gehen',„ (Kessl/Krassmann 2005, 235), d.h. es handelt sich bei dieser Vorstellung nicht um eine natürliche Entwicklung, sondern um eine vor allem durch professionelle (sozialarbeiterische, gemeindepsychologische, architektonische, stadtplanerische) initiierte und gestaltete Form von „Unterstützung im Alltag durch Menschen, die zum eigenen Alltag gehören" (Maas 2001, 14). Diese vor allem im Rahmen der Behindertenhilfe diskutierte Idee einer veränderten Hilfe- und Betreuungsstruktur, die mit Ambulantisierung und Personenzentrierung einhergeht, ist eingebunden in einen umfassenden Umbau des Sozialstaates, von einem distributiven hin zu einem aktivierenden Sozialstaat und einer damit verbundenen Änderung des Ressourceneinsatz: Die vormals in Institutionen und fast ausschließlich durch professionelle Kräfte erbrachten Sozialleistungen sollen nun mehr durch Laien-, Nachbarschafts- bzw. ehrenamtliche Hilfe ersetzt und gleichzeitig vorrangige Angebote im Sinne der Sozialraumorientierung erschlossen werden (vgl. Schablon 2009; Dörner 2007, 2012).

In diesem Wandel der Leitbilder und Versorgungskonzepte scheinen verschiedene Facetten auf: Erstens sind sie gespeist von einer fast romantischen Vorstellung des gemeinschaftlichen Lebens und der Sorge umeinander. Obwohl diese Aspekte von Nussbaum und vor allem von Kommunitaristen (Taylor 1996; MacIntyre 1999) dem Prinzip der sozialen Kooperation beigeordnet werden, wohnt ihnen immer auch die Gefahr einer naiven, weil die Interessenskonflikte harmonisierenden Weltsicht inne. Zweitens bauen sie auf das zivilgesellschaftliche Potenzial, das sich zwar latent in den modernen Gesellschaften erhalten, durch die Veränderung von Arbeits- und Lebensweisen (Stichwort: Pluralisierung und Individualisierung) jedoch stark verändert und daher auch in gewisser Weise reduziert hat. Drittens nimmt es die Entwicklung des Wohlfahrtsstaates als eines Sozialstaates aus den Ursprüngen kirchlicher und später kommunaler Wohltätigkeit insofern in sich auf, als letztere wieder verstärkt aktiviert werden sollen.

Dieses Konzept der ‚heilen Welt' impliziert auch die Gefahr des Scheiterns in der Unterstützung und die Gefahr der Kolonialisierung des Anderen als Hilfsbedürftigen durch moralische Ansprüche sowie die „fürsorgliche Belagerung", wie wir sie geschichtlich mit der bürgerlichen Wohltätigkeit (siehe Pielhoff 1999; und Sachße/Tennstedt 1980/1988/1992) des 19. Jahrhunderts und der „fürsorglichen Belagerung" des 20. Jahrhunderts verbinden. Die Sorge oder auch das Für- bzw. Um-Sorgen kann beim Unterstützungsempfänger einerseits ein

Gefühl des Aufgehobenseins und der Bedürfnisbefriedigung bedeuten, andererseits aber auch eine Abhängigkeit, die durch die moralische Komponente des Fürsorgeprozesses selbst erzeugt wird und zunächst der Autonomie und Selbstbestimmung des Einzelnen zuwiderläuft.

In seiner Rezeption der Habermas'schen Unterscheidung von Lebenswelt und System argumentiert Rauschenbach für zwei analytisch wie auch praktisch getrennte Sphären der Unterstützung:

Tabelle 3: Herkunft, Wirkung und Mechanismen von Hilfe nach Rauschenbach (1999, 133)

	Beziehung als Produkt von Hilfe	Beziehung als Voraussetzung von Hilfe	Ressourcen des Helfens	Sanktions-mechanismen
Lebensweltlich induzierte Hilfe	Hilfe von Mensch zu Mensch („freie Liebestätigkeit")	Hilfe in der Gemeinschaft („kulturell gebundene Liebestätigkeit")	Bereitschaft, Alltagswissen, Alltagsbewusstsein	Moral, Prestige
Systemisch induzierte Hilfe	Professionalisierte Hilfe („bezahlte Nächstenliebe")	Personenbezogene soziale Dienstleistungssysteme („organisierte Hilfe")	Zuständigkeit, Expertenwissen, professionelle Ethik	Recht, Geld

Form, Ziel und ‚Reichweite' der lebensweltlich induzierten Hilfe unterscheiden sich also ganz wesentlich von denen der systemisch induzierten Hilfe und sind im Grunde genommen nicht gegeneinander verrechenbar oder austauschbar.

Wo sich die systemische Hilfe aus den Entwicklungen des modernen Sozial- und Rechtsstaates entwickelte und durch ihre Errungenschaften und Erfolge vor allem in einer demokratischen, rechtsstaatlichen sozialen Sicherung (weitgehend ohne moralischen Anspruch) auszeichnete, ist die lebensweltliche Hilfe die weitaus häufigere, vielfältigere, niedrigschwellige Sicherung im Alltag der Menschen (allerdings weitgehend mit moralischen Ansprüchen).

Aus diesen Gründen muss das Care-Konzept um das Gerechtigkeitskonzept erweitert werden. Gerechtigkeit, hier verstanden als ein rechtlich abgesicherter Anspruch auf eine bestimmte Daseinssorge, ist das notwendige Korrelat einer Sorge, die sich aus moralischer Verantwortlichkeit speist und in der immer droht, dass die Hilfe an eigene Wertvorstellungen des Helfenden gebunden wird. Gerechtigkeit benötigt eine Haltung, die davon ausgeht, dass man von den Besonderheiten des Einzelfalls absieht und die ungefähr gleiche Handlungsfähigkeit aller Beteiligten voraussetzt. Sie ist damit in gewisser Weise eine mehr „prinzipienorientierte Pflichtmoral" (Großmaß, 322) als eine moralische Neigungsmoral. Auf der anderen Seite kann die reine Rechte-, Freiheits- und damit Chancengewährung, wie sie beispielsweise im zunächst sehr überzeugenden Modell von Rawls herausgearbeitet wurde, auch nur eine kalte und distanzierte, weil funktionelle Unterstützung garantieren. Sorge dagegen, zumal in menschlicher Form, schafft andererseits ein Gefühl von menschlichem Kontakt. Großmaß (2006) fordert daher eine Sorge, die – da sie von asymmetrischen Beziehungen ausgeht – die Besonderheiten des Anderen in den Blick nimmt (v.a. seine Verletzlichkeit und Abhängigkeit) und so zu einer „kontextsensiblen Verantwortungsmoral" (Großmaß 2006, 322) wird.

5.9 Gerechtigkeit, Befähigung und das gute Leben – eine Skizze der Handlungstheorie als Beitrag zu einer daseinsmächtigen Lebensführung

Wir sind jetzt an einen Punkt in der Erarbeitung einer handlungstheoretischen Grundlage Sozialer Arbeit gelangt, der eine erneute Zusammenfassung der bisherigen Erkenntnisse erfordert. Diese wird lediglich die Konturen einer solchen Theorie nachzeichnen, da ihr Inhalt in den vergangenen Kapiteln bzgl. Epistemologie, Wissenschaftssystematik, Professionsstatus und -verständnis und der Heranziehung wesentlicher Argumente des Capabilities Approach bereits mit entsprechenden Erkenntnissen gefüllt wurde. In dem nun folgenden Abschnitt soll daher der Versuch unternommen werden, die verschiedenen Puzzleteile zu einem Ganzen zusammenzusetzen.

Eine moderne Soziale Arbeit soll hier verstanden werden als die professionelle Analyse und Bearbeitung derjenigen Themen, die sich innerhalb der menschlichen Lebensführung ergeben. Da sie aber eine Eingrenzung dieses weiten Feldes benötigt, wurde die durch soziale Probleme gefährdete Lebensführung als der Gegenstand der Sozialen Arbeit benannt und darin das besondere Verhältnis von subjektiver Handlung und sozialer Struktur insofern aufgeklärt, als angenommen werden kann, dass beide Sphären sich gegenseitig bedingen und Soziale Arbeit daher als ‚Expertise für die Zusammenhänge zwischen Subjekt und Umwelt' verstanden werden kann.

Soziale Arbeit wird also als eine Wissenschaft und Profession definiert, die sich – in Abgrenzung zu sozial- oder geisteswissenschaftlichen Disziplinen – mit der konkreten Handlung von Menschen beschäftigt. Sie wird damit selbst zu einer Handlungswissenschaft vom Handeln in sozialen Strukturen und damit zu einer praxeologischen Wissenschaft. Eine Soziale Arbeit, die nicht auf konkrete Veränderungen hin orientiert ist, sondern sich auf grundlegende Welterkenntnisse reduziert, ist ergo mit dieser Praxeologie unvereinbar. Es geht eben weder nur allein um die Gewährung von (materiellen) Chancen noch allein um eine Freiheit der Lebensführung, sondern um die im günstigsten Fall richtige Verschränkung einer Lebensführung auf der Basis echter Chancen, die sich als Fähigkeit der Menschen darstellt, diese Chancen zu nutzen, allerdings eben nur insofern sie wirklich vorhanden sind und eine entsprechende Nutzung zulassen. Dieser in gewisser Weise zirkuläre Prozess der Lebensführung (vgl. auch Sommerfeld/Hollenstein/Calzaferri 2011) ist dann Aufgabe Sozialer Arbeit, wenn die (scheinbar) unkomplizierten und gelingenden Lebensführungsprozesse durchbrochen werden, prekär oder sogar unmöglich erscheinen.

Die in der scientific community mittlerweile geteilte, konsensuelle Auffassung dieser Intermediarität wird hier mittels des Capabilities Approach in zweifacher Hinsicht erweitert bzw. erhält eine ethisch begründete und handlungstheoretisch erschlossene Form, aus der sich zwar Handlungsgründe für die Analyse und Intervention des Subjekt-Umwelt-Verhältnisses ergeben, die jedoch nur den Hintergrund für das konkrete sozialarbeiterische bzw. sozialpädagogische Handeln liefert. Es ist eben keine Rezeptologie, sondern eine Praxeologie, die allerdings mit einer klaren normativen Vorgabe eines guten Lebens als Mindestanforderung und einem darüber hinausgehenden Blick auf die durch soziale Strukturen tatsächlichen Möglichkeiten der Lebensführung folgt.

Ziel der Sozialen Arbeit ist daher die (Wieder-)Herstellung von Daseinsmächtigkeit, die sich in folgenden Bereichen manifestiert:

a) Die Verfügung über ausreichende ökonomische und ökologische Mittel, um den eigenen „oikos" (Haushalt) besorgen zu können, um somit
b) anstehende Entwicklungs- und Bewältigungsaufgaben mithilfe relevanter Anderer und Gemeinschaften meistern zu können und so schließlich
c) innerhalb relevanter Lebensbereiche entsprechende Rollen ausüben zu können.

Soziale Arbeit ist dabei – durch ein sensibles Expertenverständnis aufgeklärt – als Unterstützung der ansonsten autonomen Lebensführung derjenigen gedacht, die kurz-, mittel- oder langfristig auf sozioökonomische, sozioökologische oder persönliche Hilfen angewiesen sind, um ihr Leben aktiv führen zu können und ein gutes Leben anzustreben. Der vielfach gescholtene und diskreditierte Begriff des guten Lebens korrespondiert hier mit einem ethisch aufgeklärten und in Richtung einer paternalistischen Haltung abgegrenzten Blick auf die Verhältnisse, in denen Menschen ihr Leben führen müssen. Neben einer mangelnden Ressourcenausstattung ist es vor allem die rein libertäre Auffassung einer vollständigen Entscheidungs- und Handlungsautonomie des Subjekts, die hier kritisch betrachtet und mit Mitteln der sozioökonomischen und soziökologischen Gestaltung der notwendigen Lebensgrundlagen – in den Bereichen Wohnen, Arbeit,

Einkommen, Gesundheit – sowie auch mit Hilfe von Bildung, Kompetenzerwerb ‚bearbeitet' werden soll. Soziale Arbeit muss sich, so präpariert, dabei sowohl den sozialen Begrenzungen (in Richtung einer Unterversorgung mit materiellen Gütern, aber auch den Partizipationschancen) als auch den subjektiven Begrenzungen (eingeschränkte Entscheidungsfähigkeit, adaptive Präferenzen) zuwenden und darf weder die eine Seite, nämlich die soziale Benachteiligung durch soziale Strukturen und Prozesse, noch die andere Seite, nämlich die personellen Schwächen von Menschen, zu stark als verursachend und die jeweils andere Seite prädisponierend oder konstituierend begreifen.

Es wird dafür plädiert, das teilweise ambiguine Spannungsverhältnis von sozialen Strukturen und subjektiver Handlung auszuhalten und produktiv zu wenden. Dabei kann eine für Gerechtigkeit und das gute Leben sich einsetzende Soziale Arbeit nicht umhin, die gegebenen sozialen Strukturen und Prozesse, die eine daseinsmächtige Lebensführung von Einzelnen, Gruppen oder Gemeinschaften behindern, zu kritisieren. Sie muss ein klares Verständnis eines guten Lebens entwickeln, das (zumindest) garantiert wird und das dann von den Subjekten aktiv aufgenommen und angestrebt wird. Deshalb kann sie auch nicht umhin, die durch verschiedene Erfahrungen gewonnene aktuelle Daseinsmächtigkeit von Subjekten dann zu kritisieren, wenn diese sich in einer für sie kurz-, mittel- oder langfristig schädlichen Weise zu ihrer Welt stellen, Ressourcen nicht nutzen oder sie in einer Art und Weise nutzen, die für sie schädlich ist. Sicherlich ist es ethisch wie auch handlungstheoretisch äußerst diffizil und kompliziert, die Grenze zwischen selbstbestimmter und gefährdeter Lebensführung zu definieren, will man nicht doch der Versuchung unterliegen, einem starken Paternalismus das Wort zu reden und sich stark in die Lebensführung der Subjekte ‚einzumischen'. Doch mit einer ‚laissez-faire'-Attitüde allein lässt sich das Elend vieler Menschen auch nicht beheben.

Ein differenziertes ethisches Konzept des Menschen, das sowohl seine Möglichkeiten als auch seine Begrenzungen kennt, muss also zusammengefügt werden mit einem gesellschaftskritischen Bild der ungleichen und damit ungerechten Güter- und Chancenverfügung.

Wir sind dabei erkenntnis-, wissenschafts- und handlungstheoretisch von einer potentiellen Veränderbarkeit der gegebenen subjektiven wie auch strukturellen Verhältnisse ausgegangen und haben dies als Bildsamkeit der Subjekte, der Sozialräume und der Sozialbeziehungen sowie der mindestens bestimmte Schwellenwerte übersteigenden Ressourcenausstattung formuliert. Soziale Arbeit ist dabei auf eine Sozialpolitik angewiesen bzw. kann diese kritisieren, die die nötigen materiellen wie immateriellen Grundlagen für eine daseinsmächtige Lebensführung schafft. Nur auf der Grundlage dieser auskömmlichen Ausstattung kann ein autonomes Subjekt aufbauen. Allerdings müssen diese Grundlagen auch erschlossen bzw. genutzt werden und hierfür ist vielfach die Soziale Arbeit sowohl im Sinne einer Rechtesicherung als auch im Sinne einer Befähigung durch Bildung zuständig und kompetent.

Abschließend seien folgende, zugegebenermaßen vereinfachte Handlungsprämissen benannt:

- Schaffe und modifiziere solche strukturellen Bedingungen (gesellschaftlicher Möglichkeitsraum), die Menschen mehr Wahlmöglichkeiten eröffnen,
- ermutige und befähige sie, diese Möglichkeiten mittels kluger Wahl zu ergreifen und zu nutzen (subjektiver Möglichkeitsraum) und
- wenn dies nicht auf Anhieb gelingt: Akzeptiere, dass Menschen nicht immer gleich oder aktuell die klügste Wahl treffen, wohlwissend, dass sie ihr menschlich Möglichstes tun, um die richtige Wahl zu treffen.
- Gib nie auf und versuche stets neu, sie immer (wieder) daseinsmächtiger zu machen.

Im folgenden Kapitel soll nun versucht werden, die hier sehr allgemein formulierten handlungstheoretischen Grundsätze mit Methoden und Konzepten der Sozialen Arbeit in Beziehung zu setzen. Damit wird die Hoffnung verbunden, ein tatsächlich konvergentes und damit letztlich kohärentes Verständnis Sozialer Arbeit auch in methodisch-praktischer Hinsicht zu gewährleisten, in dem sowohl persönlichkeitsbildende bzw. kompetenzsteigernde als auch strukturbildende bzw. chancensteigernde Wege enthalten sind und damit die Schere zwischen Sozialarbeit und Sozialpädagogik geschlossen wird.

5.10 Methoden der Sozialen Arbeit und ihr Bezug zur Handlungstheorie

Abschließend soll nun versucht werden, den bisherigen handlungstheoretischen Überlegungen die jeweiligen methodischen Zugänge der Sozialen Arbeit sowohl zur subjektiven Handlungsfähigkeit als auch den sozialen Strukturen zuzuordnen, sodass zumindest ansatzweise deutlich werden kann, welche konkreteren professionellen Handlungsweisen aus der hier vorgestellten allgemeinen Handlungstheorie folgen.

Wie bereits in Kapitel 2 verdeutlicht, wollte ich mit den bisherigen Ausführungen eine allgemeine Handlungstheorie erarbeiten, die nur bedingt direkt mit Handlungsanweisungen für die Praxis der Sozialen Arbeit aufwartet. Vielmehr wurden Grundprobleme, Reichweiten und Handlungsebenen beschrieben, die den Gegenstand und die Funktion sowie die Ziele einer Sozialen Arbeit als praxeologischer Wissenschaft und professioneller Expertise für die Zusammenhänge zwischen subjektiver Handlung und sozialer Struktur aufzeigen.

Unabhängig davon sollte auch eine allgemeine Handlungstheorie Hinweise dafür liefern, in welchem Zusammenhang die verschiedenen spezifischen Handlungstheorien und die damit zusammenhängenden Methoden zu dieser allgemeinen Handlungstheorie stehen.

Ich möchte dies anhand der bereits oben verfolgten Systematik einer einerseits an subjektiver Handlungsfähigkeit und andererseits struktureller Ressourcen und Chancen verdeutlichen. Dabei soll noch einmal an die Funktion der Sozialen Arbeit, wie sie im zweiten Kapitel herausgearbeitet wurde, erinnert werden:

Soziale Arbeit soll

1. als praxeologisches Expertentum fungieren, das mittels seiner ganzheitlichen, dialogischen Expertise und seinem partizipativen Empowermentverständnis personenbezogene Dienstleistungen anbietet,
2. die Menschen in ihrer Lebensführung unterstützen, insofern diese als gefährdet oder prekär markiert werden und zwar insbesondere dann, wenn
3. sich ein Missverhältnis zwischen subjektiver Handlungsfähigkeit und sozialer Struktur ergibt, sodass die Subjekte
   a) nicht über ausreichende ökonomische und ökologische Mittel verfügen, um den eigenen ‚oikos' (Haushalt) besorgen zu können (soziomaterielle Lage; sozialökologische Ressourcen),
   b) anstehende Entwicklungs- und Bewältigungsaufgaben mithilfe relevanter Anderer und Gemeinschaften nicht meistern können (Entwicklung/Bildung und soziale Unterstützung) und
   c) innerhalb relevanter Lebensbereiche entsprechende Rollen nicht ausüben können (Inklusion/Integration) und
4. damit schließlich ihre daseinsmächtige Lebensführung gefährdet ist.

Diese Aufgabe kann sie nur dann sinnvoll erfüllen, wenn sie sich sowohl dem Subjekt zuwendet, um es dabei zu unterstützen, seine Rechte zu sichern, seine Bedürfnisse zu befriedigen oder auch seine Handlungskompetenzen aufzubauen, wiederzuerlangen oder zu erweitern als auch die soziale Struktur insofern ‚bearbeitet' als in ihr diejenigen Ressourcen zu finden sind, die dann vom Subjekt für seine Lebensführung benötigt werden.

Ähnlich wie bei der Auswahl von Theorien der Sozialen Arbeit, wie sie in Kapitel 2 begründet wurde, steht man auch bei der Auswahl methodischer Zugänge zunächst vor der Schwierigkeit, die relevanten Methoden zu benennen.

An dieser Stelle wird bewusst auf eine methodologische oder systematische Herleitung der jeweiligen Methoden verzichtet. Diese ist in verschiedenen Übersichtswerken (u.a. Galuske 2011; Galuske/Müller 2010; Kreft/Müller 2010) einführend und in den jeweiligen Methodenbeschreibungen selbst hinlänglich geschehen.

Eine Zuordnung der jeweiligen Methoden Sozialer Arbeit kann im Anschluss an Hare (2004) auch entlang eines Kontinuums von direkten versus indirekten Maßnahmen erfolgen. Ausgehend von einer sozialökologischen fundierten Definition Sozialer Arbeit, zudem in Übereinstimmung und in erläuterndem Zusammenhang mit der IFSW-Definition Sozialer Arbeit, kennzeichnet Hare (2004) überblicksartig die jeweilige Zugehörigkeit der von ihr herangezogenen Methoden zu diesen beiden Seite der direkten, einzelfall- und gruppenbezogenen Maßnahmen gegenüber den indirekten, organisations- und gemeinwesenbezogenen Maßnahmen.

An dieser Stelle möchte ich mich daher auf die von Hare (2004) genutzte Kategorisierung der jeweiligen methodischen Zugänge entlang der Skala von direkten und indirekten Maßnahmen konzentrieren, wie sie auch von Galuske/Müller (2010, 606) genutzt wurde. Allerdings ist die Skala entlang einer an subjektiver Handlungsfähigkeit auf der einen und Veränderung umfeldbezogener, struktureller Rahmenbedingungen auf der anderen Seite interessiert.

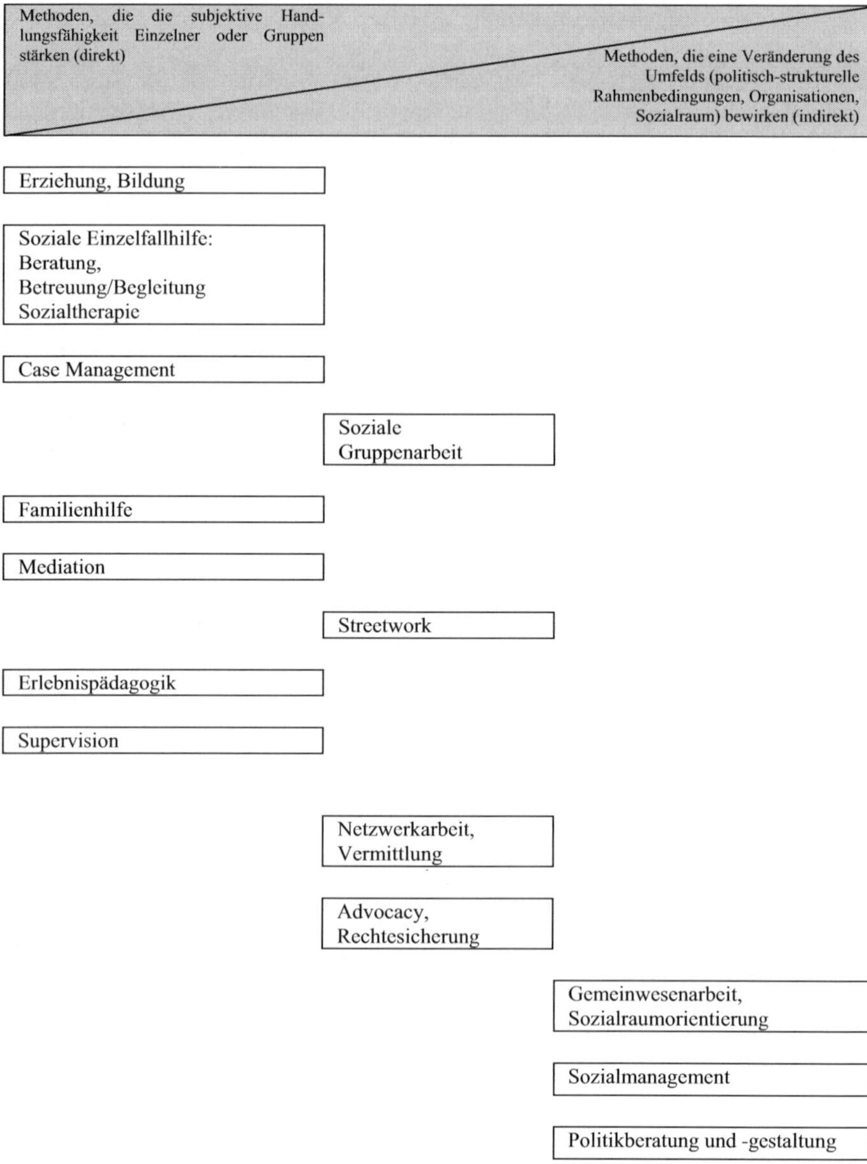

Abbildung 6: Methoden der Sozialen Arbeit in einer systematischen Zuordnung

Folgende Erläuterungen zur Abbildung sind notwendig, um die systemische Verwobenheit beider Sphären hervorzuheben.

Erstens ist festzustellen, dass neben den mehr oder wenig eindeutig dem direkten oder indirekten Maßnahmen der Sozialen Arbeit zugeordneten Ansätzen bestimmte Methoden zwischen dem Subjekt und der Umwelt angeordnet sind. Im Falle der Gruppenarbeit, des Streetwork, der Netzwerkarbeit/Vermittlung, der Advocacy/Rechtesicherung und der Supervision ist die intermediäre Stellung dadurch begründet, dass sie jeweils in beide Richtungen wirken. So kann mithilfe der Gruppenarbeit sowohl die subjektive Handlungsfähigkeit, etwa im Sinne einer Stärkung von sozialen und kommunikativen des Einzelnen, verbessert als auch in einer anderen Form die kollektive Handlungsfähigkeit, etwa im Sinne einer Stärkung der Interessensvertretung aller Gruppenmitglieder durch die Gruppe, gesteigert werden.

In gleicherweise kann Streetwork sowohl die einzelne Person, beispielsweise einen vielleicht bislang durch Schulabsenzen oder Substanzgebrauch gefährdete/n Jugendlichen adressieren, als auch die sozialräumliche Umgebung, da etwa gemeinsam eine Aufenthaltsstätte der Gruppe, der der/die Jugendliche sich zugehörig fühlt, gestaltet wird bzw. für den Aufenthalt in einem bestimmten Sozialraum gekämpft wird (z.B. durch Gespräche mit Verantwortlichen in der kommunalen Politik oder Verwaltung, aber auch zivilgesellschaftlichen Organisationen).

Soziale Netzwerkarbeit kann ebenfalls sowohl auf die Verbesserung des personalen Netzwerkes einer bestimmten Person aus sein als auch auf die damit notwendigerweise verbundene Veränderung des sozialen Netzwerks insgesamt. So würde beispielsweise ein behinderter Mensch, der bislang hauptsächlich über Kontakte und Beziehungen zu Mitarbeiterinnen und Mitarbeiter seiner Wohngruppe und zu Mitbewohnerinnen und –bewohnern verfügt, von einer Erweiterung des Netzwerkes und der Beziehungen zu Nachbarn oder Arbeitskollegen ebenso profitieren, wie dieses Netzwerk selbst dadurch gestärkt würde, dass es gezielte Unterstützungsfunktionen übernimmt.

Gleichzeitig kann Netzwerkarbeit auch bedeuten, Menschen den Zugang zu bestimmten Netzwerkressourcen (etwa von Organisationen oder Sozialsystemen) zu verschaffen, indem eine Vermittlung in diese Organisationen oder Sozialsysteme stattfindet, beispielsweise um dort Anträge auf Sozialleistungen zu stellen oder eine Beschäftigungsaufnahme anzubahnen.

Schließlich ist die anwaltschaftliche Vertretung (advocacy) sowohl in Richtung des Subjektes zu denken, etwa im Sinne einer stellvertretenden Sicherung der Rechte dieser Person, als auch im Sinne einer mehr politisch wirkende Aktion, die auf die bisherige Rechteverletzung bzw. durch entsprechende Organisationen eingeschränkte Rechtewahrnehmung hinweist.

Über alle Methoden hinweg ist allerdings – im Zuge des systemischen Modells dieser Handlungstheorie (Kapitel 5.3) – daran zu erinnern, dass diese jeweils Wirkungen in Richtung gesellschaftlicher-struktureller (external Capabilities) und subjektiver (internal Capabilities) Möglichkeiten entfalten. Jedes Mal, wenn sich Bedarfe auf Seiten des Subjektes hinsichtlich einer Verbesserung seiner Handlungsfähigkeit ergeben, so sind diese nicht ohne eine Veränderung auf Seiten der strukturellen Möglichkeiten zu sehen. Jede Fähigkeit, die entwickelt oder verbessert werden soll, braucht eine Umgebung, in der dies möglich ist bzw. die die entsprechenden Ressourcen und Rahmenbedingungen für die Entwicklung oder Verbesserung dieser subjektiven Fähigkeiten bereit hält. Andererseits sind daseinsmächtige Subjekte, wenn sie diese Fähigkeiten entwickelt oder verbessert haben, zwangsläufig auf Strukturen angewiesen, die ihnen eine Anwendung ermöglichen.

So sind – das sei abschließend erwähnt – alle weiteren Methoden in gegenseitiger Ergänzung zu verstehen. Sie alle zusammen bilden das Gesamt des professionellen Repertoires ab, über das eine Soziale Arbeit als Handlungswissenschaft und berufliche Tätigkeit verfügen sollte, will sie die Daseinsmächtigkeit der Subjekt unterstützen, ein gutes Leben in gerechten Verhältnissen zu leben.

6 Ausblick

In der hier vorgelegten Handlungstheorie Sozialer Arbeit sind mehrere Perspektiven vereint. Zum einen sind – ausgehend von einer systemischen bzw. sozialökologischen Perspektive – der Gegenstand und die Funktion Sozialer Arbeit bestimmt worden. Lebensführung als Thema der Sozialen Arbeit gegenüber der engeren Definition von sozialen Problemen wurde insofern präferiert, als m. E. der letztere Begriff eine Teilmenge des ersten darstellt. Dabei wurde Daseinsmächtigkeit als das Leitbild einer die Befähigung der Subjekte und die Veränderung der Umwelt umfassenden systemischen Betrachtung von handelnden Subjekten in sie beeinflussenden Strukturen gefasst. Die daraus sich ergebene Funktionsbestimmung Sozialer Arbeit wurde folgerichtig als die bifokale Unterstützung der daseinsmächtigen Lebensführung durch Stärkung subjektiver Handlungsfähigkeit und Bildung befähigender Strukturen charakterisiert. Mit ihrer Expertise für die Zusammenhänge zwischen Handlung und Struktur, zwischen Person und Umwelt und schließlich zwischen Verhalten und Verhältnissen ist Soziale Arbeit *die* Instanz zur Unterstützung von Lebensführung. Ihr Ziel ist es, gerechte, weil befähigende Strukturen zu bilden und gleichsam die subjektive Lebensführungskompetenz zu stärken. Durch eine im besten Falle Erweiterung der gesellschaftlichen Möglichkeiten und der persönlichen Kompetenzen wird so das Ziel einer selbstbestimmten, daseinsmächtigen Lebensführung angestrebt.

Dass es innerhalb dieser weiten Definition größtenteils doch um die gefährdete Lebensführung oder die bedrohte Daseinsmächtigkeit als praktische Aufgabe der Sozialen Arbeit geht, steht nicht im Widerspruch zu diesem grundsätzlichen Ansatz. Vielmehr ist in einer praxeologischen Lesart Sozialer Arbeit eine professionelle Fall- und Feldbearbeitungskompetenz von Nöten, die gleichzeitig persönliche Kompetenzstärkung und soziale Veränderung anstrebt. Mithilfe des Capabilities Approachs und eines ethischen Kontinuums zwischen Sorge und Verantwortung wurde der Handlungsbogen der Sozialen Arbeit weit gespannt. Gestützt wurden diese Erkenntnisse durch den kritischen Realismus als einer epistemologischen Grundlage, die nicht nur konstruktivistische Relationen oder ontologische Statiken fixiert, sondern diese in einem kritischen Sinne überwindet, ohne sich vollständig auf materialistische Begründungen einlassen zu müssen.

Es wurde postuliert und begründet, dass sich für die Soziale Arbeit und ihren systemischen Zugang zur sozialen Wirklichkeit ein doppelter Zugang zur gefährdeten Lebensführung ergibt. Zum einen sind von ihr die persönlichen Möglichkeiten und damit gleichzeitig auch die diese Handlungsfreiheit einschränkenden Einflüsse zu beachten. Zum Anderen jedoch sind von ihr auch jene in der Ressourcenlage begründeten Möglichkeiten und Grenzen zu fokussieren, die Menschen in die Lage versetzen oder sie daran hindern, ein gutes Leben wählen zu können.

Als Scharnier zwischen den persönlichen und den sozialen Faktoren, die die Lebensführungskompetenz beeinflussen, wurde ein Verständnis von Bildsamkeit entwickelt, das diese nicht nur auf das Subjekt, sondern gleichfalls auch auf die soziale Umwelt bezieht. So ist es die Aufgabe Sozialer Arbeit, sich gleichzeitig mit den personalen Möglichkeiten und Grenzen der handelnden Subjekte *und* den sie limitierenden oder befähigenden Strukturen auseinanderzusetzen und in beiden Sphären hilfreich zu agieren.

Schließlich wurde die hier vertretene Handlungstheorie Sozialer Arbeit in eine systematische Anordnung methodischer Zugänge der Profession umgesetzt, um zu einer Konvergenz von einzelfall-, gruppen- und gemeinwesenorienterten, organisationsbezogenen und politischen Methoden zu gelangen.

Nicht mehr und nicht weniger als diese umfassende, aber nicht uferlose Kompetenz (im Sinne von Fähigkeit und Zuständigkeit) wird von der Sozialen Arbeit verlangt.

Natürlich sind, trotz des umfangreichen Einbezugs verschiedener theoretischer Zugänge und der verdichteten Erarbeitung des handlungstheoretischen Rahmens, noch Fragen offen geblieben. Diese belaufen sich meiner Ansicht nach auf vier unterschiedliche Bereiche:

Zum Einen ist es aus wissenschaftstheoretischer Sicht unumgänglich, die erkenntnis- und handlungstheoretischen Fragen weiter zu diskutieren. Denn gerade in der Abkehr von mono-epistemologischen Ansätzen, wie dem Konstruktivismus oder dem Materialismus, liegt die Chance zu einer realistischeren, aber diese Realität auch kritisierenden Weltsicht, in der nicht alles konstruiert ist, manches aber doch. Um gesellschaftliche Diskurse zu entschlüsseln und auf bestimmte ‚Wahrheiten' (wie etwa die faktische gesellschaftliche Benachteiligung bei prinzipieller Chancengleichheit) hinzuweisen und diese mittels sozialstaatlicher und sozialarbeiterischer bzw. sozialpädagogischer Maßnahmen zu verändern, bedarf es einer differenziellen Sicht auf diese soziale Wirklichkeit.

Des Weiteren wäre es meiner Ansicht nach eine wichtige empirische Fragestellung, die Lebensführung von Subjekten und die Ausprägung ihrer Daseinsmächtigkeit zu erforschen, um daraus Rückschlüsse für ein gutes und gelingenderes Leben gewinnen zu können. Diese wäre sozusagen die empirische

Überprüfung des Capabilities Approachs mittels einer genauen Lebenslagenanalyse. Als besonders interessanter Punkt erscheint mir dabei, jene Momente identifizieren zu können, an denen Veränderung möglich war/ist, also der richtige ‚kairos' gefunden wurde, und zwar zunächst unabhängig von der im engeren Sinne verstandenen ‚Wirksamkeit' der Intervention Sozialer Arbeit.

Weiterhin und drittens wären bestimmte Handlungs-Struktur-Konfiguration dieser Lebensführung in einer klassifikatorischen Art und Weise zu erfassen, was einerseits eine entwickelte, multidimensionale Soziale Diagnostik voraussetzten würde und andererseits zu einer multiaxialen Soziale Klassifikation führen könnte.

Schließlich und viertens wäre, um die hier entwickelte Handlungstheorie noch anschlussfähiger an die professionelle Praxis zu machen, eine noch stärkere, theoriegestützte Begründung der einzelnen Methoden notwendig.

Literaturverzeichnis

Addams, Jane (1930): Education by the current event. reprinted in: Milson, Andrew/Bohan, Chara/Glanzer, Perry/Null, J. Wesley (Ed.) (2010): American Educational Thought. Es says from 1640-1940. Age Publishing

Ahrendt, Hannah (1996): Vita activa oder vom tätigen Leben. München: Piper

Albrecht, Günter; Groenemeyer, Axel (2012): Handbuch Soziale Probleme. Wiesbaden: Verlag für Sozialwissenschaften

Albus, Stefanie; Greschke, Heike; Klingler, Birte; Messmer, Heinz; Micheel, Heinz-Günter; Otto, Hans-Uwe; Polutta, Andreas (2010): Wirkungsorientierte Jugendhilfe. Abschlussbericht der Evaluation des Bundesmodellprogramms „Qualifizierung der Hilfen zur Erziehung durch wirkungsorientierte Ausgestaltung der Leistungs-, Entgelt- und Qualitätsvereinbarungen nach §§ 78a ff SGB VIII

Alkire, Sabine (2002): Dimensions of Human Development. In: World Development Vol. 30, No. 2, pp 181-205

Alvesson, Mats; Sköldberg, Kay (2010): Reflexive Methodology. New Vistas for Qualitative Research. Sage Publishing

Amann, Anton (1983): Lebenslagen und Sozialarbeit. Sozialwissenschaftliche Schriften. Heft 7. Berlin: Duncker & Humblot

Anhorn, Roland; Bettinger, Frank; Stehr, Johannes (Hg.) (2008): Sozialer Ausschluss und Soziale Arbeit. Positionsbestimmungen einer kritischen Theorie und Praxis Sozialer Arbeit. Wiesbaden: Verlag für Sozialwissenschaften

Anhorn, Roland (2008): Zur Einleitung. Warum sozialer Ausschluss für Theorie und Praxis Sozialer Arbeit zum Thema werden muss. In: Anhorn, Roland; Bettinger, Frank; Stehr, Johannes (Hg.) (2008): Sozialer Ausschluss und Soziale Arbeit. Positionsbestimmungen einer kritischen Theorie und Praxis Sozialer Arbeit. Wiesbaden: Verlag für Sozialwissenschaften, 13-50

Antonovsky, Aaron (1997): Salutogenese. Zur Entmystifizierung der Gesundheit. Tübingen: DGVT-Verlag

Archer, Margaret; Bhashar, Roy; Collier, Andrew; Lawson, Tony; Norrie, Alan (Hg.) (1998): Critical Realism. Essential Writings. London/New York: Routledge

Argyle, Michael; Henderson, Monika (1986): Die Anatomie menschlicher Beziehungen. Spielregeln des Zusammenleibens. München: MGV

Ariely, Dan (2008): Denken hilft zwar, nützt aber nichts. Warum wir immer wieder unvernünftige Entscheidungen treffen. München: Knaur

Aristoteles (2005): Metaphysik. Reinbek: Rowohlt

Aristoteles (2000): Nikomachische Ethik. herausgegeben und eingeleitet von Olof Gigon. München: dtv

Arlt, Ilse (2010a(1921]): Die Grundlagen der Fürsorge. Herausgegeben und mit einem Nachwort versehen von Maria Maiss. Werkausgabe Ilse Arlt, Band 1, Münster: LiT-Verlag

Arlt, Ilse (2010b[1958]): Wege zu einer Fürsorgewissenschaft. Herausgegeben und mit einem Nachwort versehen von Maria Maiss. Werkausgabe Ilse Arlt, Band 2, Münster: LiT-Verlag

Arndt, Christian; Dann, Sabine; Kleimann, Rolf; Strotmann, Harald; Volkert, Jürgen (2006): Das Konzept der Verwirklichungschancen (A.Sen) – empirische Operationalisierung im Rahmen der Armuts- und Reichtumsmessung. Machbarkeitsstudie. Endbericht and das Bundesministerium für Arbeit und Soziales

Aubenque, Pierre (2007): Der Begriff der Klugheit bei Aristoteles. Hamburg: Meiner

Balke, Klaus (1999). Gesunder Eigensinn. Zur Bedeutung von Selbsthilfegruppen als zivilgesellschaftliches Sozialkapital. In: Kistler, Ernst (Hg.). Perspektiven gesellschaftlichen Zusammenhalts: empirische Befunde, Praxiserfahrungen, Messkonzepte. Berlin. Ed. Stigma, 251-261

Balz, Hans-Jürgen; Benz, Benjamin; Kuhlmann, Carola (Hg.) (2012): Soziale Inklusion. Grundlagen, Strategien und Projekte in der Sozialen Arbeit. Wiesbaden: Springer VS

Beck, Ulrich; Beck-Gernsheim, Elisabeth (1994) (Hg.): Riskante Freiheiten. Frankfurt/ Main: Suhrkamp

Beckmann, Jürgen (1984): Kognitive Dissonanz – eine handlungstheoretische Perspektive. Berlin: Springer

Benner, Dietrich (2005): Allgemeine Pädagogik. Eine systematisch-problemgeschichtliche Einführung in die Grundstruktur pädagogischen Denkens und Handelns. Weinheim/München, Juventa

Berger, Peter; Luckmann, Thomas (1987[1969]): Die gesellschaftliche Konstruktion der Wirklichkeit. Eine Theorie der Wissenssoziologie Frankfurt/Main: Fischer

Berlin, Isaiah (1958): Two concepts of liberty. Oxford [dt. Zwei Freiheitsbegriffe. In: Freiheit – vier Versuche. Frankfurt/Main, 2006]

Bhaskar, Roy (1979). Possibility of Naturalism: Philosophical Critique of the Contemporary Human Sciences. Branch Line

Bhaskar, Roy (1998a): Philosophy and scientific realism. In: Archer, Margaret; Bhaskar, Roy; Collier, Andrew; Lawson, Tony; Norrie, Alan (Hg.): Critical Realism. Essential Readings. London/New York: Routledge, 16-47

Bhaskar, Roy (1998b): Societies. In: Archer, Margaret; Bhaskar, Roy; Collier, Andrew; Lawson, Tony; Norrie, Alan (Hg.): Critical Realism. Essential Readings. London/New York: Routledge, 206-257

Birgmeier, Bernd; Mührel, Eric (Hg.) (2009a): Die Sozialarbeitswissenschaft und ihre Theorie(n). Positionen, Kontroversen, Perspektiven. Wiesbaden: Verlag für Sozialwissenschaften

Birgmeier, Bernd; Mührel, Eric (Hg.) (2009b): Theorien der Sozialpädagogik – ein Theorie-Dilemma? Wiesbaden: Verlag für Sozialwissenschaften

Birgmeier, Bernd (2011): Soziale Arbeit: Handlungswissenschaft oder Handlungswissenschaft? Eine Skizze zur Bestimmung des Begriffs „Handlungswissenschaften“ aus der Perspektive von Grundlagenwissenschaften und Angewandten Wissenschaften.

Boettner, Johannes (2007): Sozialraumanalyse. Soziale Räume vermessen, erkunden, verstehen. In: Michel-Schwartze, Brigitta (Hg.): Methodenbuch Soziale Arbeit. Basiswissen für die Praxis. Wiesbaden: Verlag für Sozialwissenschaften, 259-292

Böhnisch, Lothar; Lösch, Hans (1973). Das Handlungsverständnis des Sozialarbeiters und seinen institutionelle Determination. In: Otto, Hans-Uwe; Schneider, Siegfried (Hg.). Gesellschaftliche Perspektiven der Sozialarbeit. Zweiter Halbband. Neuwied/Berlin: Luchterhand

Böhnisch, Lothar (1982): Der Sozialstaat und seinen Pädagogik. Sozialpolitische Anleitungen zur Sozialarbeit. Neuwied/Berlin: Luchterhand

Böhnisch, Lothar (2008): Sozialpädagogik der Lebensalter. Weinheim u. München: Juventa

Böhnisch, Lothar (2010): Lebensbewältigung. Ein sozialpolitisch inspiriertes Paradigma für die Soziale Arbeit. In: Thole, Werner (Hg.): Grundriss Soziale Arbeit. Ein einführendes Handbuch, Wiesbaden: Verlag für Sozialwissenschaften, 219-233

Böhnisch, Lothar; Arnold, Helmut; Schröer, Wolfgang (1999): Sozialpolitik. Eine sozialwissenschaftliche Einführung. Weinheim und München: Juventa

Böhnisch, Lothar; Schröer, Arnold (2012): Sozialpolitik und Soziale Arbeit. Eine Einführung. Weinheim/Basel: Beltz Juventa

Bourdieu, Pierre (1992): Ökonomisches, kulturelles und soziales Kapital. In: Baumgart, Franzjörg (Hg.): Theorien der Sozialisation. Bad Heilbrunn: Klinkhardt, 217-231

Bourgett, Jörg; Brülle, Heinz (2000): Überlebenssysteme in Konkurrenz. Start zu einer notwendigen Debatte. In: Müller, Sigfried; Sünker, Heinz; Olk, Thomas; Böller, Karin (Hg.): Soziale Arbeit. Gesellschaftliche Bedingungen und professionelle Perspektiven. Neuwied: Luchterhand, 253-277

Bronfenbrenner, Urie (1981): Die Ökologie der menschlichen Entwicklung. Stuttgart: Klett-Cotta

Brückner, Margrit (2004): Der gesellschaftliche Umgang mit menschlicher Hilfsbedürftigkeit. Fürsorge und Pflege in westlichen Wohlfahrtsregimen. In: Österreichische Zeitschrift für Soziologie, Volume 29, Issue 2, pp 7-23

Brumlik, Micha (1992, 2004): Advokatorische Ethik. Zur Legitimation pädagogischer Eingriffe. Berlin: Philo-Verlag

Brumlik, Micha (2000): Advokatorische Ethik und sozialpädagogische Kompetenz. In: Müller, Siegfried; Sünker, Heinz; Olk, Thomas (Hg.), Soziale Arbeit. Gesellschaftliche Bedingungen und professionelle Perspektiven, Neuwied: Luchterhand, 279-287

Büchner, Stefanie (2012): Soziale Arbeit als transdiziplinäre Wissenschaft. Zwischen Verknüpfung und Integration. Wiesbaden: Verlag für Sozialwissenschaften

Bünder, Peter (2002): Geld oder Liebe. Verheißungen und Täuschungen der Ressourcenorientierung in der Sozialen Arbeit. Münster: LIT

Bundesministerium für Familie, Senioren, Frauen und Jugend (2005): Bericht über die Lebenssituation junger Menschen und die Leistungen der Kinder- und Jugendhilfe in Deutschland – Zwölfter Kinder- und Jugendbericht –, Bundestagsdrucksache 15/6014

Cloerkes, Günter (2007): Soziologie der Behinderten. Heidelberg: Universitätsverlag Winter

Collier, Andrew (1998): Stratified explanations and Marx's conception of history. In: Archer, Margaret; Bhaskar, Roy; Collier, Andrew; Lawson, Tony; Norrie, Alan (Hg.): Critical Realism. Essential Readings. London/New York: Routledge, 258-281

Conen, Marie-Luise; Cecchin, Gianfranco (2011): Wie kann ich Ihnen helfen, mich wieder loszuwerden? Therapie und Beratung mit unmotivierten Klienten und in Zwangskontexten. Heidelberg: Carl Auer

Conradi, Elisabeth (2001): Take Care. Grundlagen einer Ethik der Achtsamkeit. Frankfurt/Main: Campus

Dahrendorf, Ralf (1979): Lebenschancen. Anläufe zur sozialen und politischen Theorie. Frankfurt/Main: Suhrkamp

Danermark, Berth; Ekström, Mats; Jakobsen, Liselotte; Karlsson, Jan Ch. (2002): Explaining Society: An Introduction to Critical Realism in the Social Sciences (Critical Realism: Interventions)

Deinet, Ulrich; Reutlinger, Christian (Hg.) (2004): „Aneignung" als Bildungskonzept der Sozialpädagogik. Beiträge zur Pädagogik des Kindes- und Jugendalters in Zeiten entgrenzter Lernorte. Wiesbaden: Verlag für Sozialwissenschaften

Dewe, Bernd; Ferchoff, Wilfried; Scherr, Albert; Stüwe, Gerd (2001): Professionelles soziales Handeln. Soziale Arbeit im Spannungsfeld zwischen Theorie und Praxis. Weinheim/München: Juventa

Dewe, Bernd; Otto, Hans-Uwe (2010): Reflexive Sozialpädagogik. In: Thole, Werner (Hg.): Grundriss Soziale Arbeit. Ein einführendes Handbuch, Wiesbaden: Verlag für Sozialwissenschaften, 197-218

Dölling, Irene (2011): Pierre Bourdieus Praxeologie – Anregungen für eine kritische Gesellschaftsanalyse. Leibniz Online 09/2011 Zeitschrift der Leibniz-Sozietät e. V. [http://www2.hu-berlin.de/leibniz-sozietaet/journal/archive/09_11/D%F6lling.pdf; letzter Zugriff 17.11.2012]

Dollinger, Bernd (2010): Ethik und Soziale Arbeit. In: Thole, Werner (Hg.): Grundriss Soziale Arbeit, Wiesbaden: Verlag für Sozialwissenschaften, 987-997

Dörner, Klaus (2007): Leben und Sterben, wo ich hingehöre. Dritter Sozialraum und neues Hilfesystem. Neumünster: Paranus

Dörner, Klaus (2012): Helfensbedürftig. Heimfrei ins Dienstleistungsjahrhundert. Neumünster: Paranus

Dungs, Susanne; Gerber, Uwe; Schmidt, Heinz; Zitt, Renate (2006) (Hg.): Soziale Arbeit und Ethik im 21. Jahrhundert. Leipzig: Evangelische Verlagsanstalt

Edgley, Roy (1998): Reason as dialectic. Science, social science and socialist science. In: Archer, Margaret; Bhaskar, Roy; Collier, Andrew; Lawson, Tony; Norrie, Alan (Hg.): Critical Realism. Essential Readings. London/New York: Routledge, 395-408

Ehrenberg, Alain (2008): Das erschöpfte Selbst. Depression und Gesellschaft in der Gegenswart. Frankfurt/Main: Suhrkamp

Eisenmann, Peter (2006): Werte und Normen in der Sozialen Arbeit. Stuttgart: Kohlhammer

Engelke, Ernst (2003): Wissenschaft der Sozialen Arbeit. Freiburg im Breisgau: Lambertus

Engelke, Ernst; Borrmann, Stefan; Spatschek, Christian (2009): Wissenschaft der Sozialen Arbeit. Werdegang und Grundlagen. Freiburg im Breisgau: Lambertus
Erath, Peter (2006): Sozialarbeitswissenschaft. Eine Einführung. Stuttgart: Kohlhammer
Eurich, Johannes (2008): Gerechtigkeit für Menschen mit Behinderung. Ethische Reflexionen und sozialpolitische Perspektiven. Frankfurt/Main: Campus
Foucault, Michel (1978): Dispositive der Macht. Berlin
Foucault, Michel (1992): Was ist Kritik? Berlin: Merve
Foucault, Michel (2000): Die Gouvernementalität. In: Bröckling, Ulrich; Krasmann, Silke/Lemke, Thomas (Hg.): Gouvernementalität der Gegenwart. Studien zur Ökonomisierung des Sozialen. Frankfurt am Main: Suhrkamp, 41-67 (Orig. 1978)
Franke, Wolfgang; Sander-Franke, Ursula (1998): Methodisches Lösen sozialer Probleme. Köln
Füssenhäuser, Cornelia; Thiersch, Hans (2005): Theorien der Sozialen Arbeit. In: Otto, Hans-Uwe; Thiersch, Hans (Hg.): Handbuch Sozialarbeit/Sozialpädagogik. München: Reinhardt, 1876-1900
Gadamer, Hans-Georg (2003): Verborgenheit der Gesundheit. Frankfurt/Main: Suhrkamp
Galuske, Michael (2011): Methoden der Sozialen Arbeit. Eine Einführung. Weinheim/München: Juventa
Galuske, Michael; Müller, Wolfgang C. (2011): Handlungsformen in der Sozialen Arbeit. Geschichte und Entwicklung. In: Thole, Werner (Hg.): Grundriss Soziale Arbeit, Wiesbaden: Verlag für Sozialwissenschaften, 587-610
Gatzemeier, Mathhias (2004): Stoff. Stichwort in der Enzyklopädie Philosophie und Wissenschaftstheorie, Hg. von Jürgen Mittelstraß, Jakob-Metzler-Verlag, 100-101
Gergen, Kenneth (2002): Konstruierte Wirklichkeiten. Eine Hinführung zum sozialen Konstruktionismus. Stuttgart: Kohlhammer
Germain, Carel B.; Gitterman, Alex (1988; 1999): Praktische Sozialarbeit. Das ‚Life Model' der Sozialen Arbeit. Fortschritte in Theorie und Praxis. Stuttgart: Enke
Gitterman, Alex; Germain, Carel B. (2008): The Life Model of Social Work Practice. Advances in Theory and Practice. New York: Columbia University Press
Graf, Gunter (2011): Der Fähigkeitenansatz im Kontext von Informationsbasen sozialethischer Theorien. In: Sedmak, Clemens; Babic, Bernhard; Bauer, Reinhold; Posch, Christian (Hg.): Der Capability-Approach in sozialwissenschaftlichen Kontexten. Überlegungen zur Anschlussfähigkeit eines entwicklungspolitischen Konzepts. Wiesbaden: Verlag für Sozialwissenschaften, 11-29
Gronemeyer, Marianne (1988): Die Macht der Bedürfnisse – Reflexionen über ein Phantom. Reinbek bei Hamburg: Rowohlt
Gronemeyer, Marianne (2002): Die Macht der Bedürfnisse. Überfluss und Knappheit. Darmstadt: Wissenschaftliche Buchgesellschaft
Großmaß, Ruth (2006): Die Bedeutung der Care-Ethik für die Soziale Arbeit. In: Dungs, Susanne; Gerber, Uwe; Schmidt, Heinz; Zitt, Renate (Hg.): Soziale Arbeit und Ethik im 21. Jahrhundert. Leipzig: Evangelische Verlagsanstalt , 319-328
Grunwald, Klaus; Thiersch, Hans (2008): Praxis Lebensweltorientierter Sozialer Arbeit: Handlungszugänge und Methoden in unterschiedlichen Arbeitsfeldern. Weinheim und München: Juventa
Habermas, Jürgen (1973): Erkenntnis und Interesse. Frankfurt/Main: Suhrkamp

Habermas, Jürgen (1981): Theorie des kommunikativen Handelns. 2 Bände. Frankfurt/ Main: Suhrkamp

Habermas, Jürgen (1983): Moralbewußtsein und kommunikatives Handeln. Frankfurt/Main: Suhrkamp

Hare, Isadora (2004): Defining Social Work for the 21st Century: The International Federation of Social Workers' Revised Definition of Social Work. In: International Social Work 47, 407-424

Hauser, Richard (2011): Existenzminimum. Stichwort im Fachlexikon der sozialen Arbeit, herausgegeben vom Deutschen Verein für öffentliche und private Fürsorge. Baden-Baden: Nomos

Heidbrink, Horst; Lück Helmut E.; Schmidtmann, Heike (2009): Psychologie sozialer Beziehungen. Stuttgart: Kohlhammer

Heidegger, Martin (2006, 1927): Sein und Zeit. Tübingen: Niemeyer

Heidenreich, Martin (1998): Die Gesellschaft im Individuum. In: Schwaetzer, Harald; Stahl-Schwaetzer, Henrieke (Hg.): L'homme machine? Anthropologie im Umbruch. Hildesheim [u.a.]: Georg-Olms-Verlag, 229-248

Heiner, Maja (2004): Professionalität in der Sozialen Arbeit: Theoretische Konzepte, Modelle und empirische Perspektiven. Stuttgart: Kohlhammer

Heiner, Maja (2010): Soziale Arbeit als Beruf. Fälle – Felder – Fertigkeiten. München: Reinhardt

Heite, Catrin (2008): Soziale Arbeit im Kampf um Anerkennung. Professionstheoretische Perspektiven. Weinheim und München: Juventa

Herriger, Norbert (2010): Empowerment in der Sozialen Arbeit. Eine Einführung. Stuttgart: Kohlammer

Hobbes, Thomas (1984[1651]): Leviathan oder Stoff, Form und Gewalt des kirchlichen und bürgerlichen Staates. Hg. und eingeleitet von Irving Fletscher, Frankfurt/Main: Suhrkamp

Hobfall, Stevan E.; Buchwald, Petra (2004): Theorie der Ressourcenerhaltung und das multiaxiale Copingmodell – eine innovative Stresstheorie. In: Buchwald, Petra; Schwarzer, Christine; Hobfall, Steven E. (Hg.): Stress gemeinsam bewältigen. Ressourcenmanagement und multiaxiales Coping. Göttingern [u.a.]: Hogrefe, 11-26

Hollstein, Walter/Meinhold, Marianne (Hg.) (1973): Sozialarbeit unter kapitalistischen Produktionsbedingungen. Frankfurt: Fischer

Holzkamp, Klaus (1985): Grundlegung der Psychologie. Frankfurt/Main und New York

Holzkamp, Klaus (1995): Alltägliche Lebensführung als subjektwissenschaftliches Grundkonzept. In: Das Argument H. 212, 817-846

Honneth, Axel (2005): Verdinglichung. Eine anerkennungstheoretische Studie. Frankfurt/Main: Suhrkamp

Honneth, Axel; Rössler, Beate (2008): Von Person zu Person. Zur Moralität persönlicher Beziehungen. Frankfurt/Main: Suhrkamp

Howe, David (2009): A brief introduction to social work theory. Palgrave/Macmillan

Husi, Gregor; Meier Kressig, Marcel (1998): Der Geist des Demokratismus. Modernisierung als Verwirklichung von Freiheit, Gleichheit und Sicherheit. Münster: Lit-Verlag

Ife, Jim (2008): Human rights and social work. Towards a rights-based practice. Cambridge: University Press

Illich, Ivan (1979). Entmündigende Expertenherrschaft. In: ders. Entmündigung durch Experten. Zur Kritik der Dienstleistungsberufe. Reinbek bei Hamburg: Rowohlt, 7-36

Institut für Angewandte Wirtschaftsforschung (IAW) (2006): Das Konzept der Verwirklichungschancen (A. Sen) – Empirische Operationalisierung im Rahmen der Armuts- und Reichtumsmessung. Eine Machbarkeitsstudie im Auftrag des Bundesministeriums für Arbeit und Soziales. http://www.iaw.edu [28.02.2013]

International Federation of Social Workers (IFSW). Definition of Social Work, http://ifsw.org/policies/human-rights-policy/ [25/02/2013]

Jonas, Hans (1979): Das Prinzip Verantwortung. Versuch einer Ethik für die technologische Zivilisation, Frankfurt/Main: Suhrkamp

Kähler, Harro (2005): Soziale Arbeit in Zwangskontexten. Wie unerwünschte Hilfe erfolgreich sein kann. München: Reinhardt

Kant, Immanuel (1999[1785]): Grundlegung zur Metaphysik der Sitten, Hamburg

Kant, Immanuel (1977[1797]): Metaphysik der Sitten, Metaphysische Anfangsgründe der Tugendlehre. Werke in zwölf Bänden. Band 8, Frankfurt am Main

Kaufmann, Franz-Xaver (2005): Sozialpolitik und Sozialstaat: Soziologische Analysen. Wiesbaden: Verlag für Sozialwissenschaften

Keiler, Peter (2002): Lev Vygotskij – ein Leben für die Psychologie. Weinheim und Basel: Beltz

Kessl, Fabian (2008): „Real ist real und ist nicht real.“ – Notate zu aktuellen Konjunkturen eines kritischen Realismus. In: Widersprüche, 28 Jg., 108, 53-71

Kessl, Fabian; Krassmann (2005): Sozialpolitische Programmierungen. In: Kessl, Fabian; Reutlinger, Christian; Maurer, Susanne; Frey, Oliver (HG.): Handbuch Sozialraum. Wiesbaden: Verlag für Sozialwissenschaften, 227-247

Kessl, Fabian; Otto, Hans-Uwe (2010): Soziale Arbeit. In: Abrecht, Günter; Groenemeyer, Axel (Hg.): Handbuch Soziale Probleme. Wiesbaden: Verlag für Sozialwissenschaften

Kleve, Heiko (1999): Postmoderne Sozialarbeit: ein systemtheoretisch-konstruktivistischer Beitrag zur Sozialarbeitswissenschaft. Aachen: Kersting

Kleve, Heiko (2003): Sozialarbeitswissenschaft, Systemtheorie und Postmoderne. Grundlegungen und Anwendungen eines Theorie- und Methodenprogramms. Freiburg im Breisgau: Lambertus

Klüsche, Wilhelm (Hg.) (1999): Ein Stück weitergedacht... Beiträge zur Theorie- und Wissenschaftsentwicklung der Sozialen Arbeit. Freiburg im Breisgau: Lambertus

Knecht, Alban (2010): Lebensqualität produzieren. Ressourcentheorie und Machtanalyse des Wohlfahrtsstaates. Wiesbaden: Verlag für Sozialwissenschaften

Knecht, Alban; Schubert, Franz-Christian (Hg.) (2012): Ressourcen im Sozialstaat und in der Sozialen Arbeit. Zuteilung – Förderung – Aktivierung. Stuttgart: Kohlhammer

Knuf, Andreas; Seibert, Ulrich (2000): Selbstbefähigung fördern – Empowerment und psychiatrische Arbeit. Bonn: Psychiatrie-Verlag

Krebs, Angelika; Kambartel, Friedrich; Thorsten Jantschek (2004): Person. Stichwort in der Enzyklopädie Philosophie und Wissenschaftstheorie, Hg. von Jürgen Mittelstraß, Jakob-Metzler-Verlag, 89-92

Kreft, Dieter; Müller, Wolfgang C. (2010): Methodenlehre in der Sozialen Arbeit. Konzepte, Methoden, Verfahren, Techniken. München: Reinhardt UTB

Kunstreich, Timm; Müller, Burghard; Heiner, Maja; Meinhold, Marianne (2003): Diagnose und/ oder Dialog? In: Widersprüche Juni 2003, 11-33

Lemke, Thomas (2008): Gouvernementalität und Biopolitik. Wiesbaden: Verlag für Sozialwissenschaften

Lenk, Hans (2013): Interpretationskonstrukte beim Handeln. Ein methodologisch-interpretatorischer Ansatz für die philosophische Handlungstheorie. In: Mührel, Eric; Birgmeier, Bernd (Hg.): Handlung in Theorie und Wissenschaft Sozialer Arbeit. Wiesbaden: Springer VS, 21-36

Lenz, Albert (2011): Empowerment. Handbuch für die ressourcenorientierte Praxis. Tübingen: DGVT-Verlag

Leßmann, Ortrud (2006): Lebenslagen und Verwirklichungschancen (capability) – Verschiedene Wurzeln, ähnliche Konzepte. In: Vierteljahreshefte zur Wirtschaftsforschung. 75, 1, 30-42

Leßmann, Ortrud (2007): Konzeption und Erfassung von Armut. Vergleich des Lebenslage-Ansatzes mit Sens' Capability-Ansatz. Berlin: Duncker & Humblot

Leßmann, Ortrud (2011): Verwirklichungschancen und Entscheidungskompetenz. In: Sedmak, Clemens; Babic, Bernhard; Bauer, Reinhold; Posch, Christian (Hg.): Der Capability-Approach in sozialwissenschaftlichen Kontexten. Überlegungen zur Anschlussfähigkeit eines entwicklungspolitischen Konzepts. Wiesbaden: Verlag für Sozialwissenschaften, 53-74

Lüders, Christian (1989): Der wissenschaftlich ausgebildete Praktiker. Weinheim: Beltz

Luhmann, Niklas (1998): Soziale Systeme. Frankfurt/Main Suhrkamp

Lob-Hüdepohl, Andreas; Lesch, Walter (2007): Einführung. In: dies. (Hg.): Ethik Sozialer Arbeit. Ein Handbuch. UTB

Locke, John (1988 [1690]). Über Identität und Verschiedenheit [Versuch über den menschlichen Verstand - Zweites Buch, Kapitel 27], Hamburg: Meiner

Löw, Martina; Sturm, Gabriele (2005): Raumsoziologie. In: Kessl, Fabian; Reutlinger, Christian; Maurer, Susanne; Frey, Oliver (Hg.): Handbuch Sozialraum. Wiesbaden: Verlag für Sozialwissenschaften, 31-48

Maas, Theodorus (2001): Maas, T. 2001: Rein ins Leben. Community Care – Das Konzept einer organisierten Nachbarschaftshilfe. In: Zusammen, 21/2011/4, 14-16

MacIntyre, Alasdair (1999): Dependent Rational Animals. Why Human Beings Need the Virtues. London: Duckworth

Maiss, Maria (2009): Soziale Arbeit im Dienste der Ermöglichung substanzieller/materieller Bedingungen von Freiheit und Wohlleben. In: Pantucek, Peter; Maiss, Maria (Hg.): Die Aktualität des Denkens von Ilse Arlt. Wiesbaden: Verlag für Sozialwissenschaften, 61-75

Margalith, Avishai (2012): Politik der Würde. Über Achtung und Verachtung. Frankfurt/Main: Suhrkamp

Martin, Ernst (2007): Sozialpädagogische Berufsethik. Weinheim und München: Juventa

Marquard, Odo (2000): Homo compensator. Zur anthropologischen Karriere eines metaphysischen Begriffs. In: ders.: Philosophie des Statt dessen, Stuttgart: Reclam, 11-29

Marquard, Odo (2001): Über die Unvermeidlichkeit der Geisteswissenschaften. In: ders.: Apologie des Zufälligen. Stuttgart: Reclam, 98-116

Marquard, Odo (2003): Zukunft braucht Herkunft. Philosophische Essays. Stuttgart: Reclam

Marx, Karl/Engels, Friedrich (1983): Ausgewählte Schriften in zwei Bänden, Band 1. Berlin: Dietz

Maturana, Humberto; Varela, Franceso (1990): Der Baum der Erkenntnis. Die biologischen Wurzeln menschlicher Erkenntnis. München: Goldmann

May, Michael (2004). Aneignung und menschliche Verwirklichung. In: Deinet, Ulrich; Reutlinger, Christian (Hg.): „Aneignung" als Bildungskonzept der Sozialpädagogik. Beiträge zur Pädagogik des Kindes- und Jugendalters in Zeiten entgrenzter Lernorte. Wiesbaden: Verlag für Sozialwissenschaften, 49-69

May, Michael (2005): Wie in der Sozialen Arbeit etwas zum Problem wird. Versuch einer pädagogisch gehaltenvollen Theorie sozialer Probleme. Münster: Lit-Verlag

Meadows, Dennis; Meadows, Donella; Randers, Jorgen (1972): Die Grenzen des Wachstums. Stuttgart: DVA

Merten, Roland (2001) (Hg.): Hat Soziale Arbeit ein politisches Mandat? Positionen zu einem strittigen Thema. Opladen: Leske und Budrich

Merten, Roland; Scherr, Albert (Hg.) (2004): Inklusion und Exklusion in der Sozialen Arbeit. Wiesbaden: Verlag für Sozialwissenschaften

Meyer, Frauke (o.J.): Soziale Arbeit als Lebenskunstprofession. Überlegungen zur ethischen Dimension Sozialer Arbeit. http://www.webnetwork-nordwest.de/dokumente/frauke_meyer.pdf [31.03.13]

Mielck, Andreas (2005): Soziale Ungleichheit und Gesundheit. Empirische Ergebnisse, Erklärungsansätze und Interventionsmöglichkeiten, Bern: Huber

Miles-Paul, Ottmar (1992): Wir sind nicht mehr aufzuhalten. Behinderte auf dem Weg zur Selbstbestimmung. München: AG-SPAK-Publikationen

Miller, Tilly; Pankofer, Sabine (2000): Empowerment konkret!: Handlungsentwürfe und Reflexionen aus der psychosozialen Praxis. Stuttgart: Lucius & Lucius

Mittelstraß, Jürgen (1989): Glanz und Elend der Geisteswissenschaften. Oldenburger Universitätsreden Nr. 27, Universität Oldenburg, [http://oops.uni-oldenburg.de/volltexte/2012/1271/pdf/ur27.pdf; letzter Zugriff 17.09.2012]

Mühlum, Albert (2001): Sozialarbeit und Sozialpädagogik. Ein Vergleich. Frankfurt/Main: Eigenverlag des Deutschen Vereins für öffentliche und private Fürsorge

Mührel, Eric (Hg.) (2003): Ethik und Menschenbild der Sozialen Arbeit. Essen: Blaue Eule

Mührel, Eric (2008): „Ich bin ein Neoliberaler. Essay zur Reflexion eines umstrittenen Begriffs." In: Sozialmagazin 7-8/2008, 47-49

Mührel, Eric; Birgmeier, Bernd (2011): Theoriebildung in der Sozialen Arbeit. Entwicklungen in der Sozialpädagogik und der Sozialarbeitswissenschaft. Wiesbaden: Verlag für Sozialwissenschaften

Mührel, Eric; Röh, Dieter (2007): Soziale Arbeit und die Menschenrechte- Perspektiven für eine soziale Weltgesellschaft. In: neue praxis, Heft 3: 293-307

Mührel, Eric; Röh, Dieter (2008): Menschenrechte als Bezugsrahmen in der Sozialen Arbeit: eine kritische Diskussion der ethisch-anthropologischen, fachwissenschaftliche, sozialpolitischen und sozialphilosophischen Dimensionen. In: Widersprüche Heft 1: 47-63

Müller, C. Wolfgang (1992): Wie Helfen zum Beruf wurde. Eine Methodengeschichte der Sozialarbeit, 2 Bände, Weinheim/Basel: Beltz

Müller, C. Wolfgang (2007):Von der tätigen Nächstenliebe zum Helfen als Beruf. In: Lob-Hüdepohl, Andreas; Lesch, Walter (Hg.): Ethik Sozialer Arbeit. Ein Handbuch. Paderborn [u.a.],13-19

Müller, Burkhard (2003): Selbstbestimmung und professionelle Autonomie. In: Neue Praxis 3+4/2003: 265-269

Müller, Burkhard (2010): Professionalität. In: Thole, Werner (Hg.): Grundriss Soziale Arbeit. Ein einführendes Handbuch. Wiesbaden: Verlag für Sozialwissenschaften, 955-974

Müller, Burkhard (2012): Sozialpädagogisches Können. Ein Lehrbuch zur multiperspektiven Fallarbeit. Freiburg im Breisgau: Lambertus

Nahnsen, Ingeborg (1992): Lebenslagenvergleich. Ein Beitrag zur Vereinigungsproblematik. In: Henkel, Heinrich A.; Merle, U. (Hg.): ‚Magdeburger Erklärung'. Neue Aufgabe der Wohnungswirtschaft. Beiträge zum deutschen Einigungsprozeß. Kölner Schriften zur Sozial- und Wirtschaftspolitik. Band 23. Regensburg: transfer, 101-144

Nida-Rümelin, Julian; Thierse, Wolfgang (2002) (Hg.): Martha Nussbaum: Für eine aristotelische Sozialdemokratie. Mit weiteren Beiträgen von Heidemarie Wieczorek-Zeul, Peter Bieri, Volker Gerhards und Herbert Schnädelbach. Essen: Klartext

Nozick, Robert (1974): Anarchy, State, and Utopia. New York: Basic Books

Nussbaum, Martha (1987): Nature, Function and Capability: Aristotle on Political Distribution. WIDER Working Papers. World Institute for Development Economics Research of the United Nations University

Nussbaum, Martha (1990): Aristotelian Social Democracy. In: Douglass, R.B.; Mara, G.; Richardson, H.S. (Ed.): Liberalism and the Good. New York and London: Routledge, 203-252

Nussbaum, Martha (1993): Menschliches Tun und soziale Gerechtigkeit. Zur Verteidigung des aristotelischen Essentialismus. In: Brumlik, Micha; Brunkhorst, Hauke (Hg.): Gemeinschaft und Gerechtigkeit. Frankfurt/Main: Fischer

Nussbaum, Martha (1999): Gerechtigkeit oder das gute Leben. Frankfurt/Main: Suhrkamp

Nussbaum, Martha (2002a): Capabilities and Human Rights. In: de Greiff, Pablo; Cronin, Ciaran (Hg.): Global Justice and Transnational Policies. Essay on the Moral and Political Challenges of Globalization. Cambridge (and others), MIT Press, 117-150

Nussbaum, Martha (2002b): Für eine aristotelische Sozialdemokratie. Essen: Klartext

Nussbaum, Martha (2003): Langfristige Fürsorge und soziale Gerechtigkeit. Eine Herausforderung der konventionellen Ideen des Gesellschaftsvertrages. DZPhil, Berlin 51, 2, 179-198

Nussbaum, Martha (2006): Frontiers of Justice. Disability, Nationality, Species Membership. Cambridge/London: Harvard University Press

Nussbaum, Martha (2010a): Die Grenzen der Gerechtigkeit. Behinderung, Nationalität, Spezieszugehörigkeit. Frankfurt/Main: Suhrkamp

Nussbaum, Martha (2010b): Not for Profit. Why Democracy needs the Humanities. Princeton University Press

Nussbaum, Martha (2011): Creating Capabilities. The Human Development Approach. Harvard University Press

Obrecht, Werner (2001): Das systemtheoretische Paradigma der Disziplin und der Profession der Sozialen Arbeit. Schriften der Fachhochschule Zürich. Hochschule für Soziale Arbeit

Obrecht, Werner (2005a): Umrisse einer biopsychosozialen Theorie menschlicher Bedürfnisse. Typoscript Master of Business Administration der Wirtschaftsuniversität Zürich

Obrecht, Werner (2005b): Ontologischer, Sozialwissenschaftlicher und Sozialarbeitswissenschaftlicher Systemismus : ein integratives Paradigma der Sozialen Arbeit. In: Hollstein-Brinkmann, Heino; Staub-Bernasconi, Silvia (Hg.): Systemtheorien im Vergleich: Was leisten Systemtheorien für die soziale Arbeit? Versuch eines Dialogs, Wiesbaden: Verlag für Sozialwissenschaften, 93-172

Oelerich, Gertrud/Schaarschuch, Andreas (2005): Soziale Dienstleistungen aus Nutzersicht. Zum Gebrauchswert Sozialer Arbeit. München: Reinhardt

Oerter, Rolf; Montada, Leo (1998): Entwicklungspsychologie. Ein Lehrbuch. Weinheim: Beltz

Oevermann, Ulrich (2000): Die Methode der Fallrekonstruktion in der Grundlagenforschung sowie der klinischen und pädagogischen Praxis, in: Kraimer, Klaus (Hg.): Die Fallrekonstruktion. Sinnverstehen in der sozialwissenschaftlichen Forschung. Frankfurt/Main: Suhrkamp, 58-156

Olk, Thomas (1986): Abschied vom Experten. Sozialarbeit auf dem Weg zu einer alternativen Professionalität. Weinheim/München: Juventa

Olk, Thomas/Otto, Hans-Uwe (2003): Soziale Arbeit als Dienstleistung. Grundlegungen, Entwürfe und Modelle. München: Luchterhand

Outhwaite, William (1998): Realism and social science. In: Archer, Margaret; Bhaskar, Roy; Collier, Andrew; Lawson, Tony; Norrie, Alan (Hg.): Critical Realism. Essential Readings. London/New York: Routledge, 282-296

Otto, Hans-Uwe (2007): Zum aktuellen Diskurs um Ergebnisse und Wirkungen im Feld der Sozialpädagogik und Sozialarbeit – Literaturvergleich nationaler und internationaler Diskussion. Unter Mitarbeit von Stefanie Albus, Andreas Polutta, Dr. Mark Schrödter, Prof. Dr. Holger Ziegler. Expertise im Auftrag der AGJ. Bielefeld

Otto, Hans-Uwe; Polutta, Andreas/Ziegler, Holger (2007): What works – welches Wissen braucht die Soziale Arbeit? Zum Konzept evidenzbasierter Praxis. Budrich

Otto, Hans-Uwe; Ziegler, Holger (Hg.) (2008): Capabilities – Handlungsbefähigung und Verwirklichungschancen in der Erziehungswissenschaft. Wiesbaden: Verlag für Sozialwissenschaften

Otto, Hans-Uwe; Ziegler, Holger (Hg.) (2012): Das Normativitätsproblem der Sozialen Arbeit. Zur Begründung des eigenen und des gesellschaftlichen Handelns. Sonderheft 11 der neuen praxis

Pantucek, Peter; Vyslouzil, Monika (Hg.) (1999): Die moralische Profession. Menschenrechte und Ethik in der Sozialarbeit. St. Pölten

Payne, Malcom (2005): Modern social work theory. Palgrave/Macmillan

Pestalozzi, Johann Heinrich (1797[2002]): Meine Nachforschungen über den Gang der Natur in der Entwicklung des Menschengeschlechts. editiert und interpretiert von Dieter-Jürgen Löwisch. Darmstadt: Wissenschaftliche Buchgesellschaft

Pielhoff, Stephan (1999): Paternalismus und Stadtarmut. Armutswahrnehmung und Privatwohltätigkeit im Hamburger Bürgertum 1830-1914. Verein für Hamburgische Geschichte

Popper, Karl Reimund (1973): Objektive Erkenntnis. Ein evolutionärer Entwurf. Hamburg

Preis, Wolfang (2009): Perspektiven einer Praxeologie Sozialer Arbeit. In: Mührel, Eric; Birgmeier, Bernd (Hg.): Die Sozialarbeitswissenschaft und ihre Theorie(n). Positionen, Kontroversen, Perspektiven. Wiesbaden, Verlag für Sozialwissenschaften,157-176

Rappaport, Julian (1985). Ein Plädoyer für die Widersprüchlichkeit: Ein sozialpolitisches Konzept des „empowerment" anstelle präventiver Ansätze. In: Verhaltenstherapie und psychosoziale Praxis, 2/1985, 257-278

Rappaport, Julian (1981): In praise of paradox: A social policy of empowerment over prevention. In: American Journal of Community Psychology, Volume 9, Number 1, 1-25

Rauschenbach, Thomas (1999): Das sozialpädagogische Jahrhundert. Analysen zur Entwicklung Sozialer Arbeit in der Moderne. Weinheim/München: Beltz

Rauschenbach, Thomas; Züchner, Ivo (2010): Theorie der Sozialen Arbeit. In: Thole, Werner (Hg.): Grundriss Soziale Arbeit. Ein einführendes Handbuch, Wiesbaden: Verlag für Sozialwissenschaften, 151-174

Rawls, John (1979): Eine Theorie der Gerechtigkeit. Frankfurt/Main: Suhrkamp

Rawls, John (1999 [1971]): A Theory of Justice. Revised Edition. Harvard University Press

Rawls, John (2001): Justice as Fairness. A Restatement. Cambridge/London: Harvard University Press

Redlich, Alexander (2010): Vorwort – mit dem ganzen Menschen und seinen Ressourcen arbeiten. In: Möbius, Thomas; Friedrich, Sibylle (Hg.): Ressourcenorientiert Arbeiten. Anleitung zu einem gelingenden Praxistransfer im Sozialbereich. Wiesbaden: Verlag für Sozialwissenschaften, 7-8

Robeyns, Ingrid (2011): "The Capability Approach". In: The Stanford Encyclopedia of Philosophy (Summer 2011 Edition), Edward N. Zalta (ed.), http://plato.stanford.edu/archives/sum2011/entries/capability-approach [24.02.2013]

Rogers, Carl (1983): Therapeut und Klient. Grundlagen der Gesprächspsychotherapie, Frankfurt/Main: Fischer

Röh, Dieter (2006a). Die Mandate der Sozialen Arbeit. In wessen Auftrag arbeiten wir? Soziale Arbeit, 55/12: 442-449

Röh, Dieter (2006b): Überlegungen zu Paradoxien des Empowerment. Möglichkeiten und Grenzen der Praktikabilität von Empowermentmodellen am Beispiel sozialpsychiatrischer Arbeit. In: Dungs, Susanne; Gerber, Uwe; Schmidt, Heinz; Schmidt, Renate

(Hg.): Soziale Arbeit und Ethik im 21. Jahrhundert. Ein Handbuch. Leipzig: Evangelische Verlagsanstalt, 359-371

Röh, Dieter (2006c): Wie hilft man einem pubertierenden Kind? Gedanken zum momentanen Verhältnis zwischen der Sozialen Arbeit und ihren bezugswissenschaftlichen Eltern: eine polemische (Selbst-)Kritik. In: Sozialmagazin, 31-7/8: 52-53

Röh, Dieter (2008): Apologie der Sozialen Arbeit – Versuch einer geisteswissenschaftlichen Funktionsbestimmung im Anschluss an Odo Marquard. In: Soziale Arbeit, Heft 1: 8-15

Röh, Dieter; Jakobs, Silke (2009): Rehabilitationsforschung und Klinische Sozialarbeit zwischen Evidenzbasierung und Evaluation. In: Gahleitner, Silke u.a.: Forschung in der Klinischen Sozialarbeit. Bonn: Psychiatrie-Verlag, 204-223

Röh, Dieter (2009): Metatheoretische Überlegungen zu einem integrativen Theorieansatz für die Sozialarbeitswissenschaft als Auseinandersetzung mit Tillmanns Modell der Trajektivität. In: Mührel, Eric; Birgmeier, Bernd (Hg.): Die Sozialarbeitswissenschaft und ihre Theorien(n). Wiesbaden: Verlag für Sozialwissenschaften: 199-208

Röh, Dieter (2011): „...was Menschen zu tun und zu sein in der Lage sind." Befähigung und Gerechtigkeit in der Sozialen Arbeit: Der capability approach als integrativer Theorierahmen?!. In: Mührel, Eric; Birgmeier, Bernd (Hg.): Theoriebildung in der Sozialen Arbeit. Wiesbaden: Verlag für Sozialwissenschaften: 103-122

Röh, Dieter (2012): Daseinsmächtigkeit, Lebensqualität und die Funktion Sozialer Arbeit. Eine Replik auf Horst Bossongs Kritik am Capability Approach und seiner Rezeption in der Sozialen Arbeit. In: neue praxis, Heft 2/12, 217-226

Rorty, Richard (1994): Menschenrechte, Vernunft und Empfindsamkeit. In: Huber, Jörg; Müller, Alois Martin (Hg.): Kultur und Gemeinsinn. Zürich: Stroemfeld

Sachße, Christoph; Tennstedt, Florian (1980/1988/1992): Geschichte der Armenfürsorge in Deutschland. Band 1-3, Stuttgart: Kohlhammer

Sachverständigenrat zur Begutachtung der Entwicklung im Gesundheitswesen (2009): Koordination und Integration – Gesundheitsversorgung in einer Gesellschaft des längeren Lebens.

Sachverständigenrat zur Begutachtung der Entwicklung im Gesundheitswesen (2007): Kooperation und Verantwortung – Voraussetzungen einer zielorientierten Gesundheitsversorgung.

Sachverständigenrat zur Begutachtung der Entwicklung im Gesundheitswesen (2005): Koordination und Qualität im Gesundheitswesen.

Sahle, Rita (2004): Paradigmen Sozialer Arbeit – ein Vergleich. In: Mühlum, Albert (Hg.): Sozialarbeitswissenschaft. Wissenschaft der Sozialen Arbeit. Freiburg im Breisgau: Lambertus, 295-332

Salomon, Alice (1927): Social Diagnose. Berlin

Sartre, Jean-Paul (1962). Ist der Existenzialismus ein Humanismus? Drei Essays. Frankfurt: Rowohlt

Sartre, Jean-Paul (1971): Marxismus und Existenzialismus. Versuch einer Methodik. Reinbek: Rowohlt

Schaarschuch, Andreas (2003): Die Privilegierung des Nutzers. Zur theoretischen Begründung sozialer Dienstleistungen. In: Olk, Thomas; Otto, Hans-Uwe (2003):

Soziale Arbeit als Dienstleistung. Grundlegungen, Entwürfe und Modelle. München: Luchterhand, 150-169

Schablon, Kai-Uwe (2009): Community Care: Professionell unterstütze Gemeinwesen-einbindung erwachsener geistig behinderter Menschen. Lebenshilfe-Verlag

Scheer, Klaus-Dieter (2011): Zur Konzeptionalisierung der Akteure bei Bourdieu und Boltanski. In: Mührel, Eric; Birgmeier, Bernd (Hg.): Theoriebildung in der Sozialen Arbeit. Entwicklungen in der Sozialpädagogik und der Sozialarbeitswissenschaft. Wiesbaden: Verlag für Sozialwissenschaften, 37-46

Schernus, Renate (1997): Abschied von der Kunst des Indirekten. In: Blume, J./Bremer, F./Meier, J. (Hrsg.). Ökonomie ohne Menschen? Zur Verteidigung des Sozialen. Neumünster: Paranus, 85-109

Scherr, Albert (2006): Gesellschaft und Gemeinschaft. In: ders. (Hg.): Soziologische Basics. Eine Einführung für Pädagogen und Pädagoginnen. Wiesbaden: Verlag für Sozialwissenschaften, 56-61

Scheu, Bringfriede/Autrata, Otger (2011): Theorie Sozialer Arbeit. Gestaltung des Sozialen als Grundlage. Wiesbaden: VS-Research

Schimank, Uwe (2007): Handeln und Strukturen. Einführung in die akteurtheoretische Soziologie. Weinheim: Juventa

Schmid, Wilhelm (1998): Philosophie der Lebenskunst. Eine Grundlegung. Frankfurt/Main: Suhrkamp

Schön, Donald A. (1984): The reflective practitioner. How professionals think in Action. New York. Basic Books

Schraml, Walter (1983): Einführung in die moderne Entwicklungspsychologie für Pädagogen und Sozialpädagogen. Stuttgart: Klett-Cotta

Schrödter, Mark (2007): Soziale Arbeit als Gerechtigkeitsprofession. Zur Gewährleistung von Verwirklichungschancen. neue praxis 1/2007, 3-28

Schulte, Christoph (1991): radikal böse. Die Karriere des Bösen von Kant bis Nietzsche. München: Wilhelm Fink

Schulz von Thun, Friedemann (1992): Miteinander Reden 2. Stile, Werte und Persönlichkeitsentwicklung. Reinbek: Rowohlt

Schumacher, Thomas (2008): Konstruktion und Wirklichkeit. Von Sinn und Unsinn einer konstruktivistischen Erkenntnishaltung in der Sozialen Arbeit. In: neue praxis 3/2008, 287-295

Schütte, Wolfgang (2013): Verfassungsrecht und „Eingliederungshilfe". Ein Leistungs-gesetz zur sozialen Teilhabe für Menschen mit Behinderungen. In: Nachrich-tendienst des Deutschen Vereins, Februar 2013, 78-83

Schütze, Fritz. (1992): Sozialarbeit als »bescheidene« Profession. In: Dewe, Bernd; Ferchhoff, Wilfried; Radtke, F.-O. (Hg.) Erziehen als Profession. Zur Logik professionellen Handelns in pädagogischen Feldern, Opladen: 132–171

Seligman, Martin (1999): Erlernte Hilflosigkeit. Weinheim/Basel: Beltz

Sen, Amartya (1979): Equality of What? The Tanner Lecture on Human Values. http://www.uv.es/~mperezs/intpoleco/Lecturcomp/Distribucion%20Crecimiento/Sen%20Equaliy%20of%20what.pdf [24/02/2013]

Sen, Amartya (1985): Commodities and Capabilities. Amsterdam [u.a.]: Elsevier Science Publishers

Sen, Amartya (1992): Inequality reexamined. Cambridge MA: Harvard University Press
Sen, Amartya (1993): „Capability and Well-being". In: Nussbaum, Martha C.; Amartya Sen (Hg.): The Quality of Life, Oxford University Press and The United Nations University, 30-53
Sen, Amartya (1997): Human Rights and Asian Values. What Lee Kuan Yew and Li Pen don't understand about Asia. In: The New Republic. July 14 & 21, 33-40
Sen, Amartya (1998): The Possibility of Social Choice. Nobel Lecture 8.12.1998, Trinity College Cambridge, http://www.nobelprize.org/nobel_prizes/economics/laureates/1998/sen-lecture.pdf [28.02.2013]
Sen, Amartya (1999): Development as Freedom. New York, Anchor Books
Sen, Amartya (2000): Ökonomie für den Menschen. Wege zur Gerechtigkeit und Solidarität in der Marktwirtschaft. München: dtv
Sen, Amartya (2004): Elements of a Theory of Human Rights. In: Philosophy and Public Affairs, 32, 4
Sen, Amartya (2006): Our Past and our Present. In: Economic and political weekly 41
Sen, Amartya (2007): Ökonomie für den Menschen. Wege zu Gerechtigkeit und Solidarität in der Marktwirtschaft. München: dtv
Sen, Amartya (2009): The Idea of Justice. Penguin
Sen, Amartya (2010): Die Idee der Gerechtigkeit. München: Beck
Siegrist, Johannes; Marmot, Michael (2008): Soziale Ungleichheit und Gesundheit. Bern: Huber
Simon, Barbara Levy (1994). The empowerment tradition in American social work. A history. New York. Columbia University Press
Singer, Peter (1994): Praktische Ethik. Stuttgart: Reclam
Sommerfeld, Peter; Hüttemann, Matthias (2007): Evidenzbasierte Soziale Arbeit – Nutzen von Forschung in der Praxis. Hohengehren
Sommerfeld, Peter; Hollstein, Lea; Calzaferri, Raphael (2011): Integration und Lebensführung. Ein forschungsgestützter Beitrag zur Theoriebildung der Sozialen Arbeit. Wiesbaden: Verlag für Sozialwissenschaften
Sorg, Richard (2003): Überlegungen aus Anlaß der Frage nach einem ‚politischen Mandat' Sozialer Arbeit. In: ders. (Hg.): Soziale Arbeit zwischen Politik und Wissenschaft. Münster: Lit-Verlag
Stark, Wolfgang (1996): Empowerment. Neue Handlungskompetenzen in der psychosozialen Praxis. Freiburg im Breisgau: Lambertus
Staub-Bernasconi, Silvia (1995): Systemtheorie, soziale Probleme und Soziale Arbeit: lokal, national, international. Oder: Vom Ende der Bescheidenheit. Bern: Haupt
Staub-Bernasconi, Silvia (1998): Soziale Arbeit als „Menschenrechtsprofession". In: Wöhrle, Andreas (Hg.): Profession und Wissenschaft Sozialer Arbeit. Positionen in einer Phase der generellen Neuverortung und Spezifika in den neuen Bundesländern. Pfaffenweiler: 305-331
Staub-Bernasconi, Silvia (2002): Unterschiede im Theorieverständnis von Sozialarbeit/Sozialpädagogik – Auf der Spurensuche nach einem gesellschaftlichen Geschlechterverhältnis. In: Feustel, Ariane (Hg.): Sozialpädagogik und Geschlechterverhältnis 1900 und 2000. Berlin
Staub-Bernasconi, Silvia (2007): Soziale Arbeit als Handlungswissenschaft: system-

theoretische Grundlagen und professionelle Praxis – ein Lehrbuch. Bern: Haupt

Staub-Bernasconi, Silvia (2010): Soziale Arbeit und soziale Probleme. Eine disziplin- und professionsbezogene Bestimmung. In: Thole, Werner (Hg.): Grundriss Soziale Arbeit. Ein einführendes Handbuch. Wiesbaden: Verlag für Sozialwissenschaften, 267-282

Taylor, Charles (1996): Quellen des Selbst. Die Entstehung der neuzeitlichen Identität. Frankfurt/Main: Suhrkamp

Thiersch, Hans (1995): Lebenswelt und Moral. Beiträge zur moralischen Orientierung Sozialer Arbeit. Weinheim und München: Juventa

Thiersch, Hans (2006): Die Erfahrung der Wirklichkeit. Perspektiven einer alltagsorientierten Sozialpädagogik. Weinheim und München: Juventa

Thiersch, Hans; Grunwald, Klaus; Köngeter, Stefan (2010): Lebensweltorientierte Soziale Arbeit. In: Thole, Werner (Hg.) (2010): Grundriss Soziale Arbeit. Ein einführendes Handbuch. Wiesbaden: Verlag für Sozialwissenschaften, 175-197

Thole, Werner (Hg.) (2010): Grundriss Soziale Arbeit. Ein einführendes Handbuch. Wiesbaden: Verlag für Sozialwissenschaften

Thurnherr, Urs (2000): Angewandte Ethik zur Einführung. Hamburg: Junius

Tillmann, Jan (2007): Trajektivität. Anstöße für eine Metatheorie der Sozialarbeitswissenschaft. Hannover: Blumhardt

Volz, Fritz-Rüdiger (1993): „Lebensführungshermeneutik" – Zu einigen Aspekten des Verhältnisses von Sozialpädagogik und Ethik. In: neue praxis (23. Jg.), Heft 1+2, 25-31

von Foerster, Heinz (1993): Wissen und Gewissen. Versuch einer Brücke. Frankfurt/ Main: Suhrkamp

von Uexküll, Thure; Wesiack, Wolfgang (1996): Wissenschaftstheorie – ein biopsychosoziales Modell. In: von Uexküll, Thure (Hg.): Psychosomatische Medizin. München [u. a.], 13-52

von Uexküll, Thure; Geigges, Werner; Plassmann, Reinhard (2002): Integrierte Medizin. Modell und klinische Praxis. Stuttgart: Schattauer

Watzlawick, Paul; Beavin, Janet; Jackson, Don (1996[1969]): Menschliche Kommunikation. Formen, Störungen, Paradoxien.

Wells, Thomas (unveröffentlichtes Manuskript): Sen's Communicative Rationality

Wendt, Wolf Rainer (1988): Das Konzept der Lebenslage. Seine Bedeutung für die Sozialarbeit. In: Blätter der Wohlfahrtspflege, 4, 79-83

Wendt, Wolf Rainer (1990): ökosozial denken und handeln. Grundlagen und Anwendungen in der Sozialarbeit. Freiburg im Breisgau: Lambertus

Wendt, Wolf Rainer (2010a): Das ökosoziale Prinzip. Soziale Arbeit, ökologisch verstanden. Freiburg im Breisgau: Lambertus

Wendt, Wolf Rainer (2010b): Case Management im Sozial- und Gesundheitswesen: Eine Einführung. Freiburg im Breisgau: Lambertus

Weniger, Erich (1953): Theorie und Praxis in der Erziehung. In: ders.: Die Eigenständigkeit der Erziehung in Theorie und Praxis. Weinheim, 7-22

Wertgen, Alexander (2009): Zwischen Empörung und Hilflosigkeit. Zur Kritik deutschsprachiger Sonderpädagogen an der moralphilosophischen Position Peter Singers. Münster: LiT-Verlag

Wilkinson, Richard/Pickett, Kate (2010): Gleichheit ist Glück. Warum gerechte Gesellschaften für alle besser sind. Berlin: Tolkemitt

Wimmer, Reiner (2004): Klugheit. Stichwort in der Enzyklopädie Philosophie und Wissenschaftstheorie, Hg. von Jürgen Mittelstraß, Jakob-Metzler-Verlag, 413-414

Winkler, Michael (1988): Eine Theorie der Sozialpädagogik. Stuttgart: Klett-Cotta

Winkler, Michael (1995): Bemerkungen zur Theorie der Sozialpädagogik. In: Sünker, Heinz (Hg.): Theorie, Politik und Praxis Sozialer Arbeit. Bielefeld: Kleine, 102-119

Winkler, Michael (1999): ‚Ortshandeln' – die Pädagogik der Heimerziehung. In: Colla, Herbert; Gabriel, Thomas; Millham, S.; Winkler, Michael (Hg.) Handbuch Heimerziehung und Pflegekinderwesen in Europa. Neuwied/Kriftel: Luchterhand, 307-323

Winkler, Michael (2004): Aneignung und Sozialpädagogik – einige grundlagentheoretische Überlegungen. In: Deinet, Ulrich; Reutlinger, Christian (Hg.): „Aneignung" als Bildungskonzept der Sozialpädagogik. Beiträge zur Pädagogik des Kindes- und Jugendalters in Zeiten entgrenzter Lernorte. Wiesbaden: Verlag für Sozialwissenschaften, 71-91

Winkler, Michael (2008): Formationen der Ausgrenzung – Skizzen für die Theorie einer diskursiven Ordnung. In: Anhorn, Roland; Bettinger, Frank; Stehr, Johannes (Hg.) (2008): Sozialer Ausschluss und Soziale Arbeit. Positionsbestimmungen einer kritischen Theorie und Praxis Sozialer Arbeit. Wiesbaden: Verlag für Sozialwissenschaften, 83-106

Wright, Michael T.; Block, Martina; von Unger, Hella (2007): Stufen der Partizipation in der Gesundheitsförderung: Ein Modell zur Beurteilung von Beteiligung. Infodienst für Gesundheitsförderung, 3, 4-5

Ziegler, Holger (2008): Kleine Verteidigung ontologischer Theorien in der Sozialen Arbeit. Widersprüche, 28. Jg., Heft 108, 43-52

Ziegler, Holger; Schrödter, Mark; Oelkers, Nina (2010): Capabilities und Grundgüter als Fundament einer sozialpädagogischen Gerechtigkeitsperspektive. In: Thole, Werner (Hg.): Grundriss Sozialer Arbeit. Wiesbaden: Verlag für Sozialwissenschaften, 297-310

Züchner, Ivo; Cloos, Peter (2010): Das Personal der Sozialen Arbeit. Größe und Zusammensetzung eines schwer zu vermessenden Feldes. In: Thole, Werner (Hg.): Grundriss Soziale Arbeit. Ein einführendes Handbuch. Wiesbaden: Verlag für Sozialwissenschaften, 933-954

Zude, Heiko Ulrich (2010): Paternalismus. Fallstudien zur Genese des Begriffs. München: Karl Alber

Sachregister